DIOEC. SPIRENSIS
DIOEC. AVGVSTANA
DIOEC. BRIX
DIOEC. CVR
ARCHID. MED
DIOEC. LAVS
DIOEC. BAS
DIOEC. ARG
Durlach
Pforzheim
Schorndorf
Gmund
Weill
Esslingen
Geppingen
Offenburg
Oberkirch
Stutgard
Rottenburg
Horb
Weissenstein
Ulm
Haslach
Reütlingen
Rottweil
Neckar
Ehingen
Freiburg
Villingen
Heching
Riedlingen
Donau fl.
Sigmaringen
Biberach
Stauffen
Newenburg
Tutlingen
Cell
Buchau
Memmingen
Kauffbeuren
Seckinge
Walzhut
Schaffhausen
überlingen
Kempten
Basel
Rheinfeld
Lauffenburg
Stein
Costanz
Morspurg
Wangen
Fuessen
Brugg
Frauenfeld
Baden
Greiffensee
Lindau
Bregentz
zürch
Weil
Solothurn
Embs
Zug
Raperswil
Appencell
Bluden
Feldkirch
Lucern
Schweitz
Stanz
Glaris
Sarnen
Mayenfeld
Pretigau
Chur
Disentis

»Durch allen Wandel hindurch vollzieht sich am Bodensee eine zusammenhängende Geschichte. Eines ihrer Kennzeichen ist gewiß die wechselnde Mannigfaltigkeit der Zuordnungen zwischen Mittelmeer und Ostsee. Ein anderes Kennzeichen ist jedoch die europäische Reichweite der Einwirkungen. Wer das heutige Leben am Bodensee in seinen Tiefenschichten untersucht, stößt auf Spuren vom antiken Rom, vom karolingischen Aachen, vom staufischen Hagenau, vom franziskanischen Assisi, vom habsburgischen Wien.«

Arno Borst ist dieser europäischen Geschichte des Bodenseeraums nachgegangen, ihrer vergangenen Wirklichkeit und ihrer fortwirkenden Überlieferung. Wenn er den Wandel von Wissen und politischer Macht aus der Geschichte der See-Namen filtert, wenn er den Bericht über eine festliche Geselligkeit im Kloster St. Gallen beleuchtet, ein Sternenmeßgerät der Abtei Reichenau beschreibt und dabei Religion und Wissenschaft der Jahrtausendwende in ihr Recht setzt, oder wie er das Sterben eines gelehrten Mönchs begleitet und dabei Bilder vom Tod nachvollziehbar macht: Zugunsten seiner LeserInnen und mit souveräner Nachsicht ordnet der Gelehrte den Zusammenhang von komplexer Forschung und entschiedener Deutung.

Diese Sondierungen sind in mehr als zwanzig Jahren Forschung und Lehre an der Universität Konstanz entstanden, von 1968 ab, als Arno Borst die (kurze) Reformphase von seinem Lehrstuhl für Mittelalterliche Geschichte aus mitgestaltete, bis zu seiner Emeritierung 1991. Nach »Mönche am Bodensee« (1978) bewahren die ***»Ritte über den Bodensee«*** *nun seine Konzentration auf diese Landschaft als ein Exempel der Weltgeschichte.*

Die Wirksamkeit des Historikers Arno Borst läßt sich an der Reichweite seiner Werke ablesen: Seine Dissertation über die Katharer (1954) wurde ins Französische übersetzt, seine »Lebensformen im Mittelalter« (1973) auch ins Japanische, seine »Barbaren, Ketzer und Artisten« (1988) ins Englische und Italienische. Seine grundlegenden Werke zur Sprachtheorie (»Der Turmbau von Babel« 1957–63) und zum mathematischen Denken (»Das mittelalterliche Zahlenkampfspiel« 1986) wurden u. a. mit dem Preis des Historischen Kollegs ausgezeichnet.

Daß Aufklärung ihre Schärfe nicht einbüßt, wenn sie ihr Wissen mit Menschlichkeit und Humor weitergibt, diese eigentümliche Leistung des fesselnden GeschichtsErzählens von Arno Borst, wurde mit dem »Sigmund-Freud-Preis für Wissenschaftsprosa« und dem »Bodensee-Literaturpreis« auch öffentlich anerkannt.

Arno Borst

Ritte über den Bodensee

Rückblick auf
mittelalterliche Bewegungen

Libelle

Inhalt

Vorwort

Der Titel des Bandes bezieht sich auf historische Erwartungen und Erfahrungen im allgemeinen und auf die Entstehung dieses Buches im besonderen, nicht auf den tödlichen Schrecken nach unbewußt überstandenem Unheil, den man meistens als »Ritt über den Bodensee« bezeichnet und als Gegenstück zu Kassandras Bewußtsein von bevorstehendem Unheil versteht.
Daß die übliche Deutung mit ihrer Zertrennung von Vergangenheit und Zukunft zu kurz greift, zeigt der erste der folgenden Beiträge am Beispiel der hiesigen Region und jener Geschichte, aus der das geflügelte Wort vom Ritt über den Bodensee erwuchs. Der unberechenbaren Geschichte begegneten am Bodensee seit dem frühen Mittelalter immer nur Notgemeinschaften der Bedrohten auf Sichtweite; sie waren gegen plötzliches Erwachen aus langgehegten Illusionen meistens gefeit. In der europäischen Neuzeit häuften sich mit wachsendem Fortschrittsglauben auch katastrophale Rückschläge. Die Deutschen erlebten ein derartiges Erwachen aus ihren Träumen 1945, doch nur wenige fielen vom hohen Roß; die meisten glaubten, nun könnten sie das frühere Unheil vollständig erkennen und das künftige Heil unfehlbar erreichen. Auch dieser Glaube war eine Illusion, vierzigjährige Abstinenz von der Weltgeschichte; die globalen Umbrüche von 1989 machen es jedem überraschend bewußt. Wer jetzt gelähmt liegenbleibt, verabschiedet sich von der Notgemeinschaft auf

Sichtweite, die fortan die ganze Welt umfassen muß. Sie kann aus der Vergangenheit nichts Voraussagbares lernen, lediglich dies, daß sie die Zukunft nur durch Sammlung und Austausch all ihrer Erfahrungen bestehen wird, durch weitere »Ritte über den Bodensee« mit unermüdlicher Vor-Sicht und Rück-Sicht.

Deshalb wehren sich die nächsten zwei Beiträge gegen eine Verkürzung der Perspektive, die seit dem frühen 19. Jahrhundert zumal von der deutschen Geschichtswissenschaft gepflegt wird. Sie kann erst vom Vergangenen wissen, nicht warum es so kommen mußte, bloß wie es gekommen ist, muß aber sogar dafür die ganze Geschichte Europas von der Antike bis zur Moderne im Auge behalten. Von solchen Weiterungen abzusehen, gilt indes als wissenschaftlich, am Bodensee seit Gustav Schwab und Otto Feger. Wir begreifen jedoch den tausendjährigen Erfolg des Wortes »Bodensee« erst, wenn wir es wie sein vorausschauender Erfinder Walahfrid Strabo im Spannungsfeld zwischen Ostsee und Mittelmeer, zwischen Altertum und Gegenwart sehen. Denn das war und blieb die Signatur dieser Region. Die Pfalz Bodman wurde ihr Zentrum nicht nur als Podium karolingischer Macht, das sie für drei Menschenalter in Alemannien war, sondern auch als Luftschloß von bedrohlicher Allgegenwart, vor der Generationen von Nachgeborenen schauderten. Ähnlich zeigen die weiteren Beiträge, daß uns Geschichte Glaubwürdigeres zu sagen hat, wenn wir den Toten nicht als Besserwisser von Beruf, sondern als geplagte Zeitgenossen begegnen. Von der Zukunft wissen wir nicht mehr als sie, die Vergangenheit bewältigten sie so wenig wie wir. Wie sie dennoch in ihrer Gegenwart den Ritt über den Bodensee meisterten, bezeugen hierzulande am besten Hermann der Lahme und Diethelm von Krenkingen. Ihren Zeithorizont holt noch der geballte Sachverstand der jüngsten Sammelwerke über Salier und Staufer nicht ein.

Ein Historiker wird wie jeder Mitlebende unweigerlich von zeitgenössischen Erwartungen und Erfahrungen geprägt und verändert; er sollte seinen Gesichtskreis sich und anderen offenlegen. Über das Geständnis solcher Subjektivität sind nur Biedermänner erhaben, die sich selbstbewußt oder selbstvergessen über undurchschaubare Tiefen hinwegsetzen. Ich war 1968 als erster Fachvertreter für Geschichte des europäischen Mittelalters an die festlich eingeweihte Universität Konstanz berufen und auf ihren feierlich verkündeten Gründungsbericht verpflichtet worden, glaubte also als Generalist auf festem Grund weiterreiten zu können. Als 1970 die ersten, 1972 die meisten dieser Grundsätze unterhöhlt wurden, fiel ich vom Pferd. Nachbarn halfen mir auf und erleichterten das Beharren auf historischen Perspektiven, nun freilich vom Standpunkt des regionalen Fußvolkes her. Was aus meiner Arbeit werden würde, ahnte ich nicht; ich sah aber, daß die Landschaft am Bodensee, historisch betrachtet, keine Provinz war, sondern ein Exempel, daß also Konzentration auf hiesige Geschichte alle Weiten der Welthistorie von Grund auf neu erschließen könnte.

Die hier gesammelten Streifzüge durch die Geschichte der Region entstanden aus Beiträgen, zu denen mich zwischen 1971 und 1990 die verschiedensten Einrichtungen an allen Ufern des Bodensees einluden. Ihnen danke ich zuerst, besonders der Stadt Überlingen, deren Repräsentanten mich am nachhaltigsten unterstützten. Ermutigung brachten ferner besonnene Urteile und freundliche Anregungen, mit denen mich zahlreiche Zuhörer immer weiter ins Gespräch zogen. Auch ihnen bin ich zu großem Dank verpflichtet; stellvertretend sei

Manfred Bosch genannt. Die Beiträge erschienen bald im Druck, die meisten mit gelehrten Nachweisen versehen, manche an entlegenen Stellen; wer sie einzeln las, vermißte leicht das geistige Band. Daß sämtliche Verlage, zumal der Jan Thorbecke Verlag in Sigmaringen, dem Wiederabdruck in dieser Sammlung zustimmten, erleichtert die Auswahl. Nicht alle meine Reden und Schriften zur Geschichte der Region sind aufgenommen, bloß diejenigen, die den Zusammenhang beispielhaft verdeutlichen: Geschichte als Ritt über den Bodensee.

Bei der neuerlichen Wiedergabe unterließ ich größere Korrekturen am Gesamtbild. Sie lägen aus heutiger Sicht nahe, würden aber die damaligen Konturen verwischen; auch alle eingefügten Erweiterungen entstammen der Entstehungszeit der Texte. Was ein Historiker einmal der Öffentlichkeit überließ, gehört ihm nicht mehr allein. Daher wurden bloß Einzelheiten verändert, sachliche Fehler beseitigt, schiefe Formulierungen verbessert, die Teile übersichtlich gegliedert. Weggelassen sind alle Anmerkungen; der Fortgang der Forschung hätte bei ihnen viele Zusätze erfordert, indes den Haupttext kaum abgewandelt. Fachleute finden die Nachweise in den Erstfassungen und kennen die seitdem erschienene Literatur; doch hier wünsche ich mir als Leser vor allem Laien von der Art meiner früheren Zuhörer. Daß ich sie noch einmal ansprechen darf, ist das Verdienst von Ekkehard Faude. Während diese Beiträge erstmals entstanden, studierte er bei mir; als Verleger hielt er nicht dem Fach, aber dem Lehrer die Treue, erst recht dem Land und den Leuten rund um den Bodensee.

Konstanz, Juni 1992 *Arno Borst*

Der Ritt über den Bodensee

Fremde

Gustav Schwabs Ballade »Der Reiter und der Bodensee« entstand hier in Überlingen 1826, könnte aber in fast jeder Epoche und Region Alteuropas spielen. Ein namenloser Fremder wollte »noch heut« zum See reiten und vor Nacht mit dem Kahn übersetzen. Es blieb unklar, woher er kam, wohin er wollte, warum er keine Zeit hatte, in welcher Zeit er lebte. Seine Gegenwart war stumm und blind: Von der Sensation des zugefrorenen Sees hatte er nichts gehört, im Abendnebel übersah er den Uferstreifen. Nur Wasservögel begegneten ihm, bis er die Lichter eines Dorfes erblickte. Die Bauern drüben hielten die Ankunft des Reiters für ein Fest und luden ihn zu Tisch. Er blieb starr im Sattel sitzen, denn verstanden hatte er bloß, daß der See bereits hinter ihm lag. Das Herz stand ihm still. Die äußeren Umstände der Geschichte muten uns altväterisch an: Damals benutzte ein eiliger Reisender zu Land noch das Pferd, zu Wasser das Ruderboot; unterwegs traf er menschenleeres Land, am Schluß ein Dorf. Aber der Inhalt des Gedichtes, die Hast eines unbehausten Individuums und seine tödliche Kurzsichtigkeit, trifft eine Grundstimmung unseres Jahrhunderts, zumal der deutschen Gegenwart.
Freilich ist der Raum verfügbarer geworden. Wir benutzen Verkehrsmittel mit viel mehr Pferdestärken und bringen weit größere Gewässer im Handumdrehen hinter uns. Mit der Ausweitung des Raumgefühls ist indes

die soziale Isolation gewachsen. Heutige Menschen haben nicht nur am Tag wenig Ruhe, auf Reisen keine Heimat; auch am Abend erwartet sie kaum ein beschauliches Dorf, am Ziel selten eine festliche Gemeinde. Die Zeit ist unübersichtlicher geworden. Wir rätseln nicht bloß, was demnächst geschehen wird; wir verdrängen auch, was kürzlich gewesen ist. Die Verkürzung des Zeitbewußtseins vermindert die soziale Kommunikation. Heutige Menschen ordnen sich verschiedenen, am liebsten künftigen Zeiten zu und erkennen nicht alle Mitlebenden als Zeitgenossen an, von den Toten ganz zu schweigen. Der Tod ist einsamer und unheimlicher geworden, weil wir noch unbehauster und kurzsichtiger als der Reiter auf dem See leben. Schwab glaubte noch, was wir bezweifeln, daß auch ein einsamer Wanderer nicht aus Geschichte und Landschaft ausbrechen könne, daß er wie andere und mit anderen leben müsse. Uns kann vielleicht historische Besinnung wieder zu ähnlicher Geselligkeit verhelfen. Eine Betrachtung der Vorgeschichte von Schwabs Ballade soll wenigstens beispielhaft zeigen, wie es gewesen ist; ein Blick auf ihre Nachwirkung mag erklären, wohin wir gekommen sind.

Heilige

Die Vorgeschichte begann mit Auserwählten, die über Seen schritten, und mit Gebrechlichen, die im Wasser untergingen. Vom vornehmen Reiten war anfangs so wenig die Rede wie vom lieblichen Bodensee. Diese Geschichten machten ein härteres Dasein als das unsrige erträglich, für kleinere Bezirke und längere Zeiten als im modernen Europa. Die älteste und wichtigste Szene stand im Matthäusevangelium. Während Jesus auf dem Berg betete, wanderten die Jünger hinab zum See Genezareth und stiegen ins Boot. Nach Mitternacht gingen die Wogen hoch. Da sahen sie jemanden auf dem Meer wandeln und schrien vor Angst: »Ein Gespenst!« Jesus redete ihnen zu: »Ich bin es, fürchtet euch nicht!« Petrus wollte seinen Glauben bezeugen und stieg nach Jesu Befehl hinaus. Das Wasser trug ihn, bis er den Sturmwind spürte. Er schwankte, sank und rief um Hilfe. Jesus faßte ihn bei der Hand, sie stiegen zu den anderen ins Boot. Jesus wollte nicht in Luftlinie wie ein hellenischer Gott das Gegenufer erreichen, er wollte bei den Jüngern bleiben, ihnen die Sorge nehmen und Zuversicht geben. Doch nur er blieb seelenruhig. Auf dem Wasser packte alle anderen die kreatürliche Angst, sie bezwangen sie höchstens gemeinsam. Vielerlei Not und ein wenig Hoffnung schweißten geschichtliche Verbände zusammen, nicht nur die Urkirche, nicht nur am See Genezareth.

Eine zweite Szene betraf eine noch kleinere Gemeinschaft in noch engeren Räumen, die benediktinischen Mönche des Frühmittelalters. Papst Gregor der Große schrieb die Geschichte 593 in Rom auf, ein Menschenalter nach dem Tod des italischen Mönchsvaters Benedikt, von dem sie handelte. Ein junger Mönch vom Kloster Subiaco war beim Wasserschöpfen in den nahen See gefallen. Abt Benedikt schickte mit seinem Segen den Mitmönch Maurus hinterher. Gehorsam eilte Maurus davon, wie ihm schien über festen Boden. Er zog den Ertrinkenden rechtzeitig an den Haaren heraus und trug ihn zurück. »Sobald er das Land betrat, kam er zu sich und blickte nach hinten. Da sah er, was er nicht für möglich gehalten hätte, daß er über das Wasser gelaufen war, und begann zu staunen und zu zittern.« Maurus fand wenigstens zum Boden der Realität zurück – anders zwei legendäre Heilige des frühmittelalterlichen Irland. Sie trafen sich zwischen Irland und England, der eine zu Fuß, der andere zu Schiff. Sie stritten sich: Der Fußgänger meinte, dies sei eine Wiese; er bückte sich und pflückte ein paar Blumen. Nein, sagte der Seefahrer, dies sei das Meer; er bückte sich und griff einen Fisch. Da priesen sie gemeinsam Gottes Wunder und trennten sich freundlich, der eine zu Fuß, der andere zu Schiff. So eigensinnig und verträumt lebten kontinentale Mönche nicht.

Sie blieben am Ufer und suchten feste Standorte, um Länder und Seelen der Mitmenschen zu kultivieren. Von Gallus, der seit 610 zum Mönchsvater des Bodenseeraumes wurde, meldeten seine benediktinischen Jünger im Kloster St. Gallen keine Märsche über die Wellen, nur beschwerliche Reisen im Boot, von Arbon nach Bregenz und Überlingen, jedesmal im Dienst für ungläubige, hungrige oder kranke Nachbarn. Ein einziges Seewunder tat Gallus. Als er in der Bregenzer Bucht nachts für die Mitbrüder Fische fing, wollten Dämonen vom Seegrund die Netze zerreißen. Gallus verjagte sie und segnete so den künftigen Fischfang. Eine späte Volkssage meinte zu wissen, wohin die Wasserhexen entflohen. Eine sei im hohen Bogen bei Lindau gelandet; auf zwei Felsen im Wasser, den »Hexensteinen«, sehe man den Abdruck ihrer Füße. Gespenster huschten noch lange über den Bodensee, Sterbliche nicht. Seßhafte Mönche hatten Mühe genug, im Boot des Konventes dem Seesturm der Welt standzuhalten. Reichenauer Benediktiner malten ihren Kampf mit Steuerruder und Segel um 990 sachverständig an die Oberzeller Kirchenwand. Sie kannten den See zu gut, um den Teufeln in

der Tiefe zu trauen, und kannten sich zu genau, um die Nachfolge Christi über den Wassern zu wagen. Keinem alemannischen Mönch widerfuhr jemals das Wunder der Heiligen Petrus und Maurus.
Als im 13. Jahrhundert die Bettelmönche von neuem zu apostolischer Wanderpredigt aufbrachen, fanden sie zwischen den Städten Europas schon viele Wege geebnet und überwanden zuversichtlich die verbliebenen Sperren. Um 1260 erzählte der Dominikaner Thomas von Cantimpré in Löwen von einem seiner Ordensbrüder, den die Oberen in dringenden Geschäften nach England schickten. Am Ärmelkanal bat er einen Schiffseigner, ihn und seinen Begleiter um Gotteslohn überzusetzen. Der Seemann weigerte sich und segelte ab. Weinend stand der Dominikaner am Ufer, dann ermannte er sich und schritt hinaus auf das Meer, der Gefährte folgte ihm nach. Als der Schiffer sie hinter sich herkommen sah, wendete er und nahm sie zerknirscht an Bord. Elemente und Menschen beförderten die Gottesboten überallhin – auch diesmal nur anderswo, nicht am Bodensee. Der Franziskaner Johann von Winterthur berichtete von einem Lindauer Ordensbruder: Er träumte um 1310, daß er im See ertrinken werde, und mied seitdem das Wasser. Nach einer Weile sandte ihn der Prior von Lindau in dringenden Geschäften nach Konstanz. Gehorsam bestieg er ein Schiff, sah aber unterwegs ein Unwetter aufziehen und wollte rasch landen. Die Schiffer überhörten sein Flehen, bis der Sturm losbrach. Das Schiff ging unter, der Franziskaner auch. Fischer bargen ihn nach Jahresfrist vom Seegrund, den Leib und das Gebetbuch unversehrt, jedoch leblos. Selbst mit Wandermönchen kannte der Bodensee kein Erbarmen.
Laien durften noch weniger darauf hoffen. Nachdem

sogar ortskundige Fischer und Schiffer den Tücken des Gewässers mitunter erlagen, galten landfremde Pilger vollends als gottgesegnet, wenn sie im Frühling oder Herbst den Bodenseesturm überlebten. Ihm trotzte nach der Legende eine englische Königstochter des 10. Jahrhunderts, auf der Pilgerfahrt nach Einsiedeln, und stiftete zum Dank an der Landestelle ein Nonnenkloster, Münsterlingen. Vor winterlicher Lebensgefahr warnte eine andere Legende, wohl aus dem 15. Jahrhundert. Derselbe Weg nach Einsiedeln führte einen Wallfahrer über eine weite, verschneite Ebene; nachts im Gasthaus fragte er nach ihrem Namen. Als ihm der Wirt klarmachte, daß er über die Abgründe des Zürichsees gewandert sei, brach der Fremde zusammen und wäre fast vor Entsetzen gestorben. So unberechenbar wie der See war Geschichte, bedroht von Stürmen aus heiterem Himmel und vom Sog der Finsternis drunten. Wer unverschuldet in Seenot geriet, dem half Gott vielleicht; wer sich freiwillig in Gefahr begab, kam bestimmt darin um. Mit Seewundern von Glaubenshelden brüstete man sich anderswo, Hiesige vernahmen es schaudernd. Auswärtige waren es, die als erste auch den Bodensee für begehbar erklärten.

Ein Württemberger Franziskaner behauptete nach 1290 in einer lateinischen Weltchronik, daß der heilige Bischof Konrad von Konstanz um 940 trockenen Fußes auf dem Bodensee umhergegangen sei, anscheinend ohne triftigen Grund. Den Anlaß enthüllte erst 1471 der Augsburger Drucker Zainer in einem deutschen Heiligenleben. Konrad fuhr mit den Fischern auf den See hinaus, um die Fastenspeise für die nächste Mahlzeit zu fangen. Die Diener verzögerten die Rückfahrt, damit sich der Bischof geistlich bewähre, denn langes Fasten mißfiel ihm. Als er zur Essenszeit hungrig wurde, wartete er nicht länger auf das Fischgericht, verließ das Boot und lief schnurstracks übers Wasser heim nach Konstanz. Das Wunder beglaubigte außer der Heiligkeit des Oberhirten die Lässigkeit seiner Gläubigen, denn die Augsburger Legende schloß spitz: *Dar umb essen die Leut in dem selben Lannd Käs und Eyer.* Im Bodenseebistum wurde schmackhafter als anderswo gefastet. Aber Gott schien jetzt der Gaumenlust der Bürger gewogen zu sein, auch ihrem Stolz auf Regionalheilige. Wenig später, um 1488, versicherte der Augsburger Weber Jörg Preining in einem deutschen Gedicht, daß vor fünfhundert Jahren der heilige Bischof Ulrich von Augsburg sogar mit Pferd und Wagen über den Bodensee und den Rhein gefahren sei. Für hohe geistliche Herren hatte das Wasser doch ein paar Balken, so schien es.

Herren

Damit sind wir beim ersten Einschnitt unserer Geschichte, um 1500. Vorher sah niemand mit eigenen Augen einen Menschen auf dem Wasser wandeln, aber Sage und Legende überstrahlten die Mängel der Wirklichkeit. Als der Rottweiler Konrad Witz 1444 das Altarbild des Genfer Domes malte, zeigte er Christus auf dem See schreitend, Petrus untergehend, ein Wunder aus Israel vor vierzehnhundert Jahren; jedoch die abgebildeten Ufer des Heiligen Landes waren die von hier und jetzt, am Genfer See. Gott tröstete aus der Ferne die Gebrechlichen in der Nähe. Das hieß im europäischen Mittelalter Geschichte: Immerwährende Abhängigkeit selbst der Stärksten von Umständen und Zufällen, Notgemeinschaft der Schwachen auf Sichtweite, um die

irdische Mühsal zu überstehen und das himmlische Traumziel zu erreichen. Mit dem Beginn der Neuzeit aber versuchten einzelne Sterbliche, die Naturgewalten zu überlisten und sich dadurch Umwelt und Mitmenschen untertan zu machen. Die Kommunikation zerfiel, wo nicht mehr die Geduld der Gemeinde, sondern der Wille der Stärksten Geschichte machte. Die Schwachen sahen mißtrauisch zu, ob der Fortschritt zur Zukunft und in die Ferne gelänge. Eine der neuen Fragen – die Frage des Kolumbus – hieß, ob Wasser und Eis einen Verwegenen über weite Strecken tragen würden.
Die Antworten hingen von harten Naturfakten ab und wurden von Historikern nüchtern festgehalten. Am Bodensee war der erste Chronist dieser Art Graf Froben Christoph von Zimmern. Der Landesherr von Meßkirch zweifelte in seiner Chronik von 1566 an der Wunderkraft reisender Kirchenfürsten. Einst war ein Mainzer Erzbischof – seinen Namen hatte Zimmern vergessen – im Winter mit dem Schlitten über den gefrorenen Rhein gefahren wie Sankt Ulrich von Augsburg, aber bei der Rückfahrt nach Mainz eingebrochen. Dank Gottes Gnade wurde der Prälat lebend gerettet, doch starb er bald danach an dem fürchterlichen Schrecken. Da war der Onkel des Historikers, Wilhelm Werner von Zimmern, aus härterem Holz. Im Jahr 1537 ritt er von Zimmern nach Speyer, eigentlich nur, um an einer Weinprobe mit gelehrten Freunden teilzunehmen. Als er am Abend des 10. November am Rheinufer eintraf, war der Strom von tauendem Eis bedeckt. Man riet dem Ortsfremden, die Nacht herüben abzuwarten, aber drüben warteten die Freunde, so wagte er es *im Namen Gottes.* Er setzte über berstende und sinkende Schollen, am Schluß mit verhängtem Zügel und in vollem Galopp, denn es war höchste Zeit. Drüben aber sank er nicht entgeistert vom

Pferd, sondern *konnte denselbigen Abendt frölich sein bei der Gesellschaft*. So sahen die Herren der Zukunft aus.
Das war freilich am Mittelrhein gewesen. Über den Bodensee ritt als erster kein Kirchenfürst oder Landesherr, sondern ein unscheinbarer Funktionär, Andreas Egglisperger, ein Knecht des Elsässer Landvogtes aus Ensisheim. Im Januar 1573 kam er vom Westen mit Botschaften des Fürstenstaates, der eben anfing, große Räume zu organisieren und den Untertanen die Zeit zu rationieren. Als der Bote an einem sonnigen Montag gegen 10 Uhr in Dingelsdorf ankam, fand er den Überlinger See gefroren. Am Ufer warnten ihn einheimische Kenner, denn das Eis knallte und taute. Egglisperger antwortete, er habe den Rhein und den Zeller See bewältigt und wolle es auch hier im Namen Gottes versuchen. Er stieg, vorsichtiger als Zimmern, ab und lief geradewegs auf Überlingen zu, das schwitzende Pferd hinter sich ziehend. Danach beim Rückblick kam auch dem Reiter der Angstschweiß, doch fiel ihm ein Bonmot dazu ein: *O, wol ist das Eyß so haiß!* Während draußen die Eisdecke zerbrach, feierte der Fremde sein Glück wie Zimmern, nicht mit einem Dankgebet in der Kirche, sondern mit einem Imbiß im Gasthof. Die Überlinger staunten, daß der Fürstendiener davonkam; ein Ratsherr schrieb die Einzelheiten des Wunders gleich auf. Denn Gott schien es neuerdings mit dem Zentralismus ungeduldiger Landesherren zu halten.
Ansässige begnügten sich weiterhin mit dem Gottesgeschenk, daß die Menschen einander ab und zu über das gefrorene Wasser hinweg besuchen durften. Lokalchronisten vermerkten das Jahrhundertereignis einer »Seegfrörne« und die Namen von Waghälsen, die als erste die Tragfähigkeit des Eises erprobten. Gemeinden markierten sichere Pfade und unternahmen Eisprozessio-

nen, vor allem zwischen Münsterlingen und Hagnau. Zu den kirchlichen kamen weltliche Versammlungen auf dem Eis, Schützenfeste bei Arbon, Maskenzüge bei Bregenz, Schulausflüge bei Langenargen. Das verstand man jetzt in deutschen Kleinstaaten unter Geschichte, die alltägliche Arbeit im Kreis der Gemeinden und, wenn Fremde dazukamen, entweder Krieg oder ein Fest. Das Fest kam selten vor und dauerte nicht lang. Auch am Bodensee konnte geschehen, was Grimmelshausen 1668 vom Mummelsee erzählte, daß ein Bauer samt Ochsengespann und Holzfuhrwerk gut über die Eisfläche fuhr, daß aber gleich darauf sein Hund einbrach und umkam. Am Ende einer Seegfrörne häuften sich Schreckensmeldungen von der Not der Wasservögel, von der Mühe der Schiffer, vom Tod leichtsinniger Einzelgänger. Darum freuten sich die meisten, die den Feiertag der Region begrüßt hatten, über die Wiederkehr des örtlichen Alltages auch.

Dennoch machten Eingriffe von außen allenthalben die kollektiven Verflechtungen der Bewohner weiträumiger, ihre persönlichen Berührungen kurzfristiger. Dem Gymnasiallehrer Gustav Schwab aus Stuttgart erzählten seine Überlinger Gastgeber 1826 von Egglispergers Ritt, der ihnen nach einem Vierteljahrtausend noch gegenwärtig war. Schwabs Ballade spitzte die historische Sage zum modernen Ereignis zu, verstand indes den jähen Tod des Einzelgängers keineswegs als Inbegriff der Gegenwart. Vielmehr gab Schwab dem Reisehandbuch »Der Bodensee«, in dem die Ballade 1827 erschien, heitere Gegenbilder bei, ein »Gesellschaftslied auf dem Schiffe« und Lobgesänge auf die Seefahrtstechnik. Mit modernen Dampfbooten könnte eine Gesellschaft von Freunden wie auf Flügeln die ganze Landschaft erobern. Als Ziel der neuen Bewegungsfreiheit nannte

Schwab jedoch nur Touristenwünsche, die Lust am Überblick und den Nachklang großer Sagen. Was derzeit am Bodensee wohne, sei stilles Genügen am Rand, während die Weltgeschichte längst in weiteren Räumen agiere. Ob die Unbeschwertheit der Feriengäste die Geselligkeit der Bodenständigen zerrütten würde, kümmerte den Reiseführer wenig. Konnten weltweite Fortschritte der Kommunikation überhaupt in falsche Richtung führen?
Wie die neuen Gespenster der Technik hielt sich Schwab die alten Geister der Landschaft vom Halse. Sein Gedicht »Der Spuk auf dem Bodensee« verglich 1830 wieder den früheren Gewaltritt eines Sonderlings mit der jüngsten Lustfahrt einer Gruppe. Bei der Seegfrörne dieses Jahres 1830 jagte, wie Schwab schilderte, ein geheimnisvoller Schlitten mit vier schwarzen Rossen bei Nacht übers Eis. Der Spuk verflog, sobald der Anführer genannt war, Schwabs Freund Joseph von Laßberg. Er reiste zusammen mit Freunden von einem vertrauten Ort zum anderen, von Immenstaad nach Bischofszell. Bloß abergläubische Bauern munkelten angeblich von einem Spuk: »Nur spricht man, daß er heimlich nach manchem Schatze gräbt / Und mit den alten Geistern in einem Bunde lebt.« Einheimische schmunzelten über Schwabs doppeltes Mißverständnis. Sie achteten den Philologen Laßberg, der altdeutsche Dichtungen sammelte, als noblen Müßiggänger, nicht als Zauberer. Und bei der Seegfrörne war Laßberg, der damals in der Schweiz wohnte, nach dem Fußmarsch übers Eis ermüdet; für den Rückweg aus Deutschland hatte er einen Schlitten bestellt, den vier übermütige Bauern zogen. Die Losgelassenen feierten die Öffnung ihres Horizonts intensiver als die Herablassenden, doch bis zu den Stuttgarter Schreibtischen drang dieses kleine Glück nicht.

Touristen

Wir stehen am zweiten Einschnitt unserer Geschichte, um 1830. Zuvor unterschied sich der Herr vom Untertan gründlicher als die Stadt von der Provinz. Zählebige Gewohnheiten hielten die Leute beisammen und brachten sie auch jenseits ihres Bezirks bisweilen zueinander. Liberalismus und Industrialisierung des Nationalstaats sprengten nun die Gleichförmigkeit der Alltagsgeschichte. Großstädte entwickelten sich zu Brennpunkten politischen und wirtschaftlichen Fortschritts; der Aktionsradius der Bürger erweiterte, ihr Lebensrhythmus beschleunigte sich. Umgekehrt schrumpften ländliche Gegenden zu Randzonen mit stagnierender Bevölkerung, deren Tempo gebremst, deren Gesichtskreis beschränkt wurde; die Ruhe kam Ansässigen lähmend, nur Feriengästen erholsam vor. Das Zeitalter der Ballungsräume stilisierte den Bodensee zum Freizeitparadies, das Zeitalter der Eisenbahnen machte Reiten zum Luxussport. Jetzt drang Schwabs Ballade in die deutschen Schulbücher ein. Für Bildungsbürger bezeichnete »Ritt über den Bodensee« keine Wirklichkeitserfahrung mehr, vielmehr Hirngespinste, zunächst individualpsychologische Schreckreaktion, dann Massensuggestion. Das geflügelte Wort deutete statt einer überholten Historie eine zeitlose Stimmung und gefiel fortan den Literaten, zumal solchen, die nicht vom Bodensee stammten.

Zu politischen Ehren kam das Zitat in Hitlers Jahren, durch die Satire »Gefahrvoller Ritt« des Münchener Journalisten Eugen Roth von 1935. Sie begann nostalgisch: »Ein Mensch, der noch ein Buch besaß, / Darin als Kind er gerne las, / Trifft das Gedicht, ihm lieb seit je, / Vom Reiter überm Bodensee.« Schwabs naive und provinzielle Historie verfiel milder Kritik: Der Erwachsene begriff den Kinderschreck nicht mehr, denn jener Ritt war kurz, das Wetter klar, und mäßig war das Wunder der Natur, nicht bodenlos der Bodensee. Der Reiter kam vom Norden, »Nach kurzer Zeit war er bereits / Unangefochten in der Schweiz«; im neutralen Ausland fände ein Deutscher alles andere als den Tod. Plötzlich äußerte sich helle Angst, vielleicht vor Hitlers Ritt gen Osten, jedenfalls vor einer totalitären Zukunft. »Wie tot sänk', denkt der Mensch, vom Rosse / Erst unsereins, als Zeitgenosse, / Da wir doch hören beinah stündlich, / Daß, wo wir ritten, unergründlich / Die Tiefe war und, was noch schlimmer, / Wir müssen reiten ja noch immer / Und tun's verhältnismäßig heiter: / Wer weiß wohin? Nur weiter, weiter!« Die moderne Geschichte der Deutschen könnte ebenso enden wie vor Zeiten der Ritt über den See.

Schutz vor modernem Unheil schien die Demut der Vorfahren zu gewähren, auch am Bodensee, wo ein neuer Regionalismus der Künstler gedieh. Hier antwortete Wilhelm von Scholz, aus Berlin gebürtig, 1944 auf Schwabs Ballade mit der Erzählung »Eine alte Bodensee-Sage«. Vor vielen hundert Jahren habe im Gebirge südlich des Sees ein einfältiger Klausner gewohnt. Der Bischof von Passau sei eigens angereist, um dessen Wundertaten zu prüfen, und habe genüßlich bemerkt, daß der Waldbruder nur fehlerhaft lateinisch zu beten verstand. Der Prälat habe ihn gnädig verbessert und sich beruhigt auf die Heimfahrt gemacht. Mitten auf dem Bodensee sei sein Schiff eingeholt worden von einem Mann, der winkend über das Wasser rannte. Der Klausner sei es gewesen, der die Lateinlektion schon wieder vergessen und den Bischof danach gefragt habe.

Dieser sei ganz kleinlaut geworden und habe gesagt: »Du betest besser als ich.«
Die hübsche Erzählung geißelte den Hochmut der Intellektuellen und pries die Weisheit der stillen Gemüter, die mit dem Übersinnlichen kommunizierten. Aber Scholz kopierte bloß Tolstois Erzählung »Die drei Greise« von 1886, die am Weißen Meer spielte und Erinnerungen an die nordrussische Einsiedlerbewegung um 1500 spiegelte. Eine Bodenseesage, gar eine mittelalterliche Mönchslegende war das nicht, eine Lebenshilfe für moderne Laien erst recht nicht. Nach dem zweiten Weltkrieg stürzten sich die meisten Deutschen ins nächste Rennen, vom historischen Punkt Null zum Erdball als Touristenziel.
Gegen solchen Konsum der Kommunikation regte sich Widerspruch, gerade im Ferienland am Bodensee. In Lippertsreute schrieb der Karlsruher Karl Wittlinger 1967 eine bissige Satire »Weißer Tod im Rücken«. Ein Filmbonze wollte Schwabs Ballade modernisieren, denn bei der letzten Seegfrörne 1963 waren Kraftwagen auf das Eis gefahren. Gustav Schwab, anscheinend unsterblich, entwarf ein Drehbuch. Doch der ausländische Regisseur wirbelte alle Gattungen vom Heimatfilm bis zum Sexknüller, alle Schauplätze von Formosa bis Grönland durcheinander. Allein das Wettrennen mit dem Sekundenzeiger hielt die wüste Handlung zusammen: Ein Schmuggler sollte nachts im Schneetaifun von Zürich nach Sipplingen rasen und im Rolls-Royce einen Eisberg erklimmen. Schwabs Einwand, daß es im Bodensee keine Eisberge gebe, verdarb den Filmkünstlern die Laune. Kameraleute bildeten nicht die Natur einer Landschaft und die Kultur ihrer Bewohner ab, lediglich ein Weltpanorama im aktuellen Zeitpunkt. Der Verschleiß unterschiedlichster Bildmotive zu Modezwek-

ken bedeutete überdies einen neuartigen »Ritt über den Bodensee« mit verheerenden Folgen.
Als sich die Flucht aus sozialen Zeiten und Räumen überstürzte, gewann das Gleichnis Allgemeingültigkeit. Peter Handke benutzte es in dem Theaterstück »Der Ritt über den Bodensee«, das er 1970 in Paris verfaßte. Der Kärntner Handke befand sich damals auf der Flucht vor seiner Herkunft und nahm den Titel als Sinnbild für undeutliche Kommunikation, nicht für einen bestimmten Geschichtsraum. Die Darsteller, die sich selbst als Theaterleute spielten, führten keine Handlung auf; sie reihten lediglich Sätze und Gesten, vermeintliche Lebensäußerungen von Menschen in Gesellschaft. In Wahrheit waren ihre Umgangsformen abgelöst von allen Inhalten erlittener oder erträumter Geschichte. Die Eisdecke trug, solange sprachliche Möglichkeiten mit menschlichen Wirklichkeiten verwechselt wurden. Wo die Bodenlosigkeit konventionellen Geredes und Gehabes durchschaut war, endete das Stück; die Schauspieler saßen bewegungslos und sprachlos. Sie hatten kein Ufer erreicht, es war nichts Ernsthaftes dahinter, nicht einmal hinter dem Titel des Stückes. Was hieß noch Ritt und Bodensee?
Doch, etwas steht hinter der aufgeregten Erstarrung unserer Moden und Posen, die Angst vor unserer Geschichte. Das schilderte Christa Wolf in Ostberlin 1976 mit dem Roman »Kindheitsmuster«. Die Dichterin besuchte den Schauplatz ihrer frühen Jahre wieder, eine Provinzstadt, die hitlerdeutsch gewesen und polnisch geworden war. Dort hatten die Toten und die Fremden einander nichts zu sagen. Beide Gruppen wurden von Besuchern nicht verstanden, die in momentanen und globalen Mustern dachten. Diesem typisch modernen Verhalten, vor allem der Deutschen, gab Frau Wolf einen

Namen: »Reiter über den Bodensee. Rücksichts-los sein (ohne Sicht zurück) als eine der Überlebensbedingungen ... Gestorbensein – Überlebthaben – Leben: Woran erkennt man sie? Von den Toten kann man nicht sprechen. Den Überlebenden sind Rück-Sicht und Vor-Sicht versperrt. Die Lebenden verfügen frei über Vergangenheit und Zukunft.« Doch wie können wir wieder zum Leben kommen, wenn sich neben die Alten, die überlebt haben, schon die Jungen drängen, die nichts als überleben wollen? Sollen wir die Generationen und Regionen wieder voneinander isolieren, den sozialen Zeiten und Räumen sprachlos entlaufen? Das wäre Fortschritt in die falsche Richtung, die besonders die Deutschen seit ihrer Industrialisierung und Nationalisierung eifrig eingeschlagen haben.

Nachbarn

Wir sollten, das ist mein Schluß, heute miteinander reden, auch von Toten und Fremden. Einfach ist das gerade am Bodensee nicht, in der internationalsten Provinz des deutschen Sprachgebietes. Martin Walser schrieb 1979, daß Bilder, die wirklich eine hiesige Stimmung festhielten, immer aussähen wie auf die Sekundenspitze getrieben. Der Bodensee biete keine zeitliche, auch keine räumliche Identität. Einmal tue er mittelmeerisch, dann wieder spiele er Fjord, eigentlich liege er am Weg von Burgund nach Böhmen. Walser muß es wissen, seine Dichtung verabschiedet sich dauernd vom Bodensee und kommt doch nicht weg. Aber sie hält diesen Fleck Erde auf die moderne deutsche Weise fest, im Schnappschuß mit Weitwinkel. Trifft dieses Verfahren indes die Eigenart Europas, das von allen Erdteilen die undeutlichsten Grenzen und die profilierteste Geschichte hat? Den Menschen dieses Kontinents wird die Kommunikation erschwert durch Eindrücke einer diffusen Natur und einer zentrifugalen Literatur; das Einvernehmen könnte ihnen erleichtert werden durch Erfahrungen einer langwierigen und kleinräumigen Geschichte. Ich plädiere für sie, weil sie nicht nur Heimatkunde, sondern zugleich Menschenkunde ist. Die Ängste und Wünsche, von denen jedermann ähnlich betroffen wird, machen den Augenblick und das Zuhause zwar nicht unwirklich, aber durchsichtig.

Zeitgenossen vergangener Generationen und Landsleute fremder Regionen können in die Gemeinschaft der hier Lebenden eintreten. Das ist in Europa immer und überall möglich, am Bodensee seit dem Frühmittelalter, als hierzulande Mönche aus Irland ein Evangelium wiederholten, das sechshundert Jahre zuvor in Israel gepredigt worden war. Weil in Europa alle regionale Geselligkeit aus universaler Geschichte erwuchs, fand eine Erfahrung, die Menschen in vielen Zeiten und Räumen bewegte, ausgerechnet in Überlingen ihre literarische Ausprägung. Umgekehrt blieb »Ritt über den Bodensee« immer nur eine unter den vielen Lebensformen Europas. Das erfährt zur Zeit, wie zahlreiche andere Menschengruppen, auch die Universität Konstanz. Ihre Mitglieder unternehmen vielerlei Ritte über den Bodensee; vor zehn Jahren führten sie die Zugereisten oft von irgendwoher nach irgendwohin. Jetzt mehren sich bedächtige Besuche bei Nachbargemeinden. Wenn eine von ihnen, die Stadt Überlingen, heute wieder einmal einen Reiter vom anderen Ufer empfängt, steigt er dankbar ab und schaut sich um. Er sieht viele seinesgleichen, die inzwischen Land und Wasser so betrachten, wie die Hiesigen den Bodensee und seine Ufer immer empfanden: nicht als Erdoberfläche, die man sich untertan macht und die man hinter sich bringt, sondern als ebenso schwankende wie kostbare Brücke zwischen den Menschen.

Bodensee
Geschichte eines Wortes

See und Sprache

Wie der Bodensee vor tausend Jahren seinen Namen erhalten und warum er ihn bis heute behalten hat, das ist die Frage. Es scheint keine wichtige Frage zu sein, die außer einigen Sprachgelehrten viele Menschen beträfe. Kluge Zeitgenossen gestehen, daß sie darüber nie nachgedacht haben, und ihre Gleichgültigkeit ist verständlich. Irgendwann wird sich irgendwer den Namen ausgedacht haben; seither wissen alle, wie dieses Gewässer von anderen zu unterscheiden ist, und hüten sich, ihm einen anderen als den eingebürgerten Namen zu geben. Wörter der Umgangssprache müssen eindeutig verwendbar sein, nicht in ihrer Herkunft durchschaubar. Wahrscheinlich wäre die allgemeine Neugier größer, wenn sich die Spezialisten nicht auf die Suche nach dem Ursprung des Wortes beschränkt hätten. Ihr Streit, vor fünfhundert Jahren entfacht, ist zwar seit hundert Jahren entschieden, aber nicht einmal das Endergebnis sprach sich herum.

Populär ist heute nur der bissige Witz eines Mitstreiters, Karl Simrock, den er 1864 einem der sieben Schwaben in den Mund legte: »Und der See, sagt' er, habe gar keinen Grund / Und Boden, sagt' er, und aus diesem Grund / Heiße man ihn eben den Bodensee, / Wie das denn leicht zu begreifen steh.« Wenn es sich schon nicht lohnt, nach dem Grund der Benennung zu fragen, dann erst recht nicht nach Gründen ihrer Beibehaltung oder Veränderung. Daß der Seename allenfalls eine ursprüngliche Bedeutung, jedoch keine bewegte Geschichte habe, glauben nicht bloß Hiesige; an anderen großen Seen denken die Leute ähnlich, und dort haben sie recht.

Man frage Bewohner von Genf, warum sie den größten aller Alpenseen *Lac Léman* nennen, nicht wie die Besucher *Genfer See, Lago di Ginevra, Lake of Geneva*. Die Laien zucken die Achseln, kein Fachmann hat die Frage gründlich untersucht. Namenforscher wissen nicht einmal genau, was *Léman* bedeutet. Vielleicht liegt ein indogermanisches Wort für »See« zugrunde; dann wäre *Lac Léman* eine unsinnige Verdoppelung, der Seesee, ähnlich wie »Laacher See«. Oder der Wortstamm *Lemanis* geht auf einen keltischen Ausdruck für »Ulme« zurück; dann hieße der See noch immer nach Bäumen, die in grauer Vorzeit sein Ufer säumten. Schon die Antike zerbrach sich darüber nicht den Kopf. Als Caesar um 52 v. Chr. die Geschichte seines gallischen Krieges schrieb, nannte er den See, stets in einem Atem mit dem Fluß Rhone, auch lateinisch *lacus Lemannus,* in der Art der Einheimischen, ohne nach Gründen zu fragen.

Erst spätantike Philologen überlegten um 400, ob der See etwas mit Menschen, ob das Wort *Lemannus* etwas mit den *Alemanni* zu tun habe. Das Mittelalter nannte den See nach Siedlungen von Menschen, zuerst nach der Bischofsstadt Lausanne, zuletzt nach der Handelsstadt Genf. Das merkten sich die Ausländer bis heute. Bei den Ansässigen wurde die humane Geschichte durch die humanistische Neuzeit verdrängt; der See heißt jetzt im Französischen wieder so wie beim Einmarsch der Römer. Sein Name knüpfte bei natürlichen

Erscheinungen an; nachdem ihn die Sprache einmal festgesetzt hatte, schien er keine historische Untersuchung zu lohnen. Vergessen sind die Seitensprünge seiner Geschichte, zum Beispiel die politisch begründete Übertragung des Ausdrucks »Alemannischer See« vom *Lac Léman* auf den Bodensee in der Stauferzeit. Das geht moderne Genfer wirklich nichts an, wohl aber moderne Anrainer des Bodensees. Denn er hat anscheinend keine so abgerundete Namengeschichte wie der *lacus Lemannus*. Ist sie überhaupt der Normalfall?

Brisanter und bekannter als »Alemannischer See« wirkt am Bodensee noch immer der Name »Schwäbisches Meer«. Auch er stammt nicht von hier, sondern von jenem nordeuropäischen Gewässer, das wir Deutschen mittlerweile Ostsee nennen. Es hat eine stürmische Namengeschichte hinter sich. Die Römer kannten es seit den Flottenzügen des Tiberius, fanden aber diesmal keine einheimische, natürliche Kennzeichnung vor. Mit einer gelehrten, völkerkundlichen kam Tacitus im Jahre 98 n. Chr. Weil er die Mehrzahl der Germanenstämme östlich und nördlich des römischen Grenzwalls für Sueben hielt, nannte er auch das Meer in ihrem estnischen Hinterland *Suebicum mare*. Spätere antike Schriftsteller bemerkten, daß sich dort noch andere Völkerscharen drängten, und sprachen lieber vom Germanischen, Sarmatischen oder Skythischen Meer. Alle diese Seenamen verblaßten, nachdem die Völkerwanderung die Germanen nach Südwesten abgezogen und die Slaven von Südosten angezogen hatte.

Germanische Seefahrer, die danach vom »Westmeer« herkamen, umschrieben ihre östlichen Zielräume seit dem neunten Jahrhundert vage als *Orientale mare* oder *Ostsae;* in ihrer angelsächsischen, skandinavischen und fränkischen Heimat fand die Formel Anklang. Als nach dem Ende der Wikingerzüge Ruhe im Norden Europas einkehrte, prägten die Anwohner selber seit dem elften Jahrhundert einen Namen, der den Naturraum anschaulich beschrieb, *Balticum mare.* Was »baltisch« bedeutete, ist umstritten. Entweder meinte es dänisch »Gürtel« nach den langgestreckten Ufern des »Belt« oder litauisch »weiß« nach der glänzenden Wasserfläche. Ob Gürtelmeer oder Weißmeer, die unpolitische Bezeichnung erlaubt es seither Gebildeten aller Nationen und Zonen, Engländern und Russen, Romanen und Arabern, vom *Baltischen Meer* zu reden. Hingegen blieb es in Mittel- und Nordeuropa bei der germanischen Benennung *Ostsee,* die im Spätmittelalter durch die Herrschaft der deutschen Hanse neu gefestigt wurde. Mit demselben Patriotismus belebten deutsche Humanisten auch die spätantiken Namen wieder, bezeichneten die Ostsee als das »Deutsche Meer« und verlegten das »Schwäbische Meer« an den Bodensee. Insgesamt bezeugen die Wandlungen der Seenamen in diesem Fall keinerlei Ursprünglichkeit und Stetigkeit; sie spiegeln in allen Zeiten die turbulente Geschichte der Anwohner und die wechselnden Standpunkte der Betrachter.

Lacus Lemannus oder *Suebicum mare* – welchem der beiden sprachgeschichtlichen Extreme steht das Wort »Bodensee« näher? Es hat sicher seine eigene Geschichte, die nur hie und da die des Genfer Sees und der Ostsee berührte. Aber von vornherein fällt auf, daß man die Namen beider Gewässer gern auf den Bodensee übertrug. Anscheinend besaß er selbst keinen seit jeher feststehenden und überall einleuchtenden Namen. Einen ursprünglichen und natürlichen hatte er tatsächlich so wenig wie die Ostsee. Was bei seinem Anblick die Menschen der Vorzeit sagten, ist unbekannt. Freilich witterten Gelehrte seit dem fünfzehnten Jahrhundert hinter

Gewässernamen urtümlichste Sprachschichten; sie spürten bei Plinius ein ligurisches Wort für den Po auf, *Bodincus,* »grundlos tief«. Bis ins neunzehnte Jahrhundert leuchtete es Gebildeten ein, daß auch der Bodensee so heiße, weil er keinen Boden habe. Trotzdem führte die Fährte in die Irre. Wenn das ligurische Wort für den Bodensee üblich gewesen wäre, hätten es die Römer so unbedenklich wie *Lemannus* übernommen. Für den Bodensee aber wußten Griechen und Römer gar keine alte Bezeichnung.

Der größte griechische Geograph Strabon erwähnte um 17 n. Chr. einen großen See zwischen den Quellen der Donau und des Rheins, im Land der Räter und Helvetier. Das muß nicht der Bodensee gewesen sein, Strabon notierte keinen Namen. In der frühesten erhaltenen lateinischen Erdbeschreibung teilte dann der Römer Pomponius Mela 43/44 gleich zwei Namen von alpinen Rheinseen mit, *lacus Venetus* und *Lacus Acronus.* Man vermutet, daß der erste den Obersee bezeichnete, nach dem rätischen Kleinstamm der Vennoneten; für *Acronus,* vielleicht den Namen des Untersees, fehlt eine plausible Erklärung. Beide waren schwerlich lateinischen Ursprungs, eher von Rätern oder Helvetiern entlehnt. Den Römern mißfielen sie, in keiner antiken Schrift kehrten sie wieder. Denn nach römischer Ansicht gliederten Völkerverbände und Flußsysteme die Erde übersichtlicher als isolierte Seen. Der Bodensee besaß keinen umfassenden Namen, weil ihn Ansässige und Besucher nicht in größeren Zusammenhängen betrachteten, und sie ließen es bleiben, solange nicht die Geschichte sie dazu zwang. Wenn der Bodensee heute eine Bezeichnung trägt, die seit langem und von vielen anerkannt wird, ist sie also ein Ergebnis nicht der sprachlichen Einsetzung, sondern der geschichtlichen Auseinandersetzung. Mehr auf diese als auf jene müssen wir achten, wenn wir den Erfolg des Wortes »Bodensee« verstehen wollen.

Ein See der Klöster

Die Römer ließen sich seit der Zeit des Augustus am Südufer des Bodensees nieder, in Bregenz, Arbon, Konstanz und Eschenz; einige dieser Ortsnamen verraten die lateinische Herkunft. Römer achteten auf solche befestigten Stationen und die Straßen zwischen ihnen, nicht auf das Gewässer, das sie als unwegsam empfanden. Ihr Wort *lacus,* mit dem deutschen Wort *Lache* stammverwandt, bedeutete ursprünglich Vertiefung, Grube, Pfütze; ein See war zunächst verunreinigtes Land, nicht entfernt vergleichbar mit dem großen Meer, das inmitten der zivilisierten Völkerwelt lag und von den Römern seit Caesar *Nostrum mare* genannt wurde. Wenn Römer in diesen nördlichen Breiten überhaupt auf die Barbarenpfütze blickten, bemerkten sie den fließenden Rhein eher als den stehenden See. Doch bei der Namengebung hielten sie sich an stabilere Formen.
Die enzyklopädische Naturkunde des älteren Plinius setzte vor 77 n. Chr. den Sprachgebrauch der nächsten siebenhundert Jahre durch: Dieses alpine Gewässer in Rätien heiße *lacus Brigantinus,* nach der römischen Siedlung Bregenz am östlichen Ufer. Dort ergoß sich der Rhein in den See, dort lag die Station, zu der man, aus Italien kommend, zuerst gelangte. Der Historiker Ammianus Marcellinus meinte um 390, daß die Bezeichnung von den rätischen Anwohnern selber stamme, doch sah auch er den riesigen, angeblich über 80 Kilo-

meter langen Sumpf mit römischen Augen: Er wurde vom Rhein durchflossen und bloß durch Römerstraßen am Ufer erschlossen, erstreckte sich also von Bregenz bis Eschenz. Der See empfing einen übergreifenden Namen, sobald Herren aus der Fremde den gesamten Umkreis besetzten. Der See behielt unter anderem deshalb einen einheitlichen Namen, weil zuerst die Römer dieses Land ordneten.

Die nächsten Herren, die Alemannen, kamen vom Norden, letztlich vom Vorfeld des *Suebicum mare;* am Nordufer des Bodensees lagen ihre ersten Schwerpunkte. Um 610 war Überlingen der Sitz eines alemannischen Herzogs mit großem Hofstaat. Zu ihm ruderten alemannische Bauern von Bregenz und romanische Priester von Arbon über ein namenloses Meer, auch die ersten missionierenden Mönche aus dem westlichen Frankenreich. Doch die Alemannen liebten, wie andere Germanen, das große Wasser noch weniger als die Römer; das Wort *See* wurde den Germanen wohl erst von fremden Vorbewohnern beigebracht. Die Alemannen unternahmen auch weniger als die Römer, um die Seegegend zusammenzufassen. Es ist ungewiß, wie weit der politische Einfluß des Überlinger Herzogs reichte und wie vollständig alemannische Siedler die romanische Bevölkerung verdrängten.

Wenn die alemannischen Zustände des siebenten Jahrhunderts verworren waren, versteht es sich, daß der ganze See keine neue Bezeichnung erhielt. Für Seßhafte brauchte er gar keinen Namen, weil sie keinen anderen See kannten. Die weitgereisten Mönche aber, deren Horizont von Irland bis Italien reichte, redeten lieber römisch als alemannisch. Sie verstanden sogar den Namen *Alamannia* nicht als germanische Stammesbezeichnung, sondern als lateinisches Wort für »Hochland«. Sie werden auch den See *lacus Brigantinus* getauft haben, schon weil ihre Gründerväter, die Heiligen Kolumban und Gallus, um 610 zuerst bei dem zerstörten Römerort Bregenz »nahe am Rhein« ihre Klause errichtet hatten. Daß die Mönche den Bodensee so nannten, läßt sich allerdings erst aus zweihundert Jahre jüngeren Schriften erschließen.

Noch weniger weiß man von einem andersartigen Namen, dem Vorläufer des heutigen, der im siebenten Jahrhundert bei alemannischen Laien aufgekommen sein mag. Es geschah zur selben Zeit, als der römische Herrschaftsanspruch auch über das *Nostrum mare* im Süden zerbrach und dessen Anwohner, zuerst im westgotischen Spanien um 620, vom »Mittelmeer«, vom *Mediterraneum mare* zwischen den Erdteilen zu sprechen begannen. Der erste Bestandteil des Wortes *Bodensee* ist sicher deutsch, vermutlich sogar alemannisch. Was *Boden* bedeutet, erklärte 1860 der größte deutsche Philologe Jacob Grimm auf eine Weise, die jedes Kind begreift: Nicht bodenlos sei der Bodensee, sondern weil er einen Boden habe, heiße er so. Boden sei das Unterste einer Sache, hier einer riesigen Wanne voll Wasser, der Boden des Rheins.

So überzeugend die einfachste Deutung immer klingt, diesmal hat sie zwei Schönheitsfehler. Einen See pflegte man sonst nach sichtbaren Merkmalen zu benennen, nicht nach dem Untergrund. Außerdem bezeichnete das Südalemannische mit *Boden* meist nicht das Unterste, sondern, ähnlich wie das verwandte lateinische *podium*, eine herausgehobene Fläche. Man denke an Adelboden im Berner Oberland, an das Bödele oberhalb von Dornbirn, an den Bodanrück. Dieses Wort meinte nicht etwas so Verdrehtes wie den Rücken vom Boden, sondern eine Hochfläche, sozusagen den Dachboden. So kurios es klingt: Was bei diesem See Boden hieß, war das, was nicht unter, sondern über ihm lag. Der Bodensee wurde wie der *Lac Léman* und das Baltische Meer nach der Gestalt seiner Ufer und Flächen benannt, nicht nach seinen Tiefen.

Jetzt liegt die topographische Lösung des Problems auf der Hand. Es gibt einen Ort, der über dem See liegt, auf dem Bodanrück, und zu allem Überfluß danach heißt: Bodman. Ludwig Uhland verteidigte diese Erklärung, auf die schon 1489 der Humanist Fabri gekommen war, 1859 gegen Grimms Autorität, langfristig mit Erfolg. Das Dorf Bodman hieß anfänglich wohl *Bodamon,* althochdeutsch »Auf den Böden«, auf der Fläche über dem See. Die Philologen atmen auf, doch der Normalmensch wundert sich, warum ein so kleines Dorf dem großen See den Namen gab. Zur Begründung fahren die Wortkundler schweres Geschütz auf, der Bodensee habe diesen Namen von der Kaiserpfalz Bodman. Damit stellt sich auch eine klare Datierung ein, die Pfalz ist seit 759 bezeugt. Demnach erhielt der Bodensee seinen heutigen Namen im späten achten Jahrhundert, weil damals die Pfalz Bodman den Mittelpunkt karolingischer Königsherrschaft am See bildete, weil also zum ersten Mal seit der Römerzeit ein politischer Wille von außen die ganze Gegend tatsächlich zusammennahm. An dieser Stelle schließen Philologen die Akten, daß es nur so staubt: Eine Sprachregelung von oben, was will man mehr!

Wie war das doch, mußte der Name nicht alemannischer Herkunft sein? Wie kamen die Franken dazu, ihn zu übernehmen? Sollten die Karolinger ganze Landstriche so flink neubenannt haben wie moderne Regierungen? Wahrscheinlich verlief die Geschichte verzwickter, etwa folgendermaßen. Die neuen fränkischen Herren übernahmen den alten Wirtschaftshof Bodman mit seiner Kirche. Alemannische Bauern vom Bodanrück betrachteten Bodman wohl seit zweihundert Jahren als wirtschaftlichen und religiösen Mittelpunkt ihres Lebens und nannten den angrenzenden See schon eine Weile »Bodmansee«, vermutlich bloß jenen Teil, den wir Überlinger See heißen. Ihren karolingischen Herren kam die lokale Bezeichnung politisch gelegen. Den fränkischen Sprachgebrauch gaben, erst Jahrzehnte danach, zwei Schriftstücke wieder.

Als Kaiser Ludwig der Fromme 815 der Abtei Reichenau Sonderrechte bestätigte, ordnete er das Kloster zwei größeren Verbänden zu: Es liege im Herzogtum Alemannien, und zwar im Gau »Untersee«. Das Wort bezeichnete noch nicht jenen See, der heute so heißt, sondern die Landzunge zwischen den Seen, den Bodanrück mit dem Herrschaftszentrum Bodman. Von Bodman aus charakterisierte um 850 der Mönch Ermenrich von Ellwangen auch den anderen See, den heutigen Obersee: Die Pfalz des Königs Pippin liege an dem Meer, das *Podomus* heiße. Sagen wir deutlicher: es sollte nach Bodman genannt werden. Die sonstigen Stützpunkte der Franken lagen weiter rückwärts, ländlicher Grundbesitz um Eschenz, allenfalls in Konstanz der Sitz des karolingerfreundlichen Bischofs. Deswegen konnten die Begriffe »Untersee« und »Bodmansee« programmatisch ausgeweitet werden, als Anspruch auf das herzogliche Überlingen oder gar auf das klösterliche St. Gallen. Wir stoßen damit auf den Wunsch der Karolinger, vom Westen her das ganze Bodenseegebiet, ja das gesamte alemannische Land zu vereinen.

Was sagten die Alemannen dazu? Sie fügten sich der Sprachregelung der neuen Machthaber nicht gleich, nachdem ihr Herzogtum in Cannstatt 746 vernichtet worden war. Besonders der alemannische Abt Otmar von St. Gallen begehrte auf. Seine Gegner, die karolingischen Grafen und der Konstanzer Bischof, setzten ihn 759 in der Königspfalz Bodman gefangen, die bei dieser Gelegenheit zum ersten Mal von sich reden machte. Als es einem St. Galler Mönch gelang, die Gefängniswärter zu überlisten, wurde Otmar über den See in den sicheren Westen geschafft, auf die Insel Werd bei Eschenz; in diesem fränkischen Stützpunkt starb er noch im gleichen Jahr. Seine Mitmönche vergaßen die karolingische Schmach nie. Als sie zehn Jahre später den Leichnam des Abtes heimlich von Werd nach St. Gallen zurückholten, empfanden sie die Ruderfahrt über das stürmische Meer als äußerst riskant, die Heimkehr ans sichere Land als höchst ersehnt. Einen Namen gaben die Benediktiner diesen unheimlichen Wassermassen nicht, den karolingischen Namen »Bodmansee« schon gar nicht. Die alemannische Gleichgültigkeit der Anfänge steigerte sich zu hinhaltendem Widerstand: Der See sollte nicht nach dem Willen karolingischer Tyrannen bezeichnet werden.

Wie denn sonst? Eine Alternative schlug 833/34 der Alemanne Walahfrid Strabo vor, der größte Dichter des Inselklosters Reichenau, das längst seinen Frieden mit den Karolingern geschlossen hatte. Auf Wunsch der St. Galler Mönche erzählte er das Leben ihres Gründerheiligen Gallus neu und sprach dabei von Bregenz, wo sich Kolumban und Gallus anfangs niedergelassen hatten. »Die vom Alter bereits zerfallene Stadt Bregenz gab dem See, der vom Durchfluß des Rheines gebildet wird, den Namen.« Das war nichts Neues, der »Bregenzer See« der Römer. Nun eine verblüffende Wendung: »Mit einem anderen Namen heißt er auch *Potamicus,* nach einem griechischen Wort.« Bei dieser ersten uns schriftlich erhaltenen Erklärung des Wortes »Bodensee« dachte

Walahfrid an das griechische Wort *potamos* für Fluß. *Lacus Potamicus* bedeutete Flußsee, Rheinsee. Die Herleitung ist nicht ungewöhnlich, denn viele Seen heißen nach ihren Zuflüssen: Ammersee, Traunsee, Sihlsee. Seltsam ist bloß, daß Walahfrid das Wort *Potamicus* weit aus dem Griechischen herholte, statt von dem nahen Ortsnamen Bodman. Walahfrid wollte nicht bloß mit altgriechischen Kenntnissen prahlen, gelehrte Eitelkeit war ihm fremd; es ging um mehr.

Walahfried kannte den Namen Bodman, er erzählte selber von der Gefangenschaft des heiligen Otmar in der dortigen Pfalz und gab den deutschen Ortsnamen lateinisch mit *Potamum* wieder. Jeder Klosterschüler, der zu diesem Substantiv ein Adjektiv hätte bilden sollen, wäre auf *Potamicus* verfallen. Walahfrid aber sträubte sich gegen die Gleichung, auch 839, als er Abt von Reichenau geworden war und ihm der Kaiser in Bodman für sein Kloster Land schenkte. In der Urkunde, die in Anwesenheit Walahfrids, nicht ohne sein Zutun formuliert wurde, lautete das Adjektiv zum See *Potamicus*, das Adjektiv zum Pfalzort jedoch *Potimiacus*. Der eine Name sollte gelehrtes Griechisch, der andere mochte laienhaftes Deutsch sein.

Solche philologischen Bedenken konnten nur politische Gründe haben: Walahfrid bejahte die karolingische Neuordnung von ganz Alemannien und wollte auch den neuen Namen »Bodensee« anerkennen, ihn aber nicht von der altfränkischen Zwingburg Bodman und ihrem Umland auf dem Bodanrück ableiten, sondern von dem Fluß, der die beiden Benediktiner-Abteien St. Gallen und Reichenau miteinander verband. Schon 824 hatte Walahfrid sein Kloster Reichenau ähnlich beschrieben wie die Gallusklause bei Bregenz: Es liege mitten in Deutschland, in einem nach Westen ausgedehnten Meer, und werde vom Rheinfluß umströmt, der von den Alpen im Süden komme. Auch Walahfrid meinte mit dem neuen Namen *lacus Potamicus* den ganzen See, begründete aber dessen Einheit kirchengeschichtlich, nicht machtpolitisch. Die Mönche von St. Gallen übernahmen Walahfrids Kompromiß zunächst zögernd. Denn allem alemannischen Widerspruch zum Trotz sollte der See nun doch »Bodensee« heißen, weil der Rhein, der ihn durchfloß, befreundete Klöster miteinander verband. Wozu ein Verbund? Immerhin ein alemannischer!

Die zwei Entwürfe vom ganzen Bodensee, der fränkisch-königliche von 759 und der alemannisch-mönchische von 833, blieben nicht lange nebeneinander stehen. Wie sie miteinander verschmolzen, zeigen lateinische Schriften aus der Abtei St. Gallen. Noch 887/88 dichtete dort Notker der Stammler, als er seinen Schüler Salomon heimrief, im Sinn Walahfrids vom Ufer des wütenden Rheins und vom Gestade des tosenden Sees. Er nannte ihn *potamus,* Fluß, als wären Rhein und See fast dasselbe. Weniger pointiert, aber in gleichem Sinn äußerte sich 884 der erste Geschichtsschreiber des Klosters, Ratpert, der als Aktionsfeld der Heiligen Kolumban und Gallus den *lacus Potamicus* angab.

Diesen Brauch verließ die Abtei nach 890 kurzfristig, als Notkers Schüler Salomon Abt von St. Gallen und Bischof von Konstanz war. Zusammen mit Abt Hatto von Reichenau beriet er spätkarolingische Könige, beinahe beherrschte er sie. Die Herrscher belohnten die Dienste beider Äbte mit Landschenkungen auf dem Bodanrück, in Bodman selbst. Sie sühnten den Frevel am heiligen Otmar und weihten den Bodmansee. Nun verstand 891 ein St. Galler Urkundenschreiber den Ausdruck Walahfrids anders, ungriechisch, deutsch: Wo er den See zu bezeichnen hatte, in den der Alpenrhein mündete, schrieb er zweimal *lacus Podamicus,* mit *d* wie in Bodman.

Die neue Schreibweise blieb vorerst vereinzelt, trotzdem war sie bezeichnend. Die Gallusmönche bekannten sich zum örtlichen Ursprung des Seenamens, als die Pfalz Bodman für sie kein fremdes Herrschaftszentrum mehr war. Jetzt spiegelte der Name »Bodmansee« einen neuen Zusammenhalt zwischen alten Gegnern, St. Gallen und Reichenau einerseits, Bodman und Konstanz andererseits. Diese Verquickung brachte dem Namen *lacus Potamicus* um 890 allgemeine Anerkennung ein, weil er die politischen Kräfte im weiten Umkreis zusammenfaßte und weil die führenden Mönche im Land diese Versöhnung als Geschichtsdenker begrüßten.

Daß ihr auch die Zukunft gehöre, darum bemühte sich ebenfalls das Kloster St. Gallen; es blieb über Generationen bei der spätkarolingischen Redeweise. In Besitzurkunden und Heiligenlegenden sprachen die Mönche seit dem zehnten Jahrhundert nicht mehr vom *lacus Brigantinus* der Antike, nur vom *lacus Potamicus* der Gegenwart. Der bedeutendste Historiker von St. Gallen, Ekkehard IV., reihte sich vor 1022 als Dichter in diese Tradition ein. Sein Geschichtswerk nannte dann um 1050 den Bodensee nicht mehr ausdrücklich beim Namen, behandelte aber den Schiffsverkehr, der St. Gallen wie mit Wasserburg, so mit Konstanz und Reichenau verband. Es entsprach der Auffassung Walahfrids, daß der See für alle offenstand; auch darin folgte Ekkehards Bericht dem Herkommen. Wenn ein Zugereister, der Trierer Erzbischof, den weiten See vor der Haustür des Klosters bewunderte, gaben ihm die Mönche sofort Bescheid, daß ihnen der See nicht ganz gehöre; vom St. Galler See träumten sie nie. Sie wußten, daß der See

keine Einheit vorgab, daß sie Aufgabe der Menschen ringsum war.
Deshalb machte ein St. Galler, wahrscheinlich Ekkehard selber, auch den Konstanzer Geistlichen ein Angebot: »Zwei Seen stehen dort beisammen und werden durch den Rhein verbunden; sie geben Konstanz den Namen, vom Beisammenstehen.« Die Herleitung war falsch, weil Konstanz nach dem Römer Constantius hieß; aber sie war geistreich und bezog die Weltpriester ins Gespräch zwischen den Mönchen ein. Freilich stieß man damit an die Grenzen von Walahfrids Vorschlag. Wenn demnächst der Bischofssitz zwei Seen verklammern sollte, war der Bodensee nicht mehr der eine See der Klöster und mußte anders als *lacus Potamicus* heißen. Aber wie? Das stand nicht geschrieben, darüber mußte man reden.

Ein See der Burgen

Wo das Hochmittelalter beginnt, erlahmt meist die Aufmerksamkeit moderner Namenforscher, als hätten sie mit den Anfängen des Wortes »Bodensee« schon seine ganze Geschichte geklärt. Statt dessen müßten sie begründen, warum der Bodensee diesen Namen behielt, obwohl sich die Schwerpunkte an seinen Ufern verschoben. Daß ein herkömmlicher Name keineswegs unsterblich war, lehrt das Beispiel »Gardasee«. Der größte italienische Alpensee trug den antiken Namen *lacus Benacus* noch im zehnten Jahrhundert, als eine Sperrfestung am Ostufer namens *Garda*, Warte, immer öfter ins Gerede kam; seit dem zwölften Jahrhundert heißt der See nur noch nach ihr. Am Bodensee entstanden ebenso wuchtige Burgen, indes viele nebeneinander, die meisten im Hinterland; schwerlich war der Obersee nach dem Heiligenberg, der Untersee nach dem Hohentwiel zu betiteln. Aber warum nicht, was Ekkehard von St. Gallen andeutete, ein neuer Name für beide Seen, warum nicht »Konstanzer See«? Der Bischofssitz wurde seit dem zehnten Jahrhundert eine mächtige Burg Gottes: neben der Kathedrale ein Kranz von Kirchen, Stiften und Klöstern, neben der Bischofspfalz Niederlassungen von Handwerkern und Kaufleuten, eingefaßt durch Wehrmauern. Nur das Wichtigste fehlte, Konstanz war noch kein geistiger Mittelpunkt und fand keine Selbstdarstellung.

Entsprechend ratlos reagierten auswärtige Betrachter. Bischof Heribert von Eichstätt formulierte vor 1042 sein »Lied vom Schneekind« so, als grenzten unmittelbar an die schwäbische Kaufmannssiedlung Konstanz die stürmischen Weltmeere mit Sandstränden und Sklavenmärkten. Wie das Meer bei Konstanz heiße, durfte man nicht fragen. Während die Gegenwart am See zu Recht mit der weiten Welt am Mittelmeer verbunden erschien, galt die Vergangenheit zu Unrecht als abgelegen und wild. Der Chronist des bayerischen Klosters Ebersberg, vielleicht Abt Williram, dachte sich nach 1048 den karolingischen *Potamicus lacus* als Hinterland kleiner Adelsburgen. In Regensburg schilderte Otloh von St. Emmeram um 1068 das alemannische Land zwischen Bodensee und Lech, *lacus Brigantius* und *Lemannis fluvius,* wie einen prähistorischen Urwald. Das neue Konstanz der Priester und Bürger war zu schwach, um der Vielfalt am See ein geschichtliches Profil, einen übergreifenden Namen zu geben.

Konstanz war indes stark genug, um die Harmonie der alten Klöster zu stören. Das empfanden am frühesten

die Benediktiner der nächstgelegenen Abtei Reichenau. Vom ausgewogenen Bodenseebild ihres Mitmönchs Walahfrid rückten sie ab. Ihr größter Historiker, Hermann der Lahme, strebte nicht zur Karolingerzeit zurück. Seine Chronik vermied es zwischen 1048 und 1054 überhaupt, dem See Namen zu geben, und wählte bei der einzigen Ausnahme den antiken Begriff *Brigantinus lacus*. Dennoch hob er auch Bregenz nicht hervor; die Gründermönche Kolumban und Gallus wirkten nach Hermanns Ansicht in *Alamannia*. Das Land der Alemannen, nicht der See von Bregenz oder Bodman, schuf die Einheit der Reichenauer Geschichte. Hier hatte auch Konstanz den richtigen Platz, nicht als die eine Hauptstadt, sondern als einer unter mehreren Vororten Alemanniens, des Herzogtums Schwaben.
Diesem Aufruf zur Horizonterweiterung zeigten sich Hermanns Mitbrüder jedoch immer weniger gewachsen; sie verbissen sich immer mehr in örtliche Querelen. Zu Beginn des zwölften Jahrhunderts wollte ein namenloser Reichenauer durch Urkundenfälschungen anderen alten Klöstern ringsum helfen und gab, dem Nonnenkloster Lindau zuliebe, dem Obersee einen neuen, schönen Namen: der »Weite See«. Doch so weit blickten die Inselmönche bald nicht mehr. Der nächste Fälscher, Ulrich von Dapfen, nannte zwischen 1142 und 1166 in einer angeblich karolingischen Urkunde den See, der sein Kloster umgab, *lacus Augiensis,* wie wenn er immer Reichenauer See geheißen hätte. Was auf der Nordostseite des Bodanrück geschah und wie der See dort hieß, ging das Kloster schon nichts mehr an. Der Bodensee im ganzen war seit der Ottonenzeit kein Objekt der Politik und kein Thema der Historie mehr; er drohte namenlos zu werden, wenigstens für die lateinische Weltsprache.

Das diffuse Bild klärte sich seit dem Ende des elften Jahrhunderts infolge der gregorianischen Kirchenreform. Im Einvernehmen mit dem Adel des Landes kamen benediktinische Reformer aus dem Westen, von Hirsau nach Schaffhausen, Wagenhausen, Petershausen, Mehrerau, und stifteten am See eine neue Verbrüderung der Mönche. Sie kümmerten sich mit mehr Eifer als karolingische Gelehrte um Laien in der Nähe und trugen das Gefühl der Zusammengehörigkeit in breite bäuerliche Kreise. Was sie bewirkten, davon zeugt die erste Aufzeichnung des deutschen Wortes »Bodensee« in einem lateinischen Buch, im Güterverzeichnis des Reformklosters Allerheiligen zu Schaffhausen um 1140. Anderswo schrieben auch Reformmönche weiterhin brav vom *lacus Brigantinus* wie die Römer und vom *lacus Potamicus* wie die Karolinger. Der Schaffhauser Mönch aber hegte weder philologische Bedenken gegen ein barbarisches Wort noch historische Skrupel vor einer bewegten Vergangenheit; ihm ging es um alltägliche Wirtschaft in seiner Gegenwart.

Der Abtei Schaffhausen gehörten Weinberge bei Malans und Maienfeld in Graubünden; deren Weine sollten von den Winzern »bis zum *lacus Bodimse*«, zur Mündung des Alpenrheins in den Obersee, transportiert werden. Und der Senner von Beuren im Hegau hatte dem Kloster einen Fuhrwagen zu stellen »bis zum *Bodimse*«, wir würden sagen: zum Untersee. Derart weitgespannte Verkehrs- und Wirtschaftsbeziehungen erhoben den ganzen See für Mönche und Bauern des Umlands zu einer erlebten Einheit. Deshalb erhielt er einen gemeinsamen Namen, diesmal einen volkstümlichen, keinen gelehrten. Niemand wunderte sich, warum das Gewässer *Bodimse* hieß; es hieß halt so. Immerhin blieb das merkwürdige *m* stehen, das vom Ortsnamen Bodman

herrührte; in der Sprechgewohnheit schwang ein Rest geschichtlicher Erinnerung mit.
Hirsauer Reformmönche machten die Bischöfe von Konstanz zu geistlichen Wortführern im deutschen Südwesten, ihren Amtssitz zum Zentrum der Klerikerbildung. Die Weltpriester verstanden sich jedoch als Vorkämpfer für die römische Weltkirche und betrieben keine Kirchturmpolitik. Zur Heiligsprechungsfeier für den welfischen Bischof Konrad I. von Konstanz kamen 1123 zahlreiche Gläubige aus dem welfischen Oberschwaben in die Mauern der Metropole; zeitgenössische Priester unterstrichen, daß viele der Pilger jenseits des *lacus Potamicus* wohnten oder, wie ein Einheimischer schrieb, den *lacus Podamicus* überquerten. Selbst wenn dieses *d* von neuem auf Bodman verwies, verstand sich die Gemeinschaft der Gläubigen am See lieber geistlich als politisch, lieber genossenschaftlich als herrschaftlich. Konstanzer Prälaten wußten das auch. Als sich der Bischof 1155 von König Friedrich I. die Höri am Untersee zuweisen ließ, sprach die Urkunde mit Reichenauer Zungenschlag vom *lacus Augiensis,* erkannte also den Vorrang der Abtei in diesem Bezirk an. Den Obersee nannte die Königsurkunde einfach *lacus,* obwohl auch da, um Münsterlingen und Arbon, Bischofsrechte gegen Dritte zu sichern waren. Das große Wasser gehörte jedem und keinem. Wenn ein umfassender geistlicher Anspruch galt, dann der römisch-katholische, nicht der bischöflich-regionale.
Adlige Laien urteilten wie ihre geistlichen Berater, daß über den Bodensee kein irdischer Machthaber regierte. Der Chronist des Bischofsklosters Petershausen erzählte zwischen 1134 und 1159, daß aus irgendeinem Grund die Gräfin von Pfullendorf über den Teich gegen Konstanz fuhr; plötzlich, auf der Höhe der Halbinsel Eich-

horn, brachte sie einen Knaben zur Welt. Der Teich ohne Namen bot keine Bleibe; der hier geborene Edelmann starb später, wie sein Gesinde schaudernd bemerkte, an derselben Stelle im See. Als Übergangszone erschien die Seegegend auch der deutschen Kaiserchronik, die in Regensburg vor 1147 begonnen, vielleicht nach 1152 unter dem Welfenherzog Heinrich dem Löwen fortgesetzt wurde. Sie berichtete von dem römischen Kaiser Constantius und seinem Familiendrama, das zwischen Trier und Rom spielte. Sozusagen unterwegs wurde dem Kaiser zu Ehren Konstanz am *Bodemse* errichtet. Auch für die Politik des regionalen Adels fügten sich Stadt und See in einen allgemeinen, nahezu zeitlosen Rahmen und bedurften keiner gesonderten, jedenfalls keiner neuen Kennzeichnung. Erst von außen kommende Herrscher konnten wie Römer und Karolinger versuchen, den See neuartig und einheitlich zu benennen. Jetzt waren es die Staufer.

Als ihr Geschlecht in den 1170er Jahren das oberschwäbische Welfenerbe übernahm, erhielt es auch die Vogtei der Klöster Reichenau und Kreuzlingen. In Altdorf behauptete nun 1179 der staufische Herzog Friedrich V. mit Zustimmung Welfs VI., die Kreuzlinger Güter in Oberschwaben lägen diesseits des *lacus Lemannus*. Was sollte das heißen? Das Hochmittelalter suchte den antiken See dieses Namens nicht an der Rhone, weil es Caesars Nachricht nicht kannte und den dortigen See anders nannte, »See von Lausanne«. In Handbüchern las man jedoch die spätantike Lehre, daß die Völker, die am *Lemannus* säßen, danach Alemannen hießen. Also vermutete man ihn in Schwaben, zwischen Lech und Limmat. Der staufische Bischof Otto von Freising lehrte 1157/58, der *Lemannus* sei tatsächlich die Limmat, die aus einem See bei Zürich im Schwabenland fließe und namengebend für das ganze Herzogtum, wenn nicht gar für Deutschland geworden sei. Zwischen 1167 und 1174 meinte der Chronist der Welfen in Altdorf, nicht die Limmat, sondern der Bodensee heiße *Lemannus*, als eine Art Grenze des welfischen Bereiches, ja sogar Deutschlands. Die Staufer dachten ausgreifender: Ein See, der allmählich in die Mitte Schwabens rückte, durfte »Alemannischer See« heißen.

Es ist verblüffend, wie rasch und weit sich die neue Formel *lacus Lemannus* verbreitete, zuerst bei französischen Zisterziensern, die sich ohnehin soeben daran gewöhnten, ganz Deutschland Alemannien, »Allemagne« zu nennen. Schwäbische und bayerische Ordensleute folgten dann dem neuen Brauch. Alle dachten gleichermaßen an oberschwäbische wie an reichenauische Gebiete, an den ganzen See, nicht so sehr der geistlichen Vergangenheit, sondern der politischen Zukunft zuliebe. Am weitesten ging zu Beginn der 1250er Jahre der größte deutsche Gelehrte, der schwäbische Dominikaner Albertus Magnus, damals in Köln. Er hielt den Rhein für den deutschen Strom schlechthin, weil er von den Alpen zur Nordsee floß und die Städte zwischen Konstanz und Köln miteinander verband. Der Rhein füllte auch »das große Alemannische Meer«, das den Alemannen, den heutigen Schwaben, ihren Namen gab. Alemannisch nannte er ferner ganz Deutschland, weil es überwiegend von Schwaben bewohnt sei. Bald schrieben andere Gelehrte, am Bodensee wie im Elsaß und in Kärnten, ebenfalls vom »Alemannischen See«, der fast schon zum »Schwäbischen Meer«, ja zum »Deutschen Meer« wurde. Jedenfalls sollte das Land am Bodensee mit Hilfe der Umbenennung vereint und dem Stauferreich einverleibt werden.

Die Staufer insistierten mit einem zweiten Vorschlag. Er

zielte auf ihr politisches Zentrum am See, die Stadt Konstanz, in der Friedrich Barbarossa zwei grundlegende Verträge, 1153 mit dem Papst, 1183 mit den Kommunen Italiens schloß. Bald danach, 1187, stellte der Kaiser eine Urkunde aus, die nicht mehr die Zurückhaltung von 1155 übte. Er hielt sich in Wallhausen auf, wo damals die Fähre von Überlingen nach Konstanz landete. Wallhausen liege, hieß es jetzt, am *lacus Constantiensis.* Für die Staufer besaß das nahegelegene Bodman, das Reichsministerialen für sie verwalteten, weit weniger Gewicht als der städtische Stützpunkt Konstanz. Auch wenn es die moderne Forschung bisher übersehen hat, verwundert es nicht, daß die folgenschwersten Neubenennungen des Bodensees, »Alemannischer See« und »Konstanzer See«, staufische Schöpfungen waren. Beide lagen seit hundert Jahren in der Luft und warteten auf den zupackenden Herrscher, der die Welt beim Namen nannte. Die Prägung »Konstanzer See« fand allerdings bei Einheimischen und Auswärtigen keinen Anklang, sie war zu stark ortsbezogen. Beide staufischen Namen, auch der beliebtere »Alemannische See«, blieben auf lateinische Schriften beschränkt und wurden in der Mundart nicht heimisch. Für die Mehrzahl der Zeitgenossen verfehlten sie die Mitte zwischen lokaler Entfaltung und universaler Ausrichtung des Lebens am See.

Es läßt sich genauer angeben, an welchen Gruppen die Namengebung der Staufer scheiterte: an den vornehmsten Stauferfreunden der Gegend, den adligen Prälaten in Konstanz und den ritterlichen Laien im Umland. Das Bistum Konstanz, das größte in Deutschland, umfaßte im dreizehnten Jahrhundert zwischen Stuttgart und Interlaken eine Vielzahl von Regionen, die zwar überwiegend von Alemannen bewohnt waren, aber im Osten

und Westen nicht das ganze Herzogtum Schwaben einschlossen. Erschien den Bischöfen der alemannische Rahmen zu groß, so der konstanzische zu klein. Die bedeutendsten Bischöfe stammten nicht aus der Stadt, sondern von Burgen in Randgebieten. Sie bremsten den Aufschwung ihrer Residenz zur selbstbewußten Bürgergemeinde und maßen ihr schon deshalb kein allzugroßes Gewicht bei.
Aber in der Mitte des Bistums lag der Bodensee; als seine Herren begannen sich die Bischöfe zu fühlen, obwohl ihnen die Ufer nur geistlich, nicht politisch unterstanden. Am naivsten drückte sich ihr fast caesarischer Stolz in einer Urkunde aus, die zwischen 1227 und 1233 entstand. In ihr bestätigte Bischof Konrad II. die Stiftung des Zisterzienserinnenklosters Wald. Der erste Grundstückskauf habe 1212 in Uhldingen stattgefunden, »am Ufer Unseres Sees«. Ihn eigens in Bischofssee umzutaufen, wagten die Oberhirten nicht; doch der alte Name *lacus Potamicus* war ihnen kaum mehr geläufig. In der populären Weltchronik eines schwäbischen Franziskaners hieß es nach 1290, um 940 sei der heilige Konrad I. von Konstanz trockenen Fußes über den *lacus Potanicus* gewandelt. Woher der See den »botanischen« Namen hatte, errieten allenfalls Lokalchronisten; die übrigen Leser mußten glauben, er sei so etwas wie der bischöfliche Hausgarten. Dagegen hatten die Bischöfe weniger einzuwenden als gegen die Gleichsetzung ihres Sprengels mit Alemannien oder mit Konstanz. Von neuem bewährte sich der mittlere Name »Bodensee« zwischen lokalen und globalen Ansprüchen.
Ähnlich verhielten sich in diesem Spannungsfeld die adligen Laien, die deutsch sprachen und schrieben, am Bodensee zahlreich saßen und den Staufern treu dienten. Im neuen Kulturzusammenhang des Rittertums

tauchte der Bodensee seltener auf als im alten des Mönchtums, bei mittelhochdeutschen Epikern schon deshalb, weil ihre Abenteuer in fremden Ländern spielten. Trotzdem verwendete der Franke Wolfram von Eschenbach um 1215 das Wort, um ritterliche Prahlerei ironisch abzuwehren. Wer sich hochmütig überschätze, benehme sich wie eine Ente, die den ganzen *Bodemse* austrinken wolle. Ein humorvolles Beispiel ohne Hintersinn, höchstens eine leise Warnung, daß der größte deutsche See weder für kleinkarierte noch für großspurige Wünsche verfügbar sei. Ebenso setzten alemannische Dichter den Akzent.

Viele Lyriker des 13. Jahrhunderts, deren Minnesang nachher durch die Manessische Liederhandschrift gesammelt wurde, saßen auf Burgen am Bodensee. Doch erst am Ende des Jahrhunderts erwähnte ihn einer, der Schenk Konrad von Landegg, Ministeriale der Abtei St. Gallen. Bei einer Winterreise an den Atlantik fragte er sich, ob zu dieser Jahreszeit daheim noch Wonne und Vogelsang herrschten. Mit drei Namen umschrieb er die eine Heimat: am Rhein, *umb den Boden se,* in Schwaben. Weniger freundlich bot sich der See dem geistlichen Ritter Hugo von Langenstein dar, als er 1293 eine deutsche Legendendichtung schrieb, vielleicht in der Deutschordens-Kommende Mainau. Ohne den Bodensee beim Namen zu nennen, schilderte Hugo einen tobenden See, der keine Ruhe kenne und die Menschen hin und her werfe, wenn nicht Gott das Ruder ergreife und den Anker werfe. Der See wurde zum Inbegriff der sündigen Welt. So unterschiedlich ihn die ritterlichen Dichter stilisierten, sie idealisierten ihn nie. Sie stellten sich in weite geistige Zusammenhänge und begriffen auch die engere Heimat als vielgestaltigen Raum, den die Geschichte, nicht die Erdkunde definierte.

Unter den deutschen Schriften waren es denn auch Geschichtsdichtungen, die dem Bodensee im dreizehnten Jahrhundert die klarsten Umrisse verliehen. Der Vorarlberger Ritter Rudolf von Ems hielt sich um 1250 in seiner gereimten Weltchronik nur scheinbar an lateinische Gelehrsamkeit der Stauferzeit. Das alte Alemannien habe seinen Namen von *Aleman,* dies sei der *Boden se.* Rudolf benutzte schon die Form mit *n,* die den Ursprung aus Bodman vergessen machte und sich in den nächsten zweihundert Jahren langsam vordrängte. Eine provinzielle Herleitung reichte so wenig hin wie eine antiquierte. Rudolf fuhr nämlich fort, Alemannien heiße heute *Swabin,* in diesem Land »schwebe« der Bodensee. Das klang, als hätte er dem ganzen Schwabenland, in dessen Mitte er schwamm, den Namen vererbt. Rudolf griff die staufischen Vorschläge nur auf, um sie zu verwerfen. Nach Art der Kaiserchronik dozierte er, daß die Seegegend auf den Rhein hinweise, der von den Südbergen zum Nordmeer fließe und zahlreiche wehrhafte Orte aufweise, als ersten das feste Konstanz aus der römischen Kaiserzeit. Eine uralte Landschaft mit weltweiten Beziehungen, nicht erst von irischen Mönchen oder schwäbischen Rittern erschlossen.
Diesen Eindruck gaben im frühen 14. Jahrhundert Geschichtsdichter anderer Gegenden weiter; sie schilderten ihren Lesern in Bayern und Österreich das Land am *Bodemse* als dicht besiedelte und geschichtlich bewegte Gefilde. So wehrten die Ritter fast spielend alle Anläufe ab, dem See einen ausweitenden oder einengenden Namen aufzudrängen. Die Adelspoesie in deutscher Sprache hat dem Wort »Bodensee« das Leben gerettet, aus tieferen Gründen, weil es einen Schwebezustand zwischen dem Reiz der weiten Welt und dem Glück im Winkel wiedergab und weil den sprachgewaltigen Her-

ren auf den Burgen des Landes dieser Schwebezustand behagte.

Ein See der Städte

Für das Spätmittelalter läßt uns die Namenforschung fast ganz im Stich. Begreiflich ist es, denn die Zustände änderten sich nicht mehr geradlinig, sie verwirrten und verwickelten sich. Ein Blick zum Baltischen Meer oder zum Genfer See läßt erkennen, was damals geschehen konnte. Bis ins fünfzehnte Jahrhundert hieß der letztere meistens »See von Lausanne«. Während sich aber Lausanne nicht von der Herrschaft seines Bischofs freimachte, erkämpften die Bürger von Genf ihre Selbständigkeit und festigten sie durch Handelsmessen. Sie machten den Namen der Stadt Genf weltberühmt und teilten ihn seit dem dreizehnten Jahrhundert allmählich dem ganzen See mit. Nur blieb die moderne Bezeichnung nicht lange unangefochten, denn im fünfzehnten Jahrhundert entdeckten Humanisten die antike, *Lemannus, Léman.* So brachte das Spätmittelalter den Genfer See und ähnlich das Baltische Meer um die einheitliche Benennung. Warum nicht auch den Bodensee?

Auch hier befreiten sich Genossenschaften von der herkömmlichen Herrschaft; aber am Anfang standen hier nicht die Bürger allein, sondern neben ihnen, noch in spätstaufischer Zeit, die Franziskaner, der größte jener Bettelorden, die sich der städtischen Seelsorge verschrieben. Sie unterteilten 1239 ihre oberdeutsche Ordensprovinz in sechs Kustodien; eine hieß sogleich »am See«, als verdiente zwischen Trier und Regensburg bloß der Bodensee den Gattungsnamen.

Der städtereichste See war er: Der Leiter dieser Kustodie saß gewöhnlich im ältesten Konvent des Bistums, in Lindau, und kontrollierte die Ordenshäuser in Städten rundum, Überlingen, Konstanz, Schaffhausen, Zürich. Er hieß 1295 auf deutsch »Küster vom *Bodemse*«, dann *umb den Bodensewe;* zum ersten Mal nannte sich eine geistliche Behörde nach dem Gewässer. Kein lateinisches Buch des Mittelalters sprach denn auch so oft vom Bodensee wie die Chronik des Lindauer Franziskaners Johann von Winterthur um 1340. Sie sammelte die Spielarten des Namens, die neueren *Potanicus* und *Botanicus,* die älteren *Potamicus* und *Botamicus,* fügte aber herausfordernd den Ursprungsnamen in neuer Gestalt hinzu, *lacus Bodmensis* oder *Podmensis,* und bezog ihn auf das Dorf Bodman. Der See erschien dem Barfüßer als gewaltiges, über fünfzig Kilometer langes Becken, als Straße der vielen Gemeinden zwischen Höchst, Bregenz, Lindau, Langenargen, Buchhorn, Meersburg, Bodman und Konstanz. Im Blickfeld lag bloß der Obersee, an dem sich franziskanische Konvente aufreihten, doch eben dies war das Neue: Der alte Name eignete sich plötzlich für den Zusammenschluß einer regionalen Genossenschaft. Gegen Bischof und Weltklerus?

Anfangs arbeiteten die Franziskaner eng mit dem Konstanzer Bischof zusammen und sicherten ihm den Gehorsam der Stadtbewohner. Deshalb ließ sich 1327 sogar das adlige Domkapitel herab, in einer lateinischen Urkunde für Konstanzer Bürger den vulgären Ausdruck *Bodense* zu gebrauchen. Im Umkreis der Prälaten hieß 1339/40 auch der kaiserliche Landvogt für Oberschwaben »Landvogt um den Bodensee«. Dann aber verschwand die Bezeichnung aus hochkirchlichen Äußerungen, nachdem im deutschen Thronstreit zwischen Wittelsbach und Habsburg Franziskaner und Bürger die

eine, Papst und Bischof die andere Partei unterstützt hatten.
Der Konstanzer Domherr Heinrich Truchseß von Diessenhofen zählte in seiner bis 1361 geführten Chronik beinahe sämtliche Orte zwischen Stein und Bregenz auf, aber den See in der Mitte nannte er selten, niemals mit Namen, am liebsten als Hausgewässer der Diözesan-Metropole. So schrieb er 1358 von einer Pestwelle in Schwaben, sie habe im Bistum Konstanz gewütet, »vor allem um die Donau in Ulm und bis zum See, *lacus*, in Konstanz und anderen umliegenden Orten«. Heinrichs politische Hintergedanken wurden bei der Meldung sichtbar, daß sich die Nachbarorte um die Bürgergemeinde Konstanz zu einem verschworenen Bund zusammentaten. Sie sonderten sich aus der Gemeinschaft des Bistums ab, in die sie von Rechts wegen gehörten.
Daß der Name »Bodensee« im Lauf des vierzehnten Jahrhunderts zum bürgerlichen Schlachtruf geworden war, beweist die deutsche Bearbeitung von Heinrichs Chronik, die in Konstanz nach 1383 entstand; sie trug genüßlich den vom Domherrn unterdrückten Namen *Poden see* für *lacus* nach.
In der Tat waren die Franziskaner nur Vorreiter für einen politischen Bund von Stadtgemeinden, der sich seit 1312 allmählich zusammenfand. Er wollte eine gemeinsame Reichspolitik fördern, den Landfrieden sichern, die Handelsbeziehungen pflegen. Führende Mitglieder waren Städte in Seenähe, Konstanz, Zürich, St. Gallen, Überlingen, Buchhorn, Lindau, Ravensburg, Wangen. Höchst ungleiche Partner, eine Konferenz zur Bändigung der Konkurrenz. Schon 1327, bei einem Streitfall am Untersee, den die Kommunen schlichteten, nannten sie sich »Vereinigung um den *Bodensew*«; 1331 stellte sie der Kaiser als »Konstanzer und ihre Gesellschaft um

den See« vor. Außenstehende glaubten daraufhin, daß den Konstanzern eine Führungsrolle am Bodensee zukomme, wenigstens am unteren, wo keine Gemeinde neue Bedeutung gewonnen und das Kloster Reichenau den alten Rang verloren hatte. Im Dorf Tirol und in der Stadt Schaffhausen hieß der Untersee seit 1335 gelegentlich »Konstanzer See«. Die Hegemonie eines Partners widersprach indes der Gleichberechtigung aller Verbündeten; so hieß der Bund im Kreis der Mitglieder bald wieder »die verschworenen Gemeinden am Bodensee« oder »die sieben Städte um den See«.
Der Bund nahm die Vokabel handfest und grenzte 1362 das Gebiet gegenseitiger Hilfeleistung im Gelände ab. Es lag zwischen Aare und Arlberg, in der Mitte erstreckten sich *Underse, Oberse, Bodemse.* Zum ersten Mal erschienen die Hauptteile des Sees mit den seither üblichen Namen Untersee und Obersee; zugleich waren sie durch den alten Oberbegriff »Bodensee« zusammengehalten. So gab der Bund der Bodenseestädte dem Wort einen unerhört konkreten Inhalt; es wurde zur Parole für die Politik städtischer Führungsschichten in einer scharf umgrenzten Region. Die Bodenseegemeinden konnten ihren Bund sogar aufrechterhalten, als größere Einungen wie der rheinische und der schwäbische Städtebund sich 1389 auflösen mußten. Damit gewann die Bodenseeregion auch im deutschen Reichsverband Eigenständigkeit.
Sie drohte zur Eigenbrötelei zu werden, als die Kommune Konstanz zwischen 1394 und 1402 mit Hilfe des Städtebundes dem ganzen See ihren Namen zuschreiben wollte. Im Briefwechsel mit den fernen Großstädten Köln und Mailand brüstete sie sich als Vorort des Städtebundes um den »Konstanzer See«. Doch glückte es den städtischen Juristen 1402 nicht besser als den kaiser-

lichen 1187; bald nannten die Konstanzer selbst ihre Gemeinde wieder »Konstanz am *Podemse*« und ihren Bund »Vereinigung *umb den Bodemsew*«. Der Pluralismus versteifte sich gleichwohl immer mehr zum Partikularismus. Die Appenzeller Bauern verbündeten sich 1405 mit ihren Nachbarn zwischen Zürichsee und Arlbergpaß gegen die Abtei St. Gallen. Die Partner nannten sich »Gemeinsamer Bund oberhalb vom Bodensee«, kurz »Bund ob dem See«. Die Formel war eine Kampfansage, denn nur Eidgenossen vom südlichen Ufer taten mit.

Sie stritten auch gegen den Städtebund um den See, vor allem gegen Konstanz, das vom bürgerlichen Bund der Handelsherren nicht lassen mochte, und gegen den Ritteradel zwischen Thurgau und Hegau, der sich seit 1409 ebenfalls des globalen Schlagworts *umb den Bodense* bediente. Der Appenzeller Krieg versetzte der Idee von der einheitlichen Bodenseeregion zu Beginn des fünfzehnten Jahrhunderts einen schweren Stoß. Neuartige Genossenschaften schlossen Adlige, Bürger und Bauern teils in überregionalen Ständen, teils in lokalen Bezirken enger als bisher zusammen.

Obendrein verlor das Wort seine präzise Bedeutung auch in der geistigen Sphäre. Mit Hugo von Langenstein hatte die Verallgemeinerung begonnen; in einem Frauenkloster wurde sie unter Anleitung des Zürcher Dominikaners Marquard Biberli nach 1320 fortgesetzt. Eine deutsche Legendensammlung wagte dort den Vergleich, wer ohne Sünde ins Himmelreich zu kommen gedenke, handle wie einer, der in einer Wanne den *Bodense* überqueren wolle. Der Name signalisierte die unendlichen Gefahren des Diesseits und ließ sich kaum mehr lokalisieren. Am Ufer selbst wirkte zur gleichen Zeit einer der bedeutendsten oberdeutschen Mystiker,

Heinrich Seuse. In seiner Lebensbeschreibung, die er kurz vor dem Tode 1366 redigierte, tauchte der See nur zweimal auf, ohne daß die politischen Bedenken eines Heinrich von Diessenhofen mitspielten.
Im Dominikanerkloster zu Konstanz auf der Insel wollte sich Seuse kasteien und das Trinken einschränken. Er plagte sich sehr und seufzte: »Daß mir der breite *Bodense* so nahe ist und der klare Rhein mich ganz umfließt und mir doch ein einziger Trunk Wasser so kostbar ist!« Der Mensch kann sich nicht mit dem Anblick des endlosen Wassers begnügen, er will es haben; wenn er das Irdische nicht lassen kann, lenkt es ihn vom himmlischen Ziel ab. Als Seuse einmal zum Predigen über Land fuhr, bestieg er ein Schiff auf dem *Bodensew,* das für den öffentlichen Verkehr bestimmt war. Dort traf er einen höfisch gekleideten Knappen, der ihm von den Nichtigkeiten ritterlicher Verhaltensweisen vorschwärmte. Das Wort »Bodensee« wurde zum Sinnbild für Oberflächlichkeit. Die Politik, die den Horizont der Region zerstückelte, und die Mystik, die ihn ins Grenzenlose ausweitete, waren gegenläufige Folgerungen aus derselben geschichtlichen Lage, aus der wachsenden Unbestimmtheit des Lebens am See.
Sie wurde nur scheinbar aufgehoben durch das Konzil von Konstanz 1414–18, bei dem sich die Wortführer der ganzen lateinischen Christenheit versammelten. Einheimische Laien wie der Konstanzer Chronist Ulrich Richental wußten, daß die Vaterstadt nicht wegen ihrer politischen oder geistlichen Bedeutung zum Konzilsort ausersehen war, sondern wegen ihrer verkehrsgünstigen Lage an Rhein und *Bodemsee.* Wenigstens den Fluß und den See hielten sie noch für eine Schlagader des Kontinents. Bei weither Zugereisten verschoben sich die Gewichte. Der Tiroler Adlige Oswald von Wolkenstein

schimpfte 1415 auf die teuren Preise, mit denen man ihn während des Konzils in Konstanz und Überlingen prellte, ein frühes Opfer des Fremdenverkehrs. Aber er verquickte die ungastliche Aufnahme in Konstanz sogleich mit den ärgerlichen Zuständen am Bodensee überhaupt: Konstanz, das war der *Podemsee.* Wer deutsch redete und schrieb, konnte den Namen auf keine konkrete Region mehr beziehen und verwendete ihn als vage Umschreibung für einen Landstrich der Übergänge; aber wenigstens hielten die Laien weiterhin an dem Ausdruck fest, den ihnen die Ritterdichtung hinterlassen hatte.

Anders die lateinisch Gebildeten unter den Konzilsteilnehmern. Sie fanden in alten Büchern keinen anerkannten Namen des Gewässers, nur widersprüchliche Überlieferungen, und prüften sie am Augenschein nach. Was sie von Konstanz aus erblickten, war eine schöne Landschaft, die sie sogleich zu rühmen begannen. Aber die politischen und sozialen Zustände am See dünkten sie mit Recht reichlich verwickelt. Die Folgerungen schlugen sich in neuen Büchern nieder. Der römische Latinist Lorenzo Valla verwarf 1442 die staufische Gelehrsamkeit. Mit dem Namen der Alemannen hatte die Bezeichnung des Bodensees nicht das geringste zu tun. *lacus Lemannus,* Alemannensee, war ausschließlich der Genfer See an der Rhone, wo zur Zeit Franzosen, keine Alemannen wohnten. Wenn also der Bodensee nicht Alemannischer See heißen durfte, stand nur noch ein Punkt fest, die Stadt des Konzils.

Deshalb gab Enea Silvio Piccolomini, der Kardinal und nachmalige Papst, in der Beschreibung Deutschlands 1457 gar keinen Namen für den Bodensee an und sah ihn ganz von Konstanz aus. Diese Stadt liege »zwischen zwei Seen, in deren einen der Rhein einmündet, wäh-

rend er aus dem andern herausfließt«. Enea Silvio dachte wie Ekkehard von St. Gallen im elften Jahrhundert, nahm aber keine Rücksicht mehr auf Geschichte und hielt sich allein an Erdkunde. Sie verhalf dem Bodensee im Ausland endlich zu jenem Namen, um den sich staufische Kaiser und Konstanzer Bürger vergeblich bemüht hatten. Er bürgerte sich in Italien, Frankreich und England noch im fünfzehnten Jahrhundert ein und hielt sich bis heute: *Lago di Costanza, Lac de Constance, Lake of Constance*. Der Städtesee schrumpfte zum Stadtsee, wie der Genfer See auch.
Die Vereinfachung drang jedoch bei mitteleuropäischen Humanisten nicht durch; sie vergaßen über der klassischen Topographie nicht die vaterländische Historie. Der gebürtige Zürcher Felix Fabri, Dominikaner in Ulm, sah 1489 in der Beschreibung Schwabens den Hinweis des Enea Silvio bestätigt: Der Rhein bildete wirklich zwei Seen, dieselben, die bei den alten Römern *lacus Venetus* und *lacus Acronius* geheißen hatten. Es waren uralte Gewässernamen, die auf Wenden von der Ostsee zurückgehen mochten. Danach trugen die Seen lange Zeit einen anderen Namen, einen barbarischen und fragwürdigen, doch hatte er Gründe. *Bodmarsee* sagten die Leute im Mittelalter und dachten an deutsche Wörter, vielleicht an *Boden*. Wenn es so war, benannten sie den See nach seiner bodenlosen Tiefe, siehe Plinius.
Besser als die natürliche Erklärung gefiel Fabri die geschichtliche: Wahrscheinlich hieß der *Bodmarsee* nach den Herren von *Bodma*, die einst wohl das ganze Ufer beherrschten. Fabri traf den Nagel auf den Kopf, weil er gelehrte Mutmaßungen nicht ganz mit aktuellen Vorlieben verwechselte. Heutzutage seien, so meinte auch Fabri, die zwei Seen nicht mehr auf altertümliche Weise zu benennen, sondern lateinisch nach zentralen Orten,

der obere nach Konstanz *lacus Constantiensis,* der untere nach Radolfzell *lacus Cellacensis,* Zeller See. Der Genfer oder Lausanner oder *Lemanus-* See der alten Alemannen lag ganz woanders. Obwohl der Bodensee in geographische Einzelteile zerfloß, war er nun wenigstens ein Zwei-Städte-See; dabei blieb es für deutsche Humanisten, die nicht aus der Seegegend stammten, wie den Nürnberger Hartmann Schedel.
Wer hier aufgewachsen war, sträubte sich gegen die neue Mode, den Bodensee in Einzelteile zu zerlegen und sie nach Städten zu bezeichnen; doch blieb der Widerstand matt und beinahe sprachlos. Die Konstanzer folgten einfach dem herkömmlichen Sprachgebrauch der Bodenseestädte. Der Ratsherr und Fischer Gebhard Dacher gab dem See zwischen 1467 und 1471 die Namen *Bodensee, Bodemsee* oder, nach Bodman, *Bodmersee.* Er nahm das ganze Gebiet zwischen Radolfzell und Bregenz als Einheit, vornehmlich wegen des Wasserstandes, Weinhandels und Erntewetters; er unterschied die beiden Hauptteile nicht historisch nach Einflußbereichen von Konstanz und Reichenau, nur geographisch als *Obersee* und *Undersee.* Diesen Standpunkt teilten schon die Reichenauer nicht. Der letzte Chronist des Inselklosters, Gallus Öhem, weigerte sich zwischen 1496 und 1508, vom Untersee zu schreiben; er blieb wie im zwölften Jahrhundert der »See des Gotteshauses«, der Reichenau. Nur das Gewässer jenseits des Bodanrück hieß nach dem früher reichenauischen Ort Bodman rechtens *Bodensee* oder *Bodmersee.* Damit gab Öhem, ohne es zu merken, die Einheit des Seenamens preis.
Ähnlich redete Abt Ulrich Rösch in St. Gallen. Den Mitmönchen begründete er 1481 die geplante Verlegung des Gallusklosters nach Rorschach mit der Aussicht auf den *gantzen Bodensee* und mit Schiffsreisen überallhin,

nach Konstanz, Lindau, Überlingen, Buchhorn, Arbon, Romanshorn und ins Rheintal. Der frühere Städtebund schien Röschs Bild zu bestimmen, doch nicht einmal die Reichenau kam ins Blickfeld; wieder war bloß die Nachbarschaft gemeint, diesmal der Obersee. Die Einheimischen bestanden, selbst in den Zentren lateinischer Bildung, auf dem deutschen Wort »Bodensee«; aber sogar die Historiker nahmen es nur in den Mund und legten es nicht unter die Lupe. Sie sprachen wie ihre Väter, jene selbstbewußten Bürger, die das alte Wort mit neuem Leben erfüllt hatten. Im Spätmittelalter stand der deutsche Seename noch für den städtischen Alltag der Region, das Hin und Her der Auseinandersetzungen und Zusammenkünfte, innerhalb der Gemeinden und zwischen ihnen. Jetzt aber, am Ende des fünfzehnten Jahrhunderts, machten solche Vereinigungen von Ungleichen Platz für die Vorherrschaft eines zentralen Ortes. Würde nicht bald alle Welt vom Konstanzer See reden und den unbestimmbaren Rest vergessen?

Ein See der Länder

In der frühen Neuzeit kam es ganz anders. Konstanz verlor seinen Rang während der Reformation, als es 1526 auf den Bischofssitz, 1548 auf die Stadtfreiheit verzichten mußte; fortan schwärmten nur Eilfertige, nicht Sachkundige vom Konstanzer See. Auch der ganze Bodensee wurde im sechzehnten Jahrhundert, als erster See am Alpenrand, aus dem Hauptplatz einer offenen Landschaft zur Grenze zwischen geschlossenen Ländern, durch den Schwabenkrieg, mit dem die Schweizer 1499 aus dem deutschen Reichsverband ausschieden, und die habsburgische Reichsreform, die das Bistum Konstanz samt Reichsstädten und Ritterbünden 1500 dem Schwäbischen Reichskreis, *dem Landt zu Schwaben* anschloß.

Man hätte einen Namen finden können, der den neuen Zuständen gerecht wurde, wie bei dem »Luzerner See« des Mittelalters, der seit dem sechzehnten Jahrhundert »Vierwaldstätter See« heißt, oder bei dem mittelalterlichen »Westmeer«, das seit den überseeischen Entdekkungen, vor allem der Niederländer, zur modernen »Nordsee« geworden ist. Doch dafür waren am Bodensee die Fronten zu starr. In fernen Bildungszentren begann man sogleich, den ganzen Bodensee für schwäbisch zu erklären. Der Tübinger Humanist Heinrich Bebel grub 1504 in einer Lobrede auf Schwaben die staufischen Mutmaßungen aus, wonach die schwäbischen Alemannen ihren Namen dem *lacus Lemannus* verdankten, und ließ sich durch Valla nicht in der Gewißheit beirren, daß es sich um den Bregenzer oder Konstanzer, keinesfalls um den Genfer See handle.

Hier knüpfte 1544 der Wittenberger Humanist Michael Beuther mit der Beobachtung an, daß der Konstanzer See, der die Schwaben von den Schweizern trenne, so viele Namen wie das Schwarze Meer trage. Wenn dort fast jedes Volk seinen Namen verewigen durfte, warum nicht hier? Der Konstanzer See könnte demnächst das »Meer der Alemannen« sein. In Beuthers Ode klangen Formulierungen des Tacitus mit; der Lateiner hatte die antike Ostsee als *Suebicum mare* bezeichnet, das legte den Latinisten die Umdeutung auf den modernen Bodensee nahe, wenn sie vom Fortleben der alten Germanen in den Deutschen, der antiken Sueben in den Schwaben träumten.

Vollzogen und ins Deutsche übersetzt wurde die Gleichung 1566 durch den Landesherrn von Meßkirch, Graf Froben Christoph von Zimmern, der die Seegegend gut kannte. In seiner Chronik dachte der Hochadlige nicht daran, den See nach Bürgergemeinden zu gliedern. Der Konstanzer Teil hieß *Bodensee,* der Radolfzeller Teil *Undersee.* Als Historiker unterschied Zimmern zwar noch zwischen der Region am Bodensee und dem Land zu Schwaben; aber als er von Giftmischern seiner Gegenwart erzählte, wetterte er, man sollte sie im »Schwäbischen Meer« ertränken. Wohlgemerkt, der Graf ließ offen, ob er überhaupt den Bodensee meinte, ob den ganzen oder den oberen; er wußte, daß die Wunde des Schwabenkrieges noch nicht verheilt war. Er setzte behutsam das *Schwebisch mer* an die empfindliche Stelle. Der Ausdruck eignete sich zur unbestimmten Bezeichnung der Gegend, wenn vom weiten Wasser, nicht von den zerklüfteten Uferzonen die Rede sein sollte.

Was auf deutscher Seite bei genauerem Zusehen gegen die Neubenennung sprach, war weniger die politische Lage als die geschichtliche Überlieferung. Der Nürnberger Humanist Johannes Cochlaeus bestand 1512 darauf, daß der *Lemanus lacus,* nach dem die Alemannen hießen, im Welschland und im Jahrhundert Caesars zu suchen sei. Auch beim Bodensee müßten die Sprachschichten unterschieden werden. Dieser Rheinsumpf habe in der Antike »Sumpfsee« geheißen, altdeutsch *Murigantia,* »ganz voll Moor«, eine Lesart, die dem Nürnberger mehr zusagte als die lateinische *Brigantia.* Inzwischen habe der See mehrfach den Namen geändert; heute heiße er deutsch *Podensee,* lateinisch »Konstanzer See«. Eine wichtige Einsicht: Laien am Ort sahen den See anders als Gelehrte von auswärts; deren Wissenschaft konnte helfen, die historische Besonderheit des Gebiets gegen Schwabenstreiche in Schutz zu nehmen.

Der Fürst des europäischen Humanismus, Erasmus von Rotterdam, begriff das Problem nach einem Besuch in Konstanz, nur erwog er 1523 eine schlichtere Identifikation. Der See im ganzen sei immer am besten nach seiner Hauptstadt benannt, es sei stets dieselbe gewesen; einst habe sie Bregenz geheißen, später Konstanz. So habe man in unseren Tagen vom *lacus Constantiensis* zu reden. Ein kleinerer See nebenan, mit einer Klosterinsel, heiße aus irgendeinem Grund *lacus Venetus*. Erasmus sparte das Mittelalter mit dem bedenklichen Wort »Bodensee« ganz aus und brachte die aktuelle Situation auf den Nenner der klassischen Tradition, freilich um den Preis eines groben historischen Fehlers.
Ihn berichtigte noch 1523 der Ravensburger Humanist Michael Hummelberg. Das junge Konstanz sei keineswegs mit dem alten Bregenz identisch; dem bei Plinius erwähnten *lacus Brigantinus* habe Konstanz erst kürzlich den neuen Namen gegeben. In der langen Zwischenzeit habe der Name *Bodensee* gegolten, nach der Adelsfamilie von Bodman. Auf diesen deutschen Namen gehe auch der Brauch mittelalterlicher Bücher zurück, in barbarischem Latein vom *lacus Potanicus* zu sprechen. Walahfrids klassizistische Interpretation verfing also nicht; »Bodensee« war ein gutes deutsches Wort aus dem Mittelalter, heute etwas altmodisch. Wirklich? Zwei Jahre später empfing es in nächster Nähe von Ravensburg noch einmal politische Sprengkraft, im deutschen Bauernkrieg 1525. Der Haufe aufsässiger Bauern, der aus dem Hegau und Oberschwaben zusammenströmte, hob sich alsbald von benachbarten Scharen durch einen eigenen Titel ab: »Gemeinsamer Haufen des Bodensees« oder »Seehaufen«. Der Name traf insofern zu, als er den Zusammenhang zwischen Hegau und Oberschwaben, Untersee und Obersee behauptete; trotzdem

war er überspitzt, weil die Bauern lediglich vom schwäbischen Nordufer kamen. Sie überschritten die Grenzen zwischen Territorien des Reiches, doch nahmen sie die Trennung zwischen Habsburgerreich und Eidgenossenschaft hin. Fortan hatte tatsächlich das Wort »Bodensee« politisch nichts mehr zu bedeuten.

Den Nachruf auf die gemeinsame Vergangenheit schrieb 1546 ein besonnener Schweizer, der St. Galler Humanist und Reformator Joachim von Watt (Vadian), in der deutschen Sprache, die allen am See gemeinsam blieb. Der größte See deutscher Nation habe zwei deutsche Namen, *Bregantzer see* nach der altrömischen Station Bregenz, *Bodmer see* nach der mittelalterlichen Burg Bodman. Walahfrids pseudoantike Erklärung brachte Vadian zum Schmunzeln; die alten Mönche waren ziemlich ungelehrt. Sie verdrehten wohl auch den Ortsnamen *Cromanshorn* pseudolateinisch zu Romanshorn und verfehlten so die Bedeutung des antiken *Acromius*, was entgegen Fabris Annahme der Obersee sein mußte. Ob der Name altdeutsch einen krummen oder altgriechisch einen eisfreien See kennzeichnete, überlegte Vadian fleißig. Den unteren Bodensee oder Zeller See verband er nicht mit den Venetern; der obere stand ihm näher.

Bedeutsamer als die geographische Scheidung zwischen Ost und West fand er die politische zwischen Nord und Süd oder, wie er sagte, zwischen der germanischen Seite, die man jetzt Schwabenland nenne, und der helvetischen Seite, die jetzt zur Eidgenossenschaft gehöre. Vadians Darlegung ging 1548 in die weitverbreitete Schweizer Chronik von Johann Stumpf ein, sie machte Epoche. Vadian entrückte das Wort »Bodensee« in die Historie, bewahrte es aber dadurch auch vor modernen Nebenbuhlern, vor dem »Konstanzer See«,

dem »Schwäbischen Meer« und einer eidgenössischen Gegenparole, die etwa »Thurgauer See« hätte lauten können. Wortgefechte unterblieben künftig auf der helvetischen Seite; wie die Muttersprache sollte der Bodensee weiterhin allen gehören.
Stumpfs Konkurrent, der Humanist Sebastian Münster in Basel, übertrumpfte Vadians historische Entscheidung 1550 geographisch, durch Beschreibung eines zusammenhängenden Gewässers. Zwar klaffte zwischen helvetischer und germanischer Seite ein Graben, aber der riesige See, den Münster »des deutschen Landes Meer« nennen wollte, reichte ja wirklich in grundlose Tiefe und hieß vielleicht deshalb *Boden see*. Er dehnte sich unermeßlich weit und trug danach den mittelalterlichen Namen »Weitsee«. Sobald Münster die Ufer im einzelnen musterte, fiel ihm auf, daß das große Wasser durch eine Reihe von Landzungen unterteilt war, im Obersee durch die Spitze von Romanshorn, zwischen Obersee und Untersee durch die Halbinsel Bodanrück, im Untersee durch das Horn der Höri zwischen Zeller und Bernanger See. Plötzlich, fast wider Willen, sah man es: Auch wenn der Bodensee eine einheitliche Wasserfläche darbot, die Gegend rundum bildete keine natürliche Landschaft, nur eine Ansammlung verschiedener Länder. Wenn das zutraf, war der Name »Bodensee« ein vager Kompromiß zwischen den Besonderheiten einzelner Orte und dem Zusammenhang eines ganzen Landes, zwischen »Konstanzer See« und »Deutschem Meer«, eine Verlegenheitslösung um des lieben Friedens willen.
Daß der Seename nicht hinreichte, um die Aufspaltung des Umlands zu überbrücken, machte sich im siebzehnten Jahrhundert bemerkbar. Wer nach den Wirren des Dreißigjährigen Kriegs der gequälten Gegend am

Nordufer Trost spenden wollte, fand zunächst nur zwei ältere Alternativen, entweder die Einordnung in das politische Land Schwaben oder die Erinnerung an den historischen Ort Konstanz. Den ersten Weg wählte Martin Zeiller in Ulm, der Mitarbeiter des Basler Radierers Matthäus Merian. Die Einheit, auf die er 1643 die Topographie Schwabens gründete, war die des Schwäbischen Reichskreises. Aus juristischen Gründen rechnete Zeiller das eidgenössische Arbon ebenso zum Schwabenland wie das österreichische Bregenz, nach dem die Alten einst den ganzen See benannt hatten. Inzwischen bildete er keine Einheit mehr. Konstanz lag zwischen dem *Bodensee,* dem antiken *Acronius*-See, und dem *Zeller See,* dem antiken *Venetus*-See. Der letztere zerfiel wie schon bei Münster in mehrere Unterseen, die nach Allensbach und Bernang benannt werden konnten. Daß der Zeller See an Radolfzell gemahnte, wurde ebenso vergessen wie der Gnadensee, der die Allensbacher auf das Kloster Reichenau verwies.

Jede Siedlung am Ufer schien ihren besonderen See zu haben, jenseits des Bodanrück auch. Daß das Dorf Bodman einst eine großräumige Benennung veranlaßt hatte, entging dem Ulmer Topographen; er erwähnte den Seenamen *Bodamicus* bei Buchhorn, ohne ihn zu erläutern. Auch daß seit dem sechzehnten Jahrhundert die Stadt Überlingen immer lauter den Anspruch erhob, einen Seearm ihr eigen zu nennen, überhörte der ortsfremde Zeiller, der nicht auf jede örtliche Schrulle eingehen mochte. Sein vielgelesenes Buch erweckte ohnedies den Eindruck, daß am Bodensee heillose Zersplitterung herrsche, die allein von außen zu überwinden sei.

Beschwörend widersprach 1667 der Benediktiner Gabriel Bucelin, Mönch in Weingarten, Prior in Feldkirch, vom Thurgauer Untersee gebürtig. Er verkörperte selber die katholische Eintracht der drei Bodenseeländer, konnte sie aber bloß anhand der vormaligen Bedeutung von Konstanz vergegenwärtigen, auf lateinisch, also für wenige. In der Historie des Ortes, der an Alter angeblich die Kaiserstädte Rom und Konstantinopel übertraf, drängten sich die Heroen, ein Enkel des Patriarchen Noah, der Kaiser Augustus und der Apostelfürst Petrus. Weil die Stadt uralt und weltberühmt war, wechselte sie oft ihren Namen. Auch dem See, in dessen Mitte sie thronte, standen alle archäologischen Ruhmestitel zu. Der Obersee hieß *Acronius* oder *Potamicus*, der Untersee *Venetus*, der ganze Bodensee überdies *Moesius*, nach einem antiken Volk vom Balkan, das hierher gezogen kam. Alle Namen gipfelten in dem einen, den Bucelin verstecken mußte: Konstanzer See. Die hohepriesterliche Stadt konnte mit ihrer Vielzahl von Heiligen und Kirchen die Bodensee-Metropole sein, doch sie war es nicht, denn ihr Bischof residierte anderswo.

In evangelischen Reichsstädten gelang es am ehesten, einen mittleren Kurs zwischen deutscher Politik und lateinischer Historie, zwischen Zeiller und Bucelin zu steuern; der Lindauer Theologe Georg Jakob Mellin, nachmals Hauptpastor in Kempten, versuchte es 1693. Er gruppierte die »Altertümer des Lacus Bodamicus« zwar in gelehrtem Latein um die römische Stadt Lindau und ihre archaischen Namen, aber da ihm an der Gemeinde, nicht an der Hierarchie lag, untersuchte er die Geschichte der zahlreichen politischen Verbände rund um den See bis in die Zeit Rudolfs von Habsburg. Unter den vielen Seenamen empfand Mellin *Acronius* als den vornehmsten und *Constantiensis* als den abwegigsten; seine Vorliebe gehörte dem gewöhnlichsten, *Bodamicus* oder *Bodensee*, den er richtig aus der mittelalterlichen

Geschichte deutete. Das unscharfe Wort der deutschen Alltagssprache wurde der Wirklichkeit immer noch am besten gerecht.
Dem achtzehnten Jahrhundert kam voll zu Bewußtsein, daß unterhalb der hohen Politik und Theorie nach wie vor ein banaler Zusammenhang am See gedieh, der wirtschaftliche Austausch über das Wasser. Politische Eingriffe erschwerten ihn, seitdem das habsburgische Kaiserhaus die Oberherrschaft auch über schweizerische und schwäbische Seeteile beanspruchte. Sollte nicht einmal mehr das Wasser allen Anrainern gemeinsam gehören? Dagegen wehrte sich 1742 der Jurist und spätere Bürgermeister von Lindau, Johann Christoph Wegelin, wieder lateinisch, nach draußen gewandt. Er kannte den Widerstand der Ostseestaaten gegen ein schwedisches *dominium maris Baltici* seit 1563; er beschwor darüber hinaus die Partnerschaft der Bodenseestädte von 1362, sogar die Genossenschaft der antiken Sueben, einst an der Ostsee, der sie ihren Namen verliehen, jetzt am Bodensee, den sie wieder mit Recht benannten. Denn der größte und bekannteste deutsche See stand in der Obhut des Schwäbischen Reichskreises, der den Seeverkehr auch mit der Schweiz und Österreich einvernehmlich regelte. Deswegen war der See mit dem antiken Begriff *mare Suevicum* besser bezeichnet als mit dem vulgären Wort *Bodensee* oder gar mit Namen österreichischer Städte wie Bregenz und Konstanz. Eine neue Alleinherrschaft von Fremden sollte mit Hilfe des verfassungsrechtlichen Schlachtrufs »Schwäbisches Meer« abgewehrt werden.
Ob dafür ein neuer und fremder Ausdruck paßte? Der Lindauer Kaufmann David Hünlin zweifelte 1783 daran, als er Wegelins Argumente über »unser sogenanntes Mare Suevicum« ins Deutsche übertrug. Antike

Sueben mochten »Schwäbisches Meer« gesagt haben, mittelalterliche Alemannen *Bodmansee;* die alten Zeiten waren allemal abergläubisch und gesetzlos, nicht vorbildlich. Auch die moderne Marotte von Schweizer Dichtern, analog zu »Le Léman« »der Bodan« zu sagen, konnte auf sich beruhen. Es kam auf die ökonomische Funktion des Gewässers an, auf Industrie und Gewerbe am Ufer, vor allem auf den Transit zwischen Ostsee und Mittelmeer, der aus Lindau einst »das schwäbische Venedig« machte. Heutzutage blühten Freiheit und Wohlstand am Zürichsee, dem Hünlin sehnsüchtige Bewunderung zollte. Doch konnte auch der *Bodensee* wieder werden, was er gewesen war, eine Brücke zwischen allen Ufern. Wer es ihm wünschte, beließ ihm den allgemein anerkannten Namen.

Das neunzehnte Jahrhundert brauchte den Bodensee nicht als Brücke. Französische und industrielle Revolution drängten die Länder am See in Randlagen, abseits der Behördenstädte und Wirtschaftszentren, der Eisenbahnstrecken und Dampfschifflinien. Der Stuttgarter Dichter Gustav Schwab wußte in dem Reisehandbuch »Der Bodensee« 1827 keine europäische Aufgabe für die Gegend in der Mitte des Kontinents. Sie erschien ihm als Grenzgebiet der sicheren deutschen Heimat oder Bollwerk vor dem fernen Welschland, dazu in die Territorien Baden, Württemberg, Bayern, Österreich und Schweiz zergliedert. Was Schwab neu empfahl, war lediglich der Fremdenverkehr, der mit modernen Dampfbooten die natürliche Schönheit und geschichtliche Vielfalt des Umlands erschloß. Romantische Naturschwärmerei verführte Schwab dazu, den Namen »Bodensee« lieber auf dessen grundlose Tiefe als auf Bodman zurückzuführen.

Im übrigen legte er die verschüttete geschichtliche Einheit der Länder frei und gab ihr den vertrauten Namen zurück. Er nahm den See als ein Ganzes, rechnete den Untersee mit der Insel Reichenau hinzu und richtete den Obersee nicht nach Konstanz aus. Der »Bodensee« mit »Obersee« und »Untersee« – alle anderen Namen bezeichneten kleinere Buchten, bei Bregenz und Überlingen, Allensbach und Bernang. Das »Schwäbische Meer« galt als alte, höchstens für die Stauferzeit annehmbare Metapher, nicht als Charakterisierung, denn dies war kein Territorium für irgendeinen Monarchen. Vielmehr zeigte Schwabs historischer Überblick, wie sich die Länder zwischen Bregenz und Stein durch drei Wellen genossenschaftlicher Verbände zusammenfanden und entfalteten, durch karolingische Mönche, staufische Ritter, spätmittelalterliche Bürger. Dank ihrer gemeinsamen Arbeit wurde der Bodensee im Mittelalter das Herz der Welt und aller Länder Zier. Die Neuzeit zerlegte die Mitte am See, im Ringen um Bürgerfreiheit von der schweizerischen, um Glaubensfreiheit von der schwäbischen Seite. Zurück blieben der Nachklang großer Sagen und stilles Genügen am Rand. Damit zog Schwab die Folgerung aus dreihundert Jahren neuzeitlicher Diskussion: Die politische, ökonomische, soziale Tätigkeit blieb für Gegenwart und Zukunft Domäne der getrennten Länder um den See. Der gemeinsame See zwischen den Ländern gehörte der Beschaulichkeit: ewig wiederkehrende Natur, endgültig vergangene Geschichte, zeitlos träumende Poesie. Das Wort »Bodensee« selbst war Abglanz dieser in sich versunkenen Welt.

Gustav Schwabs Bild vom Bodensee ist bis heute kaum verblaßt. Zwar redet man seit den 1950er Jahren tatkräftiger als Schwab von einem Bodenseeraum, der sämtliche Ufer der Bundesrepublik Deutschland, der Schweizerischen Eidgenossenschaft und der Republik Österreich umfassen soll; aber man denkt dabei wie Schwab vornehmlich an zwei Berührungspunkte, den internationalen Fremdenverkehr der Gegenwart und die Gemeinsamkeit einer mittelalterlichen Vergangenheit. Nicht umsonst ist der Ausdruck »Bodenseeraum« von Historikern umfassend begründet worden, besonders von dem Konstanzer Stadtarchivar Otto Feger mit der monumentalen »Geschichte des Bodenseeraumes« seit 1956. Feger berief sich auf Schwab und übertraf ihn, denn er blendete bei der Darstellung der Vergangenheit die Gegenwart bewußt aus. Er wollte vergessen, »daß zwischen Konstanz und Kreuzlingen, zwischen Lindau und Bregenz Grenzpfähle stehen und daß heute fast nur noch der Himmel einigend und allen gemeinsam über den Ufern steht«. Freilich unterschätzte er zwei gegenwärtige Kräfte, die Schwab noch anerkannt hatte, die Gemeinsamkeit der deutschen Sprache in allen Ländern am See und die Geltung des Namens »Bodensee« an allen seinen Ufern. Feger brach sein Werk abrupter als Schwab mit dem Beginn der Neuzeit ab, doch die mittelalterliche Geschichte gliederte er nach den Schwerpunkten Schwabs: Karolingische Klöster, staufische Herrengeschlechter, spätmittelalterliche Städte.
Zurückhaltender beurteilte der St. Galler Stiftsbibliothekar Johannes Duft seit 1959 den Bodenseeraum. Er betrachtete ihn fast wie ein Gallusmönch des Frühmit-

telalters, als Straße der Imagination, die sich immer mehr belebte und einen kulturellen Raum bildete, vornehmlich für Betrachtende, Schreibende, Lesende. Auch die Namen des Bodensees, auf die Duft genau achtete, wirkten bei der Formung dieses Raumes mit, aber im wesentlichen als Erinnerungen an die große frühmittelalterliche Vergangenheit. Feger und Duft trennten wie Schwab zwischen Vergangenheit und Gegenwart, befaßten sich aber anders als Schwab allein mit Vergangenheit. Ich schlage vor, die Gegenwart des Historikers wieder in seine Geschichte aufzunehmen.

Daß der Bodensee eine eigene Geschichte hatte, daran zweifeln Historiker nicht; der Überblick über die Geschichte des Wortes hat es erneut bestätigt. Er war aber nicht nur geschichtlich wandelbar, er ist es, weit radikaler als benachbarte Gewässer wie der Genfer See. Auch der Vergleich mit dem Zürichsee drängt sich auf. Dieser hat den heutigen Namen, den man seit dem Frühmittelalter kennt, nie gewechselt und stets derselben Gemeinde zugehört; er hat keine andere Geschichte als Zürich, daran wird sich nichts ändern. Für den Bodensee gibt es keine solche geschichtliche Kontinuität. Für ihn bleibt auch die räumliche Identität fragwürdig, die sich beim Zürichsee nachweisen läßt. Sie besagt, daß Seen anders als Flüsse in einer verhältnismäßig einheitlichen Landschaft liegen und im ganzen einheitlich besiedelt sind. Wenn es einen Bodenseeraum gibt, dann nicht als Naturkonstante, sondern wie beim Ostseeraum oder beim Rheinland aus vielerlei wechselnden Gründen und mit ständig schwankenden Grenzen.

Am Bodensee stürmt auf die Anwohner immer wieder anders Geschichte ein, mehr Geschichte, als sie verkraften können. Auch der Leser dieser Übersicht mag von der Fülle der Veränderungen und Beziehungen so benommen sein, daß er der radikalen Deutung des Dichters Martin Walser von 1979 zustimmen möchte. Walser zog die Vergangenheit in den gegenwärtigen Moment hinein, kehrte also das Verfahren der Historiker um. Er meinte, wenn hier etwas bleibe, dann der Wechsel; wenn dieser See etwas einpräge, dann die Nichteigenschaft. »Darum sehen Bilder, die wirklich eine hiesige Stimmung festhalten, immer aus, wie auf die Sekundenspitze getrieben. Man sieht und spürt: So war es, so kann es nur eine Sekunde lang gewesen sein.« Nach Walser ist Geschichte eine Seufzersammlung, auch in der Gegenwart, die den Bodensee nicht gemäß Schwabs Vorschlag als Museum im Abseits stehen läßt, sondern in ihre Hektik hineinzerrt. Wer den Bodensee und seine Umgebung nur in Momentaufnahmen betrachtet, entdeckt Stimmungen, nicht Strukturen. Ich schlage vor, Vergangenheit und Gegenwart im Längsschnitt nach Gemeinsamkeiten abzusuchen.

Dann ergibt sich etwa dies: Durch allen Wandel hindurch vollzieht sich am Bodensee eine zusammenhängende Geschichte. Eines ihrer Kennzeichen ist gewiß die wechselnde Mannigfaltigkeit der Zuordnungen zwischen Mittelmeer und Ostsee. Ein anderes Kennzeichen ist jedoch die europäische Reichweite der Einwirkungen. Wer das heutige Leben am Bodensee in seinen Tiefenschichten untersucht, stößt auf Spuren vom antiken Rom, vom karolingischen Aachen, vom staufischen Hagenau, vom franziskanischen Assisi, vom habsburgischen Wien. Daß alle diese Einflüsse nicht bloß wie Frühlingsgewitter vorbeizogen, sondern langfristige Nachwirkungen hinterließen, kann nicht an den Wechselbädern von Natur und Geschichte liegen. Es muß an der Bedächtigkeit der Menschen liegen, daß ihr Land nicht zum Raum ohne Eigenschaften verkommen ist und ihr Himmel nicht als letzte Klammer über den Ufern steht.

Die Menschen am See haben sich keiner Anregung hartnäckig verschlossen, geben sich aber auch keiner haltlos hin. Sie haben sich hier niedergelassen, können aber das Ihre immer wieder loslassen. Sie haben ein solides Land der Mitte kultiviert, dulden aber als zentralen Ort nur das bodenlose Wasser. Obwohl ihnen andere alles, sogar ihre Namen, festgelegt und abgegrenzt haben, lieben sie, auch in ihren Namen, die Annäherungen und Übergänge. Das ist ein Modell geschichtlichen Verhaltens, ein Gegenmodell zum europäischen in Vergangenheit und Gegenwart: Mitten im hitzigsten Erdteil eine gemäßigte Zone, mitten im entschiedensten Wandel ein fortgesetzter Schwebezustand, mitten im Wirbel von Natur und Geschichte etwas menschliche Gelassenheit. Es ist eine ihrer Folgen, daß der Bodensee vor tausend Jahren seinen Namen erhalten und ihn bis heute behalten hat.

Die Pfalz Bodman

Gebäude und Gelände

Aus dem Nebel der Sagen tauchen die Umrisse der Pfalz Bodman seit dem späten 19. Jahrhundert auf; man kann ihre Geschichte zu schreiben beginnen. Noch 1827 verquickte Gustav Schwab auf romantische Weise die Vorzeit mit dem Augenblick: Weil das uralte Geschlecht der Freiherren von Bodman seit der Karolingerzeit, seit beinahe tausend Jahren, in der »Lustwohnung der fränkischen Könige« hauste, muß der karolingische Palast hoch über dem Dorf auf dem Frauenberg gestanden haben, wo die Stammburg des Adelshauses 1307 verbrannt, doch »aufgefrischt« und bis heute kenntlich ist. Von dieser Bodmansage angelockt, besuchte Ludwig Uhland 1857 das neue Schloß im Dorf; er aber bat sich beim Majoratsherrn, Johann Sigmund von Bodman, vor allem Urkunden aus. Uhland wußte Mittelalter von Gegenwart, auch vergangene Wirklichkeit von nachwirkender Sage realistisch zu scheiden. Er sah, daß karolingische Pfalzen nie auf schmalem Berggrat angelegt waren, und vermutete 1859 die Bodmaner Pfalz »an bequemer und zugänglicher Stelle«, am liebsten »unweit der Kirche an den See stoßend«. Damit löste er den Zusammenhang zwischen Königspfalz und Adelsburg; folgerichtig verwies er die karolingische Herkunft der Adelsfamilie ins Reich des Romanhaften.
Die Betroffenen, nüchtern ihrer Gegenwart zugewandt, nahmen die Zäsur hin und setzten die Aufklärung fort.

Johann Sigmunds ältester Sohn Johann Franz von Bodman ließ zu Beginn seiner Herrschaft 1872–74 das Blickfeld vom Schloß auf den Bodensee freilegen, den »alten Bau«, ein Barockschloß zwischen neuem Schloß und See, abbrechen und einen Park einrichten. Die Arbeiter fanden 1872 an der Südwestecke der Küferei (In der Stelle 1) eine 24 Meter weit nach Nordwesten, parallel zum Ufer ziehende Mauer, die im rechten Winkel seewärts abbrach, »gewaltige Fundamental-Mauern ... von 3 Metern Dicke«, 25 Meter vom Ufer entfernt. Das mußten Überreste der Pfalz sein; man zeichnete ihre Lage auf und räumte sie weg.
Der Vetter des Schloßherrn, Leopold von Bodman, nahm Pfalzgeschichte nicht als Teil der Familiengeschichte, um deren urkundliche Erhellung er sich bemühte; er war aber neugierig auf Vorstufen und veranlaßte 1885 weitere Grabungen zwischen Küferei und Kirche, »in der doppelten Absicht, sowohl die Ausdehnung des alten Gemäuers als auch, wo möglich, die Verbindung der alten Pfalz mit der Kirche festzustellen«. Zutage kamen südwärts an der Küferei einige Nebenmauern, nordwärts am Kirchturm zwei Mauern, die »dereinst offenbar die Grundmauern eines Säulenganges bildeten, welcher die Pfalz mit der Kirche verband«. Baron Bodman hielt den Kirchturm, wenigstens im Sockel, für einen Teil der Pfalzkapelle; er dachte sich die Gesamtanlage also nach dem Muster Aachens. Dort verband ein nord-südlicher Säulengang die west-östlich verlaufenden beiden Hauptbauten Königssaal (heutiges Rathaus) und Pfalzkirche (heutigen Dom).
Mit den berühmten Großpfalzen der Karolinger, ihren Herrenhäusern und Hof- oder Schloßkapellen, verglich auch der Bruder des Majoratsherrn, Hermann von Bodman, die Mauerfunde, die er 1890 vor dem großherzog-

lichen Paar und dem Bodensee-Geschichtsverein bekanntgab.
Nicht viele Gelehrte horchten auf. Im November 1892 kam der soeben mit dem Pfalzenproblem promovierte Berliner Archäologe Konrad Plath für einige Wochen nach Bodman, um nach Überresten der alten Kaiserpfalz zu suchen. Er gedachte über seine erste Ausgrabung ein weit ausgreifendes Buch zu schreiben. Vom Majoratsherrn Johann Franz bereitwillig gefördert, untersuchte Plath den Umkreis der Küferei und fand in deren Nähe weitere »bedeutsame Teile des dortigen Kaiserpalastes«. Er scheint die ganze Anhöhe abgesucht zu haben; nach späteren Zeitungsmeldungen ließ er damals Pläne anfertigen, »wonach die Karolingerpfalz etwa ein Hektar Fläche umfaßt«. Voller ehrgeiziger Planungen eilte er Ende Dezember 1892 davon. Er begann in Nimwegen die Pfalz auszugraben und kam erst Mitte September 1904 nach Bodman zurück, um einige Erfahrungen reicher, immer noch mit Feuereifer. Johann Franz von Bodman, 1902 in den badischen Grafenstand erhoben, unterstützte ihn auch jetzt.
Plath konzentrierte sich nun auf den Umkreis der Pfarrkirche, der ihm als die maßgebende Stelle erschien. Die ersten Funde versprachen viel: »Bereits ist ein ganzes Wirrwarr von Mauern, die eine Länge von 80 Metern in der Front haben, zwischen See und Kirche bloßgelegt; aber das Bauwerk läuft unter der Kirche weiter. Es ist festgestellt, daß der Turm dieser Kirche und die gräfliche Küferei auf karolingische Mauern aufgebaut sind.« Bereits sei, so schrieben die Zeitungen, »eine karolingische Kulturschichte angeschnitten, die schon mannigfache Fundgegenstände, so einen zierlich geschmückten Spinnwirtel und für die karolingische Zeit charakteristische Gefäßscherben geliefert hat«. Aber nicht Scherben

suchte Plath, sondern den Grundriß der Pfalz, zumal der »altbekannten Octogonkapelle«, eines achteckigen Zentralbaus wie in Aachen. Er fand ihn nicht. Eine weitere Enttäuschung: »Viele der Mauerreste werden auch wohl je nach dem Baubedürfnis abgerissen worden sein, um die Steine zum Bau bodmanischer Häuser zu liefern. So fand man mächtige Mauerstummel, die urplötzlich und ohne Ursache abbrechen.« Außerdem entdeckte Plath in einer Ufermauer am See, von dem Ausgrabungsfeld weit entfernt, verzierte Steine, offenbar aus Pfalzbauten. Die Geschichte Bodmans, nach der Karolingerzeit weitergegangen, stand der Forschung im Weg.

Noch verzagte Plath nicht. Am 27. September 1904 berichtete er auf der Insel Mainau dem Großherzog und einer zahlreichen Gesellschaft von seinen Funden; die Zeitungen schrieben darüber. Die Grabungen wurden sang- und klanglos abgeschlossen, Mitte November hatte Plath Bodman bereits verlassen. Am 1. Januar 1905 wandte er sich in Karlsruhe an Großherzogin Luise, »die Tochter Kaiser Wilhelms des Großen«, sie möge die Untersuchung der Pfalzen, dieser »Urkunden deutschen Kaisertums«, fördern. Doch erhielt Großherzog Friedrich ablehnende Gutachten der berühmten Archäologen Carl Schuchhardt und Ernst Fabricius und riskierte keine Unterstützung Plaths. Der Mutlose veröffentlichte die Bodmaner Funde und Deutungen nicht mehr, die ja sachlich kein klares Ergebnis brachten und methodisch anfechtbar blieben. Sein Nachlaß, der Photographien von der Grabung enthielt, ging während des zweiten Weltkriegs in Frankfurt verloren.

Trotzdem läßt sich rekonstruieren, was Plath fand. Der Enkel des Mäzens von 1892 und 1904, Graf Johannes von Bodman, stieß 1971 im Familienarchiv auf einen unsignierten und undatierten Plan mit genauen Maßangaben. Wie ein Schriftvergleich ergab, wurde er von Plath selbst gezeichnet und kalligraphisch beschriftet; zweifellos enthält er seine zusammengefaßten Ergebnisse und Vermutungen von 1892 und 1904. Im Gelände der Pfarrkirche hielt er die Thesen von Säulengang und Oktogonkapelle nicht aufrecht. Der Kirchturm erschien bis in die Grundmauern hinab als nachkarolingisch. Unter ihm setzte sich »karolingisches« Mauerwerk fort, das Plath nördlich neben der Kirche fand. Es ordnete sich nicht zu rechtwinkligen Grundrissen, schien aber ebenso annähernd nach Osten gerichtet zu sein wie die heutige Kirche, also nicht parallel zum Palast. Die Fundamente maßen bei der längsten zusammenhängenden Mauer 8,8 Meter, in der Stärke bis zu 1,0 Meter. So fragmentarisch sie blieben, einem gewaltigen Sakralbau gehörten sie nicht an.

Auch die Küferei hatte, zusammen mit einer früheren Bauphase, den »karolingischen« Palast überdeckt und teilweise zerstört. Der ursprüngliche Bau lag unter und nordwestlich neben der Küferei, die Hauptfront genau in Fluchtlinie des 1872 entdeckten Mauerhakens, parallel zum Ufer. Die Länge betrug 43, die Breite 19 Meter. Das war ein gewaltiges Steinhaus mit wuchtigen Fundamenten von 1,8 bis 3 Metern Stärke, offenbar durchgehend mehrgeschossig. An das hier steil abfallende Ufer rückte es auf wenige Meter heran. Das massive Gebäude gliederte sich in zwei Bereiche. Im Nordwesten, auf den stärksten Fundamenten ruhend, ein Bauteil von 26 mal 19 Metern, dessen Binnengliederung ungewiß blieb: anscheinend der Königssaal. An seiner Südostecke, landwärts, zeichnete Plath Reste eines Vorbaus oder Turms ein, etwa einer Eingangshalle; denn zu ihr führte eine seitliche Freitreppe von 3 Metern Breite hin. Sollte ihr im Nordosten, seewärts, ein zweiter Vorbau oder Turm entsprochen haben? Der andere, südöstliche Bauteil maß 17 mal 19 Meter, die Fundamente waren etwas schwächer als unter dem »Königssaal«. Ansätze zu Zwischenmauern deuteten auf Benutzung als Wohntrakt. Ihm schlossen sich südostwärts zwei riesige Fundamentklötze an, für äußere Wandpfeiler oder Türme. In dieser Richtung setzte sich auch die »Rampe« der Freitreppe fort. In deren Verlängerung, rund 40 Meter südöstlich der Küferei, lagen unter der Straße eine Schwelle und ein Stein-Pfosten, im Plan mit Bleistift nachgetragen und als »Tor (?)« bezeichnet. Weitere verwinkelte Reste, eher von Einfassungen als von Gebäuden, fanden sich etwa 55 Meter südwestlich der Palastmitte unter der Straße; sie wiesen nach Nordwesten, in den unteren Schloßpark hinein.

Der von Plath ergrabene und erschlossene Grundriß des Palastbaus ergibt einen großen Saal mit Vorbauten und einen kleineren Wohntrakt. Ausgrabungen in den Pfalzen Frankfurt und Zürich haben mittlerweile Parallelen zu Grundriß und Ausmaß erbracht. Plath kann demnach im wesentlichen das Richtige getroffen haben; nur läßt es sich nicht beweisen, denn seine Grabung hat die Spuren zerstört. Das Gutachten Schuchhardts kritisierte Plaths Methode mit Recht: Da er allein den Grundriß der karolingischen Pfalz suchte, grub er an aufgefundenen Mauern entlang und vernichtete die Profile angrenzender Erdschichten, deren Querschnitt eine »Geschichte« ergäbe. Plath hielt auch Fundstelle und Fundschicht der Tonscherben nicht fest; so bleibt unerfindlich, warum er die Mauern karolingisch nannte, denn Mauerwerk und Mörtel allein ergäben keine zuverlässige Datierung. Ferner kümmerte sich Plath zu wenig um die zeitliche Abfolge der »karolingischen« Bauteile, die nicht alle gleichzeitig entstanden sein dürften; er achtete gar nicht auf merowingische Substrate, nur nebenbei auf nachkarolingische Überbauten, die die dunkelste Zeit in Bodmans Geschichte, vom 10. zum 13. Jahrhundert, erhellen könnten.

Die neueste Grabung, im Auftrag des Freiburger Landesdenkmalamtes 1975 von Wolfgang Erdmann im Kirchturm vorgenommen, lieferte die zeitliche Tiefendimension für einen wichtigen Punkt nach. Für die Gegend an der Küferei muß man sich vorerst mit Plaths Angaben begnügen. Was er bewiesen hat, ist allerdings wertvoll: 1. Das Aachener Schema Königssaal – Säulengang – Pfalzkirche trifft für Bodman nicht zu. 2. Das repräsentative *palatium*, wahrscheinlich Königssaal und Wohntrakt unter einem Dach, lag im Bereich der heutigen Küferei, nicht wie in anderen Pfalzen auf dem höchsten, auch nicht im Mittelpunkt, aber am exponiertesten Punkt der Anhöhe, unmittelbar über dem Ufer des Bodensees. 3. Der heutige Kirchturm ist nachkarolingisch; eine Pfalzkirche wurde nicht gefunden. 4. Nach der Karolingerzeit wurde am Platz von Küferei und Kirche emsig umgebaut, abgerissen, neugebaut, nicht für Bauernhäuser. 5. Palast und Kirche lagen auf einer Anhöhe, die heute begrenzt wird durch Gasthaus Adler und Greth, Seeufer und Straße »Im Grieß«, in einer Fläche von höchstens 200 mal 100 Metern.

Daß Plaths Befunde im allgemeinen richtig sind, läßt sich wahrscheinlich machen durch einen Blick auf die spätere Geschichte des Geländes; es behielt die karolingische Aufteilung bei, über einschneidende Veränderungen im frühen 14. Jahrhundert hinweg bis ins 17. Jahrhundert. Die Uferzone an der Küferei blieb der weltlichen Obrigkeit vorbehalten, auch als um 1160–70, nach Abbruch der karolingischen Pfalz, an derselben Stelle ein stattliches Herrschaftshaus errichtet wurde. Diese vermutlich staufische Pfalz, von Erdmann archäologisch erschlossen, muß den Rittern von Bodman als Hauptsitz gedient haben, bis sie, nach 1277 und vor 1296, ihre Burg auf den Berg über dem Dorf bauten. Das stauferzeitliche Gebäude, am Platz der heutigen Küferei, wurde wohl 1277 noch als *palatium Potamum* erwähnt, aber bald danach durch Brand zerstört und abgebrochen. Über dessen Fundamente wurde dann im Spätmittelalter ein weiteres, der Herrschaft gehöriges Gebäude gesetzt; Helmut G. Walther hat wahrscheinlich gemacht, daß dies der seit 1406 »Freihof« genannte Sitz des Freigerichts Bodman war. Dicht daneben, rund 25 Meter nach Westen gerückt, stellten die Ritter von Bodman, vermutlich im 14. Jahrhundert, ein mehrgeschossiges Steinhaus mit Anbau, das 9,3 mal 7,7 Meter maß; 1970 kam es bei einer vom Kreisarchäologen Rolf Dehn gemeinsam mit der Universität Konstanz unternommenen Probegrabung zum Vorschein.

Seit dem 15. Jahrhundert herrschte hier reges Leben. *In dem Dorff zu Bodmen* wohnten 1485 *hushäblich* bei einem *Bomgarten* Brüder der Herren, die nicht auf dem Bergschloß residierten. Folgerichtig hieß dieser Komplex, zum Unterschied von der oberen Burg, 1502 *Schloß Vnderbodman. Das Haus zu Bodman mitsambt der scheur vnnd dem Bombgarten, genannt der Herrengarten,* wurde von der Mögginger Linie 1559 der Bodmaner Linie verkauft. Es diente seither als *Ampthauß* mit Garten, zwischen Kirchhof und Gasthof gelegen, wie es das Urbar von 1620 beschrieb; es war alt und wurde 1625 renoviert. Noch einmal begegnete es 1638, *ain Ambtsbehausung, darbey Paum-, Kraut- und Gräßgärtten.* Im Dreißigjährigen Krieg zerstörten französische Truppen 1639 *Schloß Under-Bodma.*

An derselben Stelle, wenige Meter südlich vom spätmittelalterlichen Steinhaus, errichteten die Freiherren 1701 ihr Barockschloß mit Schloßhof, Kutschenschopf und Baumgarten. Erst das neue Amtshaus von 1757, das heutige Schloß, wurde aus der Uferzone heraus, höher an den Berg heran gesetzt; danach benutzte man die Pfalzfundamente des Freihofs für die Küferei, die ich nicht vor 1832 erwähnt finde. Der heutige Straßenname »In der Stelle« verführt leicht dazu, sich dieses Gelände seit dem Hochmittelalter als »Burgstall«, das heißt als Ruinenfeld vorzustellen; das wäre falsch. Die Flurbezeichnung »In der Stelle« tauchte erstmals 1638 als *die Stelle deß Sees* auf und meinte noch 1757 lediglich den Uferbereich am östlichen Fuß der Anhöhe bei der Greth oder, wie es 1687 hieß, *bey dem Gräthhaus oder Mess-Lehen an der alldasigen Schiff-Stelle;* von dieser Landungsstelle stammt der Name.
Im herrschaftlichen Uferstreifen befand sich wahrscheinlich zur Karolingerzeit nicht bloß das von Plath ergrabene *palatium.* An das Herrschaftshaus, in dessen Nähe auch Gärten zu denken sind, schlossen sich wohl südostwärts und südwestwärts, am Hügelrand entlang, weitere Steinbauten an, Unterkünfte für vornehme Gäste, den Pfalzverwalter, eine militärische Besatzung. Von diesen drei Gruppen wissen wir, daß sie sich länger in Bodman aufhielten; sie mußten hier wohnen können. Doch war dieser Komplex klein, wie in den meisten Pfalzen für längeren Aufenthalt größerer Gefolge unzureichend. Es ist denkbar, daß der alte Flurname »Grieß« auf einen sandigen freien Platz verwies, wie er für Pfalzen öfter, etwa in Frankfurt, bezeugt ist. Aber eine stattliche Menschenmenge hat sich in Bodman nie versammelt; der König konnte hierher nicht Hunderte von Höflingen mitbringen.

Wo stand die Pfalzkirche, wie sah sie aus? Josef Fleckenstein, der das geistliche Potential und Personal der Königspfalzen erforschte, setzt für jede Pfalz einen Kirchenraum an, in dem die Hofgeistlichen, »Kapelläne«, den Hofgottesdienst feierten: die »Pfalzkapelle«. Auch in Bodman glaubt Fleckenstein eine Pfalzkapelle zu kennen. Die Grabungen Plaths mahnen indes zur Vorsicht. Mit Fleckenstein nehmen wir an, daß König und Gefolge in einem eigenen Raum, von den Bauern des Königshofs gesondert, die Messe hörten. Ein solcher Kirchenraum muß keinen selbständigen Sakralbau beansprucht haben. Die Pfalzen in Ingelheim und Zürich schlossen ihn schon nicht mehr ein, wie noch die weitläufigen Pfalzanlagen in Aachen und Paderborn. Unter Ludwig dem Frommen begann man die Königsräume in ein einziges Bauwerk zusammenzuziehen; hier konnte eine kleine Kapelle untergebracht oder angebaut sein. Daß für ihren Gottesdienst ständig ein Kapellan in Bodman wohnte, ist unwahrscheinlich, ganz zu schweigen von Kanonikerstiften, wie sie in größeren Pfalzen bestanden. Näher liegt es, daß in Bodman wie in Ingelheim und Zürich als Pfalzkirchen die vor dem Pfalzbau vorhandene, nächstgelegene Leutkirche mit herangezogen wurde.

Die Bodmaner Leutkirche stand keine sechzig Meter südlich vom *palatium.* Das ist zwar nicht unbedingt gesichert, doch ist die Indizienkette stark. Jeder größere Königshof besaß schon in der Merowingerzeit eine Kirche für die Bauern, die auf Haupthof und Nebenhöfen von der Taufe bis zum Begräbnis lebten. Die Kirche gehörte wie der ganze Hof dem König; er bestellte ihren Geistlichen. In Bodman muß eine merowingische Fiskalkirche am Platz der heutigen Pfarrkirche gestanden haben, am höchsten Punkt der Anhöhe; denn damals

wurden nach Erdmanns Feststellung an dieser Stelle Tote bestattet, anscheinend im Schatten einer Steinkirche. Das seit 1336 bezeugte Patrozinium *der Lüt Kilchen zu St. Peter* könnte von dieser merowingischen Kirche herrühren, denn es war für frühe Bodenseekirchen typischer als für karolingische Pfalzkirchen, die man lieber dem Salvator weihte. Das Mauerwerk, das Plath und Erdmann unter und neben dem Kirchturm, über den frühesten Gräbern fanden, gehörte vielleicht zu frühkarolingischen Neubauten; daß es Sakralbauten waren, ist allerdings nicht erwiesen. Die Leutkirche erreichte jedenfalls nicht die Dimensionen der Basiliken in Aachen und Paderborn oder der Reichenauer Abteikirche, die um 816 auf eine Gesamtlänge von 41 und Breiten von 20 und 30 Metern anwuchs. Alle Anzeichen zwingen zu dem Schluß, daß in Bodmans Leutkirche der König und sein Hof keiner prunkvollen Festmesse beiwohnen konnten; wo sonst, das werden wir sehen.
Der Bereich rund um die Kirche blieb, unbeschadet zahlreicher Umbauten, geistlicher Schwerpunkt und Friedhof, teilweise bis heute. Die Grabung Erdmanns im Kirchturm ergab, daß das frühe 12. Jahrhundert einen Neubau errichtete, in einer Ausrichtung, die stärker als die der Vorgängerbauten nach Südosten gedreht war; das könnte die Kirche gewesen sein, die 1155 dem Konstanzer Bischof gehörte. Nach dem Herrschaftsantritt der Ritter von Bodman wurde um 1300 noch einmal neugebaut; die Grundmauern des heutigen Kirchturms entstanden, nun wieder mit »karolingischer« Orientierung, ungefähr nach Osten. Unmittelbar südlich neben der Kirche, an der Straße »Im Grieß«, suche ich den Hof, der 1155 als bischöfliches Eigen auftauchte. Er war wohl identisch mit dem *pfarhof* oder *kürchoff,* den die Urbare von 1539 und 1620 beschrieben. Der *pfarrhoff* muß 1608

baufällig gewesen sein, denn der Konstanzer Bischof hielt einen Neubau für notwendig. An derselben Stelle entstand 1682 das heutige Pfarrhaus.
Auch die geistliche Zone umfaßte mehrere Gebäude; zu Kirche und Pfarrhof kamen Wirtschaftsbauten und Kaplanshäuser östlich der Kirche. Einen Ausschnitt aus diesem landwirtschaftlich genutzten Bereich der Holzhütten, allenfalls Fachwerkhäuser, mag die Grabung von 1970 wenige Meter südöstlich des Kirchturms freigelegt haben. Das geistliche Gelände beschränkte sich nicht auf die Anhöhe. Unterhalb des Hügels an der Greth, *zu Vnder Bodman am Horn,* lag ein vor 1296 erworbenes, 1616 verkauftes Gut der Abtei Petershausen. Am Horn und im Grieß schlossen sich 1386, 1620 und 1686 Kaplanspfründe und Mesnerlehen an. Jedenfalls grenzte unmittelbar an die Kirche nach Südosten eine landwirtschaftliche Zone. Mit der Frage nach der Pfalzökonomie entfernt sich die Forschung seit Schuchhardt von Plaths Vorstellung, daß eine Pfalz vornehmlich aus Palast- und Sakralbauten bestehe.
Wo lag in Bodman der Haupthof der Pfalz? Adolf Gauert, der die Pfalztopographie am gründlichsten untersuchte, stellt für die Karolingerzeit die Regel auf, daß der Wirtschaftshof in nächster Nähe des Herrschaftshauses zu finden sei. Sollte sie für Bodman zutreffen, so käme auf der Anhöhe nur der Pfarrhof in Frage, der 1155 nicht mehr dem König gehörte. Man könnte meinen, daß erst nach der Entfremdung dieses Hofes, etwa im 11. Jahrhundert, für das verbliebene Königsgut ein neuer Haupthof eingerichtet worden wäre; wahrscheinlich ist es nicht. In nächster Nähe des Herrschaftsgebäudes lag ein zweiter, sogar ziemlich grosser Hof *neben der kilchen,* ungefähr im heutigen oberen Schloßpark; die Urbare von 1539 und 1620 nannten ihn *des Hewschribers*

Hof. Er war, wie auch sein Name sagt, an hörige Bauern zu Lehen ausgegeben und ist vor dem Rodel von 1473 nicht bezeugt; er kann nicht der gesuchte Haupthof gewesen sein. Für einen dritten Hof war kein Raum. Auch der Freihof, unter der heutigen Küferei, überlagerte ja erst im Spätmittelalter die karolingischen und staufischen Herrschaftshäuser. Mithin dürfte Gauerts Regel für Bodman nicht gelten.
Wahrscheinlich lebte der merowingische und karolingische Wirtschaftshof in dem ältesten aller erwähnten Bodmaner Höfe fort; eine Urkunde König Adolfs nannte ihn am 5. November 1294 *curia in Bodemen, dicta der frone hof, imperio pertinens*. Die Lage dieses Fronhofs ergibt sich aus dem Urbar von 1539. Es beschreibt eine Torkel am See, *vnnder dem fronhof;* ein Grundstück *ob dem wyler, ligt zwüschen dem fronhof vnd der stras;* zwei Baumgärten, an der *gassen so zu küngs wintergartten gat, ... vnd ligt am fronhoff*. Demnach lag der Fronhof nicht am See, sondern um einiges oberhalb der heutigen Hauptstraße und des Weilers, zwischen Pfalzbereich und Königsweingarten. Auch dieser seit dem frühesten Rodel von 1360 belegte Flurnamen deutet auf den Kernbereich des Königsgutes. Hier im Nordwesten, wo die Berge vom See zurücktreten, war mehr Platz als auf dem Pfalzhügel für die zahlreichen Gebäude eines Wirtschaftshofes: Wohnungen von Meiern, Knechten und Mägden, Waschhäuser und Webhütten, Weinkeltern und Weinkeller, Backöfen und Küchenstuben, Pferde- und Kuhställe, Hühner- und Schweineställe, Scheunen und Speicher, Schmieden und Mühlen am Bach. Von hier aus waren die Wege zu allen Fluren gleich kurz, vom Teufelstal bis hinter den Dettelbach. Dicht beim Fronhof breiteten sich fruchtbare, zusammenhängende Äcker, Wiesen, Gärten, Weingärten und Wälder. Aus dem Fronhofverband glie-

derten die Ritter von Bodman seit dem 14. Jahrhundert immer mehr Höfe aus, u.a. Heuschreiberhof, Bühelhof, Schefflerhof, Fuchshof, und verliehen sie an Bauern. Auch vom Fronhof selbst erhielt die Herrschaft spätestens seit 1360 nicht mehr den gesamten Ertrag, nur noch genau festgesetzte Naturalabgaben; er war also ebenfalls ausgegeben. Dennoch behielt er weiter den alten Namen, noch im Urbar von 1620; erst im Urbar von 1757 ist er verschwunden. Auch im Ökonomischen wurde also die Kontinuität des Standorts gewahrt, nicht ganz so lange wie im Herrschaftlichen oder gar im Kirchlichen.

Das wirtschaftliche Zentrum der Pfalz lag drei- bis vierhundert Meter von deren politischem und geistlichem Mittelpunkt entfernt. Das hieß nicht, daß *palatium* und Kirche vornehm abseits blieben. Denn die Flur des Wirtschaftshofes reichte über den Pfalzhügel hinaus an dem schmaler werdenden Uferstreifen weit nach Südosten. Das lehrt eine Königsurkunde Ludwigs des Kindes, die 905 im *palatium* zu Bodman ausgestellt wurde und dieses Herrschaftshaus vom Wirtschaftshof *(regia curtis)* unterschied. Sie beschrieb eine Hofstelle, wahrscheinlich an der Mündung des Baches vom Teufelstal, »im östlichen Teil des Königshofes«. Der Pfalzhügel war also umgeben von den Nutzflächen des Wirtschaftshofes und teilte sie in eine kleinere östliche, eine größere westliche Hälfte. Die Pfalz Bodman war somit nicht, wie Schwab meinte, eine Lustwohnung, sondern wie alle Pfalzen ein »mit Palastbauten ausgestatteter Gutshof«. In einem Zeitalter der Landwirtschaft, einem Reich ohne Hauptstadt war eine Pfalz Mittelpunkt agrarischer Wirtschaft, die der königlichen Herrschaft diente.

Diesen Zusammenhang zwischen Wirtschaft und Herrschaft muß beachten, wer die Topographie der Pfalz

Bodman im ganzen betrachtet. Der Blick vom Thron an der Längsseite des Königssaales, hinaus auf See und sanfte Berge gegenüber, mag mittelalterliche Herrscher so erfreut haben wie moderne Touristen; aber um der Aussicht willen wurde keine Pfalz gegründet. Zunächst empfahl sich der Platz, weil er der Morgensonne zugewandt auf fruchtbarem Schwemmlehm lag, für Landwirtschaft und Weinbau geeignet, und weil der Hügel zehn Meter über dem See waagrechten Baugrund und fließendes Wasser für eine Siedlung bot. Zudem lag der Ort geschützt in einem Winkel zwischen Bodensee und Molassebergen, der sich von Südosten nach Nordwesten erweiterte; auch im Nordwesten, im flachen Mündungsgebiet der Stockacher Aach, bot das Große Ried etwas Schutz. Für Bodman galt, was man allgemein an großen Höfen und Pfalzen des Frühmittelalters beobachtet: »Errichtung auf einer Bodenerhebung, in Wassernähe, jedoch ohne der Überschwemmungsgefahr ausgesetzt zu sein, eine Art natürlicher, auch kunstverstärkter insularer Lage.« Aber Bodman lag nicht wie die jüngeren Pfalzen Zürich, Kirchen und Neudingen burgähnlich überhöht, sondern wie die älteren Aachen, Ingelheim und Frankfurt in der Ebene, von mehreren Seiten erreichbar. Das früher starke Gefälle des Pfalzhügels und das Halbrund seiner Steinbauten erleichterten die Verteidigung; darüber hinaus ist eine Wehranlage, wie Ingelheim sie besaß, sogar an der offensten Flanke im Nordwesten Bodmans schwer denkbar.

Man betrachte den ökonomisch begründeten Nahverkehr: Über die zweihundert Meter hohen Steilhänge des Bodanrück hinweg hielt der Königshof Verbindung zu den Wäldern droben und den Höfen jenseits der Höhe, von Litzelstetten bis Güttingen, ebenso mit den Höfen von Espasingen bis Eigeltingen, jenseits des Großen

Rieds; alle diese Orte bildeten Nebenhöfe Bodmans. Für den politisch motivierten Fernverkehr lag die Pfalz etwas abseits, aber bequem zugänglich. Zu Lande verlief in nächster Nähe beim Mooshof die Römerstraße von Eschenz, das heißt vom Rheintal, nach Laiz, das heißt ins Donautal. Noch wichtiger als diese antike Landverbindung wurde der frühmittelalterliche Seeweg vom Westen, von Eschenz und vom Untersee, zum Obersee nach Arbon und weiter nach Süden, den Rhein hinauf. Als Station dieses Seeweges erschien Bodman spätestens um 800 zum ersten Mal in Schriftquellen.
Was das Nebeneinander von Herrschaftshaus und Wirtschaftshof für den Pfalzort bezeugt, bestätigt der Blick in die Runde: Die Pfalz Bodman war ein Treffpunkt zwischen Herrschaft und Landschaft. Das Ergebnis dieses Zusammentreffens hing zum Teil von den Gebäuden ab, deren Überreste die Archäologen untersuchen, zum Teil von dem Gelände, dessen Beschaffenheit die Topographen erkunden. In erster Linie aber trafen geschichtliche Kräfte und Bewegungen, kurz: Menschen zusammen, und sie änderten sich schneller und gründlicher als Architektur und Topographie. Ihrer Geschichte wenden wir uns zu.

Karolingischer Anfang

Bodman war im 6. und 7. Jahrhundert nicht der »wichtigste Ort am See« oder der »politische Mittelpunkt des Landes«; von einem »Herzogssitz«, gar von einer »Herzogspfalz« (Otto Feger) ist keine Spur zu finden. Kein einzelner Ort konnte Mittelpunkt dieses Landes sein, desto weniger, je enger sich fränkische Herrschaft und alemannische Landschaft verquickten. Bodman stand stets im arbeitsteiligen Verbund mit anderen Orten am See, in der Merowingerzeit zum Beispiel mit Überlingen. Nach der glaubwürdigen Erzählung des Reichenauer Mönches Wetti, um 820 nach älteren Vor-lagen verfaßt, thronte vor der Mitte des 7. Jahrhunderts in Überlingen Herzog Gunzo, wahrscheinlich nicht als Herr über ganz Alemannien, eher als einer der Herren im Bodenseeraum. Er saß in einem Haus, das zum Empfang zweier Bischöfe gerüstet war, Wohn- und Schlafräume für die Herzogsfamilie enthielt und ein großes Hausgesinde beschäftigte. Bodman, nur zehn Kilometer entfernt, brauchte nicht noch einmal so große Gebäude für so viele Menschen.

Hier befand sich wohl ein Wirtschaftshof mit Kirche, ökonomischer und religiöser Mittelpunkt für zahlreiche Bauernhöfe des Bodanrück, für den Bezirk, der dann im 8. Jahrhundert als königlicher Fiskus deutlicher hervortrat. Vielleicht nannten einheimische Bauern zuerst den angrenzenden See »Bodmansee«; ein offizieller, politischer Name war es nicht. Für die merowingisch-alemannische Herrschaft steuerte Bodman die wirtschaftlichen Grundlagen bei, die Aufgabe war wichtig genug; doch nicht jeder Königshof war oder wurde Pfalzort. Zu einem Pfalzort gehörte außer dem Wirtschaftshof ein ansehnlicher Bau zur Beherbergung des Königs. In Bodman ist ein Herrschaftshaus archäologisch noch gar nicht, literarisch erst nach der Mitte des 8. Jahrhunderts nachzuweisen, durch zwei Berichte, die nähere Betrachtung erfordern.

Der eine handelte vom Ende des Abtes Otmar von St. Gallen und wurde zwischen 834 und 838, auf früheren Nachrichten fußend, von Walahfrid Strabo geschrieben.

Demnach erreichten die fränkischen Grafen Warin und Rudhard, die damals »ganz Alemannien« verwalteten, daß der Alemanne Otmar im Sommer 759 auf einer Gerichtsversammlung verurteilt wurde, und veranlaßten seine Gefangensetzung »in der Pfalz beim Hof Bodman *(apud villam Potamum palatio)*«. Niemand durfte das Gebäude betreten, Otmar mit niemandem sprechen und keine Nahrung erhalten. Dennoch gelang es Perahtgoz, einem seiner Mönche, ihm nachts Lebensmittel zu bringen. Danach wurde der Gefangene mit Erlaubnis der Grafen auf die Insel Werd bei Stein am Rhein in den Gewahrsam eines mächtigen Mannes namens Gozbert gebracht und starb dort am 16. November 759.
Was besagt das für die Pfalz Bodman? Die Grafen durften den Abt von St. Gallen nicht richten und mußten das Urteil einer geistlichen Versammlung abwarten; sie trat nicht in Bodman zusammen, sondern vermutlich in Konstanz, vor dem geistlichen Gericht des Bischofs Sidonius. Als Vertreter des Königs hatten die Grafen jedoch das Urteil zu vollstrecken; dafür eignete sich Bodman. Die Moselfranken Warin und Rudhard, Pippins wichtigste Helfer bei der Eingliederung Alemanniens, verschafften sich im Land weitgespannten Eigenbesitz, Warin zum Beispiel im Hegau, und dehnten ihn auch zu Lasten St. Gallens aus; das führte zum Konflikt mit Otmar, und ich vermute, daß Stammheim im Thurgau einer der Zankäpfel wurde. Doch nach Otmars Verurteilung handelten die Grafen lediglich als Vertreter des Königs und Verwalter seines Fiskallands. Als solche durften sie über Bodman verfügen; hier war kein örtlicher Grundherr mit zuständig wie Gozbert, der allerdings den Grafen nahestand. In Bodman lag eine Kirche für den Gottesdienst des Gefangenen und, was wichtiger war, eine Wache, die den Zutritt zur Pfalz

tagsüber wirksam verwehrte. Nimmt man Walahfrid beim Wort, so wohnte im Haus niemand als Otmar. Sein Gefängnis war indes kein finsteres Loch, sondern ein *palatium*.

Was eine Pfalz ist, wußte Walahfrid; er schrieb seinen Bericht, während er in Aachen bei Ludwig dem Frommen Dienst tat. Zur selben Zeit schilderte seine Bearbeitung von Wettis Gallus-Vita eine Pfalz des 7. Jahrhunderts. Nicht die Überlinger Wohnung Gunzos war eine Pfalz, sondern die Wohnung von König Sigibert in Metz, dem Bräutigam von Gunzos Tochter. Das *palatium* war das Haus, zu dem der König mit Prälaten und Adligen hinaufstieg, um Hochzeit zu feiern; es war das Haus, in dem der König thronte und vor aller Augen die Tochter Gunzos mit Geschenken ehrte. Ebenso im 8. Jahrhundert: Das *palatium* war das Haus, in dem König Pippin an ungenanntem, wohl westfränkischem Ort den Abt Otmar von St. Gallen und seine Mitbrüder ehrenvoll empfing und mit Geschenken überhäufte. Otmar freilich verschenkte »vor den Toren des *palatium*« die meisten Gaben an Arme. Frommen Mönchen mißfiel das hochgelegene Haus irdischen Prunkes; es erinnerte an den Königspalast des ruchlosen Ahasver, von dem das biblische Buch Esther erzählte. Noch Walahfrid verurteilte den Aufwand der »weltlichen Könige« in ihren Palästen; er gebührte dem höchsten Herrn und seinen Gotteshäusern.

In Bodman stand 759 ein solches Gebäude, Inbegriff der schenkenden und strafenden Königsgewalt. Dieses *palatium* lag bei einer *villa,* ein Herrschaftshaus neben einem Wirtschaftshof: knappste und genaueste Definition eines Pfalzortes. Man wird einwenden, daß der Reichenauer Walahfrid seine Lokalkenntnis, die Bodmaner Topographie von 835 mitverwertete; für die sprachliche Formulierung kann das zutreffen. Der sachliche Gehalt des Berichts stammt jedoch aus älteren Quellen, der verlorenen Otmars-Vita des St. Galler Mönches Gozbert, letztlich von einem Mitmönch Otmars. Woher sonst kannte Walahfrid den Namen des Perahtgoz? Dieser muß in St. Gallen von Bodman erzählt haben, so daß sich sein Name mit der Otmars-Tradition verband.

Möglicherweise sorgte Perahtgoz gleich für Otmars Verehrung im Land. Ein Pertgauzus aus St. Gallen veranlaßte und verfaßte nämlich keine zwei Jahre nach Otmars Tod, am 29. Juli 761, in Stammheim im Thurgau eine Urkunde »unter dem Grafen Warin«. Da schenkte ein Mann namens Isanhard dem Kloster St. Gallen alles Stammheimer Land, »das mir dort mein Vater von seinem Anteil als Erbe überlassen hat«. Isanhard könnte jener Isanbard sein, der viel später, 806, in Erwartung des Todes dem Kloster weiteres Land an anderen Orten des Thurgaus schenkte, »das mir mein Vater dort als Erbe überlassen hat«. Der Schenker von 806 wollte damit Klagen des Klosters beschwichtigen und das Seelenheil seines toten Vaters retten; hier nannte er ihn: Graf Warin! Die Gleichungen Perahtgoz = Pertgauzus und Isanhard = Isanbard sind nicht über jeden Zweifel erhaben; doch der Verdacht drängt sich auf, daß Otmars Bodmaner Helfer schon 761 bei Warins Familie das schlechte Gewissen geweckt haben könnte. Es wurde fortan immer wieder durch Schenkungen beruhigt, vornehmlich aus Stammheimer Fluren, an denen Warins Tyrannei ebenso wie an Bodman zu kleben schien. Ob nun bereits Perahtgoz oder erst ein St. Galler der nächsten Generation Mönchen und Adligen am See den Zusammenhang einprägte, die Assoziation Warin – Bodman – Stammheim – Otmar blieb tausend Jahre

lebendig und wurde zur wichtigsten Konstante der Pfalzgeschichte.
Den zweiten Bericht über ihre Anfänge verfaßte Walahfrids Schüler Ermenrich von Ellwangen, 848 oder kurz danach, wahrscheinlich in der Abtei Reichenau. Sofort regt sich der Argwohn, daß Ermenrichs Erzählung von Walahfrid abhänge und durch Reichenauer Vorurteile gefärbt sei. Ermenrich betonte indes, daß er sie dem Ellwanger Mönch Mahtolf verdanke. Ihn kennen wir, er starb hochbetagt zwischen 826 und 838 in Ellwangen. Mahtolf seinerseits beteuerte in Ermenrichs Text, er habe die Geschichte von Grimold, einem der ersten Ellwanger Mönche, dem sie persönlich widerfuhr. Hier ist kein Zweifel angebracht: Der Bericht gründete sich auf Ellwanger Überlieferung des 8. Jahrhunderts, war also unabhängig von den St. Galler Nachrichten des Perahtgoz und deren Reichenauer Widerhall. Was erlebte Grimold, anscheinend zwischen 764 und 768?
Er befand sich »beim Hof König Pippins an dem See, der *Podomus* heißt *(apud curiam Pippini regis iuxta mare quod Podomus dicitur)*«. Zusammen mit einer ganzen Mannschaft bewachte er nachts Pferde im Freien. Nach seiner Runde schlief er ein, hörte plötzlich Glocken, fuhr hoch und sah sich nach den Posten um. Er bemerkte einen vornehmen jungen Mann und fragte ihn, woher das schöne Geläute komme. Aus Ellwangen, hieß die Antwort. Grimold dachte ein paar Tage über den Vorfall nach. Dann traf ihn der vornehme Franco, der »an demselben Ort« weilte, ein Bruder des Bischofs Erlolf von Langres und des Edlen Hariolf, der später ebenfalls die Mitra von Langres tragen sollte. Franco fragte Grimold, warum er sich verändert habe, ob er etwa Mönch werden wolle. Grimold seufzte: »Hätte ich doch einen passenden Ort dafür gefunden!« Franco verwies ihn nach

Ellwangen, wo »neulich« sein Bruder Hariolf ein Kloster angelegt habe. Grimold machte sich auf und trat in Ellwangen ein.

Curia bedeutet in diesem Bericht nicht den Hofstaat, mit dem König Pippin durch die Bodenseegegend geritten wäre, sondern den Königshof, der ihm gehörte. Kein einfacher Wirtschaftshof, *curtis* oder *villa*, sondern ein Platz, an dem sich der Hofstaat um den König versammeln könnte, eine Pfalz. Sie hieß wie der See, an dem sie lag; Ermenrich schrieb den Namen des Sees ähnlich, wie 839 die ersten Königsurkunden den Namen der Pfalz buchstabierten, *Podomus* hier, *Bodoma* dort. Es war ein zentraler Ort für die Franken, die sich hier mit Grimold aufhielten, vornehme Herren hoch zu Roß. In den Ställen des Königshofes war anscheinend nicht genug Platz für alle Pferde der Gäste; so blieben sie nachts auf der Koppel. Keine idyllische Stimmung, spannend wie der nächtliche Schleichweg des Perahtgoz, nur von der Gegenseite gesehen: Ein Schichtdienst wurde für die Wache eingerichtet; die ganze Truppe schlief draußen und erschrak bei jedem Geräusch. Das sieht nach Heereszug aus, halb schon im Feindesland, möglicherweise zur Vorbereitung des Krieges, den Pippin 764 gegen den Bayernherzog Tassilo plante. Die Kavalkade kampierte mehrere Tage im Pfalzort und pflegte zur Landschaft ringsum keine Beziehung. Glockengeläute wäre am See zu hören gewesen, ohne Ellwanger Wunder; es hätte von der Reichenau kommen können. Aber die Reichenau, deren Abt Johannes zugleich das Bistum Konstanz leitete, war kein passender Ort für einen Franken im Königsdienst, wenn er Mönch werden wollte.

Walahfrid und Ermenrich schrieben achtzig Jahre später, nachdem die Karolinger die Bodenseeklöster für sich gewonnen, ihnen die Pfalz Bodman zum vertrauten

Nachbarn gemacht hatten. Für die Zeit, von der die Mönche schrieben, war das noch anders, und sie milderten den Kontrast nicht; das heißt, sie gaben die Stimmung des 8. Jahrhunderts unverfälscht wieder. Um dessen Mitte war in alemannischen Klöstern Pippins Pfalz Bodman unbeliebt; weder Karl Martell noch sein Sohn eroberten die Herzen der Alemannen im Sturm. Die Konstanzer Bischöfe unterstützten die Karolinger schon, doch die Abteien St. Gallen und Reichenau hielten noch engere Verbindung zum landschaftlichen Adel als zur königlichen Herrschaft. Die Zurückhaltung wirkte bis in Walahfrids und Ermenrichs Zeit, mindestens wenn sie vom See bei Bodman sprachen.

Walahfrid und Ermenrich waren die ersten, die den »Bodensee« als *lacus Potamicus* in die Literatur einführten. Damit knüpften sie an den Namen des heutigen Überlinger Sees an, den er nicht erst nach der Pfalz, sondern nach der ländlichen Siedlung Bodman trug. Walahfrid nannte die Pfalz, ähnlich wie den See, *Potamus,* Ermenrich den See, ähnlich wie die Pfalz, *Podomus.* Nur gestanden beide den Zusammenhang nicht ein und bemühten sich, *lacus Potamicus* mit dem griechischen *potamos* als »Fluß-See« zu deuten und auf den Rhein zu beziehen. Der See, in dem die Reichenau lag und über den Sankt Gallus gefahren war, sollte auch seinen Namen von dem Strom erhalten, der die Niederlassungen der Glaubensboten Kolumban, Gallus und Pirmin miteinander verband; er durfte bei geschichtsbewußten Mönchen nicht »Bodmansee« heißen, denn Bodman beschwor eine trübe Vergangenheit. In Pippins Zeit war es ein Stützpunkt nur für die Herrschaft, kein Treffpunkt auch für die Landschaft.

Ähnlich mußte der Kreis um den ersten karolingischen König urteilen. Pippin konzentrierte seine Herrschaft

auf den Maas-Seine-Raum und hielt sich mit Vorliebe in westfränkischen Pfalzen wie Verberie, Quierzy, Attigny auf. An den Bodensee kam er wahrscheinlich nie; hierher schickte er Vertreter und Vertraute, Warin, Rudhard, Gozbert und andere Franken, die an wichtigen Punkten Herrschaft und Grundbesitz übernahmen. Einer dieser Punkte war Bodman, Mittelpunkt eines großen Königsgutbezirks. Deshalb wurde hier ein *palatium* gebaut, ein Haus für den König. Grimold nannte die Gebäudegruppe »König Pippins Hof«; nichts spricht dagegen, daß sie in dessen Regierungszeit erbaut wurde, nach der Vernichtung des alemannischen Herzogtums 746, bei der karolingischen Machtübernahme.
Wo Pippins Pfalz stand und wie sie aussah, können wir nicht erraten, solange keine archäologischen Spuren von ihr auftauchen. Sie mag landeinwärts, neben dem Wirtschaftshof, errichtet worden sein; lieber würde ich sie auf der Anhöhe über dem See, an die merowingische Kirche grenzend suchen. Jedenfalls war sie klein und nicht zu vergleichen mit so gewaltigen Anlagen, wie sie Pippin in der vor 741 gebauten Pfalz Quierzy an der Oise vorfand. Wenn die umstrittene Grabung 1916 wirklich Pippins dortige Pfalz traf, bestand sie aus einem ovalen Saalbau von über 50 Metern Länge, einem mehrgeschossigen Hauptwohnbau von rund 45 mal 32 Metern mit zahlreichen Gemächern und Innenhof, dazu aus einer Vielzahl von Nebengebäuden. Für so viel Aufwand war in Bodman kein Bedarf.
Das änderte sich unter Pippins Sohn noch nicht. Karl der Große begann in den 780er Jahren die Zahl seiner Pfalzorte schnell zu vermehren, insbesondere am Mittel- und Niederrhein, ferner in sächsischen, ostfränkischen und bayerischen Randzonen: Aachen vor allem, Nimwegen, Ingelheim, Frankfurt, Paderborn, Salz, vielleicht Re-

gensburg. Im alemannischen Raum baute Karl der Große keine Pfalz und wird die einzige vor seiner Zeit errichtete weder besucht noch gefördert haben. Dennoch bedeutete Karls Regierung für Alemannien eine Wende, die das Land spürte und hernach auf Bodman zurückbezog: Die Konfrontation ging zu Ende. Karl band die Adligen des Landes an sich, vor allem durch die Heirat der Alemannin Hildegard 771. Sie blieb nach ihrem Tod 783 populär, in den Klöstern, sogar bei den Bauern.

Zu den Nachklängen ihrer Beliebtheit gehört die 1551 aufgetauchte Sage aus dem Kloster Kempten, eine ihrer vertrautesten Hofdamen sei ein Fräulein Rosina von Bodman gewesen. Als wäre die drohende Pfalz so schnell zur Heimat höfischer Damen des Landes geworden! Immerhin, Hildegards Brüder Udalrich und Gerold zählten bereits zu den mächtigsten Herren in Alemannien und weit darüber hinaus. Udalrich I. wurde Karls Graf in vielen Gauen und gründete die Sippe der »Udalrichinger«. Auch ihn verband eine späte Sage, um 1140 im Kloster Petershausen faßbar, mit Bodman und machte ihn zum dortigen Pfalzgrafen, obwohl wir von Personal und Funktion Bodmans in Karls Zeit nicht das geringste hören und schon deshalb nicht viel erwarten dürfen.

In der Wirklichkeit des späten 8. Jahrhunderts stützte sich die karolingische Politik nicht mehr auf isolierte Punkte, sondern auf breite Gemeinschaften. Udalrichs Bruder Gerold zum Beispiel verpflichtete sich einerseits den König durch treuen Dienst in Bayern, andererseits die Abteien Reichenau und St. Gallen durch reiche Schenkungen im Land. In den Bodenseeklöstern wirkten überdies seit 782, beginnend mit dem Moselfranken Waldo, Karls persönliche Freunde. So wurden alemannische Adelssippen und Mönchskonvente zu überzeugten Anhängern der Karolinger. Der Bischofsstuhl in Konstanz, seit 782 von der Union mit Reichenau und St. Gallen gelöst, trat hinter die Abteien zurück, ähnlich die Pfalz Bodman. Doch änderte sich deren Aufgabe, sobald die karolingische Herrschaft bei den Menschen der Landschaft Wurzeln geschlagen hatte. Dann konnte sie einer von vielen Treffpunkten zwischen Landschaft und Herrschaft werden. Ihre große Zeit begann mit einem Menschenalter Verzögerung, als Karls und Hildegards Sohn Ludwig der Fromme kam.

Ludwig der Fromme

Im August 829 stand Alemannien unvermittelt im Brennpunkt der Reichspolitik. Die Welfin Judith, zweite Gemahlin Ludwigs des Frommen und Nachfahrin Rudhards, setzte für ihren Sohn Karl, nachmals der Kahle genannt, das heimatliche Alemannien als Erbteil durch und trieb damit die drei Kaisersöhne aus erster Ehe zur Empörung. Judith zog Alemannen an den Aachener Hof, ihren Bruder Konrad, den Mönch Walahfrid Strabo; auch die Pfalz Bodman scheint schlagartig Gewicht gewonnen zu haben. Wenigstens ließ sich der gewissenhafte Abt Erlebald von Reichenau am 6. September 829 in Worms bestätigen, daß das Kloster dem Kaiser und seinen Söhnen nur auf dem Weg durch und nach Konstanz und Chur mit Speise und anderem dienen müsse, nicht auf anderen Zügen und an anderen Orten. Die Reichenauer fürchteten offenbar, daß jetzt öfter herrschaftlicher Besuch ins Land käme und daß die Wirt-

schaftskraft des Fiskus Bodman dieser Belastung nicht gewachsen wäre.
Ob die Pfalz damals ausgebaut wurde? Ludwig zog zunächst Aachen als Hauptpfalz vor, begann aber bald Ingelheim und Frankfurt zu fördern. Besonders in Frankfurt wurde bis 822 gebaut; hier brachte Judith 823 Karl zur Welt. Die Umrisse dieser Pfalz sind durch Grabungen von 1953–73 bekannt. Der von Osten nach Westen ziehende Palast, etwa 45 Meter lang, gliederte sich in zwei Bereiche: Im Osten der zweischiffige und zweigeschossige Königssaal, 26 mal 12 Meter im Lichten messend, an seiner Südwest- und Nordwestecke je eine Vorhalle oder ein Turm; im Westen, etwas zurücktretend, ein quadratischer, vielleicht eingeschossiger Gebäudeteil von rund 16 Metern Seitenlänge mit kleineren Räumen, anscheinend der königliche Wohntrakt. Ein Gebäude von ähnlichem Grundriß und Umfang läßt sich aus Plaths Grabungen in Bodman erschließen. Mit aller gebotenen Vorsicht darf man erwägen, daß Ludwig der Fromme um 829 die Pfalz Pippins in Bodman nach Frankfurter Muster erneuern, erweitern, an das Seeufer heranrücken ließ, entweder für seine eigenen Pläne oder als Ausgangspunkt für Karl, den ersten Herzog Alemanniens seit achtzig Jahren. Walahfrid Strabo stellte den Sechsjährigen wahrscheinlich im Konvent Reichenau persönlich vor.
Aus den großen Entwürfen wurde nichts, weil sich die älteren Söhne gegen den Vater auflehnten, weil vor allem Ludwig der Deutsche seit 832 vom bayerischen Stammland aus Ansprüche auf Alemannien erhob und im Land Sympathien gewann. Das Hin und Her der nächsten Jahre muß hier beiseite bleiben. Im November 838 fand Ludwig der Deutsche erneut in Alemannien zahlreiche Helfer gegen den alternden Kaiser. Seit Janu-

ar 839 wendete sich das Blatt; die meisten Alemannen kehrten zum Kaiser zurück, Ludwig der Deutsche mußte nach Bayern abziehen. Sein Vater kam mit Heeresmacht den Rhein herauf, um Alemannien an sich zu binden, und nahm in Bodman Quartier. Manche Forscher fragen, was den Kaiser bewog, gerade Bodman als Aufenthaltsort zu wählen. Es hat aber den Anschein, als müßte am Kaiserhof seit 829 »Bodman« sagen, wer »Alemannien« meinte, und für kaiserliches Auftreten in Alemannien sprachen wichtige Gründe.

Die drei mächtigsten geistlichen Zentren am Bodensee waren kürzlich neubesetzt worden. In St. Gallen trat 836 oder 837 der bedeutende Abt Gozbert zurück, der Ludwig dem Deutschen nahestand. Auf der Reichenau resignierte um 838 Abt Erlebald, auch er ein Anhänger des jüngeren Ludwig. In Konstanz starb am 15. März, eher 838 als 839, Bischof Wolfleoz, der politisch kaum mehr hervorgetreten war. Der Umschwung zugunsten Ludwigs des Frommen war bereits eingeleitet; der neue St. Galler Abt Bernwich bezog bald Front gegen Ludwig den Deutschen. Auf der Reichenau setzte der Kaiser 838 Walahfrid Strabo als Abt ein, stieß jedoch auf Widerstand im Konvent. In Konstanz amtierte Salomon I., aus der nach ihm benannten Bischofssippe der Salomone, mit reichem Besitz im Linzgau und breitem Anhang im Land, für den Kaiser ein wichtiger Mann. Im weltlichen Bereich waren Rebellen wie die »Udalrichinger« schon zurückgedrängt; an ihre Stelle trat seit Januar 839 als Graf im Argengau, bald auch in anderen alemannischen Landschaften, Judiths Bruder Konrad mit ähnlicher Machtfülle wie sein Vorfahre Rudhard. Es galt diese Ansätze auszubauen, dafür kam der Kaiser. Der Sechzigjährige selbst besaß nicht den energischen Willen, der diese Reise entwarf; er stand noch immer im Bann Judiths. Die Kaiserin aber hielt sich bei der Ausführung ihrer Pläne zurück und reiste wahrscheinlich nicht mit in die Heimat.

Das Reiseziel verblüffte Fernerstehende. Der Spanier Prudentius, Hofkapellan Ludwigs des Frommen und mit Walahfrid Strabo befreundet, schrieb, der Kaiser sei während der Fastenzeit, nach dem 19. Februar 839, nach Alemannien geeilt »zu einem Königshof, der Bodman heißt *(ad villam regiam quae Bodoma dicitur)*«. Der Annalist des Klosters Fulda, vermutlich Rudolf, Ermenrichs Lehrer, wußte mit Bodmans Namen gar nichts anzufangen: Ludwig habe die Fastenzeit 839 zwar in Frankfurt begonnen, sei dann aber nach Alemannien gezogen, um »am Bregenzersee *(iuxta lacum Briganticum)*« Ostern zu feiern. Das Selbstverständlichste an der Reise war ihr Zeitpunkt; in der Fastenzeit besuchten karolingische Herrscher gern Klöster, um zu beten. Ludwig der Fromme hatte es zum Beispiel 830 im Westfrankenreich getan und wollte jetzt offenbar in St. Gallen und Reichenau beten.

Aber das Osterfest selbst, am 6. April, von dem die Forschung hartnäckig behauptet, was keine Quelle sagt, daß der Kaiser es in der Pfalz Bodman verbracht habe? Wo stand hier die berühmte Basilika, in der ein Kaiser die Auferstehung des höchsten Herrn gebührend feiern konnte? Die Karolinger begingen Hochfeste nur ganz ausnahmsweise in einer Abtei, mit Vorliebe in einer Bischofskirche, im Kreis der Prälaten, im Glanz liturgischer Gewänder, mit geistlichen Sängerchören um den Altar, im Langschiff die adligen Herren des Umlands samt dem staunenden Volk, das den Kaiser mit Ornat und Krone sah. Ludwig der Fromme hatte es öfter ähnlich gehalten, 834/35 in der Pfalz Diedenhofen überwintert, das Weihnachtsfest indes bei seinem Stiefbruder,

Bischof Drogo von Metz begangen; 838/39 hatte er vor und nach Weihnachten in der Pfalz Frankfurt gewohnt, jedoch das Fest, nicht ganz freiwillig, in der Bischofsstadt Mainz gefeiert. Jedenfalls konnte der Kaiser den neuen Bischof Salomon I. nicht besser ehren und verpflichten als durch seinen Besuch im Konstanzer Münster, beim Hochamt am Ostersonntag.
Wenn an dieser Vermutung etwas Wahres ist, erklärt sie die Verwunderung der Annalisten. Dann war Bodman für Ludwig den Frommen nicht der gewohnte Hauptsitz, wo er majestätisch thronte (oder das angenehme Bodenseeklima im Frühjahr genoß), sondern Ausgangspunkt für hochpolitische Prozessionen zu den großen Bodenseekirchen, ruhender Punkt in einem Spannungsfeld. Seit 839 richtete sich die Pfalz Bodman auf die Münster in Reichenau, St. Gallen und Konstanz aus. Beim ersten Kaiserbesuch stand die Abtei Walahfrids im Mittelpunkt; sie empfing die wichtigste Urkunde, am Montag, 21. April 839. Der Kaiser schenkte der Reichenau das Dorf Dettingen, das zum Königsgut Bodman gehörte *(sub jure fisci nostri vocabulo Potimiacus)*, außerdem einzelne Grundstücke, Frondienste und Abgaben von Hörigen und Freien in Allensbach, Litzelstetten, Wahlwies und Nenzingen. Damit wurde dem Konvent handfest nahegelegt, endlich seinen Abt Walahfrid anzuerkennen. Allerdings erlitt dabei die Pfalz Bodman empfindliche Einbußen; doch politische Ziele in der Region wogen schwerer als wirtschaftliche Bestrebungen am Ort.
Wer leitete die lokale Pfalzwirtschaft? Wir kennen keinen Bodmaner Pfalzverwalter mit Rang und Namen; es ist sinnlos, darüber zu grübeln. Auch seine Aufgaben können wir bloß durch Rückschlüsse aus Ingelheimer und Frankfurter Zuständen erraten. Es war wohl ein

einziger Mann, für Pfalz, Haupthof und Fiskus, für Verwaltung, Gerichtsbarkeit und Landwirtschaft gleichermaßen zuständig und dem König verantwortlich, sicher kein Pfalzgraf, vermutlich ein Adliger, dessen Amt sich nicht vererbt haben dürfte. Die Urkunde von 839 beweist, daß er seine Länder und Leute genau kannte; an den Grenzsäumen zum Reichenauer Klosterbesitz, so in Allensbach, nutzte er rechtliche Unklarheiten zur Steigerung des Ertrags. Denn er konnte nicht mit geschlossenen, einheitlich bewirtschafteten Feldern und Fluren rechnen, auch nicht mit Bauern von einheitlicher Abhängigkeit und Schollenbindung. Er brauchte außer Naturallieferungen und Frondiensten von Hörigen in Haupthof und Nebenhöfen zusätzliche Abgaben und Dienste von Freien, im Grund auch von Nachbarklöstern. Alles in allem eine verwickelte und empfindliche Wirtschaft, die der Kaiser nicht durch großzügige Schenkungen gefährden durfte; sie entzogen ihm selbst die Voraussetzung seiner Anwesenheit, seiner künftigen Politik. Man begreift, wenn der Pfalzverwalter in Gegenwart des Kaisers mit den Reichenauer Mönchen um jedes Grundstück und um einzelne, namentlich genannte Bauern rang.

Ludwig den Frommen selbst meint man herauszuhören, wenn er das Dorf Dettingen nicht ganz verschenkte, sondern sich den Forst in festgesetzten Grenzen *ad opus nostrum* vorbehielt. Der passionierte Jäger hoffte anscheinend, nächstens nicht nur in Ardennen, Vogesen, Spessart und Taunus zu jagen, sondern auch auf dem Bodanrück und der Höri. Außerdem waren die großen Wälder für die Wirtschaft Bodmans unentbehrlich, für Wildbret und Honig, Pech und Fackeln, Bau- und Brennholz, Laubstreu und Schweinemast. Jedenfalls verfügte der Herrscher nicht von ferne über sein Land

und begegnete seinen Leuten nicht bloß am Feiertag im Münster, sondern auch beim Alltag des Königshofs in Bodman und der Bauernhöfe auf dem Bodanrück.
Indes blieb die Begegnung flüchtig; weitere Bereiche des Bodenseeraums forderten Entscheidungen. Durch eine Fälschung des frühen 12. Jahrhunderts hindurch läßt sich erschließen, daß am 21. April 839, als die Reichenauer in Bodman verhandelten, auch Graf Adalbert I. von Rätien zu Besuch kam, ein Sohn des mächtigen Hunfrid, nach dem wir die Sippe »Hunfridinger« nennen. In heftigen Kämpfen mit den »Udalrichingern« hatte sich Adalbert mit Hilfe seines Bruders nach 823 in Rätien durchgesetzt, in Lindau ein Nonnenkloster gegründet und reich ausgestattet. Nun erbat er Privilegien für seine Stiftung; der Kaiser half dem Widersacher seiner alemannischen Gegner. Vielleicht trug Adalbert wirklich den Titel Pfalzgraf, den ihm die verfälschte Urkunde zuschrieb; doch auf die Pfalz Bodman bezog sich die Würde gewiß nicht. Wie die kaiserliche Gewalt waren Ämter und Herrschaften hochadliger Sippen noch nicht um einen Schwerpunkt in der Landschaft verdichtet.
Alemannische Probleme überhaupt fesselten den Kaiser nur kurz, schon weil er seine vertrautesten Höflinge mitgebracht hatte. Der einzige Alemanne, der im ständigen Gefolge nach Bodman gekommen war, Ratulf, ein Hofkapellan aus bescheidenen Verhältnissen, besaß im Alpgau eine kleine Fiskalkirche zu Lehen. Der leitende Notar der Königskanzlei, Hirminmar, der die Königsurkunden abfaßte, wurde zwar in der Abtei Reichenau besonders geehrt und durfte sich im Verbrüderungsbuch eigenhändig bei den Mönchen, nicht nur bei den Freunden des Klosters, eintragen; aber er stammte aus dem Martinskloster in Tours. Im selben Kloster setzte der Kaiser alsbald, 840, seinen Seneschall Adalhard als

Laienabt ein; er war in Nordfrankreich begütert. In Bodman unternahm Ludwig nichts ohne Adalhards Rat. Mitgekommen war schließlich der Stiefbruder des Kaisers, Drogo, Erzkapellan und Bischof von Metz, auch er westfränkisch interessiert. So verwundert es nicht, daß am 23. April 839, von Adalhard eingeführt, der Hochadlige Ekkard in der Pfalz erschien, ein Urenkel von Karl Martells Halbbruder Childebrand aus der Nibelungensippe; seine Kerngüter lagen bei Autun. Er dürfte mit dem Kaiser nicht bloß über Güter in der Wetterau gesprochen haben, die er diesmal geschenkt bekam, sondern auch über die strittige Erbfolge in Aquitanien und die Heerfahrt dorthin; sie war für Herbst 839 geplant und Ekkard nahm an ihr teil. Auch er könnte übrigens die Reise nach Bodman zu einem Besuch der Abtei Reichenau genutzt haben.

Weiter verlangte Bayern Beachtung. Aus dem Allgäu kam Abt Tatto von Kempten, den Ludwig der Fromme seit Jahren kannte; er förderte den Konvent, den seine Mutter Hildegard unterstützt hatte. Tatto, früher Walahfrids Lehrer auf der Reichenau, hatte eben noch zu Ludwig dem Deutschen gehalten, wurde aber jetzt von Drogo empfohlen. Am 18. April 839 ließ er sich für sein Kloster einen vorteilhaften Tausch mit dem Hofkapellan Ratulf bestätigen. Wenn man der Nachricht des sogenannten Astronomus, eines anonymen Hofkapellans, trauen dürfte, wäre sogar Ludwig der Deutsche selbst widerwillig aus Bayern nach *Bodomia* gekommen, um sich dem Vater zu unterwerfen. Doch das war ein Wunschtraum; der Kampf zwischen Vater und Sohn ging weiter.

Statt dessen wollte sich Ludwig der Fromme mit seinem ältesten Sohn Lothar I. versöhnen; er sollte aus Italien kommen und noch Alemannien erben. Der Vorbereitung dieser Aktion diente wohl die Reise von Bodman nach Rom, die ein vornehmer, für uns namenloser Gefolgsmann des Kaisers mit einem Reitertrupp unternahm. Erst nach der Rückkehr fand er Zeit, Walahfrid Strabo für guten Empfang auf der Reichenau zu danken. Er hatte das Inselkloster besucht, »während sich der Herr Kaiser jüngst bei jenem Hof *(villa)*, unweit von Euch gelegen, aufhielt«. Ein Streiflicht nur, doch bezeichnend: Für ein paar Wochen war Bodman, vielmehr die Landschaft am See rund um die Pfalz, Schnittpunkt zwischen Tours und Regensburg, Aachen und Rom. Die weitgereisten Gäste, nicht allzuviele an Zahl, fanden in der Pfalz standesgemäß Unterkunft. Sie bot einen stattlichen Anblick; sonst hätte Hirminmar, seit 23 Jahren mit dem Kaiser unterwegs, als Ausstellungsort der vier Königsurkunden nicht unbedenklich geschrieben »zu Bodman in der Königspfalz *(Bodoma palatio regio)*«. Mit der Bezeichnung »Königspfalz« gingen die Hofkapelläne sparsam um; Hirminmar billigte sie sonst Frankfurt, Aachen, Nimwegen, Quierzy zu. Bodman verdiente sie von nahem besehen ebenfalls und war mehr als ein Königshof; das konnte Prudentius aus der Ferne nicht bemerken.

Reichstage und Gipfeltreffen fanden hier allerdings nicht statt; als sie bevorstanden, reiste Ludwig ab, Ende April oder Anfang Mai 839. In Franken sprach er mit Gesandten des angelsächsischen Königs; am 18. Mai empfing er in der prächtig ausgemalten Königshalle Ingelheims eine Gesandtschaft des byzantinischen Kaisers ehrenvoll, ferner eine weniger honorige Gruppe schwedischer Wikinger. Am 30. Mai traf er in Worms feierlich mit Lothar I. zusammen. Für solche Weltspektakel vor großem Hofstaat eignete sich die intime Atmosphäre der Pfalz Bodman schlecht, gab auch ihre beengte Wirtschaft nicht genug her. Immerhin, für die Reichspolitik lohnten sich die sechs Wochen in Bodman. Alemannien war wieder kaisertreu und blieb es über Ludwigs Tod 840 hinaus; als Platz für die Begegnung des Herrschers mit den Kräften der Landschaft hatte sich Bodman bewährt. Eine Tradition war begründet.

Ludwig der Deutsche

Der Sohn brauchte die väterliche Pfalz kaum; er weigerte sich, unberechenbare Alemannen um Schönwetter zu bitten. Schon bevor ihm der Vertrag von Verdun 843 mit dem ostfränkischen Reich Rätien und den größten Teil Alemanniens zusprach, legte Ludwig der Deutsche für das nächste Menschenalter die Regionalpolitik fest: er ernannte 841 seinen langjährigen Helfer Grimald, einen Verwandten Waldos, zum Abt von St. Gallen. Grimald, der bis 870 Ludwigs Hauptberater blieb, sollte das Land für den König gewinnen und verschob den Schwerpunkt nach Osten, dem bayerischen Machtzentrum Ludwigs entgegen. Indes mußte sich der ostfränkische König gegen den Halbbruder im Westfrankenreich, Karl den Kahlen, behaupten, besonders im Ringen um Elsaß und Lothringen, das Mittelreich Kaiser Lothars I. Es kam, gewöhnlich am Rhein, zu zahlreichen Treffen, manchmal der karolingischen Brüdergemeinschaft, meistens von Zweien, die sich gegen den Dritten verbanden.

Dabei spielte Bodman eine unsichere Rolle als Zwischenstation für Ludwigs Westreisen. Nachdem er im März 846 Karl den Kahlen irgendwo »im Westen« getroffen hatte, beging er am 4. April das Osterfest feierlich »am Bregenzersee *(iuxta lacum Briganticum)*«, bevor er im Juni nach Regensburg heimkehrte. Man möchte ihn als Ostergast Salomons I. im Konstanzer Münster vermuten, zumal der Bischof seitdem die Nähe des Königs suchte. Ähnlich war für Ende Oktober 859 eine Begegnung mit Karl dem Kahlen in Basel vereinbart. Als sie nicht zustandekam, führte Ludwig »am Bregenzersee« Gespräche mit seinem Italien-Experten Abt Thioto von Fulda; im Februar 860 war er wieder daheim in Regensburg. Beide Male, 846 und 859, mag der König in Bodman abgestiegen sein. Aber daß wir auf pure Vermutungen angewiesen bleiben, zeigt zur Genüge, wie gering Ludwig und seine Vertrauten das Gewicht des Pfalzortes schätzten.

Ludwigs Hauptsorge galt der inneren Konsolidierung des ostfränkischen Reiches; vom Rand her ließ sie sich nicht bewältigen. Deshalb machte der König neben Regensburg Frankfurt zum Hauptort. Hier beging er in der Regel Hochfeste, hielt Reichstage, empfing Gesandte und Bittsteller; hier errichtete er Pfalzkirche und Kanonikerstift. Auch für die Begegnung mit den Alemannen suchte Ludwig einen Treffpunkt; dafür bot sich Ulm an, näher als Bodman am Weg von Regensburg nach Frankfurt. Am 22. Juli 854 versammelte sich in Ulm ein Reichstag, zu dem neben Königssöhnen, Bischöfen, Äbten und Grafen Alemanniens Salomon I. und Grimald erschienen; denn hier schlichtete der König den alten Streit zwischen Bistum Konstanz und Abtei St. Gallen. Dabei ging es auch um Rechte nahe beim Königshof Bodman; aber von ihm war nicht die Rede. Die zweite Königs- urkunde des Tages bestätigte St. Gallens Klosterprivilegien; wie die erste nannte sie als Ausstellungsort *Hulmam palatio regio*. Im Februar 858 berief der König wieder mindestens sieben alemannische Grafen (anscheinend nicht den Konstanzer Bischof) nach Ulm. Vor der Versammlung erschienen der Bischof von Brescia und der Graf von Friaul, weiter der mächtige Wolvene aus der Sippe der »Alaholfinger«; er unterstellte das von ihm wiederbegründete und geleitete Kloster Rheinau mit seinen Besitzungen dem Schutz des Königs, um es gegen heimische Widersacher zu sichern. Auch Wolvenes Traditionsurkunde vom 19. Februar 858, »in Gegenwart des Königs und zahlreicher anderer« verhandelt, trug die Angabe *Ulma palacio regio.*

Die Ulmer Urkunden bescheinigten als einzige der Karolingerzeit einem zweiten alemannischen Ort die Pfalzfähigkeit. Man nahm bisher an, daß Ludwig der Deutsche selbst einen älteren Königshof in Ulm zur Pfalz ausgebaut habe; jüngst wurde wahrscheinlich gemacht, daß diese »Pfalz« um 850 für den König von der Abtei Reichenau errichtet wurde. Strittig bleibt, wo sie lag, auf dem Weinhof oder beim Grünen Hof, und welches ihre Pfalzkirche war, Heiligkreuzkapelle oder Frauenkirche. Doch bezeichnete *palatium* nicht immer ein Palastgebäude, manchmal auch eine Pfalzversammlung; gerade in Ulm kam der Ausdruck nur bei größeren Hoftagen vor, während die Urkunden sonst weiterhin vom Königshof *(villa, nostra curtis)* sprachen. So schnell verlor also Bodman seinen Vorrang nicht; doch der Anfang dazu war gemacht, wenn Entscheidungen, die Alemannien insgesamt und den Bodenseeraum besonders betrafen, nicht in Bodman fielen.

Für den südalemannischen Raum schuf Ludwig einen weiteren Schwerpunkt. Am 21. Juli 853 stattete er in Regensburg das Zürcher Frauenkloster St. Felix und Regula mit dem Besitz des Königshofs *(curtis nostra)* Zürich »im alemannischen Herzogtum« aus, dazu mit

Forsten und Höfen im weiten Umkreis, und übergab den Machtkomplex seiner Tochter Hildegard, der neuen Äbtissin des Fraumünsters. Im gleichen Zusammenhang entstand über älterem Gemäuer die Pfalz auf dem Zürcher Lindenhof, deren Anlage durch Grabungen von 1937/38 sichtbar wurde. Das Hauptgebäude lag an der Ostseite des Hügels, in Nord-Süd-Richtung, parallel zum Limmatufer, über das es sich hoch erhob, mindestens 40 Meter lang, 16 Meter breit. Hier stand wohl ein zweigeschossiger Königssaal. Im Nordteil des Gebäudes sprang ein Anbau nach Osten an den Rand des Plateaus vor, der etwa 10 mal 8 Meter maß und als Wohntrakt angesehen wird. Der ganze Bau ruhte auf 1,5 Meter starken Fundamenten. Am Westrand der Hochfläche reihten sich, ebenfalls von Norden nach Süden, schmalere Fundamente von mindestens vier Nebengebäuden, vermutlich unterkellerte Wirtschaftshäuser mit Holz- oder Fachwerkaufbauten. Eine eigene Pfalzkirche wurde nicht entdeckt (und beim ottonischen Neubau angefügt); sie war unnötig, wenn als Gotteshaus die nahe Peterskirche diente. Ludwig nahm in dieser Pfalz keine Hoheitsakte vor; so wurde sie nicht als *palatium* bezeichnet, auch nicht, wenn ein Königsvasall 873 »mit Erlaubnis des Herrn Königs Ludwig« vor zwölf Zeugen »im Königshof *(curte regia)* Zürich« Lehensgüter mit dem Abt von St. Gallen tauschte. Dennoch kommt es in der Politik selten auf vornehme Worte an; Ludwig beschnitt durch die Förderung Zürichs und Ulms faktisch den Aktionsradius Bodmans.

Wie weit er überhaupt reichte, lehrt eine Privaturkunde von 849 oder 850, vielleicht am 11. Februar 850 ausgestellt »im Königshof Bodman *(in Potamo curte regis publica)*«. Ein Grundherr namens Salomon, vermutlich mit dem gleichnamigen Konstanzer Bischof verwandt, schenkte Eigentum im Linzgau um Wintersulgen an St. Gallen. Er hatte schon 842 dem Kloster Eigengüter im Scherragau übertragen; damals hatte man im Haus des Schenkers, in Nusplingen im Bäratal verhandelt. Warum diesmal in Bodman? Beide Urkunden, 850 wie 842, beriefen sich auf die Regierungsjahre König Ludwigs und fügten den Namen des zuständigen Grafen hinzu, damals für den Scherragau Alboin, diesmal für den Linzgau Welf, der hier erstmals genannt ist. Graf Welf, mit ziemlicher Sicherheit der Sohn des Grafen Konrad, ein Vetter Ludwigs des Deutschen, war 850 in Bodman abwesend; nicht darauf kam es an. Die Nennung von König und Graf sollte dem Rechtsgeschäft höchste Autorität verleihen. Deshalb trafen sich Salomon, der Schreiber Hunold und 15 Zeugen auf dem Boden des Königs. Das Wort *publica* beim Ausstellungsort unterstrich es doppelt; es hieß »königlich«.

Gern wüßten wir, ob einer vom Ort, etwa der Pfalzverwalter, als Zeuge fungierte; aber der vornehmste Zeuge Echo läßt sich am schlechtesten identifizieren, die folgenden kamen zumeist von auswärts. Eines steht fest, daß Graf Welf nicht deshalb erwähnt wurde, weil er in Pfalz und Fiskus Bodman irgendwelche Befugnisse besessen hätte. Das Königsgut rund um die Pfalz bildete eine Art exterritoriales Gebiet und wurde keinem alemannischen Gau zugerechnet, in keiner Urkunde der Karolingerzeit. Einzelne Orte, die zum Königshof gehört hatten, lagen im Gau Untersee, 839 Dettingen, 861 Möggingen; doch das war eine geographische, keine administrative Zuordnung. Politisch hätte für den Bodanrück der Hegau am nächsten gelegen; aber der damalige Hegaugraf Ato, neben den Welfen der mächtigste Mann der Region, kam in der Bodmaner Urkunde nicht vor. In der Pfalz hatte ein Graf ohne Weisung des

Königs nichts zu suchen. Gerade dies machte Bodman für die Nachbarn zu einem besonderen Platz; wenn Reichenauer Traditionsurkunden in ähnlicher Fülle wie die St. Galler erhalten wären, sähen wir mehr Szenen wie diese.
Königliche Orte gab es inzwischen mehrere, außer Ulm und Zürich zum Beispiel (Efringen-)Kirchen bei Lörrach. Dort fand 868 eine solche Verhandlung »in der Königsstube *(in cubiculo regis)*« statt. Auch hier stand also neben dem königlichen Wirtschaftshof mittlerweile ein Herrschaftshaus. Soweit Grabungen von 1909 ein Urteil erlauben, lag es auf dem Bergrain, einem Hochplateau unmittelbar über dem alten Rheinufer, ähnlich wie in Zürich; der Komplex muß nach neueren Grabungen weit größer gewesen sein als der gefundene Rechteckbau von 18 mal 9 Metern. Als Pfalzkirche diente anscheinend die nahegelegene Leutkirche mit, die dem Ort längst seinen Namen verliehen hatte. Auch in Kirchen konnten wichtige Versammlungen abgehalten werden. Für Salomon, Zeugen aus Linzgau und Thurgau und St. Galler Mönche lag Bodman günstiger; nur für sie, nur für diesmal. Bodman wurde zum Königshof unter vielen, wenn nicht bald der König selber kam. Auch für Pfalzen galt, was wir von karolingischen Adelssippen wissen: Ihr Rang bemaß sich an der Nähe zum König.
Endlich kam Ludwig der Deutsche, im Frühjahr 857. Nicht um dringliche Probleme Alemanniens zu lösen; sie waren gelöst. In diesen Jahren beschäftigten ihn vorwiegend Außenbeziehungen, das gespannte Verhältnis im Osten, zu Böhmen, Mähren und anderen slavischen Stämmen, und das gereizte Verhältnis im Westen, zu Karl dem Kahlen und dessen mißvergnügten Edlen. Wer nichts davon wüßte, könnte es nicht

ahnen, wenn er Ludwig in Bodman betrachtet; es wurden Ferien von der großen Politik. Der über fünfzigjährige König kam von Worms, wo er einen Reichstag gehalten und bis 27. März regiert hatte. Noch in der Fastenzeit wird er in Bodman angekommen sein und wie der Vater die Bodenseeklöster zum Beten aufgesucht haben. Denn wahrscheinlich in den ersten Apriltagen 857 kam er mit zweien seiner Söhne zur Abtei St. Gallen, wo ihn Notker der Stammler aus der Nähe sah. Weiter darf man annehmen, daß Ludwig zum Osterfest am 18. April den Konstanzer Bischof Salomon I. besuchte, der bald in die vorderste Reihe seiner Helfer rückte. Über diese erste Phase des Königsbesuchs wissen wir allerdings nichts Bestimmtes. Die Reihe der Hoheitsakte, der Königsurkunden begann am Mittwoch nach Ostern.
Aus den Urkunden treten uns die wichtigsten Begleiter des Königs entgegen. Von Königin Hemma verlautete nichts, obwohl sie Alemannin war und ihr Bruder, der welfische Graf Konrad, damals noch mächtig im Linzgau wirkte; sie mischte sich nie so energisch in Männergeschäfte wie ihre verstorbene Schwester Judith. Mitgekommen waren die drei Söhne des Königs, Karlmann, Ludwig und jener Karl, den spätere Jahrhunderte »den Dicken« zu nennen beliebten; der Achtzehnjährige lernte wohl damals die Pfalz kennen, die ihm bald ans Herz wuchs. Auch die Königstochter Irmgard fand sich ein. Großwürdenträger vom Hof vermissen wir; als Notar wirkte Hadebert, ein Mann eigenen Geschmacks und Urteils, nicht des Herkommens. Er schätzte Bodman nicht hoch ein. Neben der *civitas regia* Regensburg ließ er in Königsurkunden nur Frankfurt als *palatium regium* gelten, Ulm nicht, Zürich nicht, Bodman auch nicht. *In villa Potamo* hieß es in allen fünf Urkunden

dieser acht Wochen; Bodman war wirklich auf dem Weg, ein simpler Königshof zu werden.
Lokal blieben die hier verhandelten Geschäfte trotzdem nicht. Als erster eilte der neuernannte Abt Otger aus dem niederbayerischen Altaich herbei und erhielt am Mittwoch, 21. April, Immunität und Königsschutz für sein Kloster. Anscheinend wußte niemand vorauszusagen, daß der König bald in Altaichs Nähe, nach Regensburg kommen und dort Otger im August wiedertreffen würde. Niederaltaich, eine Tochtergründung der Reichenau, hatte Ludwig dem Deutschen seit 830 den wichtigsten geistlichen Berater gestellt, Abt Gozbald; nach seinem Tod behielt das Kloster zentrale Bedeutung für den König, dessen Ostpolitik es durch Kolonisation und Mission in Böhmen und Mähren förderte. Darüber wird man auch in Bodman gesprochen haben; große Entscheidungen waren nicht zu treffen. Am folgenden Mittwoch, 28. April, erschien Abt Folkwin von Reichenau, Walahfrid Strabos Nachfolger; doch nicht um das Inselkloster ging es, sondern um Irmgard. Sie war vom Vater als Äbtissin in Buchau am Federsee eingesetzt worden und wünschte eine Abrundung des Potentials. Nun wurden vier Reichenauer Zinsleute in Saulgau dem Kloster Buchau zugewiesen; zum Ausgleich erhielt Reichenau vom König zwei Hufen in Heidenhofen in der Baar. Es war die erste und letzte uns erhaltene Verfügung Ludwigs des Deutschen für Reichenau; er traf sie seiner Tochter zuliebe. Wie die Pfalz Bodman, so lag die Abtei Reichenau jetzt auf der Schattenseite.
Als nächster wurde zwei Wochen später der Priester Berold abgefunden, wieder eine Familienangelegenheit. Er hatte in Zürich der eben verstorbenen Königstochter Hildegard als Kapellan für das Fraumünster gedient; der König verlieh ihm am Donnerstag, 13. Mai, unter

Mitwirkung der drei Königssöhne zwei Kirchen in Uri und die Zürcher Peterskapelle, wohl die dortige »Pfalzkirche«. Ob Ludwigs wichtigster Berater Grimald eigens aus St. Gallen herüberkam, ist unbekannt; er schickte einen seiner Geistlichen, den Diakon Adelhelm. Am Samstag, 15. Mai, trug er die Zuweisung von Gütern in Bussnang im Thurgau nach Hause; die drei Königssöhne unterzeichneten mit. Der Rechtshandel beschäftigte den König im August noch einmal, als Adelhelm diese Güter an sein Kloster St. Gallen weitergab; keine gravierende Affäre.

Nach weiteren zwei Wochen Ruhe traf Bischof Esso von Chur ein, dem König seit 849 persönlich bekannt. Er ließ sich am Mittwoch, 2. Juni, eine Abmachung bestätigen, die sein Bistum mit einer Grundherrin über Güter in Meran und bei Bozen verabredet hatte. Eigens dafür wäre der Bischof schwerlich nach Bodman gereist, wenn er nicht den König hätte abholen wollen. Wahrscheinlich begleitete er Ludwig anschließend das Rheintal hinauf. Einige Wochen später, vielleicht noch im Juni 857, traf der König in Trient seinen Neffen Ludwig II., den Kaiser von Italien, um einen Bund gegen Karl den Kahlen zu schließen. Die große Politik hatte Ludwig den Deutschen wieder; Bodman sah ihn zu längerem Aufenthalt nie mehr.

Sein Besuch in der ältesten alemannischen Pfalz war eine Huldigung an die Tradition, eine Sommerpause im Kreis der Kinder, eine Rast zwischen Worms und Trient, zwischen böhmischen und westfränkischen Aktionen. Die Regionalpolitik zwischen Heidenhofen und Zürich faszinierte ihn nicht. Wo der Schwerpunkt Alemanniens lag, das erfuhr Bodman bald. Vielleicht 860, wahrscheinlicher 861 am 7. Oktober stellte Hadebert in der Frankfurter Königspfalz eine Urkunde aus, in der Ludwig dem Erzkapellan Grimald und St. Gallen wieder etwas schenkte, »ein Gütchen namens Möggingen, das im Gau Untersee gelegen ist, und eine Hufe auf dem Hof, der Güttingen heißt«. So faßte die Abtei Otmars zum ersten Mal im Bodanrück Fuß, sichtlich in der Gemarkung des Königshofs selbst. Dies vermerkte die Urkunde so wenig wie den Namen des Güttinger Hufenbauern; der Bodmaner Pfalzverwalter war offenbar nicht zugezogen.

Nicht daß Ludwig der Deutsche für Seelenheil oder Familienfrieden Königsgut verschleudert hätte, im Gegenteil. Zwar beteiligte er seit 861 Karl »den Dicken« an Regierungsakten für Alemannien, und die Urkunde über Möggingen vollzog der Sohn mit. Aber auch nachdem ihm 865 Alemannien als Erbteil angewiesen war, behielt der Vater die Verfügung über Königshöfe und -güter allein. Die Behandlung der Pfalz Bodman hatte politische Gründe. Ludwig der Deutsche betrachtete sie nicht als Treffpunkt mit Land und Leuten, sondern als Teil der Manövriermasse Land, mit der er Menschen gewann. Wichtigste Stützpunkte seiner Macht waren und blieben hierzulande die Abtei St. Gallen und der Königshof Ulm; zu ihrer Förderung hatten der Königshof Bodman und die Abtei Reichenau beizutragen. Wo würde das enden?

Karl der Dicke

Als Karl »der Dicke« 876 in Alemannien König wurde, machte er die Uferzonen von Bodensee und Oberrhein zur Königslandschaft. Das erste Kloster, das er nachweislich besuchte, war Reichenau, wo er die letzte Ruhe finden sollte. Am 13. Januar 878 führte ihn der rührige Abt Hruodho »in das Kapitel der zusammenkommenden Brüder« und zeigte ihm Urkunden der kaiserlichen Vorfahren; Karl bestätigte Immunität und Königsschutz. Möglich ist es, wahrscheinlich nicht, daß der König damals Bodman wiedersah. Es wäre das erste Mal gewesen, daß ein Herrscher dort im Winter wohnte; eine »Winterpfalz« war Bodman noch nicht. Die festen Unterkünfte reichten wohl wie zu Pippins Zeit nicht für größere Gefolgschaft aus; das sonst übliche Kampieren auf freiem Platz verbot sich in dieser Jahreszeit. Trotzdem bildete die Pfalz für Karl von Anfang an einen Schwerpunkt, das politische Seitenstück zum nahen Kloster Reichenau.

Am 1. Mai 879 traf sich eine ansehnliche Versammlung »an dem Ort, der *Potamus* heißt, in der Königspfalz *(in palatio regio)*«, um eine Güterübertragung zu bezeugen. Der Priester Balding, einst Hofkapellan Ludwigs des Deutschen, hatte von diesem 875 in Regensburg Güter um Ailingen im Linzgau geschenkt erhalten, »in der Grafschaft des Grafen Udalrich«. Jetzt, 879, gab Balding diese Güter dem Kloster St. Gallen zu eigen, und zwar in Bodman. Elf Zeugen sahen zu, meist vornehme Grundherren aus Linzgau und Zürichgau; drei Grafen standen dabei. Der eine, Hiltibold, war als Klostervogt von St. Gallen beteiligt, der »Udalrichinger« Udalrich III. als Graf für den Linzgau. Der dritte, beim Unterzeichnen der erste, war der »Hunfridinger« Adalbert II., Graf im Scherragau, Thurgau, Hegau und anderswo. Sein Kernbesitz lag wie der seines Vaters Adalbert I., der 839 nach Bodman gekommen war, in Rätien. Was ging ihn die Sache an? Er kam nicht, weil Bodman zum Hegau gehört hätte, so wenig wie Udalrich hier als erblicher Pfalzverwalter fungieren durfte.

Nein, was vorher dem Hofkapellan und jetzt dem Kloster geschenkt wurde, war Königsgut. Die Urkunde schärfte es ein, »daß die genannten Güter auf Befehl des Herrn Karl von der Klosterleitung niemandem zu Lehen ausgegeben werden dürfen, sondern ständig für die Zwecke des Klosters verwendet werden, zum Gedächtnis seines gottseligen Vaters Ludwig; wenn nicht, werden sie an den Fiskus zurückfallen.« Mit der Aufsicht über Königsgut hatte Karl den Grafen Adalbert II. bereits 876 und 878 betraut; als Königsbote fungierte nachher 886 in Winterthur Hiltibold ebenfalls. Alle drei Grafen, vor allem Udalrich und Adalbert, standen bei Karl in hoher Gunst; den einen rühmte er 882 als »Unseren allergetreuesten Neffen«, den anderen 884 als »Unseren lieben Grafen«. Wenn drei Grafen in der Königspfalz zusammenkamen, dann nicht bloß, um eine Privaturkunde zu unterzeichnen, sondern um dem König tatkräftig zu helfen. Deshalb und weil es um Schutz von Königsgut ging, tagte die Versammlung »mit Erlaubnis desselben Herrn Königs Karl« in der Pfalz, fast wie eine Pfalzversammlung, nur ohne König. Das konnte Nebenwirkungen nach sich ziehen, einzelnen Grafen zu höherer Würde und Macht verhelfen, ihre Träume auf dieses Podium der Königsmacht selbst lenken. Wenige Jahre später traten solche Folgen ein, diesmal noch nicht.

Karl konnte im Mai 879 nicht nach Bodman kommen; vermutlich war er schon auf dem Sprung in das italienische Abenteuer. Unterwegs scheint er die Pfalz nicht vergessen zu haben. An unbekanntem Ort schenkte er am 23. November 879 den Hof Stammheim im Thurgau »im Herzogtum Alemannien« dem Kloster St. Gallen, genauer: dem heiligen Otmar. Ihn nannte die Urkunde dreimal, Sankt Gallus gar nicht. Es blieb die einzige

Königsurkunde Karls, die Alemannien als Herzogtum bezeichnete. Ein Zufall? Eine Erinnerung an die fränkischen Grafen, die 759 »ganz Alemannien« verwaltet und Otmar in Bodman eingesperrt hatten? Der König nahm die Schuld auf sich, ähnlich wie Warins Familie; ob er dabei an Bodman dachte, Entsühnung der Pfalz von vergangenem Frevel, ihr künftig zufallende Rollen? Obwohl die Urkunde Bodman nicht erwähnte, kannte der König den Zusammenhang.

Im Februar 881 erlangte Karl III. Kaiserkrönung und Herrschaft über Italien. Als ersten Ort diesseits der Alpen besuchten Kaiser und Kaiserin nicht Aachen (wohin Karl nie kam), sondern Bodman. Am 14. Oktober 881 schenkte er hier seiner Gemahlin Richgard auf Lebenszeit ein Nonnenkloster in Pavia (wo beide soeben, im Mai, gewesen waren) und Kloster Zurzach im Aargau. Säckingen und Zürich besaß Richgard bereits, fast ein alemannisches Kloster-Imperium. Karl verfügte dabei seine Bestattung auf der Reichenau; Richgard sollte versorgt sein. Bodman war der rechte Ort, um ihr Wittum zu garantieren, nicht ganz der rechte Ort, um Truppen aufzubieten; Karl hätte sie gebraucht, um dem Papst gegen die Mohammedaner Süditaliens zu helfen. Mit der Bürde des Kaiseramtes legte sich sein Glanz über Bodman. Stolz stand unter beiden Urkunden, zum ersten Mal auf deutschem Boden, »zu Bodman in der Kaiserpfalz *(ad Potamum palacio imperiali)*«. Der es formulierte, war Alemanne, der geschäftsführende Notar Waldo, in St. Gallen von Notker dem Stammler erzogen, überdies Neffe des regierenden Konstanzer Bischofs Salomon II., später Bischof von Freising. Das Beispiel, aus Italien eingeführt, wurde nachgeahmt; 883 hießen Kolmar und Ulm, 885 Waiblingen nicht mehr Königshof, sondern Kaiserhof *(curtis imperialis)*.

Karls Rangerhöhung mußte allerdings Bodmans Rang mindern; es verschwand beinahe aus dem erweiterten Gesichtskreis des Kaisers. Im Dezember 881 war er wieder in Italien, im Mai 882 am Mittelrhein, nun als König des ganzen ostfränkischen Reiches; er kam erst zur Jahreswende 882/883 nach Alemannien, nach Kolmar und Ulm. Unterwegs in Mindersdorf, zwei Wegstunden von Bodman, schenkte er am 14. Februar 883 den Gallus-Mönchen eine Hufe in Güttingen zu der, die ihnen sein Vater 861 gegeben hatte; eine neuerliche Einbuße für Bodmans Pfalzwirtschaft. Dort zu thronen, fehlte dem Kaiser die Zeit; er eilte weiter nach Regensburg, wieder nach Italien. Ende 883 kehrte er zurück, besuchte im Dezember die Abtei St. Gallen für drei Tage und zog, ohne in Bodman zu verweilen, ins Elsaß, zum Kolmarer Reichstag Februar 884 gegen die Normannengefahr. Schon begannen die Aufgaben an allen Reichsgrenzen den Kaiser zu überfordern. Er suchte ruhige Tage und fand sie noch einmal, in Bodman.

Vermutlich kam er während der Fastenzeit 884, um nach dem Vorbild von Großvater und Vater in Bodenseeklöstern zu beten. Vielleicht wohnte er schon am See, als er am Mittwoch, 8. April 884, dem Kloster Fulda Grundstücke und Hörige in der Wetterau schenkte. Ziemlich sicher war Bodman Ausstellungsort der Königsurkunde vom 15. April, wieder Mittwoch; sie bedachte St. Gallen mit Besitz im rätischen Röthis. Von der Feier des Ostersonntags am 19. April verlautet nichts; ich denke an die Bischofskirche Salomons II. in Konstanz. Am 22. April, mittwochs, wurde der Kaiser im Kloster Reichenau empfangen und bestätigte ihm den Besitz. Dabei erfahren wir, wer ihn begleitete: Liutward, des Kaisers rechte Hand, Erzkanzler und Bischof von Vercelli, und der leitende Notar Inquirinus, zwei ehemalige Mönche der Reichenau! Nur der Notar Segoin, der die Urkunden schrieb, war kein Alemanne. Anscheinend gewährte der Kaiser, sei es in Reichenau selbst, sei es in Bodman, der geliebten Abtei weitere Vorrechte, zuletzt vielleicht am Markustag, 25. April 884. Denn die Mönche des Inselklosters benutzten im 12. Jahrhundert echte Urkunden Karls III. mit diesen Daten als Rohstoff für Fälschungen. Vom Königsgut der ebenso geliebten Pfalz Bodman vergab der Kaiser nichts mehr; er begann wohl den Wert des Refugiums zu ahnen.

Kaum waren die Ostertage vorbei, da erfaßten den Kaiser von neuem die Wirbel der großen Politik, die unlösbaren Probleme des zerfallenden Riesenreiches. Er ritt nach Norden gegen die Normannen, nach Osten gegen die Mährer, nach Süden gegen Spoleto, nach Westen, um das westfränkische Reich zu übernehmen. Seine letzten Jahre brauchen hier nicht geschildert zu werden; nach Alemannien kam er nur selten und kurz. Erst gegen Ende kehrte er heim. Anfang 887 war er im Elsaß erkrankt und zog etwas erholt nach Rottweil, wo ein Königshof mit Pfalz lag. Mitte Februar »wandte er sich zum Hof Bodman *(curtis Podoma)*«, wie ein Regensburger Annalist verwundert bemerkte; ein Pfalzort vom Rang Regensburgs konnte Bodman nicht sein. Dort ließ der Kaiser, wie derselbe Annalist meldet, wegen Kopfschmerzen einen Einschnitt vornehmen. Näheres von der Operation, die später die Lokalphantasie beflügelte, weiß man nicht; der Berichterstatter könnte Karls Krankheit aus politischen Gründen übertrieben haben. Ein paar Wochen Genesungsurlaub ohne großes Gefolge, mehr erwartete Karl von diesem letzten Besuch nicht. Wo er das Osterfest verbrachte, ist unbekannt, vielleicht nicht mehr in Bodman, bestimmt nicht in der Reichenau.

Das Kloster wies allerdings nachmals zwei Urkunden vor, nach denen ihm Karl III. am Ostersonntag, 16. April 887, Abgaben aus Wahlwies, Liggeringen und Röhrnang geschenkt hätte, ja ganz Dettingen mit Forst und den gesamten Hof Röhrnang dazu. Aber so leichtsinning verstümmelte der Kaiser den Fiskus Bodman nicht; die Urkunden sind Reichenauer Fälschungen, um 940 angefertigt. Daß sie im 10. Jahrhundert das Ende der Pfalz Bodman besiegeln würden, daran war Karl unschuldig. Eher erweckt sein Verhalten den Eindruck, er habe das Kleinod unter den alemannischen Pfalzen wirtschaftlich schonen wollen. Den Reichstag, zu dem er im März römische Legaten einlud, berief er für den 30. April 887 nach Waiblingen.
Der Ort an der Rems lag günstiger, nicht für Italiener, aber für Bayern, Sachsen und Franken. Man hat vermutet, daß Karl auch in Waiblingen bei einem älteren Königshof eine Pfalz bauen ließ. Nach dem dortigen Reichstag hielt sich der Kaiser den Mai und Juni über im Königshof Kirchen bei Lörrach auf, wo weitere Staatsaktionen vorgesehen waren, vor allem die Adoption Ludwigs von Provence, eine Lösung des Thronfolgeproblems, nachdem Karls Ehe mit Richgard kinderlos geblieben war. In Kirchen mußte sich Karl freilich den alemannischen Großen beugen und seinen Haupthelfer Liutward verstoßen. Dort verließ ihn die Kaiserin, selber übel verleumdet, um in eines der geschenkten Klöster zu gehen. Dramatische Vorgänge vor zahlreichen Mitspielern! Karl zog sich auf den Königshof Lustenau bei Dornbirn zurück, für wenigstens zwei Monate; auch dort machten ihn Bittsteller aus Piacenza und Paderborn ausfindig.
Im Oktober raffte er sich zum letzten Akt auf. Ende November 887 war seine Absetzung vollzogen, gemein-

sames Werk des tatkräftigen Arnulf von Kärnten, des verstoßenen Liutward von Vercelli und einer breiten Adelsfronde. Der gestürzte Kaiser bat den neuen König, ihm den Lebensunterhalt zu sichern, und dachte dabei leicht an Bodman, seine älteste, wichtigste, meistbesuchte Pfalz. »König Arnulf aber überließ ihm einige Königsgüter in Alemannien, von denen ihm Nahrung geliefert werden sollte«, schrieb Regino von Prüm. Einige Königsgüter, das waren namenlose Wirtschaftshöfe; der Pfalz Bodman hatte gerade Karl wieder einen klangvollen Namen verschafft, diese Tribüne der Macht taugte nicht zum Ruhesitz des Gescheiterten. Arnulf wies ihm den Königshof Neudingen bei Donaueschingen zu; auch dort lag eine Pfalz, wenige Jahre zuvor bei einem älteren Königshof angelegt, seit 1972 teilweise ausgegraben. Da starb Karl am 13. Januar 888 und wurde im Münster der Reichenau beigesetzt.

Nicht die Tragödie dieses Lebens darf uns beschäftigen; wir blicken auf ihre Schauplätze. Neben und vor Bodman schoben sich in Karls letzten Lebensjahren Königshöfe, von denen vorher kaum jemand sprach: Rottweil, Lustenau, Neudingen. Auch Kirchen und Waiblingen, seit längerem in Urkunden erwähnt, tauchten aus dem lokalen Alltag auf. An allen Orten fand Karl Unterkunft, sogar für größeres Gefolge; an mehreren muß er Pfalzbauten veranlaßt haben. Die Vielzahl der Herrschaftssitze bezeugt Karls breiten Rückhalt in Alemannien, nachher seinen Rückzug in die Provinz. Keinen dieser Orte hießen die Urkunden »Pfalz«, in den letzten Jahren auch keinen mehr »Kaiserhof«. Bodman, das seit drei Generationen die Königsmacht im Land verkörperte, überragte noch immer andere Pfalzorte, vor allem wegen seiner Nähe zur Reichenau; unbestritten war der Vorrang nicht mehr.

Am beredtesten spricht das Schweigen des ersten St. Galler Klosterhistorikers Ratpert um 884. Er zitierte viele Namen und Ereignisse, die zu Bodmans Geschichte gehörten: den *lacus Potamicus*, Otmars Verfolger Warin und Rudhard, die Höfe Möggingen, Röthis und Stammheim, Karls III. Besuch 883 in St. Gallen. Von Bodman kein Wort. Sitz des Bösen war die Pfalz nicht mehr; Ratpert suchte die ärgsten Bösewichter der Vergangenheit auf dem Bischofsstuhl in Konstanz. Seit dem Ulmer Ausgleich von 854 entspannte sich das Verhältnis zwischen Bistum und Abtei, Salomon I. begann 864 den heiligen Otmar hochzuschätzen; das machte für Ratpert und Mitmönche Konstanz erst recht zum wichtigsten Gegenüber am See. Bodman aber verlor mit dem Odium der Macht an Gewicht. Ob es den herkömmlichen Rang erneut behaupten würde, hing nicht nur von den Sympathien im Land ab, auch von der Politik des neuen Königs. Die weiteren Aussichten: wechselhaft.

Ludwig das Kind

Arnulf von Kärnten regierte wie Ludwig der Deutsche von Bayern aus und erhob Alemannien nicht zum Kernland der Königsmacht. Für die Pfalz Bodman folgte daraus ein Rangverlust, jedoch keine Gefährdung, solange sie im Land gleichwertig neben den alten Partnern stand, Abtei Reichenau, Bistum Konstanz, Abtei St. Gallen. Die Gewichte verschob es noch nicht, daß Arnulf sofort 888 als Abt der Reichenau seinen Parteigänger Hatto einsetzte, einen alemannischen Adligen, vermutlich mit dem Hegaugrafen Ato verwandt. Ebensowenig mußte sich ändern, als Ende 889 Bischof Salomon II. von

Konstanz starb und Arnulf dessen gleichnamigen Neffen, vielleicht auf Hattos Empfehlung, zum Nachfolger erhob; auch Salomon III. war und blieb im Land verwurzelt. Das Kräfteverhältnis am Bodensee wurde vielmehr durch Widerstandsgruppen verwandelt, die im Hinterland saßen.

Karls des Dicken unehelicher Sohn Bernhard, vom Vater 885 zeitweilig als Erbe des Königtums betrachtet, rebellierte 890 von Rätien aus gegen den landfremden Arnulf und fand in Alemannien Anklang, den sein Vater geweckt hatte, vor allem bei Abt Bernhard von St. Gallen und Graf Udalrich IV. im Linzgau. Arnulf versuchte beide anfangs zu gewinnen und überließ Udalrich sogar den Königshof Lustenau, ein Refugium Karls des Dikken. Der »Udalrichinger«, auch im Elsaß und Breisgau begütert, strebte nach mehr, nach weiteren Königshöfen, wenn nicht nach einem Mittelpunkt seiner weitverstreuten Herrschaft und Sippschaft. Schon sein Vater war 879 in Bodman als einer der mächtigsten Grafen aufgetreten. Welche Rolle der Pfalz Bodman in den Plänen der Aufrührer zugedacht war, bleibt dunkel, weil ihre Blütenträume nicht reiften. Wollte Bernhard sein Erbrecht als alemannischer König auf Bodman stützen, wollte Udalrich hier als Königsbote oder Pfalzgraf amtieren? Spätere Sagen munkelten, daß bis 889 oder 896 Graf Udalrich in Bodman residiert habe; dann sei er fortgezogen oder gemaßregelt worden. Daß ihm Arnulf die Pfalz eingeräumt hätte, ist unglaubhaft; daß Udalrich danach strebte, gewiß nicht.

Arnulf zerschlug die Verschwörung blitzschnell. Er kam Ende Juni 890 aus seinem bayerischen Kernland, zunächst wie Ludwig der Deutsche nach Ulm, und griff durch. Etwa im Juli setzte er Bernhard von St. Gallen ab; Nachfolger wurde der eine von Arnulfs zuverlässigen

Helfern, Bischof Salomon III. von Konstanz. Weiter konfiszierte Arnulf sämtliche Eigengüter und Lehen des Grafen Udalrich und seiner Frau Perehtheda wegen ihres »bösen Planes gegen Unsere königliche Majestät«. Der König ritt zur Reichenau und gab die eingezogenen Güter dem anderen Getreuen, Abt Hatto, zu Lehen. Dann kehrte er nach Regensburg zurück. Hatto konnte ihn alsbald beruhigen; das Grafenpaar kroch zu Kreuz und erhielt Ende 890 die Güter wieder, nicht den bisherigen Einfluß. Der Prätendent Bernhard floh und wurde 891 von »Hunfridingern« getötet; Hatto aber empfing in diesem Jahr neben der Reichenauer Abtswürde die Weihe zum Erzbischof von Mainz.
Der Umschwung zog die Pfalz Bodman in Mitleidenschaft, obwohl kein Beteiligter ihren Namen erwähnte. Der Regensburger Annalist, der von Bodman spätestens 887 gehört hatte, berichtete 890 unschuldig, der König sei zum Beten nach Alemannien, zur Reichenau und nach Konstanz, gekommen und habe Weihnachten in seiner Stadt Regensburg gefeiert. Bei solchen Reisen hatten die Karolinger bisher Bodman besucht und dort amtiert. Arnulf tat es ihnen nicht nach; für ihn hatte die Pfalz ausgespielt, an die sich alemannischer Separatismus zu klammern drohte. Er ließ das Land nie mehr »Herzogtum« nennen und besuchte mit Frau 894 den Schauplatz von Karls III. Schmach, die Pfalz Kirchen; der Regensburger Annalist notierte es eifrig. Am 21. Januar 892 gewährte Arnulf in Zusmarshausen bei Augsburg dem Erzbischof Hatto und seiner Reichenau das Recht, »im Gau Untersee« die Gerichtsbarkeit anstelle von Grafen, Königsboten oder anderen Gerichtspersonen auszuüben; was aus diesem Recht bisher »Unserem Fiskus« an Einnahmen zugeflossen sei, solle dem Kloster gehören. Das hieß, daß zuvor nicht bloß

vom Hegaugrafen, sondern auch vom Königshof Bodman durch Pfalzverwalter oder Königsboten solche Rechte ausgeübt, solche Einnahmen erzielt worden waren. Arnulfs Entscheidung beschränkte die juristische Sonderstellung der Pfalz ebenso wie ihre finanzielle Ausstattung.
Hätten die Reichenauer Mönche eine weitere Urkunde Arnulfs vom 27. April 896 nicht gründlich verfälscht, so würde sich das Halbdunkel um Bodman für uns etwas lichten. Im ursprünglichen Text sprach der eben zum Kaiser Gekrönte dem Kloster Reichenau Rechte zu, die Pfalz und Fiskus Bodman beansprucht hatten. Dabei fiel wahrscheinlich der Name eines alten Ministerialen Hucpret oder Hucpert, den der Fälscher beibehielt; war er Pfalzverwalter? Noch ungewisser ist, ob in der echten Fassung der in der verfälschten genannte böse Graf Udalrich vorkam. Was Arnulf verfügte, ist rätselhaft; was sich Spätere zusammenreimten, regte Bodman jahrhundertelang auf. Ohne Zweifel begünstigte der Kaiser sogar im Nahbereich des Bodanrück die Abtei auf Kosten der Pfalz. Dabei war Reichenau nicht mehr das wichtigste Gegenüber Bodmans; der vielbeschäftigte Hatto nutzte lokale Vorteile des Inselklosters kaum und ließ Bodman ziemlich unbehelligt. Weit gravierender wirkte die starke Stellung Salomons III., der das Bistum Konstanz und die Abtei St. Gallen beherrschte. Er nahm die Chance wahr, sobald Kaiser Arnulf 899 starb.
Sein sechsjähriger Sohn und Nachfolger Ludwig das Kind wurde erzogen und gelenkt durch alemannische Bischöfe, Adalbero von Augsburg, Hatto von Mainz, Salomon von Konstanz. Wo der kleine König sein erstes Weihnachtsfest 900 beging, ist nicht bezeugt; vermutlich kam er dazu von Straßburg herüber nach Konstanz. Am 1. Januar 901 thronte Ludwig in Bodman und machte so

die bisherige »Osterpfalz« zur »Weihnachtspfalz«; das wird nicht ohne Umbauten, etwa für Heizung, abgegangen sein. Der Anlaß, beinahe ein Vorwand: In dem Thurgaudorf Berg meinten sowohl das Bistum Konstanz wie die Abtei St. Gallen Zinsrechte zu besitzen. Faktisch entschied Salomon, der beiden Gremien vorstand; er legte jedoch Wert darauf, den Streit vom König auf königlichem Boden schlichten zu lassen.
Zum ersten Mal trat ein Konstanzer Bischof in der Pfalz Bodman auf! Die Urkunde, das erste erhaltene Originaldiplom Ludwigs, wurde nicht von geschulten Kapellänen der Königskanzlei entworfen und geschrieben, sondern wohl von St. Galler Mönchen; bei der Ortsangabe *in Potamo* vergaßen sie den hierorts üblichen Zusatz »in der Königspfalz«. Trotzdem sollte der Staatsakt die Bedeutung der Pfalz demonstrieren; Salomon, ihr wahrer Herr, war so klug, die Machtlage zu verschleiern. Aus diesem Grund mußte Ludwig in Bodman residieren, nicht in der Bischofspfalz zu Konstanz, die Salomon vermutlich neu anlegen ließ. Lang durfte Ludwig nicht bleiben; man schickte ihn zum Reichstag nach Regensburg, Mitte Januar 901.
Der Bestand des Königshofes wurde nicht angetastet, doch war der Pfalzverwalter nach den Vorgängen unter Arnulf wohl auf plötzliche Eingriffe aus der Ferne gefaßt. In Tribur besiegelte Ludwig unter Mitwirkung von St. Galler Schreibern am 6. August 902 einen Gütertausch mit Abt Salomon. Der König erhielt vom Kloster den mittelfränkischen Hof Pappenheim und überließ dafür der Abtei unter anderem »eine Hufe bei Espasingen und eine Hofstelle beim Bodensee *(lacus Potamicus)*, dort, wo die Stockacher Aach *(Similesaha)* in diesen See fließt«. Keine Silbe davon, daß der Königshof Bodman betroffen war; indes läßt die Topographie keinen Zwei-

fel. Die Espasinger Hufe war zu selbständiger Bearbeitung an einen Bauern ausgegeben; die Hofstelle an der Aach wurde direkt durch Hörige des Wirtschaftshofes Bodman bearbeitet, der keine halbe Stunde entfernt lag. Nun fuhren die St. Galler Klosterleute aus Güttingen um den Bodanrück herum an Bodman heran und kamen bald noch näher.

Aus Tribur zog der König Ende November 904 zum Bodensee. Wo er Weihnachten verbrachte, sagt keine Quelle; man braucht nicht lange zu raten. Am 21. Januar 905 amtierte Ludwig zum zweiten Mal »in der Bodmanpfalz *(Potamico palacio)*« und verfügte höchstselbst eine Änderung im Tausch von 902. Was die Pappenheimer betraf, blieb alles beim alten; aber mit der sumpfigen Hufe am Großen Ried waren die Klosterökonomen anscheinend unzufrieden. Also statt dessen »beim Bodensee im Hof *Thatalabahc* eine Hufe, die ein Mann namens Wolfker bewohnte, und im östlichen Teil des Königshofes eine Hofstelle bei der Mündung des *Tiufenbah* mit zwei Morgen und Zu- und Abfahrtsweg«. Dort durften die Klosterleute alles liegende und morsche Holz auflesen und jährlich zehn Mühlsteine schneiden. Wolfkers Hufe muß bei der römischen Villa gelegen haben, wo der Dettelbach vom Bodanrück herab ins Freie fließt, ein fruchtbares, kein sumpfiges Gelände. Wie in Espasingen jenseits der Aach, so war hier, drei Kilometer westlich der Pfalz, das Königsland an Hufenbauern ausgegeben; wer weiß, vor wievielen Jahren Wolfker dort gesessen hatte!

Die Hofstelle aber, vom Königshof unmittelbar bewirtschaftet, lag drei Kilometer südöstlich vom Pfalzhügel, wahrscheinlich dort, wo unterhalb des »Steckenlochs« beim »Teufelstal« zum letzten Mal Platz für ein paar Äcker bleibt, bevor der Bodanrück steil zum Bodensee abfällt. In nächster Nähe liegt an den Bergflanken der Fels für Steinbrüche bloß. Der Zu- und Abfahrtsweg für Steckenholz und Mühlsteine führte ein paar Meter neben der Königspfalz durch die Straße »Im Grieß«; es gab keine andere. Noch mehr als 839 ging es um jede Kleinigkeit; diesmal wurde der Pfalzverwalter befragt. Doch einen derartigen Eingriff in die Substanz hatte die Pfalz noch nie erlebt. Der König tat seine Schuldigkeit und wurde mit nach Regensburg genommen, wo er Salomon am 6. Februar 905 die rätische Abtei Pfäfers zu schenken hatte.

Im Land mußte es sich herumsprechen, daß Salomon anfing, die Pfalz Bodman einzukreisen. Die Herren aus mächtigen Grafensippen horchten allmählich auf; noch respektierten sie weniger den König als seine Würde. Deshalb mußte er bald wiederkommen, mit großem Gefolge. In Waiblingen hatte der Fünfzehnjährige, nominell inzwischen volljährig, am 17. Dezember 908 einen Hoftag gehalten und ritt mit Bischöfen und Grafen nach Süden. Neben Salomon von Konstanz sah man Hatto von Mainz, Adalbero von Augsburg, Dracholf von Freising, Meginbert von Säben; auch Graf Konrad der Jüngere zog mit, einer der einflußreichsten Fürsten bei Hofe, faktisch Herzog in Rheinfranken. Das Weihnachtsfest wie gewöhnlich, von den Quellen nicht erwähnt, aber wo sonst als in Konstanz, allenfalls in Hattos Münster auf der Reichenau?

Am 7. Januar 909, samstags, der erste regelrechte Hoftag »in der Bodmanpfalz *(Potamico palatio)*«. Dazu erschienen die Bischöfe Hatto, Salomon, Adalbero und mindestens drei alemannische Grafen. Zwei von ihnen gleichnamige Söhne der Grafen, die 879 in Bodman dominiert hatten: Udalrich IV., der »Udalrichinger« und gescheiterte Rebell von 890, Adalbert III., der »Hunfridinger«. Dazu als dritter Adalberts Bruder Burchard I., Markgraf in Rätien. Er wurde hinzugezogen, weil dem Kloster St. Gallen Königsgut im rätischen Feldkirch geschenkt werden sollte. Niemand wird wohl glauben, daß die Versammlung nur über Feldkirch sprach; unterschwellig ging es bereits um Bodman selbst. Doch die Themen blieben geheim, die Grafen wurden beschwichtigt.

Die auswärtigen Gäste, die Bischöfe von Augsburg, Freising und Säben sowie Graf Konrad, waren wohl im Pfalzbereich untergebracht. Sie zogen mit dem König weiter ins bayerische Holzkirchen, wo man vor dem 20. Januar eintraf; nur Hatto blieb zurück, gewiß auf der Reichenau. Es war politisch erwünscht, daß sich der König in Bayern sehen ließ; merkwürdig ist, daß er alsbald nach Bodman zurückkam, irgendwann nach dem 19. Februar, als hätte er etwas Wichtiges nachzuholen, und was? Am Sonntag, 21. Mai 909, bestätigte er *ad Potamum* dem Kloster Reichenau und seinem Abt Hatto in Salomons Beisein Immunität und Königsschutz, fast aufs Wort so wie Karl der Dicke 878. Wenn der König schon Ostern, 16. April, am Bodensee feiern wollte, mutet seine Rückkehr noch seltsamer an, denn früher waren die Könige zwischen Weihnachten und Ostern gern in derselben »Winterpfalz« geblieben. Und zu Pfingsten, am 4. Juni, war Ludwig längst abgereist.

Politische Spannungen lagen in der süddeutschen Luft; in Bodman kamen ökonomische Schwierigkeiten hinzu. Nach den letzten Einbußen konnte die Pfalz eine Schar vornehmer Herren nur kurz bewirten. Während Ludwig in Forchheim und Regensburg für mehrere Monate überwinterte, blieb er bei allen vier Aufenthalten in Bodman bloß »eine Urkunde lang«, anders als die Vorgänger. Nach dem letzten Bodmaner Halt entschwand er, um über fünf Monate später Anfang November in Ingelheim mit Hatto zu konferieren. Was lag noch daran? Im Hochsommer 909 waren die Ungarn gekommen, hatten Alemannien und Bayern verwüstet, und der König war ihnen nicht entgegengetreten.

Kein König waltete in Bodman so feierlich wie der letzte Karolinger; keiner untergrub Bodmans Ansehen so gründlich. Die Pfalz bildete keinen Treffpunkt mehr zwischen Reichsgewalt und Landschaft, nur eine Bühne, auf der die geistlichen Herren am See ab und zu einen König vorzeigten. Die Notare der Königskanzlei sahen Bodman anders; Machtlose greifen gern zu tönenden Worten. Sie nannten in Ludwigs 77 Urkunden die meisten Ausstellungsorte ohne Zusatz, so einmal auch *ad Potamum.* Öfter fügten sie bei Regensburg »in der Stadt« hinzu, bei Forchheim »im Königshof«; nur bei zwei Orten schrieben sie wiederholt »in der Pfalz«, bei Aachen und Bodman. In beiden Pfalzen lebte noch etwas von der großen, schon sagenhaften Vergangenheit der Dynastie. Der alemannische Umkreis hielt die Erinnerung an frühe Karolinger vollends wach; für St. Gallen bedeutete die schrittweise Einnahme Bodmans einen historischen Sieg Sankt Otmars.

Bisher hatten nur Literaten in Bodenseeklöstern vom *lacus Potamicus* geschrieben und den Namen griechisch von *potamos* erklärt; jetzt begannen ihn St. Galler Urkundenschreiber zu benutzen und auf Bodman zu beziehen. Noch Notker der Stammler fügte in einem Gedicht an seinen Schüler Salomon 887/888 auf gelehrte Weise Fluß und See, *Rhenus* und *potamus,* zusammen. Als am 30. August 891 bei der Rheinmündung auf Veranlassung Salomons und in Gegenwart Udalrichs IV. ein St. Galler Mönch eine Urkunde schrieb, setzte er einen einzigen Buchstaben anders, ungriechisch: *lacus Podami-*

cus. Das alemannische Meer wurde für Gallus-Mönche seit 890 zum Bodmansee, erst recht, seitdem sie 902 Grundbesitz in Bodman bekamen. Wenigstens im Kloster Otmars sah man es so: Je weniger Herrschaft von der Pfalz Bodman ausging, desto mehr ging sie in die Landschaft ein. Andere dachten wohl ähnlich; denn jetzt erst setzte sich der Name »Bodensee« allgemein und dauerhaft durch, als das namengebende Bodman keinen politischen Mittelpunkt mehr bildete, sondern einen historischen Bezugspunkt für zahlreiche Orte zwischen Bregenz und Stein.

Ottonisches Ende

Als das karolingische Königtum im frühen 10. Jahrhundert seine Ausstrahlungskraft verlor, besaß Alemannien noch keinen eigenen Schwerpunkt, nur Ansätze zu innerer Einheit: die geistliche Verklammerung am Bodensee, besonders im Bistum Konstanz, und die politische Verflechtung der Lande zwischen Rätien und Elsaß, besonders durch die Grafensippen. Doch beide Kräfte wirkten gegeneinander, keine konzentriert. Sogar der mächtigste Herr am See, Salomon III., brauchte als Stützpunkte neben der Bischofsstadt Konstanz die Abtei St. Gallen und die Pfalz Bodman; vollends seine gräflichen Gegner fanden zwischen Alpenrhein und Oberrhein keinen Mittelpunkt. Ja, ihr Kampf um ein Stammesherzogtum Alemannien begann als Widerstand gegen die Zentralisation am See, auch gegen die Pfalz Bodman.

Der Widerstand regte sich, als die Klammer des Königtums brach, das bislang von außen her das Land zusammenhielt, als der letzte Karolinger Ludwig das Kind am 24. September 911 starb. Was in Alemannien damals vorging, berichtete eine anonymer Annalist, vorzüglich informiert, höchst parteiisch. Er fand die alemannische Geschichte seit einem Vierteljahrhundert verfehlt. Karl III. war noch der rechte Nachfolger des frommen Ludwigs »von Deutschland« gewesen und hatte Alemannien in größere Verbände integriert. Aus der irdischen Herrschaft hatte ihn Arnulf verdrängt, »der ganz entsetzliche König«. Unter seinem Sohn Ludwig dem Kind wurden »alle guten Dinge mitten im Frieden zertrennt«, besonders durch Bischof Salomon. Der Annalist schürte die Polarisierung, die er beklagte; er stammte wohl aus einer der Grafensippen.

Zum Sprecher der Unzufriedenen schwang sich im Herbst 911 der rätische Markgraf Burchard I. auf, der »Hunfridinger«, der 909 in Bodman noch neben Salomon gestanden hatte. Der Annalist nannte Burchard den »Fürsten *(princeps)*« der Alemannen; er griff also nach der Herzogswürde. Doch wurde er, so der Annalist, aufgrund eines ungerechten Urteils, das ein Mann namens Anselm formulierte, ermordet. Gemeint war eine Versammlung, die Burchard selbst einberufen hatte; sie wurde durch Anselm zur Gerichtsversammlung gegen Burchard umgewandelt. Ohne den König durfte das Tribunal der Großen nicht töten; weil der König nicht zur Hand war, vollstreckte man das Urteil tumultuarisch.

Was weiter geschah, stand ebenfalls nur dem König zu: Die Ankläger verwiesen Burchards Witwe und Söhne des Landes und verteilten unter sich deren Eigengüter und Lehen. Die Vergeltung traf die Sippe der Verschwörer, nicht Burchard allein. »Sein Bruder, der alleredelste und gerechteste Graf Adalbert, wurde auf einen Wink des Bischofs Salomon und einiger anderer umgebracht«, schrieb der Annalist. Auch Adalbert III., der Thurgaugraf, hatte 909 in Bodman noch Frieden gewollt. Die Schwiegermutter von Burchards gleichnamigem Sohn wurde nach Rückkehr von einer römischen Wallfahrt vor eine weitere Gerichtsversammlung gestellt und aufgrund falscher Zeugenaussagen des Verbrechens gegen die Königsherrschaft *(publica dominacio)* schuldig befunden. Diese Sitzung fand an dem einzigen Ort statt, den der Annalist ausdrücklich nannte, »in der Bodmanpfalz *(in palacio Potamico)*«. Wieso hier?

Die Rebellen von 911 erstrebten nicht mehr wie die von 890 ein separates Königtum, sondern ein Herzogtum im deutschen Reichsverband; ihre Aktion richtete sich nicht gegen die Königsherrschaft, das darf man dem Annalisten glauben. Ihr Hauptfeind war Salomon III. von Konstanz und St. Gallen samt Anhang. Er schlug brutal zurück, konnte jedoch sein Vorgehen nur rechtfertigen, wenn es weniger seiner eigenen Vormacht als der Verteidigung des Königtums diente. Dies öffentlich zu demonstrieren, war die große Königshalle in Bodman geeignet. Die erste uns bekannte Gerichtsversammlung, die hier Ende 911 stattfand, durfte ohne Zustimmung des Königs nicht tagen; nur Salomon konnte als Kanzler und Statthalter des Königs den Griff nach der Pfalz wagen, wenn damit die Königsherrschaft gerettet wurde. Deshalb unterstellte er den »Hunfridingern«, was dem »Udalrichinger« 890 mit mehr Grund vorzuwerfen war, den Griff nach der Königsherrschaft, auch nach der Königspfalz.

Wenn diese Hypothese zutrifft (und mehr erlaubt die Quellenlage nicht), dann brauchte Salomon für sein eigenmächtiges Handeln so rasch wie möglich die Rückendeckung des neuen Königs, dessen Staatsbesuch in Bodman. König Konrad I., am 10. November 911 in Forchheim gewählt, war jener rheinfränkische Graf, der 909 Ludwig das Kind begleitet, wahrscheinlich Burchard und Adalbert kennengelernt und in Bodman gewohnt hatte. Er konnte kaum anders als Salomon unterstützen; dennoch frappiert die Eile, mit der er von Forchheim an den Bodensee kam. Wenn er noch etwas verhüten wollte, kam er zu spät; das blutige Drama war abgeschlossen, als er an Weihnachten erschien. Der König bezog wohl in Bodman Quartier; denn die Regie seines Besuches war wie zu Zeiten Ludwigs des Kindes geplant.

Diesmal wissen wir es genau: Konrad beging den ersten Weihnachtstag 911 im Konstanzer Dom zusammen mit Bischof Salomon, vermutlich im karolingischen Krönungsornat. Am zweiten Feiertag besuchte er mit Salomon dessen Abtei St. Gallen und »wurde dort mit königlichen Ehren empfangen«. Für die Anerkennung seines Königtums zeigte er sich am 29. Dezember, immer noch in St. Gallen, erkenntlich. Er besänftigte den heiligen Otmar, der 759 von den fränkischen Verwandten des Königs, Warin und Rudhard, gequält worden war. »Wie ein Mitschuldiger, als wäre er selbst an den Untaten beteiligt gewesen«, trat er vor Otmars Altar und legte kostbare Geschenke nieder, wie Karl der Dicke. Es ist möglich, wenngleich durch keine Königsurkunde erwiesen, daß Konrad dasselbe wie Karl 879 tat und den Rest des Stammheimer Königsguts hergab. Fragwürdig ist hingegen die Klostertradition, die Schenkung habe zwei Grafen, Erchanger und Berthold, verärgert. Jeder mußte es begreifen: Mit der Sühne für den fränkischen Frevel übernahm Konrad die karolingische Herrschaft ohne Abstrich, auch die Pfalz Bodman; vom dortigen Königsgut schenkte er dem Kloster des heiligen Gallus

nichts. Er wollte die karolingischen Zustände am Bodensee zwar wieder herstellen, sich aber nicht wie Ludwig das Kind behandeln lassen.
Am Samstag, 11. Januar 912, trat in Bodman unter Vorsitz des Königs ein Hoftag zusammen. Die hier ausgestellte Urkunde, die zweite von Konrad erhaltene, schenkte dem heiligen Gallus Königsgut in Münchingen im Klettgau. Als Kanzler überwachte Salomon das Beurkundungsgeschäft und ließ die Urkunde von einem Gallus-Mönch abfassen und schreiben. Vielleicht trug sie deshalb bloß die Angabe »in Bodman im Königshof *(Potamis curte regia)*« ohne Hinweis auf Pfalzgebäude oder Pfalzversammlung. Der König wollte Salomon öffentlich auszeichnen, denn er hatte mindestens vier alemannische Grafen gerufen, außer einem nicht näher zu bestimmenden Grafen Hugo den »Udalrichinger« Udalrich V. aus dem Argengau, den Welfen Konrad aus dem Linzgau und, an erster Stelle genannt, den Grafen Erchanger.
Dieser stammte aus der Sippe der »Alaholfinger« oder »Bertholde«, die am oberen Neckar begütert, auch am Bodensee mächtig war. Wie die anderen in Bodman versammelten Grafen war Erchanger samt seinem Bruder Berthold schon am 28. Dezember 909 in der Abteikirche St. Gallen »vor einer großen Menge Volkes« hervorgetreten; er verwaltete damals für Salomons Neffen Waldo den St. Galler Hof Bussnang im Thurgau. Dem Abt und Bischof stand er also anfangs nahe; doch seit 909 war viel geschehen. Wie sich Erchanger beim Sturz Burchards I. verhielt, wird von keiner Quelle angedeutet; Zurückhaltung war in der ungeklärten Lage das Klügste. Hätte Erchanger 911 in Bodman, wie vermutet wird, das Urteil gesprochen, gar als treibende Kraft hinter der Beseitigung der »Hunfridinger« gestan-

den, so wäre er vom Annalisten so schonungslos wie Salomon und Anselm getadelt worden.
Jetzt, im Januar 912, spielte im Bodmaner Königssaal nicht mehr Salomon die Hauptrolle; da thronte König Konrad, und alle huldigten ihm. Als er etwa im Februar zum Reichstag nach Ulm ritt, zogen sie mit: Salomon, Erchanger, Udalrich, Berthold, Konrad; andere Grafen gesellten sich hinzu. Sie gaben dem Herrscher ehrenvolles Geleit, sie rangen um seine Gunst. Salomon schien das Rennen zu gewinnen; in Straßburg bestätigte ihm der König am 14. März die St. Galler Privilegien und seinen Besitz aus Dank »für seine häufige Gefolgschaft und seinen Pfalzdienst *(palatina servitus)*« schon unter den letzten drei Königen. Doch am 8. August 912 weilte Erchanger in Frankfurt beim König und rangierte unter den anwesenden »berühmten Grafen« als erster, ebenso am 23. August in Tribur. Der Konkurrenzkampf zwischen Salomon und Erchanger begann in höfischen, höflichen Formen; sein Siegespreis war Stellvertretung des Königs in Alemannien, unter anderem Einfluß auf die Pfalz Bodman. Denn sie war der Ort, den der König von Tribur aus besuchte.
Konrad I. urkundete am 25. September 912 »in der Bodmanpfalz *(Potamico palatio)*«. Abgesehen von einer Empfängerformulierung war es seine einzige Königsurkunde, die den Pfalzcharakter eines Ortes oder einer Versammlung betonte; es wiederholte sich weder in Forchheim noch in Frankfurt, für einen Franken ungewöhnlich. Die Urkunde übertrug die außerordentliche königliche Gerichtsgewalt für den Bereich der Diözese Chur an deren Bischof Theodolf. Dieser hatte die Königsmacht in Rätien treu unterstützt, mit Markgraf Burchard I. Ärger gehabt und sollte gestärkt werden. Auch hier suchte der König seine Herrschaft mit Hilfe der

Bischöfe gegen Stammesgewalten zu sichern. Mit Theodolf waren die Vornehmsten aus Rätien nach Bodman gekommen, dazu viele »adlige Männer, die Uns beistehen«; die Pfalz erlebte ihren letzten großen Tag, nach der Teilnehmerzahl den größten überhaupt. Zur Stelle waren Graf Berthold und die welfischen Grafen Konrad und Heinrich. An der Spitze standen nebeneinander »der ehrwürdige Bischof Salomon und Pfalzgraf Erchanger«.

Comes palatii: Das hieß, als Vertreter des Königs amtierte in Bodman künftig Erchanger. Die Entscheidung kann erst nach dem Januarbesuch gefallen sein, denn damals zählte Erchanger in derselben Pfalz nur als Graf unter Grafen. Beim Septemberbesuch machte der König seinen Entschluß vor einer Versammlung des alemannischen Adels bekannt. Salomon war damit keineswegs ausmanövriert; gleich die nächste Königsurkunde übereignete ihm am 3. Oktober 912 in Ulm Thurgauer Königsgut, sozusagen zum Trost. Denn aus bischöflichem Einflußbereich war Bodman herausgenommen, anscheinend um die Königsmacht zu stärken. Etwa nach der Devise *Divide et impera?*

War dies Konrads Absicht, so erwies sie sich als kurzsichtig. Sobald er Alemannien verlassen hatte, spitzte sich die Lage zu. Man male sich aus, daß eines Tages Salomons Klostergespanne mit Mühlsteinen über Erchangers Pfalzweg in Bodman fuhren! Auch anderswo, etwa in Stammheim, konnte der Pfalzgraf als Hüter des Königsrechts energischer vorgehen als ein Pfalzverwalter. Ekkehard IV. von St. Gallen mag die Stimmung seines Klosters im Frühjahr 913 richtig wiedergeben mit der Klage, daß Abt Salomon aus Bodman ebenso verfolgt werde wie einst Sankt Otmar. Schwerer als lokale Querelen wog indes die Notwendigkeit, das gesamte

Land zu verteidigen; im Sommer 913 fielen die Ungarn zum zweiten Mal über Alemannien her. Sie wurden zurückgeschlagen, jedoch weder durch den König noch durch den Bischof. Bayernherzog Arnulf, »Erchanger mit Berthold und Udalrich kämpften mit ihnen und besiegten sie«. Aus solchen Siegen über Landesfeinde waren wenige Jahre zuvor in Sachsen, soeben in Bayern die ersten Stammesherzogtümer erwachsen; Herzöge wurden die siegreichen Heerführer. Warum nicht auch in Alemannien?

König Konrad, der selbst als Stammesherzog hochgekommen war, konnte eine herzogliche Stellung des Pfalzgrafen nur durch die Strategie der Umarmung verhindern. Noch 913 heiratete er die Schwester Erchangers und Bertholds »sozusagen als Unterpfand des Friedens«. Das war der falsche Weg. Prompt überfiel 914 der siegessichere Erchanger den Bischof und nahm ihn gefangen. Prompt zog König Konrad gegen seinen Schwager und nahm ihn gefangen. Prompt eröffnete der lachende Dritte sein Spiel: Der »Hunfridinger« Burchard II., Sohn des hingerichteten Markgrafen, nutzte die Verwirrung, um selber Herzog zu werden. Die Schauplätze des folgenden Krieges waren Burgen *(castella)* wie der Hohentwiel, den Konrad 915 vergeblich belagerte, und Schlachtfelder wie Wahlwies, wo Erchanger, nun mit Burchard II. vereint, 915 das königliche Heer schlug. Daraufhin wurde Erchanger von seinen Landsleuten zum Herzog ausgerufen.

Der Kampf tobte in nächster Nähe Bodmans auf königlichem Boden, und für Erchanger bedeutete die Pfalz einen wichtigen Rückhalt. Nur war ein Platz, in dem ein Pfalzgraf gegen die Königsherrschaft aufstand, keine Königspfalz mehr. Wenn Erchanger gegen den Bischof von Konstanz und Abt von St. Gallen stritt, war dieser

Platz auch kein Symbol für die Eintracht des Landes mehr. Erchanger und Salomon rangen um die Pfalz, weil sie noch halb karolingisch dachten; beide verloren die Partie, und Bodman verlor sie mit. Erchanger wurde auf Befehl des Königs 917 getötet. Dem Sieger, dem Schwabenherzog Burchard, bedeutete Bodman wenig mehr als eine böse Erinnerung an 911; seine Herrschaft verdankte er der Burg auf dem Hohentwiel. Dem herzoglichen Schwerpunkt, zuerst auf dem Hohentwiel, nachher in der Pfalz Zürich, trat nach Salomons Tode 919 allmählich ein bischöflicher zur Seite, in der Stadt Konstanz. Um diese Achse konsolidierte sich schließlich das Land am See, die Klöster Reichenau und St. Gallen paßten sich an, nicht ohne Schwierigkeiten.
Was blieb für Bodman? Sein Rang hing vom Verhältnis des Königtums zum Herzogtum ab. Seit 919, mit der Wahl des Sachsenherzogs Heinrich zum König, verlagerte sich die Königslandschaft weit nach Norden zu neuen, burgähnlich umwehrten Pfalzorten zwischen Grone und Magdeburg. Heinrich I. behielt Alemannien zwar wachsam im Auge; man vermutet, daß er Anfang 930 von Straßburg kommend die Klöster Reichenau und St. Gallen besuchte. Aber selbst wenn er in Bodman an Land gegangen wäre, er zeigte sich dort nicht als König, hielt keinen Hoftag ab, stellte keine Königsurkunde aus. Heinrich band das Herzogtum des loyalen Hermann I. eng an das Reich, doch dafür bedurfte er der alten Pfalz nicht mehr. Ihr Fiskus konnte wichtigeren Zwecken geopfert werden; diese Folgerung zog Otto der Große.
Am 28. November 946 besuchten ihn in Frankfurt Mönche der Abtei Reichenau. Sie legten dem König eine Urkunde vor, die sie soeben, nach 940, gefälscht hatten und als Bodmaner Diplom Karls III. vom 16. April 887

ausgaben. Es wiederholte die echte Bodmaner Schenkung Ludwigs des Frommen von 839, nur daß der Fiskus anstelle des archaischen Namens *Potimiacus* den eingebürgerten *Potamicus* erhielt. Zusätzlich vermachte die Fälschung dem Kloster ganz Dettingen samt Forst sowie Fiskalabgaben aus Wahlwies, Liggeringen und Röhrnang. Otto bestätigte die Schenkung nicht nur, er gab Fiskalgüter in Eigeltingen und Dingelsdorf hinzu, außerdem für das Seelenheil seines Vaters Heinrich I. alles Krongut in Litzelstetten. Den Pfalzort selbst und das vielleicht inzwischen verkleinerte Pfalzgebäude gab er nicht aus der Hand. Dennoch war damit besiegelt, daß hier nie mehr ein König absteigen würde; dafür reichte die wirtschaftliche Grundlage nicht aus.
Die Probe aufs Exempel: Im Januar 965 kam der Kaiser für eine Woche an den Bodensee, stieg in den Klöstern St. Gallen und Reichenau ab und empfing dort alemannische Gäste, Herzog Burchard III., den Bischof von Chur, den Abt von Einsiedeln. Dasselbe in größerem Maßstab: Am 14. August 972 traf Otto der Große mit seinem Sohn Otto II. und dem Kaiserhof im Kloster St. Gallen ein und wurde festlich bewirtet. Dann ging es vielleicht am 17. August zur Abtei Reichenau, jedenfalls ab 18. August nach Konstanz zu Bischof Konrad. Wichtige Geschäfte, den weiten Umkreis betreffend, wurden vor zahlreichen Teilnehmern tagelang in der Bischofspfalz abgewickelt. Vielleicht feierte Otto noch das Fest des Dompatrons Pelagius am 28. August mit, bevor er nach Ingelheim weiterzog. Zwei Wochen lang weilte der Kaiser zu Gast bei den alten Partnern der Bodmanpfalz, St. Gallen, Reichenau und Konstanz; nach Bodman kam er nicht. »Die Bischofsstadt hat der Pfalz den Rang abgelaufen« (Josef Fleckenstein).

Nachdem die Pfalz Bodman sieben Thronwechsel von Pippin bis Konrad überlebt hatte, erlag sie dem Wandel vom karolingischen zum ottonischen Reich, wie zahlreiche andere Pfalzen. Historische Erschütterungen trafen ja Königspfalzen härter als Bischofsstädte und Klöster. Zerfahrener blieb meist auch ihre Nachwirkung. Brüche in der Reichspolitik, Verlagerung regionaler Zuordnungen, Wechsel in der Ortsherrschaft veränderten rasch den historischen Blickpunkt, sogar den topographischen Schwerpunkt, wie in Ulm, das unter den Staufern durch gesteigerte Königsnähe und Weltläufigkeit den Rahmen einer ländlichen Pfalz sprengte, oder wie in Neudingen, das nach langer Königsferne und Abgelegenheit unter den Fürstenbergern nur den Rahmen eines ländlichen Herrensitzes ausfüllte. Ganz anders in Bodman. Hier blieben räumliche Aufteilung des Dorfes und geschichtliches Selbstverständnis von Bewohnern und Nachbarn jahrhundertelang an die Königspfalz gebunden, so nachhaltig und ungebrochen wie in keinem zweiten Pfalzort. Wie kam das?
In Bodman selbst lebten jeweils mehrere hundert Menschen, Adlige und Bauern, deren rechtlicher, wirtschaftlicher und religiöser Alltag von den Ordnungen der Pfalzzeit geprägt blieb; denn der Königshof bestand fort. In der Landschaft ringsum zog das *palatium* begehrliche Blicke von Herzögen und Bischöfen auf sich; es verhieß noch immer Teilhabe an Herrschaft, wenigstens Landesherrschaft. Die Geschichte der Pfalz hinterließ auch bei ehemals Betroffenen einen Stachel: Die weiterhin blühenden Abteien Reichenau und St. Gallen vergaßen nicht so schnell Anfang und Schluß, Otmars

Gefangennahme durch Pippins Grafen 759 und Erchangers Aufstand gegen Konrad 915. Diese Bodmaner Ereignisse hatten das alemannische Schicksal entschieden. Was immer in Bodman geschah, bewegte zwar nicht mehr die Welt, aber den Bodenseeraum und hielt die Erinnerung wach.

Die ersten, die sie zu nutzen versuchten, waren wohl die Welfen. Warum weilte Herzog Welf III. von Kärnten im November 1055 mit zweien seiner vornehmsten Getreuen »in der Burg Bodman *(in castro Botamo)*«? Ich glaube weder, daß sie ihm gehörte, noch daß er zufällig vorbeikam. Er hatte im Spätsommer 1055 Kaiser Heinrich III. in Italien vorzeitig verlassen, um diesseits der Alpen eine Verschwörung gegen ihn anzuzetteln. Von Altdorf, dem Stammsitz seiner Familie aus, war Bodman das provozierendste Symbol für Königstyrannei und Adelswiderstand. Stark befestigt muß der Ort nicht gewesen sein; das Wort *castrum* wurde immer häufiger für das seltener werdende *palatium* gebraucht. Sollte die Besetzung der Königspfalz ein Signal zum Aufstand werden? Wir wissen es nicht, weil wieder Unerwartetes geschah. Welf, angeblich in jungen Jahren, wurde todkrank, erleichterte das Gewissen durch Geständnis seiner Rebellion und Stiftung seines Erbes, starb in Bodman am 13. November 1055 und wurde in seinem Hauskloster Weingarten beigesetzt.

Daran erinnerte viel später, zwischen 1167 und 1174, am Altdorfer Hof die Welfenchronik. Sie notierte nicht nur wie sonst die Grabstätte der Vorfahren, auch den Sterbeort wie bei Welfs Onkel Heinrich. Dieser war um 1000 in jungen Jahren im Vintschgau verunglückt, am Otmarsabend, weil der Heilige sich von den welfischen Nachfahren seiner Peiniger Warin und Rudhard vernachlässigt fühlte. Diesmal, 1055, war wohl nicht Sankt

Otmar beleidigt, obwohl der Tod drei Tage vor dem Otmarsfest zuschlug. Jetzt strafte Gott den Aufstand gegen das Reich; was Welf büßte, war die gleiche Schuld wie die Erchangers. Wie es sich im einzelnen verhielt, darüber sprach man am Welfenhof nicht; den Kundigen genügte das Stichwort Bodman, um an einen alten Fluch zu erinnern. Der welfische Zugriff, wenn es einer war, wurde nie wiederholt.

Kaiser Heinrich III. kam schnell nach Ulm und Zürich, wo er 1055 Weihnachten feierte. Dabei könnte er über Bodman entschieden, dem Bischof von Konstanz Zutritt gewährt haben. Die Umstände sind in der Forschung umstritten; verläßliche Aussagen liefert erst eine Urkunde Friedrich Barbarossas vom 27. November 1155 aus Konstanz, ein Jahrhundert danach. Sie beschreibt den Wildbannbezirk Höri und berichtet, Kaiser Heinrich habe ihn mit Zustimmung Abt Ulrichs von Reichenau dem Konstanzer Bischof Rumold übergeben. Nach Ulrichs und Rumolds Regierungsdaten geschah das zwischen 1051 und 1068, vor 1056, wenn Heinrich III. gemeint war, wofür alle Wahrscheinlichkeit spricht. Die Höri grenzte in Wahlwies, Eigeltingen und an der Stockacher Aach (hier *fluvius Simelse* genannt) unmittelbar an Bodmans Gemarkung; sie gehörte nach fast einhelliger Ansicht der Forschung vorher zum dortigen Fiskus.

Ein anderer Abschnitt derselben Barbarossa-Urkunde zählte die dem Konstanzer Bischof gehörigen Eigenkirchen auf; darunter waren Hof und Kapelle in Sernatingen (Ludwigshafen) und »Hof in Bodman mit Kirche *(curtis in Podoma cum ecclesia)*«. Nicht die einzig mögliche, doch die einfachste Annahme wäre, daß Bischof Rumold mit der Höri 1055 die ihr nächstgelegenen Kirchen und deren Wirtschaftshöfe erhielt. Obwohl der Kaiser *palatium* und Fronhof nicht aus der Hand gab, gewann der Bischof mit Leutkirche und Pfarrhof in Bodman beträchtlichen Spielraum. Heinrich III. durfte ihn unbedenklich gewähren: Rumold war einer seiner engsten Mitarbeiter, früher der erste Propst des Pfalzstiftes in Goslar, der glänzendsten Königspfalz der Zeit, seither als Bischof von Konstanz eine Stütze des Kaisers; noch nach dessen Tod erzog er die Tochter. Beweisen kann ich es nicht, daß Welf und Rumold nach der Pfalz Bodman strebten und daß der Kaiser mit der Schenkung an den Bischof auf die Verschwörung des Herzogs antwortete. Bestärkt wird meine Vermutung indes durch das Verhalten der beiden anderen Partner im alten Verbund.

Äußerst vorsichtig reagierte das Kloster Reichenau, solange die Lage in Bodman ungeklärt blieb. Als der größte Historiker des Inselklosters, Hermann der Lahme, unter Abt Ulrich zwischen 1048 und 1054 seine Chronik schrieb, erwähnte er Bodman kein einziges Mal. Dabei erzählte er zum Jahr 759 ausführlich von der Bosheit der Grafen Warin und Rudhard und ihres Komplicen, des Bischofs Sidonius von Konstanz, die den heiligen Otmar und sein Kloster verfolgten. Von alemannischen Pfalzorten des frommen, im Reichenauer Münster bestatteten Kaisers Karl III. erwähnte Hermann immerhin Neudingen, Waiblingen und Ulm. Endlich berichtete er zu 911 und 917 über Erchangers Aufstand, Herzogtum und Hinrichtung, allerdings ausweichend zu 914 über die Umtriebe »irgendeines Verwegenen« gegen Bischof Salomon III. von Konstanz. Bei alledem kostete es Mühe, den Namen des Pfalzortes zu verschweigen, der in zwei Stunden vom Inselkloster zu erreichen war. Ebenso lakonisch klingen die Einträge über Rumold und Welf, zunehmend skeptisch die über Heinrich III. Hermanns Schweigen läßt mehrere Deutungen zu, am ehe-

sten die, daß er Streit zwischen Frommen und Edlen stets für verderblich hielt, die Pfalz Bodman aber als Gegenstand nicht eines vergangenen, sondern eines schwebenden Streites ansah, der die Reichenau künftig gefährden konnte.
In dem weiter entfernten St. Gallen schwiegen die Mönche nicht; ihre Spannungen zum Bistum Konstanz lebten neu auf, ihr Verhältnis zu den Altdorfer Welfen kühlte sich ab. Sie erzählten sich über Bodman schaurige Geschichten; Ekkehard IV. schrieb um 1047–53 einige auf. Er wußte, ohne es wiederholen zu müssen, daß Sankt Otmar in der Pfalz geschmachtet hatte. Daß auch fromme Könige wie Karl III. und Konrad I. von dort nach St. Gallen gekommen waren, ließ er im Dunkeln. Er hatte nach Heinrichs Jagdunfall persönlich miterlebt, daß sich die Welfen zu ihrer Verwandtschaft mit den Bodmaner Tyrannen von 759 bekannten. Noch mehr fesselten seine Phantasie die Greuel gegen Bischof Salomon, den Abt des Gallus-Klosters, nach 911. Erchanger und Berthold waren Herren über *Potamum* und begannen von hier aus, wie einst die Henker Warin und Rudhard, mit der Verfolgung. Vergessen waren frühere Rebellionen des Adels, die von 890, an der ein St. Galler Abt teilgenommen hatte, ebenso die von 911; der Sohn Burchards I. war zum ersten, tugendhaften Schwabenherzog aufgestiegen. König, Bischof und Herzog, die Mächte des 11. Jahrhunderts, bestimmten Ekkehards Geschichtsbild vom Bodenseeraum, und seine Sympathie galt vornehmlich dem König.
Die Ministerialen des Königs, die ihm ganz Alemannien als Fiskus verwalten sollten, mißbrauchten ihr Amt schon zu Arnulfs Zeit. Sie bauten über Stammheim ihre Burg, während die Könige das Dorf dem Kloster schenkten. Mit Recht überließ König Konrad I., gleich-

falls mit Otmars Henkern verwandt, den Mönchen diese »verhaßte Burg« zur Zerstörung. Anders Bodman; es war für Ekkehard nicht wie Stammheim oder Hohentwiel eine Burg auf dem Berg *(castellum)*, sondern eine unbefestigte Siedlung im Tal *(oppidum)*. Von »Pfalzen« sprach Ekkehard nicht mehr; Könige wohnten in einer *aula*, in großzügig offenen Anlagen, von einem wimmelnden Hofstaat umringt. Er wußte es, seitdem ihn Kaiser Konrad II. zum Osterfest 1030 nach Ingelheim eingeladen hatte. Erinnerungen an Zwingburgen spukten noch; man erzählte ihm, in Ingelheim hätten einst Erchanger und Berthold im Gefängnis gelegen, so wie Otto der Große dort 941 seinen Bruder Heinrich wirklich einsperren ließ. Das mußte den Mönch noch einmal an die Bodmanszene von 759 erinnern. Vergangene Zeiten! Bodman war weder eine Trutzburg mehr noch eine Aula königlicher Gnade. Für neuerliche Adelsquerelen in der alten Pfalz brachten Ekkehard und seine Fortsetzer keine Anteilnahme mehr auf. St. Gallen löste sich aus dem karolingischen Koordinatennetz am See, schon bevor das kaisertreue Kloster im Investiturstreit blutig mit den Päpstlichen in Konstanz und Reichenau aneinandergeriet.

Wenn um 1055 Kaiser und Bischof gemeinsam Bodmans Zustände neu geregelt hatten, mußte der Pfalzort in die Kämpfe hineingezogen werden, die seit 1084 zwischen Kaiserlichen und Päpstlichen am Bodensee ausgetragen wurden. Die Ereignisse bleiben im Dunkeln; die Folgen werden erst um 1140 greifbar, als König Konrad III. um die staufische Hausmacht in Schwaben kämpfte, unter anderen gegen Bischof Hermann I. von Konstanz. Dabei kam die Königspfalz ins Gerede, jetzt zwischen Konstanz und der Reichenau. Die Chronik des Konstanzer Bischofsklosters Petershausen, zwischen 1134 und 1159 verfaßt, fing fast mit einer Bodmansage an. Ein Frankenkönig, zugleich römischer Kaiser (also ein Karolinger) nahm in Alemannien zwei seiner Neffen auf, die in Westfranken den König erschlagen hatten; sie erhielten vom Kaiser zahlreiche Güter, an erster Stelle Bodman *(Potamum)* und Bregenz. Ein Bruder kehrte später nach Westfranken zurück, »der andere mit Namen *Oudalricus* blieb im Alemannenland, und alles, was ihnen beiden vom Kaiser geschenkt worden war, behaupteten er und seine Nachkommen bis auf den heutigen Tag«.

Während diese »Udalrichinger« in der Folgezeit andere Güter an edle Gefolgsleute ausgaben, wurden Bregenz und Bodman zu Mittelpunkten ihres eigenen Geschlechts. Aus der Grafenfamilie, die bei Bregenz gewohnt habe und »noch heute« dort blühe, stamme Bischof Gebhard II. von Konstanz, der 983 das Kloster Petershausen gründete und dort begraben lag. In der Petershauser Klosterkirche sei vor 1085 außer anderen Gönnern ein Adliger bestattet worden, der dem Kloster das Gut Herdwangen im Linzgau geschenkt habe, »Graf Eberhard von Bodman *(de Potamo)*«. Bevor man, wie in der Forschung üblich, dem Chronisten aufs Wort glaubt, sollte man fragen, was er wollte.

Sichtlich wollte er nachweisen, daß Verwandte des Bregenzer Grafenhauses, »Udalrichinger«, seit der Karolingerzeit in Bodman auf Eigengut gesessen hätten; er wollte die Geschichte der Königspfalz in der Versenkung verschwinden lassen. Das war kein historisches Faktum, sondern eine politische Tendenz. Dann aber muß man sich hüten, von der Zeit des Erzählers auf die erzählte Zeit zurückzuschließen, über alle Brüche des Investiturstreits hinweg. Ich sehe keine Möglichkeit, allein anhand dieser Nachricht zu entscheiden, ob vor 1085 in Bodman wirklich Nachfahren der alten »Udal-

richinger«, seien es Heiligenberger, Nellenburger oder Bregenzer, saßen. Für seine Gegenwart und die letzten Jahrzehnte zuvor kann der Chronist wohl recht haben: Die Grafen von Bregenz, die im Investiturstreit zu Papst und Bischof hielten, könnten nach 1084 mit Hilfe des Konstanzer Bischofs in Bodman Fuß gefaßt haben. Auch im frühen 12. Jahrhundert könnte der Bischof, der damals seine Kirche in Bodman aufwendig erneuern ließ, auf dem Pfalzgelände daneben Verwandte der letzten Bregenzer Grafen unterstützt haben. Sie könnten im Bischofskloster Petershausen Verständnis für das Bestreben gefunden haben, das Königsgut als ihr Allod zu beanspruchen, natürlich gegen die Staufer.
Die Abtei Reichenau protestierte, auf verquere Art. Ihr Archivar Ulrich von Dapfen radierte zwischen 1142 und 1166 ein Dutzend alter Königsurkunden zum Teil aus und schrieb sie zum Nutzen seines Klosters neu. Er wollte ihm Rechte sichern, die es seit langem besaß, die ihm jetzt streitig gemacht wurden und die es nicht beweisen konnte. Er bearbeitete bald nach 1142, vor 1158 auch eine echte Urkunde Kaiser Arnulfs vom 27. April 896. Was vorher darin gestanden hatte, wissen wir nicht; nach der Verfälschung las man: Den Hof Röhrnang, »im Fiskus Bodman *(in Potamico fisco)* gelegen«, habe bereits Karl der Große dem Kloster geschenkt. Lediglich eine Hufe habe der Kaiser einem Mann und dessen Erben für die Jagd überlassen; der letzte Erbe, der alte Ritter Hucpret oder Hucpert, habe sie bisher unangefochten besessen. »Doch Graf *Oudaricus,* der in Bodman in Unserer Burg *(Potamis in nostro castro)* residiert, habe sie ihm wider das Recht und mit Gewalt genommen.« Arnulf verhalf Hucpert zu seiner Hufe; der Wackere schenkte sie der Abtei, damit kranke Mönche Brennholz fürs Badehaus hätten. Wer bestritt um 1140/50 der Reichen-

au Brennholz aus Röhrnang? Hucpert, dessen Name wahrscheinlich schon in der echten Urkunde stand? Doch eher ein Adliger, der in Bodman saß, Vogteirechte beanspruchte und auf Verwandtschaft mit dem alten »Udalrichinger« pochte. Gegen ihn und seinen Petershauser Anhang betonte Reichenau das Königsrecht. Die Abtei schloß sich eng an den Stauferkönig Konrad III. an und erinnerte an die alte Königspfalz, der sie den wichtigsten Klosterbesitz verdankte.

Was die fast gleichzeitigen Zeugnisse der Streitenden erkennen lassen, war ein Versuch zu adliger Herrschaftsbegründung in der Pfalzburg Bodman. Überall konzentrierten im 12. Jahrhundert Adlige ihre Herrschaft um eine Burg; sie wurde zum Bezugspunkt und Namengeber der Familie. Ihr Horizont weitete sich alsbald zu einem Geschichtsbewußtsein, das die entstehende dynastisch-lokale Struktur in die Vergangenheit zurückprojizierte, vielfach in Verbindung mit einem Hauskloster als Grablege. Ahnenreihen festigten nicht nur den Adelsrang der Familie, sondern auch das Erbrecht an ihrer Burgherrschaft. Nach den Welfen suchten im 12. Jahrhundert andere Sippen solche Dynastien und Traditionsketten zu bilden. Wäre der Versuch in Bodman gelungen, so wüßten wir genau, wer ihn unternahm. Er scheiterte, wie der erschlossene welfische Zugriff hundert Jahre zuvor, an zwei Faktoren: Zum einen widersetzten sich ältere Herrschaftszentren in der Nähe, diesmal Reichenau, zum andern wurde das Königtum auf den Plan gerufen, diesmal die Staufer.

Zwischen 1146 und 1170 müssen die Staufer, Konrad III. oder wahrscheinlicher Friedrich I., ihr Königsrecht geltend gemacht und Reichsministerialen in Bodman eingewiesen haben, die Familie der damaligen Ritter (und heutigen Grafen) von Bodman. Die Staufer belebten überall die Pfalztraditionen neu: In den 1150er Jahren ließ Barbarossa verfallene Karolingerpfalzen in Nimwegen und Ingelheim restaurieren; später hielt er in der eingefallenen ottonischen Pfalz Werla einen Hoftag ab. Spektakulärer Aktionen bedurfte es in Bodman nicht, wo die Staufer seit 1142 den einflußreichsten Herrn immer mehr auf ihre Seite zogen, den Bischof Hermann I. von Konstanz. Ihm konnte Barbarossa 1155 die Verfügung über Leutkirche und Pfarrhof Bodman bestätigen. Der wirtschaftliche und politische Kern der Pfalz blieb den Staufern erhalten; vermutlich waren sie es, die um 1160–70 das Gelände um die abgebrochene karolingische Pfalz planieren und über dem südwestlichen Teil der Grundmauern ein neues, stattliches Herrschaftshaus aufführen ließen. Es ist durch einen 1970 gefundenen, sekundär verbauten Buckelquader und andere archäologische Indizien bezeugt; es konnte unbefestigt bleiben und den Rittern von Bodman als Amtssitz dienen.

Die staufische Reichs- und Italienpolitik stützte sich am Bodensee allerdings auf zentraler gelegene Herrschaften, die der Grafen von Pfullendorf und Lenzburg im weltlichen, des Bistums Konstanz und der Abtei Petershausen im geistlichen Feld. Vermutlich opferten die Staufer vor 1226 dieser Politik ein weiteres Stück vom Pfalzgelände Bodman: Am dortigen Horn war 1296 die Abtei Petershausen begütert; als Untervögte fungierten die Ritter von Bodman. Wieder zog die große Politik an der Pfalz vorbei, sogar buchstäblich, von Ulm und Überlingen über die Fähre nach Wallhausen und Konstanz. Deshalb versuchte eine Königsurkunde, die Barbarossa am 23. September 1187 in Wallhausen für die Salemer Zisterzienser ausstellte, statt der von Bodman abgeleiteten Bezeichnung »Bodensee« eine andere einzubürgern, die dem wichtigsten Stützpunkt des Kaisers die Ehre gab: Die Urkunde lokalisierte Wallhausen »am Konstanzer See *(apud lacum Constantiensem)*«. Die Einheimischen, sogar die Konstanzer Bischöfe, folgten der kaiserlichen Sprachregelung nicht und wahrten Bodmans berühmte Tradition. Gleichwohl besaß der Ort für die Gegenwart des 12. Jahrhunderts bloß noch lokale Bedeutung.

Seine neuen Wächter, die Ritter von Bodman, begriffen die Lektion, daß ihnen die alte Ausrichtung nach Konstanz keinen Aufstieg, die zur Reichenau keine Ausdehnung erlaubte. Noch vor 1191 begannen sie, von den Konstanzer Bischöfen unterstützt, mit dem Aufbau einer eigenen Herrschaft, nach dem Schema der Dynastiebildung; ihr Schwerpunkt lag nordöstlich von Bodman im Linzgau, rund um die Burg Hohenbodman über der Salemer Aach. Manche Gelehrte setzen ihre Anfänge ins 11. Jahrhundert; unzweifelhaft bezeugt ist sie erst im 13. Jahrhundert, kurz vorher dürfte sie gebaut worden sein. Sogleich stießen die Ritter von Bodman, wie zu erwarten, auf erbitterten Widerstand der nächsten etablierten Herrschaft, der Zisterzienser von Salem. Erst nach 1269 wandelten sich die Ritter zu Förderern Salems. Sie machten es zu Hauskloster und Grablege, verkauften ihm die umliegenden Güter und dem Konstanzer Bischof die Burg Hohenbodman. Denn ihnen eröffneten sich bescheidene, aber unbestrittene Aussichten in Bodman selbst, ausgehend von dem staufisch erneuerten *palatium*, das sie dort bewohnten: Loyale Hinnahme und allmähliche Übernahme der verbliebenen Königsrechte, also der Pfalztradition.

König Rudolf von Habsburg, auch er ein Freund Salems, verpfändete am 15. Juli 1277 seinem Getreuen Johannes von Bodman »Unseren Hof in Bodman *(curiam nostram*

in Bodemen sitam)«. Wir müssen annehmen, daß der Pfandinhaber das damals erwähnte *palatium* alsbald abbrechen ließ. Er konnte es nicht länger als Hauptwohnsitz, als Wehrbau überhaupt nicht mehr nutzen; die Wehrtechnik erforderte längst eine Hochburg auf steilem Berg über dem Dorf. Dort, auf dem heutigen Frauenberg, erbauten die Ritter vor 1296 ihre *nuewe Burch ze Bodemen.* Sinnvoll war die Bezeichnung bloß, wenn im Dorf noch eine »alte Burg« stand. Der Burgname war ein Programm; er betonte nicht das »Haus«, den »Stein«, den »Berg«, die »Burg« wie andere Burgbauten der Zeit, sondern repräsentierte den Pfalzort als ganzes. Mit *palatium,* Fronhof und Siedlung zogen die neuen Herren die gesamte Tradition der Königspfalz an sich, zumal da sie königstreu blieben. Bei einem Brand der neuen Burg kamen 1307 zahlreiche Angehörige der Familie ums Leben; die Katastrophe mußte die Überlebenden erst recht nach Kausalität und Kontinuität fragen lassen.
Johannes von Bodman schenkte vor 1309 den Platz der »alten Burg *(castrum meum antiquum)*«, wie er sie nach dem Brand nannte, den Zisterziensern von Salem für den Bau einer Kirche; darin sollten die weißen Mönche für das Seelenheil der Verbrannten beten. Sie wurde der Patronin der Zisterzienser geweiht, Maria gab dem Berg 1309 den heutigen Namen Frauenberg. Neben ihr bestimmte Johannes von Bodman in der Stiftungsurkunde als Kirchenpatron den heiligen Otmar; auch er sollte für die Toten angerufen werden. Warum? Bislang war er in Bodman nicht eigens verehrt worden. War etwa das Unglück von 1307 noch einmal eine Antwort des Himmels auf die Mißachtung des Heiligen, letztlich auf seine Kerkerhaft im *palatium?* Bedeutete andrerseits eine Mitschuld der Ritter nicht auch, daß sie schon 759 hier gesessen hatten? Noch trat die Gedankenverbin-

dung nicht deutlich hervor; die Ritter handelten. Sie setzten anscheinend rasch eine andere »neue Burg« auf den nächsten Berg über Bodman, bezeichneten sie wieder nach dem Pfalzort als die *niwe Bodmen* und errichteten im Dorf neben dem *palatium* ein neues Steinhaus. Sie krallten sich an diesem Stück Land und seiner Geschichte fest und erreichten dadurch eine Geschlossenheit von Familie und Herrschaft, die alle folgenden Erbteilungen überstand.

Das damit gesetzte Faktum wurde nicht überall im Umkreis anerkannt, am wenigsten in der hochadligen Abtei Reichenau. Sie blieb hartnäckig bei der Tradition des 12. Jahrhunderts, bei der Unterscheidung zwischen der guten alten Kaiserzeit und dem neumodischen Treiben des niederen Adels. Der letzte mittelalterliche Historiker des Inselklosters, Gallus Öhem, wollte zwischen 1496 und 1508 von alteingesessenen Rittern zu Bodman nichts wissen. Er entnahm der verfälschten Arnulf-Urkunde lediglich, daß vor 896 ein Graf Ulrich *zu Bodmen uff des Kaisers schloss* gesessen und kurzfristig einen alten verdienten Ritter Hinpert bedrängt habe; der mochte mit etwaigen Nachkommen gehaust haben, wo er wollte. Am gleichen Überlieferungsstrang hing eine späte Aufzeichnung im Kloster Hofen bei Buchhorn (Friedrichshafen): *Anno 889 haben die Grafen ihren Wohnsitz auf dem kayserlichen Schloß Bodma verlassen und ist Ulrich wegen der Streyfereyen der Hunnen gen Buchhorn gezogen.* So pflegte man Klostersagen weiterzustricken; befremdlich ist bloß, daß Historiker unserer Tage unbedenklich die echten »Udalrichinger« in solchen Sagen aufspüren wollen. Sie spiegeln nicht die Wirklichkeit des karolingischen, nur das Geschichtsbild des staufischen Jahrhunderts.

Die Bodmansage war zählebig; unter dem Eindruck von

Humanismus und Reformation zerbrach sie nicht, sondern verformte sich. Zwei Männer der neuen Zeit prägten sie. Der eine, Johann Stumpf, reformierter Pfarrer in Stammheim, war ein Feind der alten Kirche, aber ein Freund alter Bücher. Seine Schweizer Chronik achtete 1548 mehr auf die Orte als auf die Menschen. Der erste Abt von St. Gallen, *Othmayer,* wurde in Bodman nicht durch fränkische Grafen gefangengesetzt, sondern vom *Bischoff und Synodo zu Costentz.* Wer saß zur Karolingerzeit auf dem *Kayserlichen Schlosß?* Unter Karl »dem Feisten« war es 889, wie aus *alten Geschrifften der Reychenow* ersichtlich, Graf Ulrich. Er beschnitt vor 896 einem anderen seine Rechte im Dorf Röhrnang, *daß ist Podman: Limperto von Podman Rittern.* Damit war die heute ansässige Adelsfamilie in der Karolingerpfalz angesiedelt.

So weit die Reichenauer Überlieferung, nun die St. Galler Geschichten. Das Schloß Bodman wurde, so schien Ekkehard von St. Gallen zu melden, *ungefahrlich Anno Domini 917* durch Konrad I. zerstört, obwohl es sein eigener Palast war; *dann diß Schlosß dem Closter und Abt S. Gallen ein dorn in augen und jnen verhasst war, weyl vor zeyten Othmar darinn gefangen gelägen und auch diser zeyt ein ursach gewesen war deß unrahts, zwüschen Salomone unnd den enthaupteten Fürsten erwachsen.* Hier stoßen wir auf die Quelle für die Behauptung, Konrad I. habe 917 die Pfalz Bodman samt der dort liegenden Stadt, Ekkehards *oppidum,* zerstört. Sie floß aus einem Übersetzungsfehler, denn Stumpf bezog Ekkehards Wendung »verhaßte Burg« fälschlich auf Bodman statt auf Stammheim. Das alte Schloß war also vergangen; das uralte Geschlecht des Namens Bodman, *von dem der See den namen hat,* erhielt sich herrlich *biß auf unsere tag.* Der Schluß, den Stumpf nicht aussprach, lag nahe, daß trotz

aller Wirrungen die Geschichte der Siedlung eigentlich Geschichte des Geschlechts war.
Diesen Schluß verkündete 1566 Graf Froben Christoph von Zimmern, Landesherr in Meßkirch. Geschichte war für ihn Genealogie adliger »Häuser«, was sonst? Nur war er als Katholik von Otmars Behandlung befremdet, als Einzelgänger auf Absonderlichkeiten seiner adligen Nachbarn erpicht. Das las sich so: *Man hat noch heutigs tags für gewiss, s. Othmar sey zu Altenbodmen in der gefengknus gelegen und, nachdem er denen herren von Bodmen von etlichen schwebischen fürsten fengclichen überantwurt, sey er etliche zeit ganz hertigclich und ohne alle erbermde von inen gehalten worden uf unser Frawen perg, da ainest das recht alt Bodmen gestanden und darvon auch die herren ihren namen gehapt ... Daher von altem ain sag uf unser zeit kommen, es haben sich die von Podmen derzeit an s. Othmarn also verschuldt und versündigt, das ain fluch uf sie und ihre nachkomen erwachsen.* Hier stehen wir vor der Quelle der Behauptung, daß Otmar auf dem Frauenberg gefangen gelegen, dort also die Karolingerpfalz gestanden habe. Für Zimmern folgte sie zwangsläufig aus der Gleichung zwischen Adelsgeschlecht und Stammsitz; beide hießen gleich, »Haus Bodman«.
Wenn die Familie bereits zu Warins Zeit die Königspfalz innehatte, wurde die soeben, 1551, aus Kempten kolportierte Nachricht glaubhaft, daß *aine des geschlechts von Bodmen* zum engsten Hofstaat von Karls des Großen Gemahlin Hildegard gehörte. Ein Problem ergab sich: Wann verließ dies hochadlige Haus, das von den Bregenzer Grafen abzustammen schien, den *herrenstandt* und mengte sich unter den niederen Adel? Vermutlich, so Zimmern, um 1100 in den Wirren des Investiturstreits.
Zu Herrenzeiten stand im Dorf ein zweites Haus, das

pallatium, in dem *die herren von Bodma zu Bodmen* häufig die karolingischen Kaiser empfingen, *ain schloss oder kaiserliche wonung schön hieunden im flecken,* keine Festung auf dem Berg. *Allen anzaigungen nach so ist das pallatium nit weit vom Bodensee und der kirchen daselbst im flecken gestanden und in der nidere gelegen; möglich, so man suchen, man wurde noch die fondamenta desselbigen finden.* Hellsichtige Bemerkung eines Sachverständigen, naheliegend in einer Adelswelt, die Schloß und Burg zu unterscheiden begann. Warum war von dem Schloß *iezundt alles vergangen?* Der ortskundige Zimmern erkannte in dem spätmittelalterlichen Steinbau »Unterbodman« und im »Freihof« natürlich keine Reste der karolingischen Pfalz. Er hatte bei Stumpf gelesen, Konrad I. habe sie abgebrochen, wegen Herzog Erchangers Untat. Trotzdem zweifelte er: Waren es die Ungarn? *Oder die von Bodmen selbs habens usser ursachen und mit willen abgeen lassen.* Damit dürfte er den Nagel auf den Kopf getroffen haben. Dennoch sollte man Zimmerns Urteilsfähigkeit nicht überschätzen; wo er nicht von Mauern, sondern von Menschen sprach, hielt er an der herkömmlichen Meinung fest. Die Strafe Gottes traf die Ritter von Bodman, die Peiniger Sankt Otmars, am Ort ihres Frevels, im Kern ihrer Geschichte: Auf dem Frauenberg verbrannte 1307 die Burg *Altenbodmen* mit dem Großteil der Familie und dem Archiv. *Ist fürwar ein grosser unfall gewest, und darbei der zorn gottes mag vermerkt werden.*

Stumpf und Zimmern vertraten Gelehrsamkeit und Landesfürstentum des 16. Jahrhunderts, eine entschiedene Abkehr vom Mittelalter; darum betonten sie die negativen Züge der Bodmansage. Die positiven faszinierten das 17. Jahrhundert, als barocke Adlige und Gelehrte das Bleibende in allem Wandel rühmten. Die

Genealogie der Ritter von Bodman schien mit der Archäologie der Pfalz Bodman aufs engste verquickt zu sein. Der Benediktinerprior Gabriel Bucelin in Feldkirch, mit dem Weingartener Mönch Hans Simon von Bodman befreundet, folgerte 1667 aus der St. Galler Otmars-Tradition, daß der anonyme Ahnherr des Hauses Bodman in den Jahren 720–750 als *Burggravius* der »agilulfingischen« Fürsten Warin und Rudhard in der Burg Bodman *(in castro Potamo)* gewirkt haben könnte. Burggraf, das war mindestens der Verwalter und militärische Kommandant einer Pfalzburg, wenn nicht gar ein Richter anstelle des Königs. Wenn er ein so hohes Amt bekleidete, mochte Rosina von Bodman tatsächlich die Vertraute der heiligen Königin Hildegard gewesen sein, denn dann stand die edelfreie Herkunft des Geschlechtes fest.

Die höchst fruchtbare Kombination verfassungs- und familiengeschichtlicher Methoden verleitete schon Bucelin wie spätere Gelehrte zur Konstruktion von Kontinuitäten über Jahrhunderte hinweg, zu einer ahistorischen Strukturgeschichte. Ein Musterbeispiel lieferte der 81jährige Bucelin selbst 1680, als er die 1667 nur angedeutete Linie auszog. Ahnherr des Bodmaner Geschlechts und Erbauer der Bodmaner Burg sei wahrscheinlich im frühen 7. Jahrhundert Gunzo gewesen, Abkömmling des fränkischen, agilulfingischen Königshauses. Von der unvergleichlichen Schönheit des Ortes gefesselt, habe er in Bodman ein Lustschloß gebaut und sich Burggraf genannt. Erst später habe er sich als Herzog von Alemannien in dem weniger schönen, weniger sicheren Überlingen niedergelassen. Von Gunzos nächsten Verwandten sei der eine Ahnherr der habsburgischen Kaiser, der andere Stammvater der welfischen Herzöge geworden. Bei den Welfen hätten Gunzos Nef-

fen Warin und Rudhard die Würde des Burggrafen von Bodman und Herzogs von Alemannien geerbt; mit ihrer Missetat am heiligen Otmar habe das Bodmaner Unheil begonnen. Warins Sohn Isanbard, auch er Burggraf zu Bodman, sei nach Ravensburg gezogen, seine Schwester Rosina an den Karlshof, der sich allerdings gern in Bodman eingefunden habe.
Welcher Welfe danach Graf oder Burggraf von Bodman war, wußte Bucelin nicht anzugeben; er fand den Faden wieder bei Erchanger, der zur Familie gehörte, ihren Glanz aber von neuem durch den Angriff auf St. Gallen befleckte. Deshalb ließ Konrad I., ebenfalls Welfe, die Burg Bodman von Grund auf zerstören; die hier weiterhin hausenden Welfen verloren ihren burggräflichen Rang und stiegen zum Ritterstand ab. Die Degradierung der einstmals königlichen Familie war die eigentliche Strafe Gottes für den Frevel an Sankt Otmar; die Ritter von Bodman büßten fortan für die welfischen Verwandten mit. »Offenbar wurden sie für die gegen den heiligen Otmar begangene Sünde nicht auf einmal, sondern schrittweise bestraft. Doch durch eben diese Rangminderung bewiesen sie ihre Abstammung von den gleichen Vorfahren.«
Bucelins Schrift von 1680 vollendete die seit 1307 allmählich entstandene Bodmansage, die Verquickung von alter Königspfalz und gegenwärtigem Rittergeschlecht; Bucelin erhob sie zum welt- und heilsgeschichtlichen Exempel, den schuldlosen Habsburgern zur Erbauung. Der Nachweis alten Hochadels gelang nur, wenn man wie Zimmern und Bucelin den Niederadligen Hucpert-Hinpert-Limpert von 896 beiseite ließ. Es war unseriös, daß ihn 1721 der Regensburger Genealoge Johann Seifert in den hochadligen Stammbaum flickte, überdies zu *Zimbertus von Bodmann* verunstalte-

te. Was hing indes davon ab, ob die Familie vor 800 Jahren dem hohen oder dem niederen Adel angehört hatte? Warum bemühte sie zur Klärung der Frage Bucelin, einen der angesehensten Genealogen der Zeit, dessen Urteil am Kaiserhof in Wien hochgeschätzt war? Darin liegt bereits die Antwort: Das genealogische Problem war im 17. und 18. Jahrhundert von höchster politischer Brisanz.

Der Dreißigjährige Krieg hatte 1639 das *Schloß Under-Bodma*, 1643 die »neue Burg« zerstört. Gleich danach wurde sie als »uralte Burg« bezeichnet und heißt heute »Altbodman«; sie blieb Ruine. Daß die letzten Nachfolgebauten der Pfalz verschwanden, war das Schlimmste noch nicht. Das Gemäuer auf dem Berg trug zwar den Familiennamen und bot in Kriegszeiten Schutz, aber angenehmer wohnte sich's in der Ebene. Die Ritter rühmten 1638 das Schloß Espasingen, *weil es, viler Commoditeten halber, vil bequemblicher als das Berghauß Bodman zu bewohnen, ob es gleichwohl selbigem in so starckhem gepew nit gleich wehr.* Die Kriegsfolgen brachten jedoch die Wirtschaft der Bodmaner Bauern fast zum Zusammenbruch und zwangen die Herrenfamilie beinahe zum Verkauf der ganzen Herrschaft Bodman, dann wenigstens zur Verlegung des Hauptsitzes nach Espasingen. Die tiefste Krise in Bodmans Geschichte fiel zusammen mit einem allgemeinen Einschnitt; im späten 17. Jahrhundert erlag die ländliche Grundherrschaft des alteuropäischen Adels allenthalben dem Zugriff des monarchischen Staates.

Um den Rangstreit mit regionalen Hochadelshäusern, vor allem den Rechtsstreit mit habsburgischen Amtsleuten zu bestehen, mußte sich das Geschlecht an Herkunft von fürstlichen Ahnen und an karolingisches Alter des Stammsitzes klammern. Bei Kaiser Leopold I. erwirkte die Familie die Erhebung in den Freiherrenstand, 1686 und 1690 für die Mögginger, 1716 für die Bodman-Espasinger Linie. Begründet wurde die Rangerhöhung 1686 vom Kaiserhof so: Es habe *bei denen alten Herzogen in Allemanien, Kaiser Carolo Magno, bei dessen Gemahlin, der heiligen Hildegardis, Rosina von Bodma eine unter den vornehmsten Hof-Frawen-Zimmer ware, item Ludovico Pio, Carolo Crasso und mehr anderen dervorselben Nachfolgern ein und andere von Bodma die Erbburggrafen-Stelle lange Zeit vertretten.* Die Formulierung hielt sich an die Aufstellungen Bucelins von 1667, also den damaligen Stand der Wissenschaft, verfolgte jedoch politische Absichten. Sie hob nicht die Verwandtschaft des habsburgischen Kaiserhauses mit den Rittern von Bodman hervor, auch nicht die Kontinuität zwischen dem uralten *Kaiserl. Palast* und der seit vielen hundert Jahren stehenden *adeligen Burg Bodma,* zumal beide Anlagen zerstört waren. Über alle Wirrungen der Landesgeschichte hinweg konnte sich adlige Würde allein in kaiserlichem Dienst rein erhalten.

Die habsburgische Landgrafschaft Nellenburg erhob, seit 1663 mit Nachdruck, Ansprüche, die dem Geschlecht nicht seinen Hochadelsrang, sondern seine Hochgerichtsrechte bestritten, auch mit dem historischen Argument, samt dem Königshof *(curia regia)* seien dessen Vorrechte vergangen. Die Freiherren, die gerade ihr neues Schloß auf das alte Pfalzgelände gebaut hatten, wehrten sich 1717 mit der Begründung, daß uralte Vorrechte nicht verjährten, wenn sie ständig wahrgenommen würden. Ohne sich auf rechtshistorische Erörterung der Kompetenz von Burggrafen einzulassen, hielten sie ihre Reichsunmittelbarkeit für nachgewiesen *ob vetustatem et curiam Pipini,* von den Zeiten her, als Bodman *des Kaysers Pipini Wohnsitz gewesen seyn solle.*

Kaum war 1714 Ermenrichs Legende im Druck erschienen, da diente das hagiographische Faktum schon als juristisches Argument. Dabei kam es weniger auf die Familiengeschichte an, mehr auf die am Territorium haftenden Rechte. Der Streit mit Nellenburg verschob den Akzent von den Sagen, die um verlassene Burgen auf dem Bodanrück kreisten, zur Geschichte der bewohnten Siedlung am See.

Eine große Klageschrift des Freiherrn Johann Adam von Bodman, 1765 an Kaiser Joseph II. gerichtet und 1768 gedruckt, war mit historischen Fußnoten gespickt, vernachlässigte aber die personalen Beziehungen zwischen Pippin, Warin, Otmar und den Bodmans, *einer ohnehin von ihrem alten Glanz ziemlich abgekommenen uralten Freyherrlichen Familie* (eine Erinnerung an Bucelins Hauptthese). Wichtiger war die urkundlich erweisbare Dauer und Ausdehnung des Dorfes. Bodman sei bekanntlich eine der *ältest- und berühmtesten* Königspfalzen, seit Ludwig dem Frommen gern von fränkischen Kaisern aufgesucht, zu Ausflügen in die Umgebung und zur Zusammenziehung von Truppen bestens geeignet. Allerdings habe die *Curia* und die dazugehörige volkreiche Stadt *(Oppidum)* das Unglück gehabt, von Konrad I. völlig zerstört zu werden, zum Andenken an den heiligen Otmar, *welcher ehemals in diesem Castro unschuldiger Weiss gefangen gesessen.* Trotzdem habe das Territorium als *Kayserliches Palatium* fortbestanden und sei nie in andere Hände, etwa der Herzöge von Schwaben geraten; denn der Familie sei 1277, vor fast 500 Jahren, von »Kaiser« Rudolf I. die *Kayserliche Burg dieses Namens, an dem Bodensee gelegen,* verliehen worden. Die besonderen Rechte des Pfalzortes, eines *gewesten ansehnlichen Oppidi, nunmehro hieselbst stehenden Dorffes,* lebten nicht allein im Herrenhaus fort, sondern im *so genandten Reichs-*

frohnhof und in Bodmans Gemarkung, die *sich doch scheibenweiss wol auf circa 3 Stund erstrecken möchte.*
Das Dokument erinnert daran, daß die Wissenschaft vom Mittelalter zwar durch den akademischen Historismus des 19. Jahrhunderts entfaltet, aber in der Auseinandersetzung des modernen Territorialstaats mit der Adelsherrschaft des Ancien Régime im 18. Jahrhundert begründet wurde. Die Freiherren von Bodman verloren, aufs Ganze gesehen, den historischen Prozeß, blieben aber lange unnachgiebig. In einer Eingabe an das badische Innenministerium berief sich 1813 der Sohn des Klägers von 1765, Johann Franz von Bodman, auf die tausendjährige Pfalz und ihre Rechtsgeschichte, im Grund auf Bucelin: *Das freie Gericht, welches meine Vorältern ehemals als Burggrafen ausgeübt, ... ist ein Adnexum der alten Burg Bodmann.* Der Romantiker Gustav Schwab glaubte es ihm 1827 mit Freuden. Es dauerte noch Jahrzehnte, bis der Sohn und Nachfolger des Majoratsherrn, Johann Sigmund von Bodman, im neuen Schloß Ludwig Uhland empfing.
Ich fasse zusammen. Was von der Pfalz Bodman auf Spätere wirkte, war nicht die vergangene Wirklichkeit, sondern eine Mischung aus aktueller Erfahrung und historischer Überlieferung. Der geographische Umkreis der Nachwirkung schrumpfte allmählich zusammen; die Pfalz, die anfangs bis Aachen und Rom ausgestrahlt hatte, bewegte schließlich noch Federn in Karlsruhe und Tübingen. Trotzdem wurden am Bodensee die Menschen fast ein Jahrtausend lang nicht müde, sich mit der Pfalz Bodman auseinanderzusetzen oder zu identifizieren. Nachträglich wurde sie überhaupt erst in zeitloses Licht getaucht, als wäre für die hier Wohnenden nie ein Ruhm verblaßt, nie eine Schuld getilgt. Im Gemäuer und Gelände schienen menschliche Schicksale für im-

mer aufgehoben, die karolingischen Fundamente für ganz Europa aufbewahrt zu sein.
Diese Entrückung in geheimnisvolle Dauer antwortete auf nackte Tatsachen des Wandels. Die Geschichte zog in Bodman keine gerade Linie der Kontinuität, nur unregelmäßige Kurven von Plan und Verwirklichung, Scheitern und Neubeginn. In der Karolingerzeit sah jeder der fünf Herrscher, die hierher kamen, die Pfalz mit anderen Augen; unterschiedlich reagierte auf jeden Besuch die Landschaft. Hier thronten nicht die stärksten Herrscher, am längsten blieben die schwächsten; trotzdem drang kein Aufständischer durch. Das Land liebte die Schwachen ohne Geringschätzung, gehorchte den Starken mit Respekt, trauerte aber auch den Rebellen nach. Kaum hundert Jahre, dann war es vorbei. Alles doch nicht; danach träumte in diesem Land ohne Hauptstadt ein Jahrtausend vom Königsfrieden.
In beiden Bereichen, Geschichte als vergangener Wirklichkeit und Geschichte als nachwirkender Überlieferung, lebt etwas von der Art und dem Zauber des Bodenseeraumes. Nie wuchs er von innen her zusammen, stets wurde er von außen zusammengefaßt; dennoch sind die Schwankungen der Herrschaft geglättet in den Erinnerungen der Landschaft, von Menschen, die nur kurz beieinander standen, aber immer wieder zueinander kamen.

Zwei Höhepunkte mittelalterlichen Lebens am Bodensee

Das Gastmahl des Jahres 911

In den »Vorfällen von Sankt Gallen« erzählte um 1050 der Benediktiner Ekkehard IV. von einem Besuch, den der deutsche König Konrad I. dem Kloster vom 26. bis 29. Dezember 911 abstattete. Er kam zu Schiff aus Konstanz und wurde von zahlreichem Gefolge begleitet; darunter befanden sich Bischof Salomon III. von Konstanz, einige andere Bischöfe und zwei Grafen, die Brüder Erchanger und Berthold.

»Am Tag der Kindlein (28.12.) kam der König mit zwei Bischöfen zur Essenszeit in den Speisesaal der Brüder und richtete an die Mönche, die vor ihm aufstanden, einige fröhliche Worte: ›Mit uns werdet ihr zu teilen haben, ob ihr wollt oder nicht.‹ Den Dekan aber, der für ihn den Abtstisch freimachen wollte, umarmte er, hielt ihn zurück und setzte ihn neben sich. Er nahm, was man ihm vorsetzte, blickte ringsum alle an, lachte ihnen zu und sagte: ›Einstweilen wollen wir hier teilnehmen.‹ Er sandte aber rasch zu Salomon, dieser solle nicht hier dazukommen, sondern jeder solle anstelle des anderen Tafel halten (der Bischof also im Gästehaus). Dann befahl er dem Propst, ihm nichts anderes vorzusetzen als was für die Brüder hergerichtet war. Der sagte: ›Ach, König, es ist ein Unglück für uns, daß du nicht den

nächsten Tag abgewartet hast. Morgen nämlich werden wir vielleicht Brot und enthülste Bohnen bekommen, aber heute nicht.‹ – ›Immerhin‹, sagte der König, ›wird Gott auch morgen sich über euch erbarmen können.‹ Dann vollzogen die Kinder der Reihe nach die Tischlesung, und wenn sie vom Lesepult herunterstiegen, hob er sie zu sich empor und legte ihnen Goldmünzen in den Mund. Als eines, das noch recht klein war, das Gold schreiend ausspuckte, sagte er: ›Der da wird, wenn er es erlebt, einmal ein guter Mönch.‹ Schließlich stand er von der Tafel auf, sprach noch lange heiter mit den Brüdern und ermunterte sie, recht guten Mutes zu sein, denn wenn er das Leben behalte, wolle er solche Tischgenossen weiterhin erfreuen. Er ging zu seinem Gefolge zurück und rühmte vor Salomon und ihnen allen, daß er nie ein fröhlicheres Gastmahl gehalten habe...
Nachdem der König den Abend und die Nacht heiter verbracht hatte, ersuchte er bei Tagesanbruch (29. 12.) um eine Versammlung der Brüder und wurde dort durch einstimmigen Beschluß als Mitbruder eingetragen. Jedem Bruder teilte er als Beitrag für die Kleidung ein Pfund Silber zu. Den Knaben verordnete er für damals und fortan drei Spieltage. Dann betrat er die Basilika des heiligen Gallus und bekleidete die Altäre mit Decken. Auch die Immunität des Ortes, die schon von Grimald angestrebt, aber noch nicht gesichert war, machte er mit Einwilligung des Bischofs durch sein Handzeichen und Siegel fest und beständig. Schließlich trat er in die Kapelle des heiligen Otmar, der mit römischer Genehmigung zum Heiligen erhoben worden war. Wie ein Mitschuldiger – denn seine Verwandten waren es, die Otmar gequält hatten – stand er vor dessen Altar, als wäre er selbst an den Untaten beteiligt gewesen, und besänftigte den Heiligen auch durch Decken,

Gold und Silber. Um das Dorf Stammheim aber, das dem heiligen Otmar von Karl (dem Dicken) geschenkt worden war, standen noch etliche Stellen dem König zu; Konrad hat nun alles, was dort Königsgut war, zu Händen des Klostervogts auf dem Altar des Heiligen niedergelegt und die Schenkung mit seinem Siegel bestätigt. Und zu Salomon gewandt sagte er: ›Das geschieht unter der Bedingung, daß unsere eingetragenen Mitbrüder die von Karl (dem Dicken) bestimmte Festwoche für diesen meinen Herrn (Otmar) mit einem reichlicheren Essen begehen, als unser gestriges war; das sollen sie auch zur Erinnerung an mich tun.‹ Lächelnd setzte er hinzu: ›Denn auch ich will heute als eingetragener Mitbruder mit den Brüdern zu Mittag essen und unsere Bohnen aus dem Meinigen würzen.‹

Schnell werden dem König auf diesem selben Altar von den Brüdern Messen gelesen. Früher als sonst wird das Mittagessen angesetzt; der Speisesaal füllt sich. Kaum einen Satz hat der Tischlektor vortragen können. Die Liebe, die nichts Falsches tut, hat sich frei über die Ordnung hinweggesetzt. Niemand sagt, dies oder jenes sei ungewöhnlich, obwohl man es niemals zuvor gesehen oder gehört hat. Niemals schlürfen die Mönche in diesem Haus sonst den würzigen Geruch von Wildbret und Fleisch. Es springen Gaukler, es spielen Musikanten; noch nie hat der Gallus-Speisesaal solchen Jubel erlebt. In dem Getöse blickt der König auf die gesetzteren Brüder und lacht, denn einige Gesichter sind wegen der ungewöhnlichen Vorgänge verzogen. Die beiden Brüder wieder (Erchanger und Berthold) sind wegen der Einbuße an Königsgut bedrückt. Denn längst hatten sie oberhalb von Stammheim eine Burg gebaut und nahmen sie nun vor dem König als Eigentümer in Anspruch. Ihnen sagte der König: ›Die Burg könnt ihr ohne

Schaden für die Dorfleute nicht behalten, und wenn ihr ihnen Unrecht tut, werde ich euch meine Huld entziehen.‹ Abends zog der König davon, begleitet von tränenreichen Lobpreisungen seiner Mitbrüder. Er hatte ihnen versprochen, wenn er am Leben bleibe, werde er ihnen noch mehr als einmal Gutes tun.«

Der Klosterchronist hatte gewichtige Gründe, alles genau zu berichten. Als er schrieb, war die Glanzzeit seines Klosters vorbei; die strengen Mönchsreformer aus Burgund und Lothringen, die schon am Ottonenhof die großzügige Lebensweise der Sankt Galler Mönche gerügt hatten, bekamen um 1050 unter Kaiser Heinrich III. vollends Oberwasser. Diesen Neuerern war entgegenzuhalten, daß nicht der tote Buchstabe der Ordensregel, sondern der lebendige Geist der Liebe dem mönchischen Dasein Wärme und Fülle verlieh. Den Jungen im eigenen Haus mußte gezeigt werden, daß die frühere Blüte dem Kloster nicht im Schlaf geschenkt worden war.
Nach unsicheren Anfängen unter dem Einsiedler Gallus, einem Schüler von Kolumban, hatte der Alemanne Otmar im Steinachtal benediktinische Ordnungen eingeführt und den Güterbestand der Abtei gegen fränkische Grafen verteidigt, bis er 759 in der Haft seiner Feinde starb. Spätere Herrscher hatten das Unrecht wieder gutgemacht, besonders Karl III., der dem Kloster 879 den Hof Stammheim im Thurgau geschenkt und dem heiligen Otmar besondere Verehrung erwiesen hatte. Auch Ludwig der Deutsche hatte dem Kloster nahegestanden, sein Erzkanzler Grimald war zugleich Abt von Sankt Gallen gewesen. Und endlich amtierte Konrads I. Kanzler Salomon nicht nur als Bischof von Konstanz, sondern auch als Abt dieses Klosters. In den Schmoll-

winkel hatten sich die alten Mönche nicht gesetzt und waren dort auch nicht sitzen gelassen worden.
Nun ja, in der *Regula sancti Benedicti* war der Fall nicht vorgesehen, daß der Diözesanbischof in Personalunion Klostervorstand ist und deshalb der Dekan als sein Vertreter Gäste begrüßt. Auch schrieb die Regel vor, daß Gäste zusammen mit dem Abt gesondert speisen sollten, um die Mönche nicht zu stören. In ihrem Speisesaal hätte der König nicht mitessen sollen; die Mönche hätten mit dem hohen Gast nicht sprechen müssen. Bei den Mahlzeiten der Mönche sollte strengstes Schweigen herrschen und nur der Vorleser reden. Dieses Amt sollte während der Woche nicht gewechselt und von einem Mönch bekleidet werden, nicht von einem jungen Klosterschüler, schon gar nicht von mehreren der Reihe nach. Das wußte man in Sankt Gallen so gut wie anderswo; aber warum nicht Feste feiern, wie sie fallen? Der Tag der unschuldigen Kindlein war ein Fest der Klosterjugend; warum sollte sie ihre Lateinkenntnisse nicht vorführen? Der König, der den Knaben Goldstücke in den Mund legte, verstieß gegen die Regelvorschrift, daß niemand im Kloster etwas besitzen dürfe; er wußte es, sonst hätte er den Witz nicht gemacht. Daß es beim heiligen Gallus nicht zu üppig zuging, bekam er rasch zu merken, nämlich beim Essen.
Der 28. Dezember 911 war Samstag, kein Fasttag wie der Freitag vorher. Trotzdem stand auf dem Tisch nur der übliche Brei, nicht einmal Brot und Gemüse, das die Regel für jeden Tag zuließ. Gewiß trieb man in Sankt Gallen Eigenbau und zog im Klostergarten Bohnen und Pfefferkraut selber; doch wie sollte zusätzlich zu den etwa hundert Mönchen und dem großen Personal das unangemeldet einfallende Gefolge des Königs gesättigt werden, mitsamt Gauklern und Musikanten? Der

Propst als Leiter der Klosterwirtschaft dachte mit Bangen an den Speisezettel vom Sonntag; fest stand er noch am Samstagabend nicht, wenn nicht der König ... Konrad begriff die Lektion schnell; schon Karl der Dicke hatte dem Kloster zusätzliche Lebensmittel aus Stammheim verschafft, und gegenüber dem heiligen Otmar stand der Franke Konrad sozusagen in Sippenhaftung. Wer die Mönche mit besserem Essen erfreuen wollte, mußte ihnen dörflichen Grundbesitz schenken, auch wenn es Ärger mit den Grafen gab. Das galt für lange Sicht; für den Augenblick tat der König ein übriges, und die Mönche staunten, wie rasch und reibungslos der königliche Nachschub kam.

Wenn Konrad am Sonntag plötzlich die Bohnen der Mönche aus dem Seinigen würzte, wer mochte pedantisch an die Ordensregel erinnern, die den Genuß von Fleisch vierfüßiger Tiere strikt verbot? Am Sonntagmorgen hatten die Mönche den König ins Verbrüderungsbuch der Abtei eingetragen, und am schönsten war Bruderschaft zu feiern durch ein Fest der Liebe. Aus einem Akt notdürftiger Sättigung wird die Mahlzeit – im Mittelalter immer wieder – zur Feier der Geselligkeit. Man spürt noch durch Ekkehards nachträgliche Schilderung die fieberhafte Erregung im Kloster. Wie schnell lesen sie ihre Sonntagsmessen, wie entschlossen verlegen sie die für 12 Uhr festgesetzte Essenszeit vor! Sie strömen in den Speisesaal und freuen sich an der Heiterkeit des königlichen Gastgebers; sie beziehen sogar die vergrämten Grafen mit ein. Vielleicht ahnen sie schon, was der Chronist mittlerweile erfahren mußte, daß um die Grundlage kommender Liebesmähler, um Stammheim, bald erbitterter Streit ausbricht. Doch gerade weil die Versorgung des Klosters nicht ein für allemal sichergestellt ist, wird dieses Festessen zu einem

Höhepunkt klösterlichen Lebens. Der König verspricht wiederholt, den Mönchen auch künftig zu helfen, aber niemand weiß, wie lange er am Leben bleiben und ob er wiederkommen wird; wir haben keine Hinweise auf einen zweiten Besuch Konrads I. Die Mönche werden für ihren Wohltäter täglich beten, doch ihre Tränen beim Abschied sind so echt wie zuvor ihre Freude; nur ist die Freude kürzer.

Neue Jahrgänge von Mönchen kommen und finden den Tisch im Speisesaal nicht immer ausreichend gedeckt. Ein Kritiker der Ottonenzeit gesteht ihnen zu, sie hätten in der Kirche des heiligen Gallus täglich Sonntag, im Speisesaal aber täglich Freitag. Um so mehr verklärte sich in der Erinnerung des Klosters das Gastmahl vom Sonntag nach Weihnachten 911. Seit fast fünf Menschenaltern sind Bratenduft und Schalmeienklang verweht; aber die Mönche erzählen einander noch immer von dem Zeichen der Hoffnung, daß die Gebrechlichkeit der Menschen und die Misere ihres Alltags nicht allein durch asketische Regeln, sondern besser durch festliche Geselligkeit zu heilen seien.

Die Papstwahl des Jahres 1417

Ulrich Richentals deutschsprachige »Chronik des Konstanzer Konzils« erzählt in der älteren Fassung von der Papstwahl, die am 8. November 1417 in dem als Konklave eingerichteten Konstanzer »Kaufhaus« begann und die Kirchenspaltung beendete.

»Nun ist zu berichten vom Beginn der Wahl, nach einer Aufzeichnung, die mir nachher (Peter von Lemberg) der Notar des Erzbischofs (Nikolaus Tramba) von Gnesen gab; er war mit ihm im Konklave dabei. Es war so eingerichtet, daß zum Papst gewählt sein sollte, wer zwei Drittel der Kardinäle und von jeder Nation ebenfalls zwei Drittel für sich hätte. In der Zwischenzeit liefen die Notare hin und her von einem Wähler zum anderen; vor allem der Erzbischof von Gnesen und (Johann von Wallenrode) der Erzbischof von Riga bemühten sich. Sie konnte keine Einigung erreichen, und viele bekamen Stimmen. Einer hatte zwölf Stimmen, einer neun, einer sechs, einige vier, so daß die Wahl nicht zustande kam. Das ging bis zum Vorabend von Sankt Martin (10.11.).

Dann kam die Nation der *Germani* zu einem Beschluß: Nachdem das Konzil in ihr Land und ihren Herrschaftsbereich gelegt worden sei, wollten sie die Wahl auf keine Weise stören. Sie ließen ihre Kandidaten fallen und wollten keinen aus ihrer Nation zum Papst wählen, damit man nicht behaupten könne, er sei unter Druck ins Amt gestoßen worden. Sie kamen zu den Italienern und teilten ihnen ihre Absicht mit, daß sie die Wahl keinesfalls stören wollten. Darüber freuten sich die *Italici* sehr. Als nun die *Anglici* das vernahmen, kamen sie alsbald

zu den Deutschen und Italienern und beschlossen dasselbe. Darüber freuten sich die drei Nationen sehr.
Nun wandten sich die *Germani* und *Anglici* an die *Italici* (lies: *Gallici)* und Spanier und baten sie um Gottes und des Rechtes willen: Sie selbst seien zurückgetreten und wollten keinen Papst aus ihren Reihen wählen, das sollten die anderen auch tun. Die wollten nicht. Die von Spanien meinten, sie hätten in ihrem Bereich sieben Königreiche, die alle christlich seien, und wenn jetzt keiner aus ihrer Nation Papst würde, so erregte das den Unwillen der Könige, und dann würde es noch viel schlimmer als je zuvor. Genauso antworteten die *Gallici,* d. h. Franzosen: Sie besäßen die höchste Schule in Paris, ferner seien ihr König und die Angehörigen ihrer Nation die mächtigsten Fürsten und die besten Christen, und sie wollten auch einen Papst aus ihrem Kreis haben. So verblieb man an diesem Tag bis in die Nacht...
Die anderen Konzilsteilnehmer, der Patriarch (Jean Mauroux, Titularpatriarch von Antiochia), die Erzbischöfe, Bischöfe und dazu die gesamte Geistlichkeit machten jeden Tag eine Kreuzprozession vom Münster bis zum Fischmarkt vor das Rathaus, gleich beim Kaufhaus. Dabei zog immer unser Herr der König (Sigmund) mit und alle Fürsten, Herren und Prälaten, geistliche und weltliche. Und wenn sie vor das Kaufhaus gekommen waren, knieten sich alle davor nieder, und der Patriarch fing an zu singen, so leise, daß man ihn nicht gut hören konnte; er sang die Wechselstrophe ›Komm, Heiliger Geist‹ und ein Gebet dazu. Am Dienstag (9. 11.) und Mittwoch (10. 11.) zogen sie an der Stadtmauer entlang zum Dominikanerkloster und danach ins Münster zurück. An Sankt Martins Tag (11. 11.) nach dem Gottesdienst zogen sie wieder mit dem Kreuz vor das Kaufhaus, und als man die Wechselstrophe gesungen

und das Gebet gesprochen hatte, zogen sie an den Schranken ums Kaufhaus vorbei, die Marktstätte hinauf und wieder in das Münster.
Währenddessen blieben die zwei Nationen *Germani* und *Anglici* fest bei ihrer Meinung und sprachen zu den Spaniern und Franzosen: Wenn die Wahl scheiterte, so wäre daran niemand anders schuld als sie, und das würde ihnen zu ewigem Fluch gereichen, daß sie die heilige Christenheit so in Verzug gebracht hätten. Sie betrieben die Sache am Vorabend von Sankt Martin (10.11.) die ganze Nacht durch und immer mit großer Hartnäckigkeit. Damit brachten sie die Spanier und die *Gallici* auch so weit, daß sie sich anschließen wollten. Doch das zog sich bis zum Morgen von Sankt Martins Tag hin. Gerade zwischen der zehnten und elften Stunde, als man mit dem Kreuz vor dem Kaufhaus kniete und die Wechselstrophe sang, waren auch alle 53 Wähler in der Kapelle im Kaufhaus versammelt und feierten Gottesdienst. Und nach der Messe sangen auch sie leise die Wechselstrophe ›Komm, Heiliger Geist‹ und das Gebet dazu. Danach einigten sie sich sogleich, und in der elften Stunde an Sankt Martins Tag, noch bevor das Kreuz wieder in das Münster gebracht worden war, schrie und rief man aus dem Konklave: ›Wir haben einen Papst, Otto von Colonna!‹ Da lief jedermann vor das Kaufhaus, Frauen und Männer, wohl mehr als achtzigtausend Menschen.
Da geschah ein großes Wunder mit den Vögeln. Bevor die Herren in das Kaufhaus eingezogen waren, saßen auf dem Dach des Kaufhauses jede Nacht Raben und Dohlen, Krähen, Saatkrähen und andere derartige Vögel. Und sobald die Herren eingezogen waren, kam keiner von diesen Vögeln mehr. Danach und bis zur Wahl des Papstes lag Nebel um das Haus. Er löste sich

um Mittag auf, und nun kamen ganz viele kleine Vögel, Meisen, Zeisige, Buchfinken, Distelfinken, Blaumeisen, Dompfaffen und alle Arten kleiner Vögel, immer eine Schar nach der anderen, an die zweitausend. Und sie flogen auf das Kaufhausdach, so daß es ganz bedeckt war mit kleinen Vögeln. Alle sahen es und wunderten sich darüber sehr. Da hieß man alle heimgehen und etwas essen; nach dem Imbiß sollten alle in das Münster kommen, und um ein Uhr nachmittags sollten sich alle Fürsten, Herren und Prälaten, geistliche und weltliche und jedermann versammeln. Und nach Mittag in der ersten Stunde läuteten alle Glocken, und es versammelten sich alle Herren, der Patriarch, alle Erzbischöfe und Bischöfe mit der gesamten Geistlichkeit, unser Herr der König, alle Fürsten, Herren, Grafen, Ritter und Knechte, die Stadträte und alle Bürger mit den Zunftkerzen, die Domherren mit ihren Kerzen.«

Richental hat nicht durchschaut, was da vor seinen Augen geschah. Wer ihm aber Oberflächlichkeit vorwirft, muß auch fragen, welcher Zeuge denn sonst das Ereignis vom Martinstag 1417 begriff. Wir kennen heute die Einzelheiten der Papstwahl durch das Tagebuch des Kardinals Fillastre und Berichte des aragonesischen Gesandten Malla genauer, als sie Richental, wohl durch Bestechung, vom Konklavisten des Gnesener Erzbischofs erfuhr. Aber auch für uns bleibt derselbe Rest unerklärt, den Richentals naive Erzählung umschreibt. Doch rücken wir zunächst die kirchenpolitischen Fakten zurecht, die dem Konstanzer Bürger weniger wichtig waren als der Prozessionsweg, der am Dienstag und Mittwoch links herum, am Donnerstag aber rechts herum führte.

Das Konstanzer Konzil hatte das Papstschisma von 1378

und die daraus folgende Spaltung der Christenheit zu heilen. Die Zeitgenossen schrieben die Hauptschuld daran dem Kardinalskollegium zu, das seit der Doppelwahl von 1378 keine Eintracht mehr zuwege brachte und von weltlichen Fürsten, vorweg vom deutschen König Sigmund, erst zur Einigung gezwungen werden mußte. Drei streitende Päpste waren schließlich ausmanövriert, aber wer sollte den einen Papst der Zukunft wählen? Wieder die Kardinäle? Sigmund und die Engländer sprachen dagegen; die Italiener, die von den 23 Kardinälen 15 stellten, sprachen dafür. Die Franzosen, die sieben Kardinäle hatten, machten am 22. Oktober 1417 einen Kompromißvorschlag, dem in der Woche darauf alle Nationen, schließlich sogar die Kardinäle beitraten: Papst sollte sein, wer zwei Drittel der Kardinalsstimmen auf sich vereinigte; aber zusätzlich sollten von jeder der fünf Konzilsnationen sechs Delegierte mitwählen, und auch von jeder Nation sollten zwei Drittel für den Gewählten stimmen. Denn die Konzilsnationen repräsentierten die europäischen Fürsten (beileibe nicht die Völker; Hauptvertreter der deutschen Nation war der Pole Tramba). Das Wahlverfahren zeugt vom Mißtrauen aller gegen alle, und italienische Kardinäle rechneten es vor: Drei Deputierte einer verstockten Nation konnten ein einträchtiges Votum der übrigen 50 Wähler blockieren. Aber anders war nicht zu erreichen, daß die Mehrheit der kirchlichen und weltlichen Regenten Europas den neuen Papst und die Einheit des Christenvolkes unterstützte.

Alle richteten sich auf ein langes Konklave ein, als sie am Montagnachmittag in das neue Lagerhaus am See zogen, dessen Obergeschoß behaglich hergerichtet war. Trotzdem froren manche Südländer und dachten schaudernd an einen Winter im Konklave, zumal es jetzt schon regnete und nebelte – Konstanzer kennen das. Der erste Wahlgang, am Mittwochvormittag, ergab in der Tat breite Stimmenstreuung auf sechs Kandidaten. Richentals Gewährsmann ist insofern ungenau, als weder ein Deutscher noch ein Spanier irgendwelche Chancen besaß; die meisten Stimmen, und zwar aus allen Wählergruppen, fielen von Anfang an auf Otto Colonna, es waren nur nicht genug. Der zweite Wahlgang, am Donnerstagmorgen, zeigte, daß sich zwar alle Engländer, die meisten Italiener und einige Deutsche Colonna zuwandten, aber die Franzosen und ein Teil der Spanier hartnäckig bei französischen Kandidaten blieben. In dieser festgefahrenen Lage am 11. November um 10 Uhr waren es nun nicht die Deutschen und Engländer, die den Umschwung herbeiführten, sondern die Kinder von Konstanz, und das ist die Situation, die draußen der Bürger Richental miterlebte, ohne es recht zu merken.

An der Spitze der täglichen Prozession vom Münster zum Kaufhaus zogen etwa 200 Sängerknaben und sangen mit hohen Stimmen den aus der Karolingerzeit stammenden Pfingsthymnus »Komm, Schöpfer Geist«, dessen erste Strophe meist kniend gesungen wurde. Man hatte sie im Konklave schon am Dienstag singen hören, am Mittwoch auch, aber da war man drinnen gerade beim Auszählen der Stimmen, in Hochspannung. Am Donnerstag kamen sie wieder, und wieder hatte man drinnen einen Wahlgang beendet; aber diesmal horchten die ratlosen Wähler alle auf und sahen sich an. Sie meinten Engelsstimmen zu hören und fielen auf die Knie, manche weinten, einige begannen mitzusingen. Das mochte man nicht laut tun, damit draußen nicht der Eindruck entstünde, die Wahl sei gelungen; doch mit gedämpften Stimmen sangen die 53 Wähler

nun auch »Komm, Schöpfer Geist«. Der älteste Kardinal sprach ein Gebet zum Heiligen Geist.
Dann ging es schnell. Die letzten Zögernden übertrugen ihre Stimme auf Colonna; auch die halsstarrigsten Franzosen besannen sich nicht länger, als man gebraucht hätte, um zwei Vaterunser zu beten. Dann war Colonna gewählt und nahm den Namen des Tagesheiligen an, noch bevor draußen die Prozession zum Münster zurückgekehrt war. Es war eines der kürzesten Konklave der Kirchengeschichte, und Martin V. wurde sofort allerseits anerkannt. Denn der aragonesische Gesandte Malla, der im Konklave für seinen König mitgewählt hatte, schrieb seinem Herrn beschwörend: »Ich sage Euch, Herr, wahrhaftig, ich glaube, dies war ein außergewöhnlicher Eingriff des Heiligen Geistes, der da erschien.« Alfons V. antwortete, die Eintracht aller Papstwähler habe ihm große, außergewöhnliche Tröstung und Freude gebracht und bringe sie noch. Und Colonna war der Favorit der Spanier nicht gewesen!
Richental sagt kein Wort vom Heiligen Geist. Fast möchte man meinen, er sei unter die Ornithologen gegangen und habe nur noch Vögel gezählt. Symbolik lag ihm fern, sonst hätte er das Tier des Heiligen Geistes, die Taube, sicher in Konstanz auch fliegen sehen. Aber warum kamen anstelle der schwarzen Satansvögel die Singvögel in hellen Scharen und dann die Menschen, nicht achtzigtausend, wie Richental im Taumel meinte, aber zu Tausenden? Das war nach fast vierzig Jahren Spaltung der Welt eine Prozession der Schöpfung, der Tiere und der Menschen in allen ihren Gruppen, eine Versammlung des Gottesvolkes, die mit einem Schlag alle Nebel zerteilte und das gemeinsame Fundament freilegte, auf dem die Geschichte des zerstrittenen Europa ruhte.

Die Freude hielt nicht lange an. Der Hundertjährige Krieg zwischen Frankreich und England ging weiter; der lange Schatten des in Konstanz verbrannten Jan Hus fiel über Osteuropa. Die Konzilsväter zerstreuten sich und hinterließen, König Sigmund an der Spitze, den Konstanzern nur Schulden; der graue Alltag der etwa 6–8000 Einwohner zählenden Reichsstadt machte sich nach Jahren des großen Fremdenverkehrs und Geschäfts bedrückend breit. Richental, Sohn eines Konstanzer Stadtschreibers, zehrte noch zwanzig Jahre vom Vermögen des Vaters und von der Erinnerung an das Konzil. Er übte anscheinend kein öffentliches Amt und keinen Beruf mehr aus und dürfte schon deshalb in seiner Vaterstadt nicht hoch geschätzt worden sein. Er saß und schrieb zwischen 1424 und 1433 nieder, was er in den vier aufregenden Jahren auf den Straßen von Boten und Schreibern erfahren hatte. Es wurde die einzige Konzilschronik des Mittelalters daraus, ein ungenaues, oberflächliches Machwerk mit vielen farbigen Einzelheiten über Bagatellen – und mit einem verschämten Bericht vom Wunder des Gottesvolkes.

Zwei Wendepunkte europäischer Geschichte in den Alpen

Die Alpen und Europa

Wer die Beziehungen zwischen den Alpen und Europa untersucht, sollte nicht zuerst auf die Berge und Täler, Straßen und Grenzen, Fabriken und Tunnels achten, sondern von den Menschen sprechen, ihren Gemeinschaften und ihrer Umwelt, ihren Denkformen und ihrem Selbstverständnis. Wer danach fragt, wird sich nicht auf die Verhältnisse der Gegenwart beschränken, sondern auch auf das Mittelalter blicken. Denn damals waren die Alpen weit weniger als heute Mittel oder Hindernis für Organisationen und deren Interessen und Ideale; sie waren zuerst eine Herausforderung zu menschlichem Miteinanderleben.

Wie sich die Alpenbewohner in die Horizonte und Bewegungen des mittelalterlichen Europa einfügten und wie die Bewohner Europas auf die Herausforderung der alpinen Umwelt antworteten, möchte ich exemplarisch an zwei Wendepunkten europäischer Geschichte zeigen, an den Generationen um 1050–1080 und um 1490–1520. Der Vergleich zwischen beiden Menschenaltern soll die Konstanten der Mentalität und die Veränderungen der Organisation aufhellen und die Frage beantworten, die für unsere Zukunft wichtig ist: Was verlangt die alpine Umwelt von geschichtlichen Gemeinschaften, Isolation oder Kommunikation, Beharrung oder Veränderung?

Die Generation um 1050–80

Die Jahre um 1050–80 brachten mit der gregorianischen Kirchenreform erstens einen gesamteuropäischen Aufschwung religiöser Kräfte, die sich zu neuen kirchlichen Gemeinschaften zusammenschlossen. Die rationale Schulung der Geistlichen führte zweitens zur Entfaltung der Frühscholastik und zum Ausbau intellektueller Kontakte und Schulen. Weniger deutlich traten in Anfängen zwei weitere Bewegungen hervor: In den Stadtgemeinden bildeten sich drittens Ansätze zu neuen sozialen Gruppierungen, zwischen ihnen Ansätze eine internationalen Marktes. Mit feudalen Mitteln formierten sich viertens neue politische Gebilde von regionaler Reichweite und punktueller Adelsherrschaft.
Im ganzen wurde das Menschenalter um 1050–80 überall von der Tendenz bestimmt, Genossenschaften zu gründen, die sozial intensiv, aber regional beschränkt wirkten. Welchen faktischen Anteil und welches Selbstbewußtsein hatten die Bewohner der Alpen in dieser europäischen Bewegung?

Weil das wichtigste Thema europäischer Geschichte im späten 11. Jahrhundert die Religion war, beginne ich mit den religiösen Bewegungen und stelle fest, daß der bedeutendste Orden der Reformzeit am Rand der Alpen von Menschen aus der Ebene gegründet wurde: der Kartäuserorden. Sein deutscher Stifter Bruno von Köln erstrebte nach gelehrten Studien in Reims das eremitische Leben der alten Wüstenväter. Durch Vermittlung des Reformbischofs Hugo von Grenoble, der aus dem alpinen Isèretal stammte, fand Bruno im Jahre 1084 eine Wüste im Herzen Europas, das Felsmassiv der Grande Chartreuse bei Grenoble (997–2087 Meter). Was dort seitdem geschah, hat um 1115 der französische Benediktinerabt Guibert von Nogent anschaulich, wohl als Augenzeuge beschrieben.

Guibert, selbst ein Mann des Flachlands, empfand die Grande Chartreuse als »steiles und ganz schreckliches Bergmassiv, in das man nur auf schwierigste Weise und sehr selten hineinkommt, denn unterhalb klafft auch noch der Abgrund eines steil abfallenden Flußtals«. Aber die Kartäuser machen diese unwirtliche Landschaft dem Zusammenleben nutzbar. Unweit vom Berghang haben sie eine Kirche aus Holz gebaut, ringsum dreizehn Holzhütten für die Mönche. Trinkwasser und Brauchwasser erhalten sie aus einem Gebirgsbach, von dessen Quelle Wasserleitungen zu den Hütten führen. Auf dem kärglichen Boden bauen die Kartäuser ein wenig Getreide; vor allem züchten sie sehr viele Schafe, deren Wolle sie verkaufen, um andere Lebensmittel zu erwerben. Das meiste, was sie brauchen, wird ihnen jedoch von Umwohnern geschenkt, darunter Kalbfelle für Pergament. Denn sie sammeln eine reichhaltige Bibliothek und arbeiten fleißiger für geistliche als für leibliche Nahrung.

So steht die Bergsiedlung der Mönche in ständigem Kontakt mit den Laien im Tal. Schon der Gedanke des Wanderns um Gottes willen zwingt die Kartäuser zur Mobilität; diese wird bestärkt durch die intellektuellen Interessen und die Erfordernisse der Alpwirtschaft. Der Ordensgründer Bruno starb denn auch weitab von der

Grande Chartreuse, in den Bergen Kalabriens. Die Flucht der Kartäuser in Einsamkeit und Himmelsnähe war keine Flucht vor den Mitmenschen. Die Kartäuser brauchten und bekamen Hilfe von weither, aus Cluny und aus Rom, zum Beispiel als die Grande Chartreuse im Januar 1132 durch eine Lawine fast völlig zerstört wurde und sieben Mönche verlor. Zwar verbreitete sich der Kartäuserorden anfangs vorzugsweise in den Westalpen, wo im 12. Jahrhundert ein Dutzend weiterer Kartausen entstand; doch beschränkten sich die Niederlassungen des Ordens je länger, desto weniger auf die Alpengegend.

Mit der Ansiedlung auf Bergen stellten sich die Kartäuser in eine benediktinische Tradition. Die hochalpinen Benediktinerklöster des 8. Jahrhunderts, wie Disentis (1133 Meter), Müstair (1248 Meter) und Innichen (1175 Meter), hatten freilich intensiver als die kontemplativen Kartäuser in ihrem Umland soziale, wirtschaftliche und politische Aktivitäten entfaltet, schon weil sie meist an Paßstraßen lagen. Daß die schwarzen Mönche den handfesten Sorgen und Träumen der Laien nahestanden, lehrt für das 11. Jahrhundert etwa die Abtei San Michele della Chiusa (962 Meter), nahe bei Susa auf hohem Berg gelegen. Von ihrem Selbstverständnis berichtet die Schrift des Mönchs Wilhelm, der nach 1091 das Wirken von Abt Benedikt II. aus Toulouse (1066–1091) beschrieb. Wer wie der Erzengel Michael für Gott in der Höhe kämpfte, empfand die Berglage nicht als weltferne Einsamkeit, sondern als weithin ausstrahlenden Brennpunkt des Lebens. »Mitten in den Klüften Italiens zeigt der höchste Bergesgipfel allen Völkern dieses nach Anblick und Frömmigkeit ehrwürdige Kloster.« Die Armen aus den Alpendörfen umlagern bettelnd die Abtei; auch zahllose Pilger aus der Ferne kommen, »weil der Ort am Wege nach Rom liegt«. Für erschöpfte Reisende ist San Michele »sozusagen ein Asyl und die gemeinsame Zuflucht aller Elenden«. Solche Gastlichkeit verschafft dem Kloster viele Freunde in der Ferne, auf dem Monte Cassino wie im burgundischen Cluny, und viele Grundstücke in der Nähe. Neider und Feinde bleiben nicht aus. Weil die Abtei »sozusagen die Schlüssel des Reiches und den Zugang zur Lombardei in der Hand hält«, gerät sie in Konflikt mit dem Bischof von Turin und dem deutschen König Heinrich IV., der den Abt 1083 gefangensetzt. Die fromme Schwiegermutter des Königs, Adelheid von Turin, erreicht Benedikts Freilassung. Die Mönche von San Michele dürfen weiter an die mitreißende Kraft des Gottesdienstes und die heilende Wirkung der Nächstenliebe glauben, und ihr Werk wird, wie Wilhelm stolz vermeldet, fast im gesamten Abendland gerühmt. Benedikts Klosterreform, von Papst Gregor VII. tatkräftig gefördert, wird zum Keim der späteren Kongregation von Chiusa, die weit über den perialpinen Raum hinaus Klöster in Genua, Avignon, Narbonne, Toulouse und Carcassonne umfaßt. In der religiösen Reformbewegung des 11. Jahrhunderts stand die Alpenregion jedenfalls nicht am Rand, sondern in Herzen Europas, im Schnittpunkt zwischen Köln und Toulouse, zwischen Cluny und Rom.

Die intellektuelle Bewegung der Epoche hingegen klammerte die Alpen weitgehend aus. Zwar pflegten viele Mönche wie die von Grande Chartreuse und San Michele ihre Bücherschätze, wie die von Saint-Maurice und Müstair ihre Kunstwerke. Doch war das eine konservierende Beschäftigung, die leicht den Horizont verengte. Im Kloster Novalesa (824 Meter), am Fuß des

Mont Cenis, glaubte vor 1027 der Mönchschronist den Sagen einheimischer Greise, daß der nahe Rocciamelone (3537 Meter) seinen Namen *Mons Romuleus* von einem heidnischen König Romulus habe. Er soll sich in der Sommerfrische am Gipfelsee von der Lepra erholt und dort einen riesigen Goldschatz gehortet haben. Wer sich dem Gipfel nähere, werde durch Nebelschwaden und Steinwürfe von droben vertrieben; sogar geistliche Prozessionen mit Weihwasser und Litaneien, die der habgierige Markgraf Arduin von Turin veranstaltet habe, hätten den Bergzauber nicht gebrochen. Solche Sagen lähmten die Neugier; der Rocciamelone wurde erst 1358 bestiegen. Diese abergläubische Mentalität trug mit dazu bei, daß kein Alpenkloster in Geschichtsschreibung und Dichtung, Bibelexegese und Dogmatik so viel leistete wie Klöster des perialpinen Raums, Lérins, Fruttuaria, St. Gallen, Tegernsee oder Melk.

Wer an den neuen Erkenntnissen teilhaben wollte, mußte die alpine Heimat verlassen wie Anselm von Aosta, den wir unter dem Namen Anselm von Canterbury besser kennen. Sein englischer Zögling Eadmer berichtete nach Anselms Tode 1109 von dessen Jugend um 1050 im Aostatal. Anselm meinte »wie ein Junge, der zwischen Bergen aufgewachsen ist«, daß man über die Gipfel der Dreitausender im Umkreis Aostas den Himmel erklettern könne; die abergläubische Furcht vor Bergdämonen plagte den jungen Edelmann nicht. In einer Herbstnacht traumte er von einem solchen Aufstieg. Unten am Berg sah er lustlose Mägde bei der Getreideernte, ärgerte sich über ihre Faulheit und wollte sie droben im Gotteshof verklagen. Er erstieg den Gipfel und fand Gott allein mit seinem Truchseß vor; denn alles Gesinde war nach drunten zur Ernte geschickt. Gott sprach freundlich mit dem Jungen; der Truchseß bewirtete ihn mit herrlichem Weißbrot. Gottes Brot, das die Menschen stärkt, wird auf Erden zubereitet; in den Alpen sind Himmel und Erde so eng miteinander verbunden wie ein Gutshof mit seinen Weizenfeldern.

Anselm suchte den geistlichen Aufstieg zu Gott in alpinen Klöstern, fand jedoch hier zu wenig Mobilität. Er wanderte um 1056 aus, auf demselben Weg zu französischen Schulen, den vor ihm Lanfrank von Pavia, nach ihm Petrus Lombardus von Novara gingen. Daß es der rechte Weg war, erfuhr Anselm beim Marsch über den Mont Cenis (2083 Meter), als er müde und hungrig wurde und Schnee aß, um sich zu erfrischen. Sein erfahrener Diener sah es besorgt, suchte im Gepäck, das ein Maultier trug, und fand wider Erwarten herrliches Weißbrot. Es gab dem Pilger des Geistes die Körperkräfte wieder, freilich nur, weil der alte Diener selbstlos den jungen Herrn umsorgte. Anselm wurde als Lanfranks Schüler im normannischen Kloster Bec, dann als Nachfolger Lanfranks auf dem Erzstuhl von Canterbury zum Vater der Scholastik. In seiner alpinen Heimat aber suchte er keine geistige Nahrung mehr, als er sie 1098 wiedersah. Er freute sich an dem frischen Wind, der auf Bergeshöhen weht, und wußte noch, wo man im Bergland am besten nach Quellen gräbt. Aber nur alltägliche Erfahrungen, nicht intellektuelle Abenteuer verbanden ihn mit den Alpen.

Die ersten Universitäten, die sich um Anselms scholastische Methode gruppierten, entstanden denn auch in den Ebenen, in Salerno, Bologna, Paris, Oxford; sie bemühten sich mehr um Einübung von Denkmethoden als um Zusammenleben in bedrohlicher Umwelt. Die intellektuelle Bewegung war auf den Schutz der Großstädte angewiesen, die damals erwuchsen, in Flandern, Südfrankreich und Oberitalien, in den Tälern und Mündungsgebieten von Rhein, Rhone und Po, nicht in deren alpinen Quellräumen.

Die aus der Römerzeit überlebenden alpinen Bischofsstädte zwischen Grenoble, Sitten, Chur und Salzburg nahmen zunächst auch wenig Anteil an der sozialen und ökonomischen Mobilität, die sich um 1060 in den Kommunen der Ebene zu regen begann, in Mailand, Le Mans und Köln. Doch an dem wachsenden Fernhandel zwischen den Stadtregionen Flandern, Rheinland und Poebene war das Alpengebiet als Durchgangsland beteiligt. Es leistete dazu organisatorische, ja geistige Beiträge durch die Bereitstellung von Bergführern und Paßhospizen. Für beide beschränke ich mich auf jenen Alpenübergang, der heute Grand-Saint-Bernard heißt und im 11. Jahrhundert noch *Mons Jovis* genannt wurde (2472 Meter).
Eine eigene Berufsgruppe von Bergführern, die sogenannten *Marrones,* transportierte hier seit dem 10. Jahrhundert gegen Entgelt Gepäck und Handelsfracht über den Paß. Haupthindernis des Verkehrs war ja nicht der weite Sattel auf der Paßhöhe, sondern der steile Saumpfad durch tiefe Schluchten, über Wildbäche und Geröll. Dafür brauchte man Ortskundige, die sich genossenschaftlich zusammentaten, um Dienstzeit, Tarif und Route abzusprechen. Nicht immer standen sie bereit. Als 1063 der Kirchenreformer Petrus Damiani in päpstlichem Auftrag zum Kloster Cluny reiste, mußte er den Übergang beim *Mons Jovis* nicht Schritt für Schritt, wie hier üblich, passieren, sondern im Laufschritt, »von keinem sogenannten Marronen unterstützt«.
Die Bergführer halfen am liebsten Reisenden mit schwerem Gepäck und Geldbeutel. Der lothringische Abt Ger-

hard von Brogne führte schon um 940 aus Rom Karren mit Porphyrsteinen mit, die für den Hochaltar seiner Klosterkirche bestimmt waren. Am *Mons Jovis* stürzte einer der Karren mit dem Fahrer ab. Ein Einheimischer »von den sogenannten *Marones«* barg gegen Lohn Fahrer und Last. Später, zum Jahr 1129, hören wir von besonderer Ausrüstung der *Marones;* sie vermummten sich gegen die Kälte mit Pelzmützen und Pelzhandschuhen und trugen gegen das Glatteis Schuhe mit eisernen Nägeln; mit langen Bergstöcken stocherten sie im Tiefschnee nach dem Weg. Wie hier, wo zehn *Marones* durch Lawinen verschüttet wurden, riskierten viele Bergbauern und Hirten ihr Leben, weil sie am Transitverkehr verdienen wollten. Ihre Namen blieben den durchreisenden Pilgern und Händlern unbekannt, ihre Geschichte läßt sich nicht schreiben, weil nur zufällige Notizen von ihnen berichten.
Viel berühmter als die *Marrones* wurde der adlige Gründer des Hospizes am *Mons Jovis,* denn er gab dem Paß seinen heutigen Namen. Sankt Bernhard stammte aus Aosta und wirkte dort als Archidiakon, später als Wanderprediger im Umland; 1081 starb er in Novara. Vermutlich um 1050 gründete er das Hospiz auf dem Paß, nicht nur als Gebäude für Wanderer, sondern als Gemeinschaft von Geistlichen. Solche regulierte Chorherren, von der gregorianischen Kirchenreform angeregt, nahmen sich damals auch in den Städten rund um die Alpen karitativer Aufgaben an, vor allem der Krankenpflege. Vielleicht hing die Hospizgründung mit einer Reformreise Papst Leos IX. nach Frankreich und Deutschland zusammen, die im Mai/Juni 1049 über den *Mons Jovis* führte. Der Papst trug bei sich Reliquien des heiligen Nikolaus, des Patrons der Kaufleute, dem immer mehr Kirchen im alpinen Bereich geweiht wurden

und nach dem zum Beispiel der Klausenpaß benannt ist. Sankt Nikolaus wurde auch Patron des Paßhospizes am *Mons Jovis,* das für Jahrhunderte der höchste dauernd bewohnte Platz Europas blieb.

Die Kanoniker im Hospiz setzten die Gastlichkeit benediktinischer Klöster fort, nun aber hauptamtlich. Ihre Gemeinschaft diente ausschließlich den Fremden, die ganzjährig und unentgeltlich Unterkunft und Verpflegung fanden. In Frankreich galt das Hospiz am *Mons Jovis* schon 1139 als eine der großen Stätten christlicher Caritas; als »Hospiz Bernhards« wurde es zuerst 1154 von einem Abt aus Island gerühmt. Ausländischen Bewunderern verdankte es auch die großen Schenkungen von Grundbesitz zwischen England und Sizilien. Weniger galt der Gründer in seiner Heimat; dort hat ihn das Spätmittelalter dem fernen Adelshaus von Menthon zugewiesen, ins Sagenhafte entrückt und zum Streiter gegen Bergdämonen stilisiert.

Der tägliche Dienst der Geistlichen, ihrer Laienhelfer (die heute noch »Marroniers« heißen) und der Bernhardiner-Hunde lohnte kein großes Aufheben; aber das Hospiz wurde rasch Vorbild für andere Gründungen: das Hospiz auf dem Kleinen Sankt Bernhard (2157 Meter), vielleicht ebenfalls durch Bernhard von Aosta begründet; das Marien-Hospiz am Mont Cenis, seit dem späten 11. Jahrhundert von Regularkanonikern betreut; das Hospiz St. Peter, das Bischof Guido von Chur um 1100 am Septimerpaß (2311 Meter) eröffnete; das Heilig-Grab-Hospiz von Casaccia unter dem Lukmanierpaß (1917 Meter), das seit 1136 von der Einwohnergenossenschaft Olivone getragen, seit 1233 von Mailänder Humiliaten betreut wurde; das Hospiz der Johanniter auf der Spitalmatte am Simplonpaß (2010 Meter) von 1235; vielleicht ein Elisabethen-Hospiz von 1377 am Plöcken-

paß (1363 Meter); das Hospiz St. Christoph, 1386 an der soeben ausgebauten Straße über den Arlberg (1793 Meter) von einem Kemptener gestiftet und von einer schwäbisch-tirolischen Bruderschaft finanziert.
Die Paßhospize waren eine frühe Sonderform des Spitalwesens, das sich seit dem späten 11. Jahrhundert in den Städten Europas verbreitete. Doch waren bischöfliche oder bürgerliche Spitäler eher für alte und kranke Mitbürger gedacht als für Pilger und Kaufleute, denen die Paßhospize dienten. Ihre Geschichte ist weniger gründlich erforscht als die der Alpenstraßen, und doch stand am Gotthardpaß (2114 Meter) wahrscheinlich schon seit 1170 ein Hospiz, bevor um 1220 die Gotthardstraße für Wagen ausgebaut und viel befahren wurde. Wirtschaftliche Antriebe blieben noch lange im Schatten anderer, vor allem religiöser Motive. Wenn heute viele Alpenpässe die Namen von Heiligen tragen, so ist das ein Erbe des europäischen 11. Jahrhunderts.

Dieses Zeitalter der Kirchenreform brachte schließlich die Formierung neuer politischer Gebilde, bei der Hochadel und Reformklerus bisweilen Hand in Hand arbeiteten. Auch Bernhard von Aosta konnte sein Paßhospiz nur gründen, weil ihm hochadlige Familien, die mit ihm verwandt waren, Land und Schutz schenkten. Die politische und militärische Bedeutung der Alpenpässe war zwar seit der Römerzeit nie vergessen, bisher aber meist von durchziehenden Heeren aus der Ebene genutzt worden. Jetzt suchten lokale Adelsgeschlechter durch Sperrung von Straßen und Pässen zu neuen Einnahmen und Rechten zu kommen. Der cluniazenische Mönch Rodulfus Glaber berichtet, daß um 1020 am *Mons Jovis* normannische Trupps sich den Übergang gewaltsam öffnen mußten, weil »die mächtigen Herren jener Gegend auf den engsten Pfaden aus Habgier Sperren und Wachen errichtet hatten, um von den Reisenden Geld zu fordern«.

Noch deutlicher wird die Politik und Mentalität des alpinen Hochadels in dem Bericht, den Lampert von Hersfeld um 1078 vom Alpenübergang des deutschen Königs Heinrich IV. schrieb. Der fränkische Mönch kannte die örtlichen Zustände in Italien schlecht, aber er begriff die Bedeutung der Paßstraßen. Er erzählte, Heinrich IV. habe dem Papst Gregor VII. zuvorkommen und im Januar 1077 rasch nach Italien gelangen müssen, doch die östlichen Pässe, besonders den Brenner (1370 Meter), nicht benutzen können. Denn seine süddeutschen Widersacher, die Herzöge Rudolf von Schwaben, Welf von Bayern und Berthold von Kärnten, hätten »alle Wege und Zugänge nach Italien, die man in der Volkssprache Klusen nennt, mit Wächtern besetzt«.

So machte Heinrich einen Umweg über Besançon in Hochburgund und das Gebiet der Markgrafen von Turin. Graf Wilhelm von Hochburgund war der Vetter von Heinrichs Mutter Agnes, Markgräfin Adelheid von Turin war Heinrichs Schwiegermutter. Lampert wies auf diese Verwandtschaften hin; er wußte also, daß die deutschen Herrscher seit langem durch Heiratspolitik die Verbindung mit den Herren der Alpenpässe pflegten. Lampert betonte auch, daß die Markgräfin und ihre savoyische Verwandtschaft den Alpenübergang nicht umsonst freigaben; Adelheid soll von Heinrich die Verfügung über fünf italienische Bistümer verlangt und einen Teil Burgunds von ihm erhalten haben. Wie ungenau Lamperts Angaben auch sind, sie verweisen doch auf das unverkennbare Bestreben der Grafen von Savoyen, der Markgrafen von Turin, der Bischöfe von Turin und anderer konkurrierender Herren, sich einen

Straßenstaat zu schaffen, der die Täler und Pässe zwischen Rhone und Po kontrollierte. Dieselben Tendenzen sind wenig später rund um den Brenner bei den Bischöfen von Brixen und den Grafen von Tirol zu beobachten.
Lampert schildert dramatisch, wie Heinrich IV., seine Frau Bertha von Savoyen, deren Mutter Adelheid von Turin und anderes Gefolge mitten im strengen Winter über den Mont Cenis gingen. Auch hier halfen einheimische, vom König gemietete Bergführer, die den Weg durch Schnee und Eis bahnten und die Frauen auf Ochsenhäuten hinüberschleiften. Der gelungene Übergang öffnete dem deutschen König in der Lombardei alle Türen und zwang den Papst, sich auf die Burg Canossa zurückzuziehen. Die Weltpolitik in Canossa geht uns hier nichts an; jedenfalls wußten schon die Zeitgenossen, daß bei dieser europäischen Entscheidung alpine Adelsherrschaften eine wichtige Rolle spielten. Auch hier wirkte, wie bei den Bünden der Bergführer, moderne Rationalität und ihr Indikator, das Geld, schon mit, doch ging es vorwiegend noch um persönliche Beziehungen zwischen wenigen Menschen, um adlige Sippschaft und feudale Gefolgschaft.

Das ist überhaupt für die Jahre 1050–80 kennzeichnend. Die Alpenregion kommunizierte gebend und nehmend mit dem ganzen Kontinent, weil sich geschichtliches und geselliges Leben überall in Europa ähnlich wie in den Alpen vollzog, als Miteinanderleben kleiner Genossenschaften. Gemeinsam mußten sich die Menschen gegen Drohungen der Natur und der Feinde wehren und schufen dafür die Gemeinschaftsformen der Orden, Schulen, Bruderschaften, Stadtgemeinden und Adelsbünde. In den Bergen blieben diese Voraussetzungen länger in Kraft als in der Ebene; darum finden wir solche Genossenschaften hier noch im Spätmittelalter, bei Schweizer Eidgenossen und Walser Bauern, in Graubünden und Tirol.

Aus den Ebenen kommend, griff schon im 11. Jahrhundert die Tendenz um sich, kleinräumige und konkrete Gemeinschaften zu überwinden, durch wachsende Abstrahierung und Rationalisierung, hauptsächlich im intellektuellen und politischen Bereich. Doch waren alpine Genossenschaften im 11. Jahrhundert vor allem religiös gefärbt. Das romanisch besiedelte Gebiet der Süd- und Westalpen trat bei der bisherigen Betrachtung so stark hervor, weil sich hier eine europäische Achse, die Pilgerbrücke zwischen Cluny und Rom befand. Der perialpine Raum gruppierte sich elliptisch um diese geistlichen Zentren, um Cluny und Rom. Den asketisch gestimmten und agrarisch organisierten Zeitgenossen erschien die Alpenregion als Musterbeispiel für soziales Leben überhaupt, als Platz gemeinschaftlichen Wohnens und Arbeitens, als Straße des Austauschs und Dialogs, als Drehscheibe für Kommunikation und Bewegung – keinesfalls als geistige Barriere.

Die Generation um 1490–1520

In den folgenden vier Jahrhunderten verloren die Alpen diese Funktion und wurden zu einem Raum der Beharrung und Isolierung. Das geschah je nach Lebensbereich und Landstrich zu verschiedenen Zeiten, doch ist um 1500 die Veränderung überall sichtbar. Um Ausmaß und Gründe dieses Wandels zu beschreiben, ziehe ich einen Querschnitt durch das Menschenalter von

1490–1520, das ebenfalls als ein Wendepunkt betrachtet werden kann, allerdings nur noch für die Geschichte Mitteleuropas. Im religiösen Bereich brachten diese Jahre erstens den Durchbruch der Reformation in den städtereichen Ländern nördlich der Alpen, den Ausbau von Landeskirchen und den Zerfall der abendländischen Glaubensgemeinschaft. Schon vorher hatte sich zweitens, ausgehend von den Städten Italiens und unterstützt durch die urbane Technik des Buchdrucks, die intellektuelle Bewegung des Humanismus im Norden verbreitet; sie löste das scholastische Schulwesen ab und förderte die Bildung des Individuums.

Noch einschneidender als Reformation und Humanismus wirkten auf die Dauer zwei weitere und weniger geistig orientierte Bewegungen: Die bürgerliche Wirtschaft erreichte drittens, zuerst wieder in den Städten der Ebene, eine internationale Verflechtung von Produktion und Konsum, von Investition und Kapitalbildung, die dank den Entdeckungsreisen bald die ganze Erde einbezog. In Europa selbst bildeten sich viertens geschlossene politische Staaten, nationale Monarchien mit einer Dynastie und einer Residenzstadt, mit ständisch gestuften Trägerschichten, abgegrenztem Territorium und nivellierter Schriftsprache, mit juristischer Ressortverwaltung, kontinuierlichem Finanzapparat und stehendem Heer.

Im ganzen wurde die europäische Generation von 1490 bis 1520 durch die Tendenz bestimmt, Institutionen zu stiften, die die sozialen Gruppen einerseits arbeitsteilig spezialisierten, andererseits zu Kollektiven abstrahierten. Welchen faktischen Anteil und welches Selbstbewußtsein hatten die Bewohner der Alpen in dieser europäischen Bewegung?

Das religiöse Moment, mit dem ich wieder beginne, war noch für die deutsche, nicht mehr für die europäische Geschichte zentral und wirkte in den Alpen doppelt konservativ. Wer nach den Gründen dafür sucht, kann sie etwa in der Geschichte der Kartäuser finden. Wegen ihrer asketischen Strenge waren sie noch im Zeitalter der Reformation der angesehenste Mönchsorden. Er hatte sich jedoch im Spätmittelalter kaum mehr im Alpenraum ausgedehnt, vielmehr auf die Poebene zwischen Asti, Mailand, Parma, Mantua, Ferrara und Venedig konzentriert. Die Kartäuser folgten damit dem Zug in die Täler, den Zisterzienser und Prämonstratenser im 12. Jahrhundert zögernd, Dominikaner und Franziskaner im 13. Jahrhundert entschlossen angeführt hatten.

In den Alpen wirkten noch Zisterzen wie Tamié in Savoyen und Stams im Oberinntal, Prämonstratenserstifte wie die um Chur und Innsbruck, ländliche Chorherrenstifte wie Interlaken und Seckau. Aber Dominikaner und Franziskaner ließen sich fast nur in größeren Städten wie Grenoble, Luzern, Como, Bozen nieder, bei den Bürgern, deren materielle Unterstützung die Bettelmönche brauchten und auf deren ideelle Ansprüche ihre Predigt zielte. So wurde das Alpengebiet von neuen religiösen Impulsen nur verspätet erreicht. Sogar Ketzergruppen, die im städtischen Südfrankreich und Norditalien des 13. Jahrhunderts ihre Blütezeit erlebt hatten, faßten erst im 14. Jahrhundert am Alpenrand Fuß, widerstanden dort freilich der dominikanischen Inquisition, so die Apostelbrüder nördlich von Vercelli oder die Waldenser südwestlich von Turin.

Ein Repräsentant konservativer Religiosität wurde für das späte 15. Jahrhundert der Schweizer Nikolaus von Flüe. Er war ein wohlhabender Bergbauer am Sarner See gewesen, Vater von zehn Kindern, und hatte seinem Kanton als Krieger und Richter gedient. Plötzlich verließ er 1467 Familie und Hof und zog zum Rheintal hinab, angezogen von der Mystik der »Gottesfreunde«, die in Straßburg hundert Jahre zuvor entstanden und inzwischen fast erstorben war. Bei Basel kehrte Nikolaus um, baute sich in Rufweite seines Hofes eine Klause und hauste hier als Einsiedler, bis er 1487 starb. Der Asket gewann sein soziales Ansehen wieder, denn er zog nicht in ferne Städte, um geistliche Schriftbildung zu lernen; er gründete auch nicht in der Bergwildnis einen kontemplativen Orden, sondern blieb seinen Landsleuten nahe. Zum vielbewunderten Landesvater der Schweizer machten ihn nicht so sehr mystische Visionen, die zu den letzten mittelalterlichen gehörten, als vielmehr praktische Ratschläge für bedrängte Mitmenschen, vor allem seine politischen Friedensvermittlungen, zwischen den Eidgenossen und Habsburg, zwischen städtischen und bäurischen Eidgenossen.

Es war denn auch die Kantonsregierung von Obwalden, die zuerst für eine Lebensbeschreibung des Landsmanns sorgte. Der Leiter der Lateinschule in Bern, Heinrich Wölflin, schrieb sie um 1501 lateinisch nieder und widmete sie Matthäus Schiner, dem Bischof von Sitten. Als städtischer Humanist zog er internationale Verbindungslinien und behauptete die Herkunft der ersten Schwyzer aus dem fernen Schweden. Ein gelähmter Fischer aus Dänemark, der im spanischen Santiago am Grab des Apostels Jakobus vergeblich Heilung gesucht hatte, soll sie am Grab des Bruders Klaus in Sachseln gefunden haben. Dennoch wußte Wölflin, daß die Umwelt des Einsiedlers bäuerlich beschränkt war; seine Heimat Unterwalden ist zwar »unter den Orten des Schweizerbundes nicht der geringste, aber in manchen

fremden Ländern bisher nicht bekannt«. »Das Land ist lieblich durch Brunnen, saftige Wiesen und fette Weiden. Doch es hat keinen Weinbau, weil es recht eng zwischen steilen, felsigen Hängen liegt, auf denen sogar zur Sommerszeit kaum der Schnee schmilzt; auch Getreidebau ist sehr selten. Aber beides läßt sich von den Nachbarorten leicht einführen und kaufen. Großvieh und Kleinvieh gibt es in gewaltiger Menge, und darin liegt der Haupterwerb der Einwohner.«
Auch die Familie Flüe wohnt seit über vierhundert Jahren in den Bergen und weidet die Herden. Nikolaus wird von Wölflin als Bergbauer vorgeführt, der mit seinem Sohn im Tal der Melchaa Viehfutter sammelt und aus dem Weideland Brombeerstauden reutet. Wenn er in die Ferne ziehen will, ist es ein Standesgenosse, ein Bauer bei Basel, der ihm abrät, »und zwar vor allem aus dem Grund, weil er aus der Eidgenossenschaft stamme, die manchen fremden Völkern ziemlich verhaßt sei. Es wäre viel besser und beruhigender, sich in der Heimat nach einem Zufluchtsort umzusehen als unter Fremden für einen Flüchtling gehalten zu werden.« Der Leser spürt Wölflins Sehnsucht nach der erdverbundenen Kraft eines Bauern, der wie Nikolaus »keine Kenntnis von den Buchstaben hatte« und trotzdem hochgelehrten Herren aus ihrer Unwissenheit half. Zugleich spürt man Wölflins Einsicht, daß diese Religiosität der Träume, Visionen und Wunder an die Umwelt einfacher Hirten gebunden war; sie ließ sich nicht in die Hektik der Städte verpflanzen. Zum Ausgleich zwischen alpiner und urbaner Frömmigkeit, als dessen Apostel Nikolaus von Flüe wirkte, kam es selbst in der Schweiz erst viel später.

Umgekehrt paßte lateinische Gelehrsamkeit nicht recht

ins Gebirge. Seit dem 14. Jahrhundert war der perialpine Raum zwischen Aix, Besançon, Turin und Wien von einer Welle der Universitätsgründungen erfaßt worden; 1339 hatte sogar das alpine Grenoble eine Universität erhalten. Sie gedieh freilich so schlecht, daß man nach 1345 nichts mehr von ihr hörte. Spätestens 1452 war sie eingegangen und durch die Universität Valence, drunten im Rhonetal, ersetzt. Wo schon das spätscholastische Bildungswesen keine Wurzeln schlug, wurden humanistische Kritiker dieses Systems erst recht nicht heimisch; sie waren vollends auf Großstädte und Fürstenhöfe angewiesen. Für neugierige Alpenbewohner führte, wie schon für Anselm von Aosta, der Weg zum Studium in die Fremde. So wurde Huldrych Zwingli 1484 in Wildhaus (1093 Meter), der höchstgelegenen Gemeinde im Toggenburg, geboren; der Schulunterricht aber begann für den Sechsjährigen drunten am Walensee und führte den Zehnjährigen nach Basel, den Vierzehnjährigen zu Wölflin nach Bern. Der Widerstreit zwischen alpiner und urbaner Richtung kostete den Zürcher Reformator 1531 geradezu das Leben. Am Lebenslauf des Arztes Paracelsus zwischen Einsiedeln und Salzburg ließe sich dieselbe Spannung demonstrieren.

Besonders deutlich tritt die intellektuelle Isolation der Älpler zutage in der Autobiographie von Thomas Platter, der wohl 1507 in dem Bergdorf Grächen (1617 Meter) im Wallis geboren wurde und 1582 in Basel starb. Als Junge hatte er *in den grusamen Gebirgen* Ziegen hüten müssen, war dabei mehrmals abgestürzt und hatte sich vor Bären und Geiern gefürchtet, die Menschen und Schafe schlugen. Der einsame Hirtenjunge fand in der alpinen Dorfgemeinde keinen Rückhalt und sah auch über den Bergen nicht mehr wie Anselm von Aosta den Himmel offen. Er wünschte fliegen zu können, nur um in die Täler hinabzugelangen. Als Neunjähriger zog Platter 1516 in die Täler, den Schulen nach, und wurde hier von Pfarrern betreut, auch durch Bischof Schiner gefördert. Dann trieb es ihn weiter, auf jahrelange Wanderschaft quer durch Deutschland. Als er 1521 zurückkam und die ersten Schweizer Bauerntrachten sah, war er selig und meinte, er sei im Himmelreich. Dennoch ließ er sich nicht im Wallis, sondern in Basel nieder, denn dort konnte er Hebräisch und Griechisch lernen und Buchdrucker werden.

Platter versuchte 1529 in die heimischen Berge zurückzufinden. Er schmunzelte über städtische Freunde, denen es im Oktober vor dem Grimselpaß (2165 Meter) grauste. Dabei stand auf der Paßhöhe seit 1397 ein Wirtshaus, und Alpknechte geleiteten laut jodelnd die Fremden. Aber Platter selbst konnte sich im Wallis den alten Freunden kaum mehr verständlich machen, denn er hatte unterdes Schriftsprachen gelernt und war der heimischen Mundart entwöhnt. Und in den Alpendörfern meinte man den neumodischen Unterricht in den Bibelsprachen nicht zu brauchen, zumal er der Reformation zugute kam. Das Wallis blieb vorerst lieber katholisch und ließ Platter ohne Bedauern zurück nach Basel ziehen, wo er eine humanistische Stadtschule aufbaute.

Spiegelbildlich wird der Eindruck des Einheimischen durch die Stimmung ergänzt, in der ein fremder Humanist, Erasmus von Rotterdam, 1506 durch die Alpen zog. Er ritt mit einer englischen Reisegesellschaft und ärgerte sich über zwei Engländer, die sich erst schlugen und dann beim Wein vertrugen. Mit diesem Pack wollte Erasmus nicht reden und sich »über die Langeweile des Reitens hinweghelfen«. Die Schönheit der Bergwelt fesselte ihn nicht. Er dichtete vielmehr im Sattel ein »Alpengedicht«, von ganz anderer Art als zweihundert Jahre später Albrecht von Hallers Poem. Erasmus klagte nämlich, kaum vierzigjährig, über sein nahendes Alter und die ersten grauen Haare; sie kündigten Schnee und Winter an, und darauf folgte kein Frühling, nur der Tod. In den verschneiten Bergen sah das einsame Individuum bloß sein persönliches Schicksal abgebildet. Soziale Umwelt bot diese Kulisse nicht. Die normalen Straßenverhältnisse erzwangen keine Notgemeinschaft der Reisenden mehr; noch weniger suchte der Fremde das Gespräch mit einheimischen Bergführern oder Wirtsleuten. Weltenbummler und Ansässige redeten in der Tat zweierlei Sprachen: nicht nur hier die universale Schriftsprache, dort die Vielfalt der Dialekte, sondern auch hier die Sprache des subtilen, komplizierten, fortschreitenden Erkennens und Genießens, dort die Sprache des kalten, stumm anzunehmenden, unabänderlichen Mühens und Leidens.

Härter als im religiösen und geistigen Bereich stießen diese Mentalitäten im wirtschaftlichen Feld aufeinander, besonders in Tirol. Der Augsburger Kaufmann Jakob Fugger »der Reiche« stieg seit den 1480er Jahren in die alpine Montanindustrie ein, die bis dahin von einheimischen Kleinunternehmern betrieben wurde und genossenschaftlich organisiert war. Zuerst kaufte er sie im Salzburger Kohlenbergbau aus. Mit den wohlhabenden Gewerken der Tiroler Silbergruben bei Schwaz und Sterzing wurde Fugger nicht so leicht fertig. Hier sicherte er sich seit 1485 das Monopol durch Unterstützung des verschuldeten Landesherrn Sigmund »des Münzreichen«. Auf ähnliche Art übernahm Fugger den Erzbergbau in Südkärnten, den Kupferbergbau in Ungarn, schließlich spanische Quecksilbergruben. Die Förderung wurde rationalisiert und gesteigert; auch die Verarbeitung in Münzstätten und Geschützfabriken und der Verkauf der Produkte profitierten von der internationalen Erfahrung der Firma. Daß Fugger 1490 dem Erzherzog Sigmund den Kredit sperrte und dadurch Maximilian I. zum Erwerb Tirols verhalf, festigte seine Stellung.

Wie auswärtige Beobachter diese Bewegung deuteten, sieht man etwa an der lateinischen »Kurzen Beschreibung Deutschlands«, die der Nürnberger Humanist Johannes Cochlaeus 1512 zum Druck gab. Die Tiroler erscheinen ihm als »Alpenbewohner, eine Bevölkerung, die durch Erzgruben an Gold und Silber wahrlich reich ist, deshalb eine großmächtige Grafschaft, aus der der göttliche Maximilian jede Woche die größten Abgaben erhält«. Dann sind die Städte aufgezählt, Trient, Tramin, Brixen, Bozen und »Innsbruck, wo sich jetzt die Residenz des Kaisers befindet«. »Ferner gibt es das Dorf Schwaz, wo sehr viele Erzbergleute sind.« »Übrigens trägt der Boden so gut wie kein Getreide; deshalb wird Getreide aus Bayern und Österreich eingeführt. An Metallen aber und Wein ist das Land reich und berühmt.« Wer Tirol durch diese Beschreibung kennenlernte, mußte es für ein Land städtischen Gewerbefleißes halten, nicht für das Land der Bergbauern und Hirten, das es zuvörderst war.

Auf solche Entwürfe bürgerlicher Weltwirtschaft antwortete am drastischsten der einheimische Wortführer im Tiroler Bauernkrieg, Michael Gaismair. Er stammte aus einem Bergbauerndorf, war aber um 1490 als Sohn eines Sterzinger Bergbauunternehmers geboren. Er diente als Schreiber dem Landeshauptmann von Tirol, dann dem Bischof von Brixen, einer der vielen Verwalter, die für die Effizienz moderner Staatlichkeit sorgen sollten. Gaismair war nach der Niederwerfung des Bauernkriegs aus dem Innsbrucker Gefängnis zu Zwingli nach Zürich, dann in die Graubündner Berge nach Klosters (1194 Meter) geflohen. Dort schrieb er im Frühjahr 1526 auf deutsch ein Grundsatzprogramm bäuerlich-reformatorischer Wirtschaftsordnung im Alpenland.

Wie die Schlösser des Adels sollen die Ringmauern der Städte gebrochen werden; die Städte sollen in »Gaismairs Land« wieder Dörfer sein. *Es sol im Land niemant Kaufmanschaft treiben, auf daz sich mit der Sund des Wuchers niemant befleck.* Das Handwerk soll in einer Stadt, etwa Trient, konzentriert werden, um kontrollierbar zu bleiben. Sämtliche Bergwerke, Schmelzhütten, Erz, Silber und Kupfer sind zu verstaatlichen, denn Adlige und ausländische Kaufleute, vor allem die Fugger, haben durch ihren Wucher Arbeiter und kleine Leute betrogen. Gaismair wollte auf die Montanindustrie nicht verzichten, weil durch sie das Land ohne Mühe das größte Einkommen erhielt; aber der Gewinn durfte nicht in fremde Taschen fließen. Das Land muß autark werden. Unfruchtbare Gebiete sollen gerodet, Sümpfe trockengelegt werden, besonders für die Viehweide, damit das Land mit Fleisch versehen sei. Auch Getreide, woran das Land Mangel leidet, muß vermehrt angebaut werden, ebenso Wein, damit er billiger wird. Alle sollen davon profitieren; der oberste Leitsatz heißt: *Kain Unterschaid der Menschen.*

Darum genossenschaftliche Regierung und volksnahe Justiz, Ausrottung *aller Sophisterei und Juristerei* und Verbrennung ihrer Bücher. Am Ort der gewählten Landesregierung, am besten in Brixen, eine Hochschule für Laien, zum Studium des Gotteswortes. Frömmigkeit statt Gelehrsamkeit, Sozialarbeit statt Liturgie: Klöster und Deutschordenshäuser sind aufzulösen und als Spitäler für Kranke, Alte und Kinder einzurichten. Doch an Fremdenverkehr ist nicht gedacht, von Paßhospizen nicht die Rede. Nicht einmal Kleinhändler aus Savoyen dürfen wie bisher in Tirol hausieren. Gaismairs Entwurf baute auf die Gemeinde, die ihre Lebensbedingungen aus eigener Kraft verbessern könne; die Eidgenossen waren sein Vorbild dafür. Aber der offene Paßstaat Tirol ließ sich längst nicht mehr zu einem geschlossenen Agrarstaat machen, wie es Graubünden noch war. Mit der Absage an Fugger und Habsburger förderte Gaismair letztlich weniger die Autonomie seines Landes als die Geschäfte Venedigs und Frankreichs. Man pflegt Gaismairs »Tirolische Landesordnung« als utopisch oder revolutionär zu bezeichnen; im Grund ist sie beides nicht, sondern ein ebenso kluger wie ohnmächtiger Versuch, Ererbtes mit Erwünschtem, ländliche Wirtschaft mit städtischer Reformation zu versöhnen, mit hergebrachten genossenschaftlichen Mitteln eine autonome Gemeinschaft zu gestalten. Deren Gedeihen wurde allerdings längst von weither, aus den Kontoren in Augsburg, Venedig, Wien und Mailand gesteuert; gegen ihre Befehle halfen weder Dreschflegel noch Federkiele.

Das Schicksal der Alpenregion entschied sich im frühen 16. Jahrhundert noch nicht auf der wirtschaftlichen Ebene. Ausschlaggebend war die Politik der perialpinen Großmächte, der Kampf zwischen Habsburg und Valois um die Hegemonie in Italien. Am aktivsten und weitesten griffen die Habsburger in die Alpen hinein; Kaiser Maximilian I. machte Innsbruck zur bevorzugten Residenz. Sie lag günstig für den Verkehr innabwärts nach Niederösterreich; Fernpaß und Arlbergpaß verbanden mit Schwaben und Oberrhein, der Brenner mit Oberitalien. Aus Tirol nahm der »Vater der Landsknechte« am

liebsten seine Söldner und die Metalle, die er für ihre Besoldung und Bewaffnung brauchte. In Innsbruck, an der Brücke zwischen den österreichischen und oberrheinischen Ländern der Dynastie, errichtete Maximilian Zentralbehörden der Reichsverwaltung. Hier feierte er 1494 Hochzeit mit Maria Bianca von Mailand; hier in der Hofkirche ließ er sein monumentales Grabmal vorbereiten. Eine Universität erhielt Innsbruck erst später, aber ein Treffpunkt der Künstler und Literaten war es schon damals. Was bedeutete für diese höfische Residenzstadt die alpine Umwelt?
Blättern wir in dem Buch »Theuerdank«, das der alternde Kaiser seit 1506 in Innsbruck mit seinen Sekretären entwarf und 1517 auswärts, in Nürnberg, drucken ließ. Dieses deutsche Heldenbuch war eines der letzten höfischen Epen, wie sie im Mittelalter Europa fasziniert hatten. Der Kaiser, der »letzte Ritter«, verherrlichte hier allegorisierend seine Heldentaten. Theuerdank-Maximilian wirbt um Königin Ehrenreich, Maria von Burgund. Unterwegs widerfahren ihm gefährliche Abenteuer; der Teufel schickt gegen ihn in der Jugend den Übermut, in der Lebensmitte den bösen Zufall, im Alter den Neid der Feinde. In allen Fährnissen bewährt sich der reifende Herrscher.
Das Epos spielt in einer utopischen Landschaft, aber das Inhaltsverzeichnis am Schluß nennt pedantisch genau die Schauplätze: Es sind in elf der rund hundert Episoden die Berge bei Innsbruck, zwischen Zirl, Hall und Steinach. Bei den Abenteuern aus jugendlichem Übermut jagt Theuerdank im steilen Gewände Gemsen und bringt sich leichtsinnig in Absturzgefahr. Auch unter den Abenteuern aus unglücklichem Zufall befinden sich Szenen von der Gamsjagd um Innsbruck; den kühnen Jäger bedrohen jetzt Schneelawinen, Steinschlag

und abstürzende Gemsen. Stets beweist er heldenhaften Mut und erfährt charismatisches Glück. Das Gebirge aber ist nur Schaubühne und dient als Nervenkitzel zur Selbstbestätigung des Fürsten. Er ist lediglich von Hofjägern umgeben und eigentlich immer allein; die Wildererbanden und Bauerngemeinden von Tirol kommen nicht vor.

Der souveräne Mensch macht sich die Berge untertan; seinem Mut und Verstand weichen die Bergdämonen. Es ist gewiß kein Zufall, daß zu Maximilians Zeit, im Juni 1492, der lothringische Adlige Antoine de Ville die erste spektakuläre Bergbesteigung unternahm. Auf Befehl seines Königs, Karls VIII. von Frankreich, bezwang er mit einem Trupp von acht bis zehn Mann den bis dahin unnahbaren Mont Aiguille (2097 Meter) südlich von Grenoble. Zum ersten Mal wurden dabei Leitern und andere technische Hilfsmittel benutzt. Ihre wichtigsten Triumphe feierte die moderne Technik in den Alpen indes weniger auf sportlichem als auf militärischem Gebiet; hier wurde sie den Schweizer Landsknechten zum Verhängnis.

Die Eidgenossen hatten ihre Kriege durch die Landwehr in den Bergen gewonnen, wie bei Morgarten 1315; sie erzählten sich noch im frühen 16. Jahrhundert alpine Sagen vom Meisterschützen Tell und vom Männerbund der freien Hirten und Bergbauern. Sie kämpften noch mit der Taktik genossenschaftlicher Selbstverteidigung, aber sie griffen jetzte fremde Länder an und unterwarfen sie, tyrannischen Vögten gleich. Daher rührte jener Haß bei Fremden, den Nikolaus von Flüe 1467 zu spüren bekam. Gegen seinen Rat verdingten sich Schweizer als Landsknechte bei fremden Fürsten, die ihre Kampfeswut und Bergerfahrung gerne nutzten; die seit 1505 von Julius II. eingerichtete päpstliche Schweizergarde bezeugt diese Wertschätzung bis heute. Unter Führung des Bischofs Schiner von Sitten drängte dann die Eidgenossenschaft selbst über den Gotthardpaß und besetzte 1512 Mailand, im Bund mit Habsburg und Venedig. Aber ließ sich moderne Herrschaft in der Ebene mit den Methoden alpiner Landwehr erringen, gar rechtfertigen?

Diesen inneren Widerspruch tadelte Machiavelli vor 1519 in seinen »Discorsi«. Die Schweizer sind es gewohnt, die Pässe zu sperren und Feinde in den Bergen zu bekämpfen. Aber auf Bergpässen kann man nur wenige Verteidiger unterbringen, und sie können sich dort nicht lang halten. Denn im Gebirge führen nicht nur Hauptwege über Pässe weiter, sondern auch viele Schleichpfade; mit Hilfe von Ortskundigen kann jeder Eindringling Sperren umgehen. Deshalb sollte ein Feldherr die Entscheidung entweder jenseits oder diesseits der Gebirge mit ganzer Heeresmacht suchen; so taten es vor alters die Römer, die Hannibal nicht schon am *Mons Jovis,* sondern erst bei Arezzo abfingen, und so tat es kürzlich König Franz I. von Frankreich.

Seine Schweizer Gegner erwarteten ihn im August 1515 bei Susa, weil er nur über den Mont Cenis oder den Mont Genèvre (1854 Meter) kommen könne. Er aber umging mit seiner Armee die besetzten Pässe auf Wegen, die man für unpassierbar gehalten hatte. Machiavelli beobachtete exakt: Franz ließ durch Pioniere den Col de Larche (1996 Meter) für den Transport von Kanonen ausbauen und überschritt dort mit seinem ganzen Heer in fünf Tagen die Alpen, bevor es die Schweizer merkten. Er schlug dann die bergerfahrenen Feinde in der Ebene bei Marignano, mit den modernen Waffengattungen Infanterie und Artillerie. Die Schlacht von Marignano beendete 1515 die militärische Überlegen-

heit der Schweizer, die es bisher mit altmodischen Ritterheeren zu tun gehabt hatten; diese Schlacht nahm zugleich den Alpen die abschreckende Wirkung eines Bollwerks.
Die Alpenländer wurden Objekte und Opfer der Neuordnung Europas; technisierte und massierte Kräfte moderner Staatlichkeit griffen von außen immer ungehinderter in die Alpenfestung hinein. Seit dem Konflikt des frühen 16. Jahrhunderts wurde die Alpenregion zum Schmollwinkel der fortschreitenden Geschichte Europas, allenfalls zur Pufferzone; Drehscheibe war sie nicht mehr.

Denn in den Alpen blieb es weiterhin bei jenen Bedingungen, die im 11. Jahrhundert noch für ganz Europa gegolten hatten, beim Zusammenschluß kleiner Gemeinschaften gegen eine bedrohliche Umwelt. Die daraus erwachsenen Mentalitäten und Organisationen paßten im 16. Jahrhundert nicht mehr in das abstrakte und rationale Denken Europas, noch weniger in die spezialisierte und technisierte Wirtschaft und Politik Europas. Die Schweiz und Tirol standen nun im Blickpunkt, weil sie im Kraftfeld moderner Großmächte zwischen Paris und Wien lagen. Um diese politischen Schwerpunkte der Residenzstädte gruppierte sich jetzt der perialpine Raum. Von perialpinen Zentren wurde die Alpenregion einbezogen und überwältigt; sie ruhte nicht mehr in sich und strahlte nicht mehr aus. In Reaktion darauf wurde sie, mehr aus Trotz als aus Einsicht, zum Museum der Traditionen, zum Refugium der Freiheiten, zur Insel der Isolationen – jedenfalls zur geistigen Barriere.

Denkweisen und Gemeinschaftsformen der Alpenländer werden erst seit dem 19. Jahrhundert, seit der Entfaltung des sportlichen Alpinismus, wieder zunehmend aktuell, im gleichen Maß, wie das europäische Unbehagen an den Segnungen moderner Rationalisierung und Spezialisierung wächst. Heute gilt die Alpenregion nur selten noch als Reliktzone der Hinterwäldler; immer häufiger wird sie Refugium der Avantgarde. Aber noch erfreuen sich vor allem Politiker an den alten Fronten zwischen Partikularismus und Kosmopolitismus, zwischen Stabilität und Mobilität, zum Beispiel mit Forderungen nach dem Muster »Für Einheimische die Immobilien, für Auswärtige die Autobahnen«. Auch die heutige Forderung nach Technisierung und Urbanisierung der Alpen entspringt diesem dualistischen, seit dem frühen 16. Jahrhundert vorherrschenden Denkschema. Europa muß nicht nur über das 11., auch über das 16. Jahrhundert hinauskommen, wenn wir überleben wollen.

Zwar kann der Historiker den Politikern keine Lösung der aktuellen und speziellen Probleme anbieten, aber er kann den Gesamtrahmen der geschichtlichen Problematik abstecken und vor kurzatmigen und einseitigen Lösungen warnen. Im ganzen genommen, ist die Geschichte der Alpenregion eine Herausforderung zum künftigen Dialog zwischen Isolation und Kommunikation, zwischen Beharrung und Bewegung. Oder, sehr frei nach Versen Grillparzers von 1860: »Wir kommen aus anderen Zeiten, / Und hoffen in andre zu gehn; / Will unsre Zeit eines bestreiten, / so ist es um beides geschehn.«

Mönchtum und Landschaft am Bodensee

Idylle

»Dicht am Gestade des Sees im Kleefeld steht ein verlassnes /Kirchlein unter den Höhn, die, mit Obst und Reben bewachsen, /Halb das benachbarte Kloster und völlig das Dörfchen verstecken, /Jenes gewerbsame, das weitfahrende Schiffe beherbergt.«
Die Verse, mit denen Eduard Mörike 1845/46 seine »Idylle vom Bodensee« einleitete, entwerfen ein Bild der Bodenseelandschaft, das auch dem heutigen Reisenden einleuchtet. Wenn er zu Schiff die Strecke zwischen Bregenz und Stein befährt, erblickt er am Ufer zahlreiche Siedlungen, wo Landwirtschaft und Handel betrieben werden. Nahebei, an rund zwanzig Plätzen, stehen Klöster, etwas abseits und meistens verlassen, als wollten sie der Geschäftigkeit der Neuzeit eine vergangene Beschaulichkeit entgegensetzen. Der nachdenkliche Betrachter wird sich mit dieser Idylle nicht begnügen. Er sieht, daß die Obsthaine und Weinberge einst vom benachbarten Kloster angelegt wurden und daß die weitfahrenden Schiffe einst wildfremde Mönche in das Dörfchen brachten; er begreift, daß es gerade die Mönche waren, deren Bewegung diese Landschaft in einen Garten verwandelt hat.

Damit stellt sich erst recht die Frage, wie sie in die Bodenseegegend paßten. Mönche waren ja meist Weltverächter aus der Ferne, die sich vor dem Lärm der Umwelt in rauhe und menschenleere Regionen zurückzogen, um mit Gott und ihresgleichen allein zu leben. Wie vertrugen sie sich mit den Einheimischen, die wir uns gern als gesellige Lebenskünstler denken, und mit dieser Landschaft, die zum Lebensgenuß förmlich einzuladen scheint? Die Antwort ist nicht leicht; man müßte eine lange Geschichte erzählen. Ich greife aus dieser spannungsreichen Begegnung nur vier Etappen beispielshalber heraus und beginne mit den Ursprüngen, in denen Mönchtum und Bodensee noch fast nichts miteinander gemein hatten.

Vorposten

Der erste Mönch im Land, der Einsiedler Gallus, der um 612 seine Klause bezog, war nicht am Bodensee zu Hause; er kam mit dem irischen Missionar Kolumban aus der Fremde.

Notgedrungen fuhren sie über den See, von Arbon nach Bregenz, weil durch die Urwälder am Ufer kein sicherer Weg führte. Notgedrungen fing Gallus in der Bregenzer Bucht Fische, weil die einheimischen Bauern den zugereisten Asketen die Unterstützung versagten. Auch als Kolumban weitergewandert und Gallus zurückgeblieben war, baute er seine Klause nicht neben die gewerbsame Siedlung Arbon am See, sondern in den Urwald an der Steinach, wo bloß Dämonen, Bären und Habichte hausten. Gallus hatte alles andere als Mörikes Idylle vor Augen. Freilich entstand zu seinen Lebzeiten, vor 650, ein erster politisch-kirchlicher Zusammenhang am See, der mehrfach in das Leben des Klausners eingriff und ihn zur Überfahrt nach Überlingen und Konstanz zwang. Am ganzen Obersee gab von Überlingen aus ein alemannischer Herzog den Ton an und verfügte über den neuen Bischofssitz in Konstanz wie über die Priester von Arbon und die Bauern von Bregenz. Gallus aber kehrte diesem Zusammenhang den Rücken, er floh vor ihm höher hinauf in die alpine Wildnis und über sie hinweg ins rätische Rheintal. Allerdings wurde Gallus gerade so zum Ratgeber und Nothelfer der Ohnmächtigen, vor allem der zurückgedrängten Romanen. Ein Bund wurde geschlossen zwischen dem Bedürfnislosen aus der Fremde und den Bedürftigen in der Nähe.

Bei dieser eigenwilligen Zuwendung blieb die Galluszelle, als Otmar sie hundert Jahre später zu einem Benediktinerkloster ausbaute, den rätischen Christen im Süden zugewandt, die karolingischen Herren abweisend, die aus dem Westen, von Stein und Konstanz, nach dem Südostufer des Sees griffen. Abt Otmar überquerte den See 759 unfreiwillig, auf der Fahrt zur Verurteilung durch den Konstanzer Bischof, zum Gefängnis in der Königspfalz Bodman, zum Sterben auf der Insel Werd bei Stein. Kein Wunder, daß den Gallusmönchen, die zehn Jahre danach bei Nacht und Sturm den Leichnam ihres Abtes heimholten, der See als feindseliges Gewässer erschien. Sie rodeten lieber das Umland am Rand, und dabei halfen ihnen die nächsten Nachbarn mehr als Konstanzer Bischöfe und karolingische Grafen.

Die Mönche behaupteten den gegenwärtigen, wenn auch umgrenzten Horizont ihres Wirkens, hielten an irischen und rätischen Sondertraditionen fest und bewahrten die alemannische Eigenart vor karolingischer Gleichschaltung. Dem täglichen Zusammenleben in dem einen Kloster der Heiligen Gallus und Otmar diente die Sorge der Mönche, den Bauten, der Liturgie, den Büchern, den Klosterschülern. Der benediktinische Kunstsinn dieser Gemeinschaft, die sich selbst erzog und sich selbst genügte, wurde umwohnenden Laien früh in der Volkssprache nahegelegt, später in der Volksschule beigebracht. Künstlerische Ausdrucksfähigkeit hat die Kultur am Bodensee bis heute geformt, und dabei vergaß man nie die Anstrengung der Klausur, die dem musischen Spiel vorausgehen mußte. Ertrotzte Sensibilität, so heißt die vielleicht wirksamste, jedenfalls älteste Hinterlassenschaft der Mönche im Land.

Größeren Zusammenhängen, auch am See selbst, öffnete sich St. Gallen zögernd, erst während der Karolingerzeit. Um 880 sprach der größte Dichter des Klosters, Notker der Stammler, mit einem Schüler über die Mühen des heiligen Gallus, der über Fels und Meer wanderte und nirgends eine Bleibe fand. Auch in Konstanz hatte Gallus gepredigt und wäre dort, wenn er gewollt hätte, Bischof geworden. Notker fuhr fort: »Zwei Seen kommen dort zueinander und werden durch den Rhein verbunden; sie geben Konstanz den Namen *a constando*, vom Zusammenkommen.« Die Herleitung war falsch, denn Konstanz verdankte seinen Namen dem Römer Constantius; doch mittelalterlichen Mönchen waren falsche Erklärungen gestattet, wenn sie tiefere Bedeutung enthüllten, und das traf hier zu. Das Land an Obersee und Untersee, geographisch durch den Rhein verbunden, mochte auch geistlich durch den Bischofssitz Konstanz zusammenwachsen.

Denn inzwischen wurden sogar St. Galler Mönche, wie Notkers Schüler Salomon, Bischöfe von Konstanz und erwarben ihrem Kloster Grundbesitz selbst bei dem gefürchteten Bodman. Trotzdem rechneten sich St. Galler Mönche weiterhin nicht zur Bodenseeregion und verstanden sie nicht als Feld des Miteinanderlebens. Noch im elften Jahrhundert gab der Klosterchronist Ekkehard IV. dem See keinen umfassenden Namen und begriff den Rhein lediglich als Verkehrsader, die von Chur kam und nach Säckingen führte. Wenn in der Nähe Freundesland lag, dem sich St. Gallen brüderlich zugetan fühlte, war es eine Insel in dem anderen See, die Abtei Reichenau, die sich kaum weniger selbstherrlich gebärdete.

Das jüngere Kloster entfaltete sich schneller und weniger beständig; von der Insel im Untersee her stellte sich das natürliche und das geschichtliche Profil des Umlands anders dar. Der ausländische Gründer, der Irofranke Pirmin, traf 724 auf der Reichenau nicht, wie seine Legende möchte, eine Wildnis voller Schlangen, wohl aber eine politisch zerklüftete Landschaft, in der sich adlige Machthaber nebeneinander drängten und miteinander stritten. Infolge dieser Querelen wurden Pirmin und sein Nachfolger als Abt durch einen alemannischen Herzog des Landes verwiesen. Die Mönche merkten, wie leicht sie dem Zugriff adliger Nachbarn preisgegeben waren.

Um sich davor zu schützen, suchten die Reichenauer Rückhalt im alemannischen Adel und bekannten sich früh zur karolingischen Weite. Auch im klösterlichen Alltag pflegten sie, zum Beispiel in Gebetsverbrüderungen, den Bund mit räumlich und zeitlich weit entfernten Mächten. Der größte Dichter des Inselklosters, Walahfrid Strabo, beschrieb 824 sein Heimatkloster so: Es liege an einem Meer, das vom Rheinstrom gebildet werde, in der Mitte Alemanniens und Deutschlands, auch mit Italien verbunden.

Demselben Meer gab Walahfrid rund zehn Jahre später

zum ersten Mal in der Literatur den Namen Bodensee, *lacus Potamicus,* und zwar in den Lebensbeschreibungen der Heiligen Gallus und Otmar. Walahfrid, der aus der Nähe stammte, wußte zweifellos, daß die Bauern den Bodensee nach dem Ort Bodman benannten, wo die Königspfalz lag; aber der Benediktiner mochte den Namen des Sees nicht von der fränkischen Zwingburg ableiten, in der Sankt Otmar geschmachtet hatte. Walahfrid meinte statt dessen, der Name *Potamicus* stamme vom griechischen *potamos,* das heiße Fluß und meine den Rhein. Dies war keine gelehrte und verkehrte Worterklärung, sondern eine gedankenreiche Sinndeutung. Sie verband die Gedenkstätten der St. Galler Freunde, zwischen Bregenz, wo Gallus begonnen, und Stein, wo Otmar geendet hatte, mit dem Wirkungskreis der Reichenauer Benediktiner, durch eine geistliche Achse am Rhein entlang. Störende Schwerpunkte wie das bischöfliche Konstanz und das königliche Bodman wurden ausgespart, als flankierende Stützpunkte in der Ferne das kaiserliche Aachen und das päpstliche Rom auserkoren.

Dieser Blickrichtung entsprach die ausgreifende Gelehrsamkeit der Reichenauer Mönche, deren naturkundliche und historische Interessen den Horizont des Klosters und des Umlands weit überschritten, allerdings eher bei Geistlichen in der Ferne als bei Laien der Nachbarschaft Widerhall weckten. Im elften Jahrhundert faßte der Mathematiker und Geschichtsschreiber Hermann der Lahme die im Pirminkloster gehortete Welterfahrung geistreich zusammen. Obwohl Hermann aus der oberschwäbischen Nähe kam und im alemannischen Hochadel zahlreiche Verwandte besaß, sprach er in seiner Chronik weder vom Bodensee noch von Bodman, als wären diese Namen zu weltlich und zu provinziell. Wenn er einen Königsbesuch in der Pfalz Bodman erwähnte, schrieb Hermann lieber, der Herrscher habe sich am »Bregenzer See« aufgehalten. Denn der Zusammenhang Alemanniens sollte geistlich begründet sein. Nach Bregenz in Alemannien war, wie Hermann betonte, der heilige Kolumban gekommen, in Alemannien hatte der heilige Gallus gewirkt, in Alemannien der heilige Pirmin sein Kloster gestiftet.

Alemannien war zuvörderst eine Klosterlandschaft. Die frühesten Konstanzer Bischöfe, die Hermann erwähnte, waren zugleich Reichenauer Äbte gewesen und auch später, soweit sie etwas taugten, aus alemannischen Klöstern hervorgegangen. Danach hatten sich im ottonischen zehnten Jahrhundert die weltlichen Herren, die Herzöge Alemanniens, an die Klöster gehalten und sich gern auf der Reichenau bestatten lassen. Noch jetzt, im salischen elften Jahrhundert, begrüßte die Abtei im Namen Alemanniens sowohl den deutschen Kaiser wie den römischen Papst in ihren Mauern und ließ sich nicht auf die Bodenseeregion einschränken.

Nahebei waren inzwischen neue Klöster entstanden, so in Lindau und Stein, doch einen geschlossenen Verband bildeten sie nicht. Jede Abtei blieb eine souveräne Insel mit weltweiten Kontakten, ähnlich wie die verstreuten Siedlungen der Laien, die sich selten dem benachbarten Kloster zuordnen ließen. Indes schützte die lateinische Blickweite den Konvent Reichenau nicht für die Dauer; nach dem elften Jahrhundert erdrückten Nebenbuhler am kleinräumigen Untersee die klösterliche Freiheit. Wie zum Hohn hieß der Untersee noch eine Weile »Reichenauer See«; sonst blieben bloß vage Erinnerungen an die staunenswerte, aber fremdartige Gelehrsamkeit der Mönche lebendig. Reichenau war in seiner Landschaft anfänglich tiefer als St. Gallen verwurzelt, strebte dann weiter über sie hinaus und fiel ihr schließlich leichter zum Opfer. So zwiespältig und schwankend konnten im Frühmittelalter die Beziehungen zwischen Mönchtum und Landschaft am Bodensee sein.

Reformklöster

Sie festigten sich erst in einer zweiten Phase, seit dem späten elften Jahrhundert. Damals traten sowohl die Mönche wie die Laien der Gegend in den Dienst einer übergreifenden Gemeinschaft, die an die Stelle der vielen Schwerpunkte einen einzigen Mittelpunkt zu rükken begann; ich meine das Bistum Konstanz im Zeitalter der gregorianischen Kirchenreform. In der Stadt Konstanz schufen seit etwa 1050 priesterliche Helfer des Oberhirten eine eigene Bildungseinrichtung, die Domschule, die den Priesternachwuchs für die Diözese erzog und für ihre kirchenrechtliche Kompetenz weltberühmt wurde. Mit ihrem Praxisbezug überflügelte sie rasch die alten Klosterschulen, die bloß Abstinenz lehrten. Der Konstanzer Domschule zur Seite traten neue oder reformierte Klöster in nächster Nähe der Metropole, die auf Veranlassung des Bischofs von alemannischen Reformern eingerichtet wurden; sie wirkten nicht mehr für die Einübung der Klausur oder die Gelehrsamkeit im Gehäuse, sondern für die priesterliche Seelsorge unter den Laien, im Auftrag des Oberhirten.
Das erste Kloster im Bischofsdienst, Petershausen, lag unmittelbar nördlich von Konstanz am rechten Rheinufer, auf einem Gelände, das früher der Abtei Reichenau gehört hatte, jetzt aber dem städtischen Verband zuwuchs. Der namenlose Chronist, der seit 1134 die Ge-

schichte seines Konvents schrieb, sprach nur nebenbei vom See und gab ihm keinen besonderen Namen; darin ahmte er die alten Benediktiner nach. Doch der Rhein, der am Kloster vorbeifloß, hatte für ihn eine viel zentralere Bedeutung als für jeden Reichenauer. Denn die Petershauser mußten den Fluß mit der Fähre überqueren, wenn sie zu ihrem bischöflichen Herrn gelangen wollten, und er schickte sie immer wieder den Rhein hinauf und hinab, um weitere Bischofsklöster zu errichten.

Zuerst fuhren sie 1083 von Petershausen nach Vorarlberg und bauten 1097 bei Bregenz die Benediktinerabtei Mehrerau; lange brachten die Schiffe Meßgewänder, Kelche und Bücher über den Obersee. Dann hatten die Petershauser Mönche seit 1105 für den Bischof das Benediktinerklösterchen Wagenhausen bei Stein am Untersee zu betreuen, was ihnen noch mehr Mühe und noch weniger Dank eintrug. Dennoch ist es geradezu symbolhaft, daß die beiden Klöster, die heute den Ostrand und den Westrand des Bodensees bezeichnen, um das Jahr 1100 aus der Mitte, vom Konstanzer Bischofskloster Petershausen, begründet wurden. Kennzeichnend ist auch, daß der Petershauser Chronist von den selbständigen Abteien St. Gallen und Reichenau bloß kühl und knapp sprach; sie standen eigensinnig am Rand der geistlichen Landschaft, die sich um den Bischof von Konstanz versammelte.

Für ihren Zusammenhalt taten noch mehr die Augustinerchorherren von Kreuzlingen, in den 1120er Jahren unmittelbar südlich der Bischofsstadt etabliert. Die Chorherren übernahmen im Spitaldienst und Pfarrdienst die Sorge für das leibliche und geistliche Wohl der Laien, zuerst in der Metropole selbst, nachher im ländlichen Thurgau. Sie praktizierten Kirche als Gemein-

schaft der Gläubigen, nicht mehr bloß der Kleriker und der Mönche. Aus dem Kreis der Kreuzlinger Chorherren stammte wahrscheinlich die um 1130 verfaßte zweite Lebensbeschreibung des heiligen Bischofs Konrad von Konstanz. Sie stellte bewußt die Bischofskirche in die Mitte des Landes an Rhein und Bodensee. Im Westen reichte der bischöfliche Einfluß mindestens bis zum Rheinfall bei Schaffhausen, den Bischof Konrad besucht hatte und den der Kreuzlinger Autor anschaulich beschrieb. Im Osten erstreckte sich das Bischofsland bis weit nach Oberschwaben, in die welfische Heimat des heiligen Konrad. Von dort kamen 1123 zu seiner Heiligsprechung nicht bloß die welfischen Verwandten, sondern zahlreiche Pilger in großen Schiffen über den See; hier heißt er Bodensee, *lacus Potamicus,* und gilt als gefährliches Gewässer, das auch die größten Ruderschiffe nur mit Konrads Hilfe bewältigen können.
Zu Schiff wurden kranke Nonnen aus Münsterlingen nach Konstanz gebracht, um am Grab des Bischofs Heilung zu finden. Der Konstanzer Patron half ferner einem jungen Mann, der in den Strudeln der Thur zu ertrinken drohte. Der Verfasser schilderte plastisch das Gedränge der adligen Herrschaften im Konstanzer Münster, das Gedränge der kauflustigen Bauern auf dem Konstanzer Markt. Die Messe, sowohl im religiösen wie im ökonomischen Wortsinn, machte Konstanz zum zentralen Ort. Man spürt, was inzwischen geschehen war: Die Bevölkerung hatte sich beträchtlich vermehrt. Aus den vereinzelten Burgen und Weilern hatten sich ansehnliche Städte und Dörfer entwickelt; zwischen ihnen breiteten sich bebaute Höhen, mit Obst und Reben bewachsen. Auf dem See segelten allenthalben weitfahrende Schiffe, überall dazwischen arbeiteten Mönche, die es zu den Laien trieb, hinaus aus der ländlichen Klausur.

Auch an den Rändern der Landschaft stellten sich reformierte oder neue Klöster entschlossen in diesen Zusammenhang. Das Benediktinerkloster Allerheiligen in Schaffhausen, jüngst von einem alemannischen Adligen gegründet und vom Konstanzer Bischof eingeweiht, saß mitten in einer städtischen Handelsniederlassung. Schaffhauser Mönche, die den Lärm des nahen Marktplatzes nicht scheuten, reisten selbst hinaus zu oberschwäbischen Gütern, um die Klosterbauern anzuleiten und die Überschüsse per Schiff abzuführen. Nicht zufällig tauchte um 1140 in der Güterbeschreibung von Allerheiligen erstmals das deutsche Wort *Bodimse* auf. In die Sprache der Schaffhauser Mönche drang der alltägliche, volkssprachliche Lebenszusammenhang ein, sobald sie sich um Seelsorge und Wirtschaft am Marktort zu kümmern begannen.

Um städtische Märkte bemühten sich ähnlich wie die Reformbenediktiner die Zisterzienser, ein neuer, aus Frankreich importierter Orden, der hierzulande seit 1134 mit Unterstützung der Konstanzer Bischöfe in Salem sein erstes, in Wettingen sein zweites Kloster baute. Die Salemer Zisterzienser waren arm und arbeiteten auf den Feldern wie besessen; dadurch wurden sie reich und zogen aufstrebende Schichten aus Niederadel und Bürgertum in ihre Aktivität hinein. Die zisterziensische Askese setzte rationale Ziele rücksichtslos durch, nicht allein in der ländlichen Gutswirtschaft. Was sie abwarf, wurde bald auch in städtischen Klosterhöfen, in Überlingen und Konstanz verkauft, mitsamt dem Salz, das die Salemer im Salzburgischen abbauen und über den Bodensee herbeischaffen ließen. Um 1200 übernahmen in Salem anstelle der fremden Pioniere weltkluge Alemannen das Kommando und förderten den Verbund der Klöster am See.

Der Konstanzer Bischof kam ihnen weit entgegen; es war um 1200 Diethelm von Krenkingen, ein alemannischer Freiherr, der zugleich als Abt von Reichenau amtierte. Er unterstützte kaum weniger eifrig als die Zisterzienser von Salem die Kreuzlinger Chorherren und die Petershauser Benediktiner, die alten und die neuen Klöster. Als Diethelm 1206 in Salem starb, beteten für den toten Bischof die oberschwäbischen Prämonstratenser in Rot und Weißenau so engagiert wie die schweizerischen Benediktiner in Engelberg und St. Gallen.

Wie im Lauf des zwölften Jahrhunderts die Konstanzer Bischöfe den Bodenseeraum geistlich vereinten, so taten es die staufischen Könige politisch, indem sie alte und neue Klöster zwischen Einsiedeln und Salem beschenkten und schützten. Die geistlich-weltliche Eintracht kam sinnfällig in einer Kaiserurkunde zum Ausdruck, mit der Friedrich Barbarossa 1187 Schenkungen von Diethelms Reichenauer Benediktinern an die Salemer Zisterzienser bestätigte, also dem Klosterverbund am See zustimmte. Der Kaiser tat es in Wallhausen auf dem Bodanrück und gab dabei dem Bodensee einen neuen Namen, *lacus Constantiensis,* Konstanzer See. Denn in der Bischofspfalz Konstanz hatte der Staufer zwei grundlegende Verträge mit dem Papsttum und mit den italienischen Städten geschlossen; Konstanz sollte kirchlicher und politischer Mittelpunkt des deutschen Südwestens werden. Jedoch setzte sich die kaiserliche Sprachregelung nicht durch; nicht einmal die Konstanzer Bischöfe wagten den See umzubenennen.

Warum nicht? Zu schwer wog die Eigenständigkeit der Abteien am See, die zwar wie ein Kranz die Bischofsstadt umringten, aber auf ihre unterschiedlichen Geschichten und Aufgaben nicht verzichten mochten.

Überdies veränderte sich alsbald die Zusammensetzung der Landschaft. Im späten dreizehnten Jahrhundert hinterließen die Staufer politisch eine Lücke, die von den nachrückenden Habsburgern nicht geschlossen wurde. Gleichzeitig verlor der Konstanzer Bischof zwar nicht alle politische Bedeutung, aber sein geistliches Ansehen, als Parteigänger Habsburgs. Damals verblaßte der Ruhm der Konstanzer Domschule; die Kreuzlinger Chorherren zogen sich verdrossen in die Mönchsklausur zurück; die Petershauser Benediktiner zerrieben sich im Gezänk mit der Bürgerstadt Konstanz. Es zeigte sich, daß die Metropole am See aus eigener Kraft die Landschaft ringsum nicht zusammenfassen konnte. Wer vom Bodensee sprach, dachte seit dem späten dreizehnten Jahrhundert wieder an Mönche, an ganz andere freilich als Benediktiner und Zisterzienser.

Bettelmönche

Mit dem Einzug der Bettelmönche begann am Bodensee eine dritte Phase im Verhältnis zwischen Mönchtum und Landschaft. Sie kamen wieder aus der Fremde, die Franziskaner aus Italien, die Dominikaner aus Spanien, die Karmeliter vom Heiligen Land. Es waren die Konstanzer Bischöfe, die ihnen seit den 1230er Jahren zum Durchbruch verhalfen, gegen erbitterten Widerstand der einheimischen Chorherren und Pfarrgeistlichen. Die Franziskaner faßten zuerst in Lindau Fuß, die Dominikaner in Zürich, die Karmeliter in Ravensburg, also in größeren Handelsstädten außerhalb der Metropole, an den Rändern des Bistums. Die Bischöfe glaubten in diesen zentral geleiteten und mobil agierenden Orden eine Truppe von Priestern zu erhalten, die ihnen ohne Umschweife gehorchen und nicht auf lokale Bräuche und Rechte pochen würde. Aber hundert Jahre später, um 1340, sprachen Bettelmönche, besonders Franziskaner, nur noch selten und meist abfällig von Konstanzer Bischöfen. Sie fühlten sich inzwischen einer anderen Gemeinschaft zugehörig, die im Schatten der Bischofskathedrale herangewachsen war, dem Bund der Bürgergemeinden rund um den See.

Blättern wir in dem lateinischen Geschichtsbuch, das der Franziskaner Johann von Winterthur während der 1340er Jahre in Lindau schrieb. In keinem Buch eines mittelalterlichen Mönches spielte das Alltagsleben, in keinem der Bodensee eine so wichtige Rolle. Er hieß bei Johann *lacus Bodmensis,* eine Rückübersetzung vom deutschen *Bodmensee.* Daß er nach dem Ort Bodman hieß, hatte für den Bettelmönch nichts Bedenkliches mehr; Bodman war für ihn eine unter zahlreichen Gemeinden am See, der See selbst eine Art Marktplatz, wo sich diese Gemeinden trafen. In den wichtigsten Siedlungen saßen Franziskaner, wie in Lindau, so in Überlingen, Konstanz und Schaffhausen. Zwischen den Konventen wurden einzelne Fratres hin und her geschickt, wie Johann selbst, der Bürgersohn aus Winterthur, der eine Weile in Schaffhausen, dann in Lindau stationiert war. Er kannte also die Bodenseelandschaft aus persönlicher Erfahrung, ferner aus Berichten der Mitbrüder, denn die regionale Organisation des Franziskanerordens, die Kustodie *super lacum,* führte immer wieder die Amtsträger der Konvente zusammen, die erste Verwaltungseinheit, die sich ausdrücklich nach dem See benannte.

Mit den Franziskanerklöstern der Kustodie verquickten sich nach Johanns Ansicht die Bürgergemeinden der

Region, die im frühen vierzehnten Jahrhundert politische und wirtschaftliche Absprachen miteinander trafen und als *die geselleschaft umb den See* gemeinsam auftraten. Die Politik dieser Bodenseestädte wurde von den Franziskanern auch dann unterstützt, wenn sie sich gegen päpstliche und bischöfliche Weisungen wandte. Die religiösen und die politischen Sprecher des Bürgertums schlossen eine Koalition miteinander. Sie schlossen davon den landsässigen Adel ebenso aus wie die alten Abteien; Johanns Chronik verlor kein Wort über die Benediktiner von St. Gallen und Reichenau, über die Zisterzienser von Salem umd Wettingen. Alte Geschichten interessierten ihn nicht, er schrieb das Tagebuch seiner aufgeregten Gegenwart.
Er betrachtete sie vornehmlich unter wirtschaftlichen Gesichtspunkten, gerade weil Bettelmönche von Geldspenden der Mitbürger abhingen. Der Bodensee konnte zum Beispiel in Lindau durch einen Sturmwind Feuer in der Stadt entfachen oder die Arbeit der Fischer behindern; seine Überschwemmungen konnten die Klostergebäude schädigen oder die Weinernte verderben. Von Lindau aus fuhren Franziskaner in Geschäften zu Schiff nach Konstanz; aus Konstanz kamen zu Schiff Getreideladungen nach Lindau. Die einen und die anderen kamen nicht immer ans Ziel. Über den See gelangten fromme Besucher, etwa aus Höchst an der Rheinmündung, nach Lindau und fuhren weiter zu den Franziskanern nach Schaffhausen. Bauern aus dem Hinterwald fanden nur Beachtung, wenn sie in die Städte am Ufer wanderten; von dummdreisten Dorfpfarrern hielt der Franziskaner erst recht nicht viel.
Was Johann gern »das Land um den Bodensee« nannte, umfaßte räumlich sämtliche Ufer, sozial eine einzige Schicht, die stadtbürgerliche. Weil sich die Franziskaner

ganz mit ihr identifizierten, blieb von den Bauten der Minderbrüder so wenig übrig wie von ihrer Frömmigkeit. Beide gingen während der Reformation unter, weil sie zuvor in den Bürgergemeinden aufgegangen waren. Niemals verschmolzen Mönchtum und Landschaft, Konvent und Kommune so nahtlos miteinander.

Der andere Bettelorden der Dominikaner versuchte eine ähnliche Integration nicht, zumal da er sich mehr der Gelehrsamkeit als der Seelsorge widmete. Bezeichnend ist die Haltung des Konstanzer Dominikaners Heinrich Seuse; sie spiegelt sich in seiner Lebensbeschreibung, die er in den 1350er Jahren im Ulmer Konvent redigiert haben dürfte. Seuse, aus dem Konstanzer Großbürgertum stammend, verstand sich schlecht mit dem wüsten Landadel und den mißtrauischen Bauern auf den Dörfern. Aber selbst im städtischen Heimatkloster Konstanz kam er in Konflikte, mit verwöhnten Patriziersöhnen von der Marktstätte und mit neidischen Handwerkern aus der Vorstadt. Die soziale Polarisation, die bis ins Dominikanerkloster eindrang, verwies Seuse auf sich selbst und ließ ihn eine andere Landschaft als die am See entdecken, die der menschlichen Seele. Seuses Mystik sprach viele Stille im Land an, besonders fromme Frauen in St. Gallen, Töß bei Winterthur, Oetenbach bei Zürich, Katharinenthal bei Diessenhofen; doch die Gesinnung der in sich Gekehrten führte die Region nicht mehr zu gemeinsamem Handeln zusammen.
Den Bodensee empfand Seuse selbst noch als Treffpunkt der Menschen. Er erzählte, wie er zum Predigen über Land fuhr, in einem Schiff, das für alle Leute bestimmt war, auf dem Bodensee. Da kam der Pater mit einem ritterlichen Knappen ins Gespräch, allerdings bloß über dessen irdische Sorgen. Dem inneren Menschen, der

sich vom weltlichen Treiben lösen wollte, bedeutete die schönste Landschaft nichts. Als sich Seuse im Konstanzer Inselkloster zur Abtötung der Sinne das Trinken abgewöhnen wollte, überkam ihn das Verlangen nach Wasser und er seufzte: »Daß mir der breite *Bodense* so nahe ist und der klare Rhein mich ganz umfließt und mir doch ein einziger Trunk Wasser so kostbar ist, was für eine klägliche Sache ist das doch!«
Immer wieder trieb es den alemannischen Dominikaner aus der Heimat fort, den Rhein hinab auf der Straße nach Straßburg und Köln. Unterwegs am Rhein kam er leidenden Mitmenschen näher, sie verstanden ihn besser als die daheim am Bodensee. Die Verbindung zwischen Mönchtum und Landschaft begann sich zu lösen; die besten Mönche empfanden sich in ihren Heimatgemeinden wieder als Fremdlinge und Pilger, besonders in der Krise des späten vierzehnten Jahrhunderts, in der die politische Eintracht der Bodenseestädte erschüttert, die kirchliche Eintracht der abendländischen Christenheit zerbrochen wurde. Die neuerliche Flucht der Mönche aus der Geschichte hinterließ am Bodensee wenig bauliche und geistige Spuren, zog aber erhebliche historische Folgen nach sich. Das persönliche Leid des frommen Einzelmenschen ging keine Gemeinde mehr etwas an, die allgemeine Spaltung der organisierten Kirche war durch keine Gemeinde mehr zu überwinden, weil die Mönche nicht mehr zwischen allen vermittelten.

Rückzüge

Daß die Zeit mönchischer Bruderschaften inmitten von Laiengemeinden wirklich vorbei war, wurde in der vierten und letzten Phase dadurch offenkundig, daß Laien und Mönche am Bodensee den Wandel nicht wahrhaben wollten und schmerzlich verspüren mußten. Das Konstanzer Konzil versammelte von 1414 bis 1418 am Seeufer die ganze Christenheit, es erreichte die kirchliche Wiedervereinigung und erstrebte die innere Reform. Deshalb wurde die Konzilsstadt Konstanz zum Blickpunkt des Abendlandes, und der heimatstolze Konstanzer Chronist Ulrich Richental mochte meinen, nun sei alles wieder in Ordnung.

Beim Konzil wurde, so schien es ihm, die Bodenseelandschaft durch ihre Mönche würdig vertreten. In Konstanzer Klöstern der Bettelorden tagten die internationalen Beratungsgremien weltlicher und geistlicher Fürsten; aus der ländlichen Region kamen die Äbte der alten Klöster fast vollzählig zum Konzil, von St. Gallen und Reichenau, von Salem und Wettingen. Richental zählte sie einzeln auf. Im Kloster Petershausen sah er während des Konzils die benediktinischen Äbte zusammentreten, um ihre Abteien, bisher Erbhöfe des Landadels, nach dem Vorbild der Bettelorden allen Schichten zu öffnen und einem allgemeinen Ordensgesetz zu unterstellen. Fast sah es so aus, als wagten die ältesten Klöster am mutigsten den Schritt in die Zukunft, die am Bodensee zuerst. Was Richental nicht bemerkte: Die Reform wurde von norddeutschen Benediktinern durchgesetzt; einheimische Abteien, voran St. Gallen, waren die ersten Opfer der Reform und fanden höchstens in deren Abwehr noch zueinander, in einem Bund der Gekränkten. Vorbild für mönchische Erneuerung in der Christenheit waren sie nicht und wurden sie nicht.

In Wahrheit wurde der Bodenseeraum beim Konzil nicht mehr durch seine Mönche repräsentiert, auch kaum mehr durch den Ortsbischof, von dem sogar Ri-

chental wenig zu melden wußte. Am ehesten richteten sich die Blicke der Gäste auf die Bürgergemeinde der Konzilsstadt, die zu den geistlichen Verhandlungen nichts Tiefschürfendes beizutragen verstand, aber wenigstens die Versorgung der Fremden umsichtig regelte. Auch Richental meinte, das Konzil sei nach Konstanz einberufen worden, weil über den *Bodemsee* alle lebensnotwendigen Waren für die vielen Besucher herangeschafft werden könnten.
Aus diesem Grund bezeichneten ausländische Konzilsteilnehmer fortan den ganzen See nach der Konzilstadt. Noch heute reden Engländer, Franzosen und Italiener vom »Konstanzer See« und meinen, wie der Nürnberger Humanist Cochlaeus im frühen 16. Jahrhundert, der andere Name *Podensee* sei bloß eine provinzielle Wortschöpfung ohne historischen Hintergrund. Daß freilich auch die Bürgergemeinde Konstanz längst nicht mehr imstande war, das Umland zu vertreten, zeigte sich gleich nach dem Ende des Konzils, in inneren Kämpfen zwischen Fernhändlern und Handwerkern der Stadt. Bald fiel zudem die umliegende Landschaft politisch auseinander, zumal in den Kämpfen zwischen Habsburg und den Eidgenossen. Niemand versöhnte die Feinde miteinander, Mönche schon gar nicht.

Immerhin versuchten im Lauf des fünfzehnten Jahrhunderts einzelne alte Abteien, das Umland auf neue Weise zusammenzuschließen, zu einem landesfürstlichen Territorium. Manche Äbte träumten davon, die Bodenseeregion noch einmal zu einer Klosterlandschaft zu machen, niemand so tatkräftig und geistreich wie der Fürstabt von St. Gallen, Ulrich Rösch. Er war kein Herr von fürstlichem Adel, ein Bäckerssohn aus der Kleinstadt Wangen, dem der Aufstieg zum Abt nur dank der

Petershauser Reformen gelang. Dennoch fühlte er sich als Abt genau wie ein hochadliger Herr auf seiner Burg. Was er damit aufs Spiel setzte, wußte er wohl: das Einvernehmen mit der Bürgergemeinde St. Gallen, das Modell des Miteinanderlebens, das seit den Tagen des Reformklosters Schaffhausen, erst recht seit dem Durchbruch der Bettelmönche als vorbildlich galt.
Rösch legte sich 1481 schriftlich seine Argumente zurecht. Seitdem die Stadt St. Gallen durch Leinwandgewerbe reich und selbstbewußt geworden sei, hätten die Bürger den Mönchen die Stille genommen. Das Kloster in der Stadt könne nicht abgeschlossen werden und stehe den Bürgern bei Tag und Nacht offen. Die Ruhe der Klausur werde ständig gestört durch Reiten, Fahren, Pfeifen, Trommeln, Singen, Schreien, Schießen, Steinwerfen, durch Besuche von fremden Bettlern und liederlichen Frauen, nebenan durch Trocknen von Tüchern und Tanzen im Heu. Die Bürger schnürten das Kloster ein, verhinderten Ausbau und Ausweitung der Konventgebäude und verlangten für alle Waren überhöhte Preise. Sie zögen die Mönche in jeden Aufruhr und Krieg hinein, dazu in die Stadtbrände und Epidemien. Was für Franziskaner des vierzehnten Jahrhunderts der schönste Wunschtraum gewesen war, die Symbiose von Mönchskonvent und Bürgergemeinde, wurde für Benediktiner des fünfzehnten Jahrhunderts zum schlimmsten Schreckgespenst.
Rösch suchte die Rettung beim Rückgriff auf die allerälteste Tradition. Die Benediktiner müßten heute wieder tun, was vor achthundert Jahren ihr Hausvater Gallus getan habe, in die Wildnis wandern, um Ruhe und Seelenheil zu finden. Das Kloster müßte also die andere Tradition preisgeben, die es seit den Tagen des heiligen Gallus am Platz seiner Klause festgehalten hatte. Der

Konvent sollte St. Gallen verlassen und ein neues Kloster bei Rorschach bauen, auf halber Höhe des Berges über dem Dorf, in geistlicher Stille.
Da könnten die gelehrten Mönche ungestört miteinander Messen singen, Kolloquien halten und Spaziergänge machen. Da wäre Platz für ein großes Kloster, dreimal so billig wie in St. Gallen zu bauen. Auf den Feldern nahebei wüchsen die schönsten Früchte, von Nußbäumen, Apfelbäumen, Birnbäumen, Pfirsichbäumen und Weinreben, soviel man möchte. Da wären, um Mörike zu zitieren, die Höhen mit Obst und Reben bewachsen. Unweit vom Kloster stünden im Bauernhof dreißig Kühe und anderes Vieh, so daß die Mönche Eier, Schmalz, Käse und Fisch immer frisch hätten. Da säßen sie hoch oben, *mit Lust zu sechen den gantzen Bodensee und alles, das darumb gelegen ist*. Was fehlt zu Mörikes Idylle noch? Richtig, die weitfahrenden Schiffe, da sind sie: Rösch schrieb, wer von den Mönchen wolle, fahre bequem und billig über den See nach Konstanz, Lindau, Überlingen, Buchhorn, Arbon, Romanshorn, Bregenz und ins Rheintal, auf den gleichen Strecken, die die Klosterökonomen zu den Handelsplätzen brachten.
Rösch wollte demnach noch einmal die Mönche und den Bodensee eng miteinander verbinden, allerdings auf eine Art, die nicht mehr mittelalterlich war. Denn das geplante Kloster über Rorschach wäre keine einsame Wildnis gewesen, in der Asketen sich und anderen durch vorbildliche Strenge den Himmel verdienten, sondern eine akademische Idylle, in der Intellektuelle Glasperlenspiele betrieben und die Landschaft genossen. Und der Bodenseeraum wäre kein Treffpunkt gewesen, wo Mönche ihren bedrängten Mitmenschen aufhalfen, sondern Vorfeld einer Burg, von der herab ein Fürst die Landschaft wirtschaftlich nutzbar und po-

litisch dienstbar machte. Röschs Pläne wurden 1489 durch die Bürger von St. Gallen und die Bauern von Appenzell vereitelt, im Rorschacher Klosterbruch, der wirtschaftliche und politische Anlässe hatte, wie die Planung des Fürstabtes auch. Die Abtei St. Gallen überlebte den Konflikt; aber er bestätigte unwiderruflich, was man seit dem Konstanzer Konzil hätte wissen können, daß die sozial integrierende Rolle des Mönchtums in der Bodenseeregion ausgespielt war. Alles, was danach zwischen Reformation und Revolution noch geschah, führte unweigerlich in jene Idylle, die hinterdrein Mörike besang. Es war letztlich diese behagliche und selbstzufriedene Haltung, die das Mönchtum am Bodensee ums Leben brachte.

Bilanz

Das stellt sich am Schluß heraus: Die nachträgliche Verklärung verfehlt die geschichtliche Wirklichkeit der mittelalterlichen Epoche, in der das Mönchtum und die Bodenseeregion gemeinsam auf der Höhe und in der Mitte der Geschichte Europas standen. Diese Blütezeit war vielmehr durch Besonderheiten gekennzeichnet, die ich kurz zusammenfassen möchte. Mittelalterliche Mönche verstanden sich zumeist nicht als abgesonderte Asketen, die in der Einsamkeit Übermenschliches taten, sondern als Bruderschaften, die ihren Mitmenschen aus dem Abstand Brüderlichkeit mitteilen wollten. Die aus der weitesten Ferne kommenden Mönche wandten sich einheimischen Laien am offensten zu; unter den einheimischen Mönchen drängten die besten am ungeduldigsten über provinzielle Selbstzufriedenheit hinaus. Alle

Mönche verwarfen wie die räumlichen so die sozialen Beschränkungen. Sie trennten religiöse Inhalte nicht von geselligen Formen; wenn sie Brüderlichkeit meinten, sagten sie Bruderschaft. Was ihnen vorschwebte, wurde mit Gleichgesinnten nicht zuerst scharfsinnig formuliert, sondern praktisch eingeübt, den Mitmenschen nicht zuerst von der Kanzel gepredigt, sondern an der Klosterpforte vorgelebt.

So faszinierend hier Ideale verwirklicht wurden, die Bindung an humane Sozialformen hemmte die universale Ausbreitung abstrakter Ordnungen. Mönchische Vorbilder konnten bloß innerhalb konkreter Bruderschaften und begrenzter Landschaften voll wirksam werden. Das wußten am besten die Benediktiner, die gar nicht erst versuchten, ihre souveränen Abteien zu einem Ordensverband zusammenzufassen. Nachher merkten es die Franziskaner, die auszogen, um die ganze Welt zu verwandeln, und sich schließlich in getrennte Landschaften einpaßten. Noch im einzelnen Kloster mußten Weltabkehr und Weltzuwendung nebeneinander ausgehalten werden. Auch wenn die Laien sonntags in die Klosterkirche kamen, zur Mönchsklausur hatten sie keinen Zutritt. Und bei aller Aktivität draußen vor der Klosterpforte mußten die Mönche auf jenen Abstand achten, der ihre eigene Gemeinschaft stabilisierte.

Ganz ähnlich war die mittelalterliche Bodenseelandschaft angelegt. Die natürliche Lage dieses Raumes war in der Geschichte ambivalent. Der Bodensee konnte ebensogut eine Barriere am Rand wie eine Brücke in der Mitte sein; selbst wenn er sich eigenwillig abkapselte, brauchte er Zuwendung nach draußen und Zustrom von draußen. Deshalb empfanden die mittelalterlichen Anwohner den Rhein, der sie mit Graubünden und mit dem Elsaß verband, lange als das wichtigste Gewässer.

Denn die Landschaft rund um den Bodensee wuchs nie von innen zusammen, schon im alemannischen Frühmittelalter nicht, sie wurde stets von außen zusammengefaßt, noch im habsburgischen Spätmittelalter. Die Menschen am Seeufer vergaßen nie ihren Abstand voneinander, und diese Distanz rührte zum guten Teil davon her, daß die Geschichte aus den verschiedensten Himmelsrichtungen auf sie eingewirkt hatte. Am See lagen nebeneinander die römischen Militärstationen Bregenz und Eschenz, der alemannische Herzogssitz Überlingen und die karolingische Königspfalz Bodman, die benediktinischen Abteien St. Gallen und Reichenau, die Bettelordenshäuser Lindau und Schaffhausen.
Im staufischen Hochmittelalter sah es so aus, als könne sich die Bischofsstadt Konstanz zur Metropole des Bodenseeraumes aufschwingen. Damals rückte der Bodensee anstelle des Rheins in den Blickpunkt, weil über den See die getrennten Nachbarn zueinander kamen. Dennoch wurde er nicht zum Konstanzer See, das Bistum nicht zum Territorium, die Bischofsstadt nicht zum Oberzentrum; ungeachtet aller Gemeinsamkeiten blieben die kleinen Zentren des Miteinanderlebens voneinander geschieden. Nur alle zusammen bildeten sie eine zentrale Landschaft und standen bloß dann in der Mitte Europas, wenn sie nach allen Seiten ausblickten. Eben dazu verhalfen den Menschen am See die Mönche. Wie sie sich selbst organisierten, so gliederten sie auch ihre Umwelt; es bildete sich eine Bruderschaft von Gemeinden, von Dörfern und Städten wie von Abteien und Konventen, die immer nur kurz beieinander standen, aber immer wieder gern zueinander kamen.
Zugereiste und Einheimische hielten die Spannung zwischen Sehnsucht nach dem weiten Himmel und Liebe zu dem Fleckchen Erde gemeinsam durch, weil sie wuß-

ten, daß wir alle beides zugleich sind, ansässig und unbehaust, und alle eines brauchen, Beständigkeit unterwegs.

Die Astrolabschriften Hermanns des Lahmen

Hermanns Nachruhm

Wenn schon der Ruhm eines Lebenden oft eine Summe von Mißverständnissen ist, wird sein historischer Nachruhm leicht zum Produkt von Vorurteilen. Worauf beruht denn der Nachruhm des Reichenauer Mönches Hermann, den schon die Mitlebenden *Contractus,* den Lahmen, nannten? Sie bewunderten ihn, wie bald umlaufende Legenden bezeugen, hauptsächlich deswegen, weil der von Jugend auf spastisch Gelähmte seiner schweren Körperbehinderung ein so vielseitiges literarisches Werk abrang, wie es keiner seiner gesunden Zeitgenossen zustande brachte. Die Neuzeit schätzte seine Lebensleistung samt seiner Blickweite weniger hoch; wenn Hermann der Lahme auch in der Moderne einen guten Ruf behielt, dann wegen seiner Beiträge zu einzelnen wissenschaftlichen Fächern.

Zum Beispiel verfaßte er seit 1048 eine vortreffliche Chronik von Christi Geburt bis in seine Gegenwart; sie geriet bald nach seinem Tod 1054 in Vergessenheit und erhielt sich in keiner einzigen Handschrift vollständig, nur in Fragmenten und Fortsetzungen. Erst der Buchdruck des 16. Jahrhunderts begründete Hermanns Nachruhm als Geschichtsschreiber, und als solchen verehrt ihn die Geschichtswissenschaft bis heute. Über seine Geschichtsbetrachtung habe ich 1975 gesprochen, mich also an der Reduzierung seines Lebenswerkes mitbeteiligt. Sie beruht auf dem Vorurteil, daß wir modernen Historiker am besten wissen, was vergangenen Zeiten am wichtigsten war, und dann können frühere Chronisten die Geschichte ja nur als unsere Vorläufer, mit unseren Methoden begriffen haben. Diese herrschende Meinung zu erschüttern, bemühe ich mich, seitdem ich Hermanns Schriften 1975 genauer zu studieren begann; auch dieser Vortrag soll zu einer Revision seines Nachruhms beitragen.

Was Hermanns Zeitgenossen von seinen Werken mit Vorliebe aufnahmen, darf allerdings ebensowenig den Maßstab für unser Urteil bilden. Viel höher als seine historiographischen Leistungen schätzten die mittelalterlichen Hermann-Legenden seine Kunst als Komponist. In der Bodenseeregion und in mönchischen Kreisen lebte Hermann vornehmlich als genialer Musiker fort. Die Wissenschaft der europäischen Neuzeit hingegen vernachlässigte dieses Feld seines Wirkens so sträflich, daß wir heute weder den Umfang noch die Eigenart noch gar die Auswirkungen seiner musikalischen und poetischen Schöpfungen überschauen. Kein Fachmann kann entscheiden, ob etwa das *Salve Regina* Hermann mit Recht zugeschrieben wird oder nicht, solange wir keine kritische Edition seiner Gesänge und Dichtungen besitzen.

Noch schlimmer steht es mit Hermanns Beiträgen zur Naturwissenschaft, zur Arithmetik, Geometrie und Astronomie. Sie wurden von seinen Reichenauer Nachlaßverwaltern zwar in alle Welt geschickt, aber hierzulande weder gehütet noch gar fortgesetzt. Gerade auf ihnen beruhte im Mittelalter Hermanns europäisches Ansehen. Seine drei Schriften über das Astrolab und dessen Variante, die Säulchen-Sonnenuhr, sind in nahezu 60 Handschriften aus halb Europa überliefert, viel öfter als sämtliche anderen Werke. Die moderne Forschung nahm indes von diesen Abhandlungen kaum Notiz. Der Benediktiner Bernhard Pez in Melk edierte sie 1721 vollständig, jedoch nach einer einzigen schlechten Handschrift, der Dorstener Gymnasiallehrer Julius Drecker 1931 nach einer etwas besseren, aber nur teilweise; es gibt bislang keine kritische Edition dieser Texte, wohl eine Erörterung ihrer Vorlagen, doch gar keine Untersuchung ihrer Nachwirkungen.

Woher diese Gleichgültigkeit kommt, das sagte Hermanns erster neuerer Biograph, Pfarrer Heinrich Hansjakob in Hagnau, 1875 unverblümt: Wissenschaftliche Bedeutung komme Hermanns astronomischen Arbeiten nicht zu, originell seien sie kaum. Wenn Hermann gar gemeint habe, das Astrolab genüge eigentlich astronomischen Zwecken, so müsse man ihm »jene Naivität zugute halten, die in seinem Zeitalter unmöglich eine Vorstellung haben konnte von dem, was die Astronomie gerade in Beziehung auf Winkel- und Zeitmessung zu leisten hat«. Wir staunen heute eher über die Naivität modernen Fortschrittsglaubens, dem auch führende Naturwissenschaftler unserer Tage noch huldigen und der nicht viel mehr verrät als Unkenntnis der Wissenschaftsgeschichte.

Dieser Ignoranz tritt seit 1980 der Bochumer Wissenschaftshistoriker Werner Bergmann entgegen. Er würdigt die bahnbrechende Bedeutung von Hermanns Astrolabschriften, allerdings nur unter dem Blickwinkel der internen Innovation. Wissenschaftliche Fortschritte kämen demnach durch Kumulation spezieller Ergebnisse zustande, nicht durch Einwirkungen des geschichtlichen Umfelds. Bergmann warf 1985 dem Entdecker Amerikas schlichtweg vor, daß er Hermanns Berechnung des Erdumfangs ignorierte: »Hätte Kolumbus mehr auf das dunkle Mittelalter und dessen Ergebnisse im naturwissenschaftlichen Bereich vertraut, so wäre er nicht von der Weite der Strecke, die er zurücklegen mußte, um nach Indien zu gelangen, überrascht gewesen.« In Wahrheit versuchte Kolumbus auf der ersten Entdeckungsreise im Februar 1493 seinen Standort auf hoher See mit einem Astrolab zu bestimmen, stellte sich also sehr wohl in Hermanns Tradition. Trotzdem konnte weder er noch Kopernikus Hermanns Ergebnisse aufgreifen, und zwar, weil die wissenschaftshistorischen Standorte des frühen 11. und des späten 15. Jahrhunderts wenigstens so weit auseinanderliegen wie Europa und Amerika.

Religion und Sternkunde

Daß Hermanns Werk nicht mit modernen Maßstäben beurteilt werden darf, zeigten mir Vorarbeiten zu einer Edition seiner Schriften über Zeitrechnung und Zeitmessung. Sie wurden fast immer zusammen mit andersartiger, zumal theologischer Literatur abgeschrieben, also in einen größeren, religiösen Zusammenhang gestellt. Auch wenn es nicht schon der Überlieferungsbefund erzwänge, würde jeder sachkundige Historiker Hermann den Lahmen zu allererst fragen, warum sich ein Reichenauer Benediktiner überhaupt mit dem Astrolab zu beschäftigen wagte, mit einem Sternenmeßgerät, das soeben erst aus dem islamischen Spanien eingeführt worden war. Niemand brauchte es damals wie später Kolumbus zur Standortbestimmung auf dem

Atlantik; statt dessen stand es im begründeten Verdacht, der astrologischen Prognostik zu dienen, also der Sterndeutung.

Wie ein lateinischer Christ die Sterndeutung bewerten müsse, hatte die Enzyklopädie des Spaniers Isidor von Sevilla vor vierhundert Jahren klipp und klar vorgeschrieben: »Gott hat die Sterne zu Anfang der Welt geschaffen und durch ihren sicheren Lauf die Unterscheidung der Zeiten geordnet. Daher widersprechen Beobachtungen dieser Zeichen, ihres Stands in der Geburtsstunde und andere abergläubische Bräuche, die man zur Schicksalserforschung mit der Sternkunde vermengt, zweifellos unserem Glauben und müssen von Christen so mißachtet werden, als wären sie nie geschrieben.« Genauso hatte sich vor dreihundert Jahren der führende Fachmann für lateinische Zeitrechnung, der Angelsachse Beda, entschieden: »Mathematiker möchten, um die Stellung der Gestirne bei der Geburt von Menschen auszuforschen, die Zeit bis in ihre Atome zerlegen, um die Konstellation genauer zu bestimmen und so das Geschick eines Neugeborenen vermeintlich zweifelsfrei festzustellen. Weil das eine nutzlose, unserem Glauben fremde Beobachtung ist, gehen wir nicht weiter auf sie ein.«

Wenn sich Hermann trotz solcher Warnungen intensiv mit einem Gerät zu genauer Sternpeilung und Zeitbestimmung befaßte, muß ihn ein Beweggrund geleitet haben, der alle christlichen Bedenken überspielte, ja den christlichen Glauben tiefer verankerte. Dann stand Hermanns Umgang mit diesem Instrument seiner musikalischen Kunst so nahe wie seiner Geschichtsschreibung. Dann war Hermanns vielgestaltiges Lebenswerk von einem einzigen Kerngedanken geleitet, den wir Modernen und Postmodernen nur deshalb übersehen, weil wir

den religiösen Zusammenhang von Weltbildern unterschätzen. Um ihre Verbindlichkeit zu begreifen, müssen wir mindestens zwei moderne Trennungslinien überschreiten, zwischen Natur- und Geisteswissenschaften und zwischen Wissenschaften und Künsten.
Mit Recht verwies Franz-Josef Schmale 1981 auf die christlichen, besonders die im mönchischen Leben liegenden Erfordernisse, aus denen sich Hermanns ganzes Oeuvre ableiten lasse: »Musik und Musiktheorie dienten der Liturgie; die Arithmetik war Grundlage der Astronomie, die ihrerseits für die richtige Fest- und Zeitberechnung notwendig war, ohne die weder die Liturgie ordnungsgemäß gefeiert werden konnte, noch der Mensch wußte, wie die von Gott in Gang gesetzte geschichtliche Zeit der Menschheit verlaufen war.« So zutreffend diese Kennzeichnung ist, sie gilt für jeden Benediktiner vom 6. bis zum 12. Jahrhundert, für Beda Venerabilis nicht anders als für Walahfrid Strabo, für Ekkehard IV. von St. Gallen so gut wie für Sigebert von Gembloux. Jeder der Genannten studierte um seines mönchischen Lebenszieles willen vielerlei Fächer, von Liturgie und Musik über Rechenkunst und Sternkunde bis zu Geschichtsschreibung und Bibelauslegung. Aber keiner von ihnen ließ sich so gründlich wie Hermann auf astronomische Fragen ein.
Warum tat er es? Man möchte an seine Lage als Außenseiter denken, an die Körperbehinderung, die ihn weithin vom monastischen Tageslauf ausschloß. Der an den Tragstuhl Gefesselte vermochte dem Reichenauer Konvent weder am Altar noch auf der Kanzel, kaum im Chorgestühl und in der Schreibstube zu dienen; doch konnte er seinen Mitmönchen wenigstens die Pflege von Randbereichen abnehmen, die den meisten fernlagen und trotzdem das Ansehen des Klosters hoben.

Dann wäre jedoch zu fragen, wie ein derartiges Privileg für Spezialinteressen mit den Normen der Ordensregel übereinstimmte, mit dem Alltag benediktinischer Abteien, die keine interdisziplinären Akademien, erst recht keine Forschungsinstitute für Naturwissenschaft, sondern Zentren geistlicher Meditation und Aktion sein sollten. Wahrscheinlich hätten die Reichenauer dem Sohn des einflußreichen Grafen von Altshausen eine Sonderstellung zugestanden, wie so manchem Pflegebedürftigen aus dem Adel; doch Hermann selbst sträubte sich vehement dagegen. Er wollte auch nicht zuerst Wissenschaftler im Elfenbeinturm, sondern Mönch unter Mitmönchen sein. So schilderte ihn der Nachruf seines Schülers Berthold von Reichenau; so müssen auch wir ihn begreifen.

Dazu kam freilich eine Besonderheit Hermanns, die Berthold ebenfalls hervorhob, die wachsende Unabhängigkeit von allem, was andere gelehrt hatten, ja sogar von dem, was er selbst behauptete. Er war eben nicht bloß ein gewissenhafter Mönch, sondern wurde auch ein bedeutender Gelehrter; das eine schloß ja das andere seit Cassiodors Zeiten keineswegs aus, auch wenn die Synthese stets nur wenigen glückte. Wir müssen also Hermanns Astrolabschriften in zwei historische Horizonte einordnen, die nicht ganz ineinander aufgingen: in den geistlichen Gesichtskreis des Klosters, der während der Abtszeit Berns von 1008 bis 1048 fest umrissen war, und in das gelehrte Blickfeld des Mönches, das sich zwischen etwa 1030 und 1054 beträchtlich ausweitete.

Astrolab und Klosterreform

Wie und weshalb die Abtei Reichenau um die Jahrtausendwende, etwa ein Jahrzehnt vor Hermanns Geburt, auf das Astrolab aufmerksam wurde, konnte ich mithilfe eines Fundes im Konstanzer Stadtarchiv klären, dessen Ausgabe und Auswertung 1989 als Buch erschien; deshalb fasse ich mich dazu hier kurz. Das Astrolab, eine flache, transportable Scheibe zur Messung von Fixsternen und Planeten, war in der hellenistischen Spätantike erfunden worden, wohl von vornherein für die Berechnung von Horoskopen gedacht. Voll ausgebildet wurde seine seither übliche Form wahrscheinlich erst im byzantinischen Frühmittelalter, das ihm zusätzliche, nämlich rein astronomische und geometrische Funktionen beilegte. Jedoch erlangte es im orthodoxen Byzanz wegen der astrologischen Zielsetzung keine allgemeine Anerkennung und Verbreitung.

Anders im islamischen Kulturkreis, der das Astrolab seit dem 9. Jahrhundert übernahm, zunächst in Syrien, Mesopotamien und Ägypten. Hier half es bei der gewissenhaften Erfüllung von drei religiösen Grundpflichten im Islam, bei der Ermittlung der Gebetsrichtung nach Mekka, der fünf täglichen Gebetszeiten, die sich nach dem Sonnenstand richten mußten, und des Fastenmonats, dessen Beginn und Ende vom Neumond abhingen. Erst der Islam machte das Astrolab zum kultischen Zeitmesser, für eine Religion, die ohnehin an den gottgegebenen Einfluß der Gestirne auf das Menschenlos glaubte. Deshalb nutzten fromme Muslime auch die astrologischen Möglichkeiten des Instruments unbedenklich; es erkundete ja lediglich die Signale, mit denen Allah ihr vorbestimmtes Schicksal steuerte.

Die griechische Erbschaft vermittelte dem Islam überdies fast alle naturwissenschaftlichen Kenntnisse, mit denen die Antike ihre irdische Umwelt scharfsinnig durchdrungen und wohnlich eingerichtet hatte, arithmetische, geometrische, astronomische, astrologische, medizinische, technische Theorien und Fakten zuhauf. Die darauf zugeschnittenen islamischen Astrolabien waren Meisterwerke universaler Gelehrsamkeit, ornamentaler Schönheit und handwerklicher Präzision, geradezu Sinnbilder einer raffinierten Hochkultur. Sie kamen seit etwa 960 über das Mittelmeer nach Südspanien, in das Kalifat von Córdoba, und damit in den Gesichtskreis des christlichen Europa und der lateinischen Bildung.

Sie besorgte sich zuerst nicht die Instrumente selbst, sondern Schriften über sie. Die ersten fragmentarischen Traktate vom Astrolab drangen in den 970er Jahren aus dem islamischen Andalusien in das christliche Katalonien und wurden dort vom Arabischen ins Lateinische übersetzt, übrigens sofort mit Vorbehalten gegenüber der Sterndeutung versehen. Was die Christenheit sonst mit dem Astrolab anfangen sollte, war anfangs unklar, zumal da die Anleitungen, mit arabischen Fachausdrücken gespickt, für Lateiner vorerst fast unverständlich blieben. Diese Texte kamen nun um 995 aus Barcelona und Gerona über die Pyrenäen herüber, nicht nur nach Reims, in die Domschule, die durch Gerbert von Aurillac geprägt war, sondern auch in das Kloster Fleury bei Orléans, dessen Abt Abbo gerade dabei war, das benediktinische Leben umzugestalten.

Die französische und deutsche Forschung hat diese Variante der Klosterreform lange hinter denen von Cluny und von Gorze zurückgestellt; erst die Arbeiten des Belgiers André van de Vyver und des Niederländers Marco Mostert bahnen einen Wandel an. Im Mittelpunkt von Abbos Bestrebungen stand die Wahrnehmung der gestundeten Zeit, des Augenblicks und des Zeitpunkts, nicht so, als werde demnächst, im Jahre Tausend, die ganze Welt untergehen, aber so, daß jeder einzelne Mönch auf seinen Tod hin lebte und die gesamte Kirche sich ihrer irdischen Vorläufigkeit bewußt blieb. Die Adligen und Bauern des frühen Mittelalters hatten Zeit großzügig und vage ausgelegt, ihre Liturgie und Ökonomie auf Kirchenjahr und Osterfest, auf Menschenalter und Jahreszeit gegründet, auch ihre Zeitrechnung auf Sonnenjahr und Mondmonat beschränkt; kleinere Zeiteinheiten als die Stunde eines Sonnentages waren noch einem Beda als astrologische Haarspalterei erschienen. Nun aber wollte Abbo von Fleury das Tagewerk der Mönche genauer bemessen, damit sie wirken könnten, solange noch Tag wäre.

Abbo selber verfaßte zwischen 978 und 1004 als Hauptwerk ein Lehrbuch der mathematischen Zeitrechnung, in dem er sich allerdings noch mit den ganzen Tagen des römischen und kirchlichen Kalenders begnügte. Zeit wurde bis dahin ja nur mit Sonnenuhren, Wasseruhren oder Kerzen gemessen; sie zeigten die Stunden bloß ungefähr an. Nicht genauer wußten die Geistlichen ihre Stundengebete von der Matutin bis zur Komplet anzusetzen. Wohl gliederte die seit der Karolingerzeit allgemein eingeführte Glocke den Tageslauf jeder Gemeinde einheitlich; doch im Grund hing es vom Belieben des Glöckners ab, wann das alltägliche Chorgebet und die sonntägliche Messe begannen. Es war schon eine radikale Neuerung, daß Abbo von Fleury unerbittlich auf genaue Beobachtung und Berechnung der Zeiten drang, vom Augenblick der Weltschöpfung über das Jahr von Christi Geburt und den Festtag Sankt Benedikts bis zum heutigen Stundenplan im Konvent.

Jetzt bemerkten einige Mönche in Fleury, daß das neu aufgetauchte Astrolab eine genauere Uhr anbot, die auch Bruchteile von Stunden exakt zu bestimmen, also das Reformwerk Abbos zu intensivieren erlaubte. Wenn Gott durch die Himmelsleuchten den Menschen die Naturzeit präzise anzeigte, mußten sich zuvörderst die Mönche nach dieser Vorgabe des Schöpfers richten; wenn ihnen Gott in diesen Tagen mit dem Astrolab ein Hilfsmittel zur Feingliederung der Zeit bescherte, konnten sie ihre fromme Bemühung endlich ganz auf gelehrte Erkenntnis gründen, von ihrem Glauben wahrlich Rechenschaft geben. Dieser Gedanke, in dem Gottverlangen und Wissenschaft zusammenklangen, war seit Cassiodors Tagen ein Wunschtraum der Benediktiner; jetzt konnten sie an seine Verwirklichung gehen. Er wurde auch dem jungen Bern mitgegeben, der um 994 in Fleury studierte. Genau in diesen Jahren entstand in Fleury das erste lateinische Lehrbuch der Astrolabkunde, aus mehreren Einzelstücken zusammengefügt. Und Bern brachte, als ihn Kaiser Heinrich II. 1008 zum Abt der Reichenau ernannte, dieses Lehrbuch an den Bodensee mit; zwei Blätter von der Reichenauer Kopie fand ich 1984 im Konstanzer Stadtarchiv wieder.

Studien zur Zeitrechnung

Nun war Bern von Reichenau in den ersten Jahrzehnten seiner Abtszeit zu sehr mit Kirchen- und Reichspolitik beschäftigt, um Astrolabien zu bauen. Auch als er in den 1030er Jahren geistliche Reformen in Abbos Geist voranzutreiben begann, lagen ihm andere Vorhaben mehr am Herzen. Bern veranlaßte eine bislang der Forschung ganz unbekannte Neufassung von Abbos Lehrbuch zur Zeitrechnung, einen *Compotus Augiensis*, und, damit zusammenhängend, die Kompilation eines Geschichtswerks, das späteren Sachkennern als »Reichenauer Kaiserchronik« vertraut ist. Parallel dazu lief die Neubearbeitung eines St. Galler Martyrologiums, also eines ausführlichen Heiligenkalenders; Bern übertrug sie niemandem anders als dem etwa zwanzigjährigen Hermann dem Lahmen.

Dabei stieß Hermann erstmals auf Probleme der Zeitrechnung, zum Beispiel auf die Frage, an welchem Tag der Evangelist Markus, dessen Reliquien auf der Insel lagen, in Alexandria hingerichtet worden war. Da man Markus an einem Ostermontag umgebracht hatte, hing die exakte Datierung seines Festes von den frühchristlichen Osterbräuchen im Orient ab. Und sie stimmten offenbar nicht zum 25. April, den die Lateiner überliefert hatten. Hermann stellte die Differenz bloß fest und forderte keine Verlegung des Markustages oder gar des Osterfestes. Er verfolgte mit dem Martyrologium keinerlei private Interessen, sondern führte lediglich den Auftrag des Abtes nach besten Kräften aus, und als Bern das übliche Datum des Markusfestes beibehielt, nahm auch Hermann es hin.

Unverkennbar folgten alle Reichenauer Arbeiten der 1030er Jahre den Anschauungen Berns. Er sah Zeit im Rahmen kosmischer und liturgischer Harmonie. Die Mönche sollten ihn so ausfüllen, daß ihre Emotionalität und ihre Rationalität zusammenstimmten. Dafür mußten sie den Chorgesang musiktheoretisch unterbauen, den Heiligenkalender philologisch überprüfen, aus annalistischen Notizen eine Kaiserchronik seit Christi Geburt zusammentragen und das Kirchenjahr nach dem Lauf von Sonne und Mond einrichten. Auch Berns Bau-

tätigkeit, die in der Einweihung der Markuskirche 1048 gipfelte und endete, diente derselben Vergegenwärtigung des Ewigen, mit deren vernünftiger Begründung die Reichenauer Mönche die irdische Welt in leidenschaftliche Bewegung zu setzen hofften.
Bei alledem war das Astrolab kaum vonnöten. Bern selbst verlor kein Wort darüber, und noch um 1040 kam niemand in Deutschland auf den Gedanken, daß es für geistliche Zeitnutzung und Lebensführung unentbehrlich sei. Man höre nur, was der Geschichtsschreiber des Klosters St. Gallen, Ekkehard IV., vom Astrolab zu melden wußte. In einer Dichtung schrieb er zwischen 1025 und 1035, daß den heiligen drei Königen ein leuchtender Stern den Weg zur Krippe nach Bethlehem gewiesen habe, nicht etwa der Zahn eines Astrolabs. Ekkehard kannte das Gerät und wußte, daß diese Zähne Sternmarken zum Anpeilen von Fixsternen waren; doch er schrieb, der heidnische König Ptolemäus habe die Zähne nur für magische Künste erfunden. Bloß ein kleiner Teil des Instruments, die Rückseite mit einem Schattenquadrat und gebogenen Stundenlinien, sei durch das Alte Testament geheiligt und unbefleckt von astrologischem Trug.
Ekkehard respektierte das Astrolab also bloß als verfeinerte Sonnenuhr zur Feststellung der Tagesstunden, nicht für die Messung nächtlicher Sternbewegungen. Er hatte in jungen Jahren, um 1010, noch anders gedacht und vermutet, daß die christliche Zeitrechnung, die sogenannte Komputistik, nicht genau genug vorgehe. Um den Mondlauf mit dem Ostertermin in Einklang zu bringen, müsse man eigentlich mit Bruchteilen von Stunden rechnen. Doch sein Lehrer Notker der Deutsche hatte ihm solche Bedenken mit Zitaten nach Beda ausgetrieben: Was ein Christ, gar ein Mönch von der

Zeit erfuhr, lehrte ihn auch ohne Rechenkunst, wie kurz sein irdischer Aufenthalt bemessen war, und was er am Himmel erblickte, zeigte ihm auch ohne Sternkunde, wo sein Weg in die Ewigkeit führte. Nicht mehr zu wissen, als man für das Seelenheil braucht, war ja auch eine benediktinische Weisung, und die meisten Mönche folgten ihr gern.

Eben jene Zweifel, die Notker der Deutsche abgetan hatte, überfielen Hermann den Lahmen, als er 1042 das jüngste Handbuch seiner Reichenauer Mitmönche zur Zeitrechnung durchsah. Die Tabellen des *Compotus Augiensis* verfehlten noch immer, wie Bedas und Abbos Lehrbücher, den tatsächlichen Eintritt des Frühlingsvollmondes um mehrere Tage. Damit verfälschten sie den Einklang von Weltschöpfung und Heilsgeschichte, die naturgetreue Feier der Auferstehung Christi, den Sieg des Frühlingslichts über die Winternacht. Die Abweichung kam offenbar daher, daß jeder Kalender lediglich mit ganzen Tagen rechnen konnte, daß Gott aber die Umläufe von Sonne, Mond und Sternen nach kleineren Zeitmaßen geordnet hatte.

Hermann suchte diesem Mißstand abzuhelfen, indem er den Mondmonat bis in Bruchteile von Stunden arithmetisch errechnete. Dazu mußte er nicht nur auf die von Beda verpönten Atome zurückgreifen, sondern völlig neue Verfahren des Bruchrechnens entwickeln, zum Befremden gelehrter Zeitgenossen, wie des Konstanzer Domschulmeisters Meinzo. Es stand Hermann klar vor Augen, daß er damit die gewohnten Bahnen mönchischer Bildung verließ, daß er nicht mehr im Auftrag seiner Abtei arbeitete. Fortan tauchte in allen seinen Schriften immer wieder das Wort »Ich« auf; es bezeugte nicht das individuelle Selbstbewußtsein, sondern die persönliche Verantwortung des Autors.

In seiner Abhandlung über Zeitrechnung, der *Abbreviatio compoti* von 1042, bewertete Hermann die Zeit als kurzen Moment, weit radikaler als Abbo und Bern. Er löste damit in Europa langfristige Wandlungen des Zeitverständnisses aus; in 20 Handschriften liegt uns dieses Werk heute noch vor. Es fand auch im Reichenauer Konvent und in anderen deutschen Klöstern viel Zustimmung, weniger der neuen Einzelergebnisse wegen als weil es mit klaren Worten ein deutliches Ziel verfolgte, die verständige Nutzung der knapp bemessenen Lebenszeit. Daß nicht nur für den Festkalender der Zeremonienmeister, sondern für den Alltag jedes Einzelmenschen alles auf die Wahrnehmung der Stunden, Minuten und Atome ankomme, predigte auch Hermanns moralische Lehrdichtung um 1044.

Er verstand seine Arbeit nach wie vor nicht als privates Steckenpferd, sondern als Aufruf der Mitmenschen zur Umkehr, der einem Mönch wohl anstand. Ferner nutzte er die neuen Erkenntnisse nach Berns Tod 1048 für die Darstellung der Geschichte von römischem Reich und christlicher Kirche. Seine Chronik korrigierte seit 1048 die komputistischen Daten der »Reichenauer Kaiserchronik« mit astronomischen Methoden. Auch dies geschah nicht allein der arithmetischen Genauigkeit wegen, sondern um die Mächtigen dieser Erde nachdrücklich an das Gewicht des Augenblicks zu erinnern.

Hermanns Weg zum Astrolab

Eine Mondfinsternis brachte Hermann dem Lahmen 1049 die bedrückende Gewißheit, daß er selber den richtigen Moment verfehlt, sich bei der Feststellung des

Mondmonats um 12 1/2 Stunden verrechnet hatte. Sofort machte er sich an die Korrektur seiner *Abbreviatio compoti* und arbeitete anhand der antiken Lehrbücher von Macrobius und Calcidius neue Theorien und Formeln zur Vorausberechnung von Sonnen- und Mondfinsternissen aus. Diese Schrift *Prognostica* sollte den Mitmenschen die Furcht vor unberechenbaren, apokalyptischen Himmelszeichen nehmen und sie ermutigen, sich in Gottes kosmische Gesetze zu vertiefen und sie auf Erden durchzusetzen. Hermann argumentierte hier freilich viel zu anspruchsvoll kosmologisch, als daß die *Prognostica* in deutschen Klöstern weite Verbreitung gefunden hätten; ich kenne nicht mehr als acht Handschriften, die meisten von Spezialisten für Astronomie kopiert.

Gewöhnlichen Sterblichen, auch Reichenauer Mönchen boten sie keine schlichte Nutzanwendung mehr, nicht einmal die früheren bequemen Tabellen zum Nachschlagen, bloß noch generelle Formeln, in die der Benutzer seine momentanen Daten selbst einsetzen mußte. Hermann appellierte jetzt ausdrücklich an künftige Fachleute, seine Methode zu kontrollieren und zu korrigieren. Zudem gestand er seine wachsenden Zweifel, ob Zeit mit ausschließlich arithmetischen, komputistischen Verfahren überhaupt noch zu fassen sei. Die Wahrheit der Natur erschloß sich doch nicht allein, nicht einmal zuerst der selbstgewiß berechnenden Vernunft, *ratio,* sondern der demütig messenden Beobachtung, *experientia.* Ihr aber verschrieben sich mit der nötigen Ausdauer nur ein paar Fachleute.

Zum Beispiel hätten lateinische Christen, um die Zeitmessung zu verbessern, neuerdings das Astrolab heranziehen können. Aber was taten die meisten statt dessen? Sie schrieben reihenweise lückenhafte Anleitungen nach, die schlecht ins Lateinische übersetzt waren und die kein Mensch wirklich verstand. Ein auswärtiger Freund namens Berengar, vermutlich der Lütticher Domschule nahestehend, hatte Hermann seit langem bedrängt, er solle doch endlich eine klare Beschreibung dieses Geräts liefern. Hermann wußte selber, daß die vorliegenden Darstellungen, auch die im Lehrbuch aus Fleury, »verwirrt, dunkel und allenthalben verstümmelt« waren. Einzelne Schulen, wie die in Lüttich, brüsteten sich inzwischen mit ihrem Geheimwissen vom Astrolab, doch sie hüteten sich wohlweislich, es publik zu machen.

Hermann hatte sich mittlerweile aus Lüttich den vollständigen Text eines älteren Handbuchs zur Astrolabkunde besorgt, von dem er Ausschnitte schon aus dem Lehrbuch von Fleury kannte. Dieses Handbuch war um 990 im Kreis um Gerbert von Aurillac entstanden, beschrieb aber bloß den Gebrauch, nicht den Bau eines Astrolabs, ziemlich sprunghaft zudem. Wie man um 1025, ebenfalls aus Lüttich, erfahren konnte, waren sogar die sachverständigsten Lateiner angewiesen auf Modelle fertiger Astrolabien, die sie bloß nachbauten, und noch nicht imstande, das Instrument rechnerisch und technisch konsequent zu entwickeln. Hermann besaß außerdem die modernere Bauanleitung für ein Astrolab, die ein Ascelin von Augsburg in Zusammenarbeit mit französischen Benediktinern nach der Jahrtausendwende verfaßt hatte; aber deutlicher als die Spanier und die Franzosen drückte sich der alemannische Landsmann auch nicht aus.

Man darf Hermann aufs Wort glauben, was er im Widmungsbrief an Berengar schrieb, daß er lange zögerte, sich auf die enorme Vermittlungsarbeit einzulassen. Er betonte aus gutem Grund, daß er bloß dem Freund einen Wunsch erfüllen, nicht die Sache selbst erschöpfen könne. Wer heutzutage den komplizierten Aufbau eines Astrolabs erklären möchte, bekommt selbst von bedeutenden Gelehrten dasselbe zu hören, was Hermann ohne weiteres zugab: Das Astrolab sei ein verwickeltes Ding, *intricata res.* Dahinter versteckt sich nach wie vor, was Hermann schonungslos beim Namen nannte: die Scheu der normalen Wissenschaft, sich mit Querstehendem ernsthaft auseinanderzusetzen.

Diese Scheu war Hermann nicht fremd. Aber das Astrolab war nun einmal die einzige genaugehende Uhr, über die sein Zeitalter verfügte, und nachdem alle anderen Verfahren der Zeitbestimmung den Ansprüchen Hermanns an Präzision nicht genügt hatten, verbiß er sich selber um 1050 in diese schwierigste Aufgabe seines Lebens. Es wurde seine persönlichste, gleichwohl noch immer keine private Angelegenheit. Denn wenn sie gelänge, wäre es mit der Geheimniskrämerei der Experten und Schulen vorbei. Jeder, der Lateinisches zu lesen verstünde, einen klaren Kopf und eine geschickte Hand besäße, könnte dann einen zuverlässigen Zeitmesser bauen und damit seine Momente auf Erden voll ausschöpfen, ohne die ewigen Bahnen der Himmelskörper aus dem Blick zu verlieren.

Wie Hermann die Aufgabe im einzelnen löste, kann ich hier nicht vorführen, ohne auf die geometrische Theorie des Astrolabs einzugehen, und das würde viel Zeit kosten und wenig Nutzen bringen. Hermann selber begriff nicht alle Details der zugrundeliegenden stereographischen Projektion; darüber gab es kein lateinisches Lehrbuch. Das griechische des alexandrinischen Astronomen Ptolemaios wurde erst hundert Jahre später aus dem Arabischen übersetzt, und erst zweihundert Jahre nach Hermann schrieb ein Pariser Mathematiker eine eigenständige Geometrie der Projektion. Hermann mußte also anders vorgehen, sich wie die Lütticher ein fertiges Astrolab besorgen, es genau betrachten und zuerst überlegen, was die vielen Kreise, Kurven und Geraden bedeuten sollten; dabei kamen ihm die vagen Umschreibungen der Handbücher zu Hilfe.

Aufbau des Astrolabs

Die kosmologischen Grundzüge des Aufbaus begriff er mühelos. Das Astrolab ist ein Himmelsmodell, von einem imaginären Standpunkt außerhalb der Himmelskugel betrachtet, und zwar so, daß der Beschauer am Himmelssüdpol steht und nach dem Himmelsnordpol blickt. Die Himmelskugel ist aus ihren drei Dimensionen auf die zwei Dimensionen einer kreisrunden Scheibe, die Ebene des Himmelsäquators projiziert. Der Äquator selbst stellt sich dann als mittlerer Kreis dar, konzentrisch dazu die beiden Wendekreise der Sonnenbahn, als kleinerer der nördliche des Krebses, der südliche des Steinbocks die ganze Scheibe füllend. Hinzu kommen eine senkrechte Gerade durch den Mittelpunkt, der Ortsmeridian, und eine waagrechte Gerade, die Ost-West-Linie. Hermann schildert diese Bestandteile im ersten Kapitel und erläutert ihre Konstruktion, hier wie im Folgenden auch durch höchst präzise geometrische Zeichnungen.
Der Erdkreis erscheint auf dem Astrolab nicht, jedoch wird vorausgesetzt, daß er inmitten der sich drehenden Himmelskugel feststeht. Nun muß aber der faktische Standort des Beschauers, wenigstens dessen geographische Breite, berücksichtigt werden, nämlich durch

Höhenkreise, deren Grenze in der Horizontebene des Beschauers, deren Zentrum in seinem Scheitelpunkt liegt. Weil jedoch die Erdachse schief zum Himmelsäquator steht, sind Horizontkurve und Höhenkreise nicht konzentrisch, sie müssen für jede Breite anders konstruiert werden; das Astrolab braucht also, wenn es an verschiedenen Orten benutzbar sein soll, mehrere Einlegescheiben für diese Linien. Wie man sie konstruiert, beschreibt Hermanns zweites Kapitel.
Ein drittes System von Kreisen bilden die Stundenkurven, von denen Hermanns drittes Kapitel spricht. Sie bezeichnen nicht unsere immergleichen 24 Äquinoktialstunden von je 60 Minuten, sondern die 12 je nach geographischer Breite unterschiedlich langen, stets ungleichen Stunden des Tages und der Nacht. Damit diese Stundenkurven nicht die Höhenkreise verwirren, legt man sie durchweg unter die Horizontkurve, in den unteren Teil der Scheibe, wo sie, direkt abgelesen, nur die Nachtstunden bezeichnen. Man erhält feste Stundenpunkte durch Zwölfteilung der Horizontkurve, aber auch die Stundenkreise verlaufen nicht konzentrisch; man muß ihre zwölf Mittelpunkte für jede Breite gesondert aufsuchen, bevor man den Zirkel von dort durch die zwölfgeteilte Horizontkurve ziehen kann.
Über der fest installierten Einlegescheibe mit diesen drei Kreissystemen dreht sich die sogenannte Spinne. Sie ist in der Hauptsache ein Abbild des Tierkreises, also auch der wichtigsten Fixsterne, und zugleich der Ekliptik, also der gegen den Äquator geneigten Sonnenbahn. Sie muß gegenüber der Einlegescheibe exzentrisch angeordnet sein, aber beim Wechsel des Standorts nicht verschoben werden. Wie man sie zeichnet, stellt Hermann im vierten Kapitel dar. Das fünfte handelt von der äußerst schwierigen Verteilung der zwölf Tierkreiszeichen

auf den Kreis der Ekliptik; um den schiefen Tierkreis auf die Äquatorebene zu beziehen, muß man wieder mit ungleichen Abständen operieren. Die Position der wichtigsten Fixsterne im Tierkreis ist das Thema des sechsten Kapitels. Hierbei sind die Himmelskoordinaten der einzelnen Sterne, bei Hermann 27 an der Zahl, genau zu beachten und zu übertragen. Nun braucht man am Außenrand des Astrolabs noch eine Skala mit den 360 Graden eines Kreises; ihrer Einrichtung geht Hermann im siebenten Kapitel nach.

Das achte wendet sich der Rückseite des Astrolabs zu. Auch hier ist am Außenrand eine 360-Grad-Skala anzubringen, vielleicht bei Hermann schon so viergeteilt, daß die Zählung jeweils in der Horizontalen bei null Grad beginnt und in der Vertikalen bei 90 Grad endet. Hinzu kommen zwei kleinere Kreisskalen, die äußere für die 360 Grad von Tierkreis und Ekliptik, die innere für die 365 Tage des Sonnenjahrs. Über diesen drei Skalen der Rückseite dreht sich die Visiereinrichtung, mit der man die Gradhöhe der Sonne oder eines Sterns anpeilen kann. Das neunte und letzte Kapitel Hermanns beschreibt, wie auf der Rückseite ein Schattenquadrat anzuordnen ist, mit dem man geometrische und geodätische Messungen ausführen kann.

Wie sich der Benutzer all dieser Vorkehrungen bedient, ist nicht mehr das Thema von Hermanns Abhandlung. Ihm selber war die Handhabung des Astrolabs so sehr in Fleisch und Blut übergegangen, daß er bloß sagte: »Wenn man die Spinne über der Einlegescheibe für irgendeine Breitenzone dreht, erscheinen auf der Einlegescheibe darunter alle Umrisse dieser Erdzone und man erkennt ganz klar den Aufgang, den Untergang, die Gradhöhe der Tierkreiszeichen und Einzelsterne und die richtige Stunde. Das kann jeder feststellen, der es wissen will, durch Erfahrung und Übung in dieser Kunst.«

Um die Reichweite dieses lakonischen Satzes zu erläutern, beschreibe ich die nötigen Handgriffe am einfachsten Beispiel, einer Zeitmessung bei Tage, und wähle als Zeitpunkt den 24. Juni 16 Uhr, als Standort Konstanz. Man läßt das Astrolab frei herabhängen, dreht seine Schmalseite zur Sonne und peilt sie mit der Visiereinrichtung der Rückseite an. Am Außenrand zeigt das Lineal auf die Gradhöhe der Sonne; sie erreicht zu dieser Tageszeit Ende Juni in Konstanz etwa 50 1/2 Grad. Man merkt sie sich vor. Nun sucht man auf der Tierkreisskala, immer noch auf der Rückseite, den Sonnenstand im Tierkreis am Kalendertag der Beobachtung heraus, den sogenannten Ekliptikpunkt; das wäre am 24. Juni der achte von 30 Graden im Zeichen des Krebses. Auch diese Zahl behält man im Kopf. Dann geht man auf die Vorderseite über und sucht denselben Ekliptikpunkt im Tierkreis, also Krebs Grad 8, auf der Skala der Spinne heraus. Anschließend dreht man die ganze Spinne solange, bis der Ekliptikpunkt genau über dem Höhenkreis 50 1/2 der Einlegescheibe liegt, welcher jener zuerst gemessenen Sonnenhöhe von 50 1/2 Grad gleichkommt. Nun ist das Astrolab auf den Sonnenstand im gegenwärtigen Moment eingestellt.

Will man dessen Uhrzeit ablesen, so muß man beachten, daß die Stundenkurven Nachtstunden wiedergeben; bei einer Tagmessung wählt man also denjenigen Punkt der Tierkreisskala auf der Spinne, der dem Ekliptikpunkt diametral gegenüberliegt; in unserem Beispiel wäre das Gegenüber zum 8. Grad Krebs der 8. Grad Steinbock. Wie dieser Punkt zwischen die darunterliegenden Stundenkurven der Einlegescheibe trifft, das gibt die Uhrzeit an. Das wäre in unserem Fall der Beginn

der achten Tagesstunde, moderne Sommerzeit ungefähr 16 Uhr. Bei einer nächtlichen Messung würden wir statt der Sonne einen Fixstern anvisieren, seine Sternmarke auf der Spinne auf die Gradhöhe der Einlegescheibe eindrehen, den Ekliptikpunkt der Sonne ermitteln und direkt unter ihm die Nachtstunde ablesen. Ähnlich könnten wir den Zeitpunkt feststellen, an dem die Sonne oder ein Stern aufgeht und untergeht, auch die Situation am Himmel für jedes vergangene oder zukünftige Datum vergegenwärtigen.
Um keine modernistischen Illusionen von der Genauigkeit solcher Messungen zu nähren: Frühe und kleine Astrolabien hatten eine Schwankungsbreite von etwa 20 Minuten, spätere und größere von 2 Minuten. Aber noch die Räderuhren des 15. Jahrhunderts leisteten sich Abweichungen von mehr als 30 Minuten. Erst die modernen Chronometer liefen seit dem 17. Jahrhundert dem Astrolab den Rang als genaueste Zeitmesser ab, und erst damit war die Epoche des Astrolabs vorbei.

Neuerungen in der Zeitmessung

Hermanns Hauptproblem lag weder in der theoretischen Grundlegung des Astrolabs, von der er gar nichts erfuhr, noch in seiner praktischen Handhabung, die er vollendet beherrschte. Er mußte zum einen die für ein mediterranes Astrolab gültigen Bedingungen auf mitteleuropäische Breitengrade übertragen und zum andern diese Kurven mit Zirkel und Lineal auch aufs Pergament bringen. Das war schwerer, als wenn er die Konstruktion auf die Grundsätze der Kugelprojektion hätte zurückführen und von einem dreidimensionalen

Himmelsmodell ableiten können. Denn daß das Astrolab die Wendekreise des Himmels auf eine Ebene projizierte, war leicht gesagt, ebenso, daß auf dieser Scheibe der Süden oben, der Osten links lag. Nicht so einfach war herauszufinden, welche Abstände die drei Hauptkreise der Sonnenbewegung auf der Scheibe voneinander einhalten mußten. Es leuchtete auf Anhieb ein, daß man auf der Reichenau eine Einlegescheibe für 48 Grad nördlicher Breite benötigte. Aber diesen Winkel mit dem Zirkel abzuteilen, dann die dazu passende Horizontkurve zu zeichnen und ihr schließlich die Höhenkreise richtig zuzuordnen, erforderte beträchtliche Umsicht. Daß es zwölf Stundenlinien geben mußte, ließ sich so gut begreifen wie daß die sechs früheren rechts, die sechs späteren links lagen; aber wie traf man die zwölf Mittelpunkte der Stundenkreise für 48 Grad nördlicher Breite?

Das vertrackteste Unternehmen war der Entwurf der exzentrischen Spinne mit der schiefen Ekliptik, den Abteilungen im Tierkreis und den Fixsternmarken. Hier beschrieb Hermann alle Einzelheiten besonders geduldig, auch diejenigen, die er gar nicht brauchte. Zum Beispiel sah er, daß auf der Reichenau mehrere Fixsterne arabischer Astrolabien stets unter dem südlichen Horizont verschwanden; trotzdem teilte er auch ihre Himmelskoordinaten mit. Sein Astrolab sollte Italienern und Angelsachsen die Zeit ebenso richtig anzeigen wie den Alemannen.

Die wichtigsten Neuerungen, die Hermann einführte, betrafen eben die christliche Zeitmessung. Muslime in Südspanien hatten für den islamischen Mondkalender keine Skalen des römischen Sonnenjahrs gebraucht, immerhin für lateinische Benutzer schon eine grobe Einteilung auf der Rückseite ihrer Astrolabien angebracht, eine Gliederung des Jahres in 360 Tage, den 360 Graden eines Vollkreises entsprechend. Hermann schrieb nun genau vor, wie die einzelnen Tage und Monate des römisch-christlichen Jahrs von 365 Tagen aufzugliedern und in Skalenstriche zu übertragen waren. Er nahm auch Rücksicht auf die verschiedene Dauer der römischen Monate und auf die Siebentagewoche.

Außerdem korrigierte er den astronomischen Jahresanfang, die Tag- und Nachtgleiche im Frühjahr. Bei den Lateinern war sie bisher, der üblichen Osterfestberechnung folgend, auf den 21. März gelegt worden, und seit der Kalenderreform des 16. Jahrhunderts fällt sie wieder auf diesen Tag. Zu Hermanns Zeit aber hatte sich das Äquinoktium längst nach vorn verschoben, wie der Mondmonat, und trat spätestens am 18. März ein, wenn die Sonne im ersten Grad des Widders stand. Nach dieser Datierung, die Hermann als die der *moderni* bezeichnete, bemaß er die Jahresskala und die Tierkreisskala auf der Rückseite des Astrolabs.

Selbstverständlich ließ er eine zentrale Besonderheit islamischer Astrolabien ganz weg, die Einteilung des Himmels und der Einlegescheibe in zwölf astrologische Häuser. Auch viele andere Zusätze verschmähte er; zu einem Universalinstrument nach arabischem Vorbild wollte er das Astrolab nicht ausbauen. Da er wenigstens das Schattenquadrat aufnahm, konnte er am Ende der Beschreibung sagen, dieses Instrument sei auch für geometrische Zwecke geeignet; aber zugleich unterstrich er noch einmal, daß es vor allem zur *astronomica horologicave disciplina* gehörte. Von der Komputistik schwieg er nun ganz. Das neue Gerät benutzte die Sternkunde nicht mehr zur Sterndeutung, nicht mehr zur Zeitrechnung, sondern nebenbei zur Streckenmessung, hauptsächlich zur Zeitmessung.

Hermanns Schrift über den Bau des Astrolabs bestimmte den Fortgang seiner Arbeiten in den wenigen Jahren, die ihm noch vergönnt waren. Zunächst hielt er es für erforderlich, der Bauanleitung eine dazu passende Gebrauchsanweisung nachzuschicken. Zu diesem Zweck überarbeitete er, wie vor kurzem Werner Bergmann überzeugend nachgewiesen hat, die Gebrauchsanweisung aus Gerberts Reimser oder Lütticher Schule von etwa 990 so, daß sie mit seiner Bauanleitung übereinstimmte. Damit schloß er die Kluft zwischen manuell erworbener Praxis und literarisch vermittelter Theorie der Zeitmessung. Künftig konnte jeder, der ein Astrolab zu bauen verstand, es bei einiger Erfahrung und Übung auch benutzen. Nicht umsonst schrieben vor allem Gelehrte in westeuropäischen Universitätsstädten beide Schriften Hermanns eifrig nach, die Bauanleitung in wenigstens 51 Fällen. Hermanns Gebrauchsanweisung wurde nur fünfmal kopiert und setzte sich gegen ihre Vorlage nicht durch. Doch seine Bauanleitung wurde zum Standardwerk für wissenschaftliche Zeitbestimmung bis ins 14. Jahrhundert.
Was Hermann gern *astrolabii experientia* nannte, führte ihn schließlich über die Neubearbeitung abgegriffener Texte hinaus zur Erfindung eines neuartigen Instruments. Den Bau dieser Säulchen-Sonnenuhr erklärte er seinem Bruder Wernher kurz vor 1053, kurz vor seinem eigenen Tod schriftlich, und diese knappe Abhandlung wurde fast überall seinen beiden anderen Astrolabschriften beigefügt, in mindestens 44 Handschriften. Denn seine Sonnenuhr war nicht von der bis heute gewohnten Art, sondern die vereinfachte Ausführung eines Astrolabs. Sie zeigte die Tagesstunden viel exakter als jede Sonnenuhr an, aber lediglich für einen festen Standort, also ohne Einlegescheiben, und nur die Tages-

stunden, also ohne Spinne mit Tierkreis und Fixsternmarken.
Zu ihrer Konstruktion verwendete Hermann das Astrolab als Rechenmaschine; dort konnte er ohne langwierige Einzelmessungen ablesen, welche Gradhöhe die Sonne in den einzelnen Monaten des Jahres erreichte. In der Grundtabelle Hermanns findet man zum Beispiel ganz schnell, was ich vorhin mit dem Astrolab vorführte, daß die Sonne zu Beginn des Zeichens Krebs, also während der zweiten Junihälfte, in der achten Tagesstunde 50 1/2 Grad über dem Reichenauer Horizont steht. Die Gradzahlen dieser Tabelle wandelte Hermann mithilfe einer geistreichen geometrischen Figur in proportionale Teilstrecken um; man konnte sie mit dem Zirkel abgreifen und als Stundenkurven auf den Monatslinien eines senkrechten Zylinders abtragen. Um den Kopf dieses Zylinders war ein Schattenstab von bestimmter Länge drehbar angeordnet. Wenn man diesen Stab auf den betreffenden Monat einstellte und dann nach der Sonne richtete, zeigte die Schattenlänge am Zylinder die exakte Ortszeit an.
Die Säulchen-Sonnenuhr wiederholte somit die Vorrichtungen auf der Rückseite des Astrolabs, war jedoch billiger zu bauen, leichter zu handhaben und bequemer zu transportieren. Hermann richtete auch dieses Gerät so ein, daß es Entfernungen und Höhen auf der Erdoberfläche messen konnte, nannte es aber nach dem Hauptzweck Wanderer-Uhr, *horologium viatorum.* In Westeuropa wurde es bis ins 20. Jahrhundert als Hirtenuhr viel benutzt, als Zeitmesser für alle, die in einer überschaubaren Landschaft lebten und deren Arbeitszeit vom Sonnenstand abhing. Kaum ein moderner Mediävist, nicht einmal das hochgerühmte »Lexikon des Mittelalters« weiß, wer diese Uhr erfand, und noch hat

niemand, nicht einmal Aaron Gurjewitsch, darüber nachgedacht, was es für die Kultur des Mittelalters bedeutet, daß Hermann die Zeitmessung über die Klausur der Geistlichen und Schriftkundigen hinaus in den Alltag mobiler Laien trug.

Hermanns Nachwirkung

Welche Nachwirkungen Hermanns Arbeiten über das Astrolab sonst zeitigten, ist bisher noch nicht untersucht und wird sich erst nach ihrer kritischen Edition allmählich herausstellen. Auf der Reichenau freilich setzte niemand die Rechnungen und Messungen Hermanns fort; schon der Nachruf seines Schülers Berthold rühmte um 1055 bloß noch die manuelle Geschicklichkeit des Meisters beim Instrumentenbau, nicht mehr seine Schriften zum Astrolab. Von ihnen behielt das Inselkloster keine einzige Abschrift, auch von seinen Instrumenten kein Muster. Höher als den scharfsinnigen Kritiker schätzten die überlebenden Mitmönche den frommen Sänger des *Salve Regina.* Anderswo pflegten monastische Gelehrte seine Hinterlassenschaft bewußter. Hermanns Astrolab und Sonnenuhr reizten zwei so wichtige und gegensätzliche Wortführer des späten 11. Jahrhunderts zu Fortbildungen wie den Kirchenreformer Wilhelm von Hirsau und den Universalhistoriker Frutolf von Michelsberg.

Die Gründung der Universitäten im 12. Jahrhundert führte zu einer neuen europäischen Debatte über die Zeit. Zahlreiche Zufallsfunde bestätigten mir, daß Hermanns Grundgedanken über den Moment dabei immer wieder aufgegriffen wurden, solange die Scholastik das

Spannungsfeld zwischen christlicher Frömmigkeit und rationalem Weltbild noch nicht definitiv abgesteckt hatte. Allerdings verwahrten die Fachgelehrten Hermanns Detailstudien nun in ihrem Elfenbeinturm, zumal in Paris und Oxford, den Zentren der neuen Naturwissenschaft. Für deren exakte Zeitmessung blieben die Vorgaben Hermanns unentbehrlich; doch die Laien des hohen und späten Mittelalters verzichteten nach wie vor gern auf genaue Untergliederung ihres Tagewerks. Von der angeblichen Einführung der modernen Zeitdisziplin durch Fürstenstaat und Stadtbürgertum des Spätmittelalters mögen Soziologen generell schwärmen; genauere historische Analysen dürften wenig davon übriglassen.

Für die Verwendung des Astrolabs ergaben sich neue, säkularisierte Möglichkeiten, sobald im Lauf des 12. Jahrhunderts verbesserte Anleitungen herauskamen, teils aus dem Arabischen übersetzt, teils von vornherein lateinisch abgefaßt, die wichtigsten außerhalb der neuen Universitäten. Sie knüpften an die gleichzeitige Wiederbelebung der spätantiken Astronomie an, beriefen sich auf Ptolemaios und drängten zur astrologischen Nutzung der Sternkunde im Diesseits, verabschiedeten sich mithin von der Zeitdeutung Hermanns.

Seine lebendige Nachwirkung endete im frühen 13. Jahrhundert, als die »Renaissance« von Antike und Islam zur Polarisierung Europas führte. Ich demonstriere sie an zwei Beispielen. Der staufische Kaiser Friedrich II. eröffnete Ende Mai 1239 von Padua aus einen Feldzug gegen Treviso und machte den Aufbruch des Heeres von der Stellung der Planeten im Tierkreis abhängig. Nachprüfen sollte sie der kaiserliche Astrologe Magister Theodor. Er bestieg den Stadtturm von Padua, konnte aber, weil der Himmel bedeckt war, mit seinem Astrolab nichts messen und phantasierte sich eine siegverheißende Konstellation Jupiters und des Löwen zusammen. Der Paduaner Chronist Rolandin spottete bloß darüber; er wußte genau, daß in Wahrheit Jungfrau und Skorpion korrespondierten, was Unheil verhieß. Der Magister aus dem Orient sah mit dem Astrolab auch die Sonnenfinsternis nicht voraus, die acht Tage danach eintrat. Dem Kaiser diente sie als Vorwand zum Abbruch des Krieges, obwohl Friedrich ihren natürlichen Grund so gut wie Hermann der Lahme durchschaute. Ob der Kaiser nun an die Macht der Gestirne glaubte oder nicht, dieser Glaube der Laien war jedenfalls zu einem wichtigen Faktor der öffentlichen Meinung, somit der Politik geworden.

Die Geistlichen reagierten diametral entgegengesetzt. Ihr Kirchenrecht zitierte den Fall eines italienischen Priesters aus den 1170er Jahren, der mit dem Astrolab einem Kirchendieb nachgejagt war; der gelehrte Papst Alexander III. hatte ihn für einen übereifrigen Dummkopf gehalten und laufen lassen. Dagegen fauchte der katalanische Dominikaner Raimund von Peñafort, Rechtsberater von Papst Gregor IX., in seinem Handbuch der Bußpraxis 1236, eine solche Benutzung des Astrolabs sei Anrufung des Teufels, Wahrsagerei, somit eine Todsünde. Zwar könnte man den Gebrauch des Astrolabs zulassen, wenn er ausschließlich astronomischen Zwecken diene. Da jedoch alle naturkundlichen Fächer, wiewohl sie einige Wahrheit enthielten, nichts zur Frömmigkeit beitrügen, sollten Geistliche sie gleich gar nicht studieren. Der Weg zum Himmel führte an der Kenntnis der Welt vorbei, nicht mehr durch sie hindurch.

Bald nach den beiden Vorfällen, um die Mitte des 13. Jahrhunderts, zeichnete der vielseitig gebildete englische Historiker Matthäus Paris von St. Albans, ein Benediktiner wie Hermann, als Leitbild für eine astrologische Abhandlung zwei Meister der Naturkunde, beide in weltlicher Tracht, beide langgelockt und bärtig. Der messende von den beiden Gelehrten hält in der Hand ein Himmelsmodell und beobachtet durch ein Sehrohr den Mond und die Sterne, er wird als der antike Geometer Euklid vorgestellt. Neben ihm sitzt ein rechnender Gelehrter. Er schaut drein wie der Grieche, trägt aber ein Astrolab in der Hand, auf das er auch blickt, und führt einen lateinischen Namen: *Hermannus.*

Diese Zeichnung, die älteste Abbildung, die wir von Hermann dem Lahmen besitzen, verdreht fast alles, was wir vom wirklichen Profil dieses Menschen wissen. Sie macht ihn nicht nur zum antikischen Schutzpatron der Astrologie; sie nimmt ihm sogar die benediktinische Kutte und ignoriert seine körperliche Lähmung so völlig, daß mancher Betrachter an der Identität des Dargestellten zweifelt. Im entscheidenden Punkt trifft das Bild dennoch die Lebensleistung Hermanns, wenn es ihm das Astrolab in die Hand gibt. Er hat dieses Sinnbild antiker Kultur und islamischer Religion weder so bedingungslos abgewiesen wie der päpstliche Jurist noch so gedankenlos hingenommen wie der kaiserliche Astrologe, sondern behutsam und beharrlich eingebürgert in seinem eigenen Lebenskreis und Bildungshorizont.

Er hat damit der europäischen Kultur den Weg von der Zeitrechnung zur Zeitmessung gebahnt, ohne damit die Menschen zu Sklaven ihrer Uhren zu machen. Im Gegenteil, er hat sie zu Herren ihrer Zeit gemacht, freilich nur dann, wenn sie diese Zeit zum einen vernünftig erkundeten und zum anderen verantwortlich ausnutzten. Daß diese Deutung der Zeit ein Grundzug europäischer Geschichte geworden ist, haben wir Europäer fast schon wieder vergessen. Besser als wir hat es der südamerikanische Dichter Gabriel García Márquez begriffen. In seinem Roman »Hundert Jahre Einsamkeit« von 1967 nennt er unter den bedenkenswertesten Grundschriften des mittelalterlichen Weltbilds, ja der europäischen Literatur an erster Stelle die Studien des lahmen Mönches Hermann über das Astrolab.

Der Tod
Hermanns des Lahmen

Doktor und Tod

Heutzutage spielt bei einem exemplarischen Tod nicht der Patient die Hauptrolle, sondern der Doktor. Kommt der Kranke mit dem Leben davon, so hat der Arzt einen Sieg errungen, andernfalls eine Niederlage erlitten. Wer die Ursachen und Folgen dieses Zustands erörtert, vergißt meistens, daß Titel und Berufsbild des Doktors aus der mittelalterlichen Universität stammen, ja daß zwischen Doktor und Tod schon vorher eine enge Verbindung bestand, als der Tod noch anders aussah und ein Doktor erst recht. Wenn wir mit den Auswüchsen dieser Beziehung nicht zugleich ihre Früchte ausrotten wollen, müssen wir nach ihren Wurzeln graben.

Seit dem 16. Jahrhundert erhob das Volk den Arzt zum »Doktor« schlechthin; beim modernen Fortschritt seiner Wissenschaft blieb die alte Weisheit auf der Strecke. In der mittelalterlichen Universität hatte die Medizin nur eine der drei oberen Fakultäten gebildet und wie die anderen, Theologie und Jurisprudenz, mehr intellektuelle Fertigkeiten geschult als Lebensweisheit gepflegt. Die Universität selbst war im 12. Jahrhundert als Gehäuse für eine ältere Lebensform entstanden, die des Gelehrten. Sie hatte sich erst am Ende des 11. Jahrhunderts der Wissenschaft zugewandt; vorher hatte sie Weisheit gesucht, in Dichtung und Wahrheit, Literatur und Historie, nicht in der Medizin. Denn im lateinischen Mittelalter war – anders als im islamischen – schon früh das antike Ideal des weisen Arztes verblaßt, an das noch Benedikt von Nursia geglaubt hatte.

Im 9. und 10. Jahrhundert gehörte die ärztliche Kunst nicht mehr zum Rüstzeug der Weisheit. Von einem Gelehrten wurde anderes verlangt: gründliche Beherrschung der lateinischen Sprache, der Grammatik, Rhetorik und Dialektik, Belesenheit in antiker Prosa und Poesie. *Doctor* war aber noch nicht, wer mit dieser Sprachkompetenz ein naturkundliches Fach studierte, Arithmetik, Geometrie, Musik oder Astronomie. Als Weisheitslehrer oder *philosophus* galt erst, wer dazu beitrug, die Lücken zwischen diesen sieben Disziplinen und an ihren Rändern zu schließen. Solche *doctores* beobachteten den Tod so aufmerksam wie ihre modernen Namensvettern, aus völlig anderen Gründen.

Sie bemühten sich, nach geschriebenen Normen der Weisheit zu leben und so zu sterben, wie es im Buch stand. Woran einer starb, fiel kaum ins Gewicht; hinreichende Todesursache war die Sterblichkeit aller. Mit Vorliebe beschrieben diese *doctores*, wie Angehörige ihrer eigenen Gruppe starben. Ihr Tod sollte exemplarisch wirken, nicht nur für ihren Kreis. Nach dessen Maßstäben beurteilten sie Menschen aller sozialen Gruppen, Könige und Krieger, Städter und Bauern, Künstler und Frauen, sündige und heilige Außenseiter. Dabei verformten sie andere, weniger rationale Muster des Sterbens; doch hoben sie so den Tod erst ins öffentliche Bewußtsein und machten Sterben zu einer Kunst.

Die Hüter gelehrter Erinnerung bewahrten nicht nur Vergangenes auf, die Historie gelungener oder mißglückter Sterbefälle, sondern grübelten über die Vergänglichkeit alles Zeitlichen nach, über den Tod im

allgemeinen. Er durchkreuzte nichts so empfindlich wie ihren Wunschtraum, die überlieferte Weisheit vollständig zu verarbeiten und weiterzugeben. Die empfänglichsten unter den Lehrern achteten auf Schwankungen im Kanon gebildeter Haltungen besonders genau. So bemerkten sie auch früher als andere die positive Folge der Sterblichkeit, die Chance der Nachkommen zum steten Neubeginn. Wenn wir geschichtliche Wandlungen in der Einstellung zum Tod studieren wollen, sind diese Gelehrten unsere wachsamsten Zeugen.
Deshalb soll nun der Tod eines Gelehrten untersucht werden, den schon seine Zeitgenossen als Muster eines *philosophus* rühmten, der exemplarische Tod Hermanns des Lahmen, der von 1013 bis 1054 gelebt hat und als Mönch der Abtei Reichenau gestorben ist, zwei Wegstunden von hier. Ich beginne mit seinem Vorlauf zum Tod und gebe ihm selber das Wort.

Vorlauf zum Tod

»Unser Leben ist wie ein winziges Tröpfchen in einem großen Meer. Vergleichen wir nur diesen flüchtigen Moment mit dem Jahrtausend! Zum Ziel des sicheren Todes laufen wir und kommen schrittweise voran, jede Stunde, Minute, Sekunde. Ob ich will oder nicht, ich gehe dahin und vermag auf keine Weise innezuhalten. Kaum habe ich eine kurze Silbe gesagt, schon bin ich dem Tod wieder nähergerückt.«
Was Hermann der Lahme in diesen Versen um 1044 ausdrückte, war aus persönlicher Erfahrung geschöpft, aus dem Leiden eines spastisch Gelähmten, der 31 Lebensjahre hinter sich, schwerlich ebensoviele vor sich

hatte und dem kein Arzt zu helfen vermochte. Nur seine Dichtung träumte davon, daß er auf eigenen Füßen laufe; in Wahrheit war er seit frühester Jugend an den Tragstuhl gebunden, konnte sich ohne Hilfe nicht einmal von einer Seite auf die andere drehen und würde genau an der Stelle sterben, wo er jetzt im Kloster Reichenau saß. Den Sog des Todes, der sein Leben verschlang, spürte er täglich.
Doch was er darüber dichtete, war auch aus der lateinischen Tradition gespeist, formal wie inhaltlich von der Weisheitslehre des Boethius geprägt und damit ins Generelle entrückt. Von Boethius hatte Hermann gelernt, das Leben als Vorlauf zum Tode zu betrachten, den Tod als Ziel des Lebens, nicht wie andere Christen nur als Durchgang ins Paradies. Mit drastischen und aktuellen Beispielen belegte Hermann die Gefahr des plötzlichen Todes. Obwohl er ihn ganz in die Gegenwart hereinnahm, faßte er diese Präsenz in poetische Form, so wie später Pierre Corneille mit dem Vers: »Jeder Augenblick im Leben ist ein Schritt zum Tode hin.« Hatte man den Tod erst ins Versmaß gebracht, so war sein Schrecken schon beinahe gebannt.
Der Tod griff um 1044 auch in die historische Situation am Bodensee nicht mehr furchterregend ein. Das letzte Massensterben in den Epidemien, Hungersnöten und Kriegen der 1020er und 1030er Jahre war nahezu vergessen. Hermann erinnerte daran und schrieb auch die Dichtung über Tugenden und Laster, aus der ich zitierte, als Warnung für adlige Nonnen in Buchau, deren Lebenslust in schieren Zeitvertreib umschlug. Vergeßlichkeit schläferte die Lebenden ein und lieferte sie wehrlos dem Tod aus. Freilich überraschte er derzeit nur diesen und jenen, nicht alle zusammen.
Hermann selbst hatte zwar den Tod jüngerer Geschwi-

ster miterlebt, aber seinen hochadligen Großeltern war ein langes und erfülltes Leben vergönnt gewesen; beide Eltern wirkten noch munter in ihrer Grafschaft Altshausen. Vollends die Reichenauer Mitmönche Hermanns erfreuten sich oft eines biblischen Alters, durch die Klostermauern abgeschirmt und vom regelmäßigen Tageslauf in Gang gehalten. Ihr Abt Bern, seit 36 Jahren im Amt, stand mittlerweile im 66. Jahr und begann trotzdem einen großen Erweiterungsbau des Münsters.
Vier Jahre später änderte sich Hermanns Lebenserwartung. Die Reichenauer Markuskirche wurde vollendet und im April 1048 eingeweiht, der Kaiser selbst feierte mit; aber sechs Wochen danach starb der Abt, als hätte ihn allein dieses Ziel noch am Leben gehalten. Hermann widmete ihm in der Chronik, die er jetzt zu schreiben begann, einen ebenso herzlichen wie bündigen Nachruf: »Herr Bern, Abt der Reichenau, ein Mann von ausgezeichneter Bildung und Haltung, beschloß am 7. Juni den letzten Tag, in gutem Greisenalter, von Krankheit erschöpft, und ruht nun bestattet in der Kirche des heiligen Markus.«
Bern erreichte jene 70 Jahre, die ein Menschenleben nach dem Psalmvers währte; die Kirchweihe krönte darüber hinaus sein Lebenswerk für die Mönchsgemeinschaft und verlieh ihm auf Jahrhunderte Bestand, nicht nur literarisch, sondern architektonisch. Bis in unsere Tage überlebte seine Kirche, sogar sein Grab. Für Bern war dieser Tod leicht, für die Überlebenden nicht, denn dem farblosen Nachfolger Ulrich I. mißlang es, den Konvent zu überzeugen. Auf Höhepunkte mönchischen Zusammenlebens folgte verdrießliche Routine. Hermann schwieg diskret über den neuen Abt, sah aber dunklere Wolken am Horizont des Klosters heraufziehen.
Noch tiefer erschütterte ihn 1052 der nächste Sterbefall

in seiner Nähe. In die Chronik schrieb er: »Am 9. Januar beschloß den letzten Tag meine Mutter Hiltrud, die Gattin des Grafen Wolfrat, eine sehr gütige, sanfte, freigebige und gläubige Frau. Sie hinterließ ihren Mann mit sieben Kindern. Soweit Menschen es beurteilen können, starb sie fromm und glücklich, ungefähr im 61. Jahr ihres Lebens, im 44. ihrer Ehe, und wurde beigesetzt im Hof Altshausen, unter der von ihr erbauten Kapelle des heiligen Ulrich, in dem Grab, das sie für sich vorbereitet hatte.« Danach rückte Hermann die von ihm gedichtete lange Grabinschrift ein; da klang es noch schärfer: »Fest im Glauben, sicher in der Hoffnung, stark in der Liebe verließ sie glücklich dies elende Leben.«
Versagte dies elende Leben den christlichen Grundforderungen die Entfaltung? Die Gräfin hatte doch wie der Abt ihr Lebensziel erreicht, den Fortbestand ihrer Familie gesichert, ihre Grabkirche selber gebaut; warum fand sie dennoch ihr Glück nicht auf Erden? Hermann sagte über seinen Vater kein böses Wort, doch aus anderen Quellen wissen wir, daß Wolfrat ein ungeduldiger und streitlustiger Herr war, kein Freund sanftmütiger Frauen und Mönche. Wir können ihn sogar verstehen: Wer sich politisch behaupten wollte, mußte auf Chancen und Risiken sofort reagieren, nicht lang über das Bleibende meditieren. Der Tod der Mutter traf den Vater weniger hart als den ältesten Sohn.
Hermanns Leben wurde noch elender, als ihn bald darauf, 1053, sein jüngerer Bruder Wernher verließ, der ihm bislang im Kloster als Pfleger und Partner beigestanden hatte. Heimlich brach Wernher zu einer Pilgerreise nach Jerusalem auf, von der er nie wiederkam. Hermann schickte seiner Unrast ein freundliches Gedenken nach, aber in der Chronik des Zurückbleibenden mehrten sich die unerwarteten und die unrühmlichen Sterbefälle.

Kleine Leute, die über ihr Leben nie verfügt hatten, empfanden auch den Tod als Eingriff von außen; das war eben so. Doch nun starben Kaiserinnen und Bischöfe sprachlos und haltlos; das sollte nicht so sein. Sie faßten ihr Leben nicht mehr wie Bern und Hiltrud im Sterben zusammen; sie taumelten in einen unreifen Tod wie zuvor durch ein törichtes Dasein. Statt auf Weisheitslehrer zu hören, hielten sie sich an Scharlatane. Hätte Kaiserin Gisela den Wahrsagern nicht geglaubt, daß sie ihren Sohn überleben werde, so wäre sie 1043 nicht unvorbereitet gestorben. Den zornigsten Spruch fällte Hermann 1053, mit ganzen acht Worten: »Bambergs verrufener Bischof Hazilin starb und machte Platz.« Wenigstens Geistliche müßten wissen, wofür sie zu leben und wie sie zu sterben hatten; dann könnten sich die Laien ein Beispiel nehmen.

Gestundetes Dasein

Aber einen Lebensplan durchzuhalten, fiel gerade sensiblen und impulsiven Menschen schwer, daran litt Hermann selbst. Die Klosterschule hatte ihm geistliche Musik und Dichtung geboten, künstlerische Felder, die auch der Abt sorgsam pflegte. Der junge Hermann hatte sich für Musiktheorie wie für Hymnenkomposition begeistert und eigenwillige Werke geschaffen, deren kühne Rationalität nicht allen Mitmönchen gefiel. Dann war dem Gelähmten, der für Chordienst und Predigtamt nicht taugte, ein gelehrtes Werk aufgetragen worden, das dem Konvent erbaulicher dienen würde, ein neues Martyrologium, ein liturgischer Jahreskalender mit Kurzviten aller denkwürdigen Heiligen.

Hermann hatte die langwierige Arbeit in den 1030er Jahren mit Feuereifer begonnen, sie dann jedoch abgebrochen, weil ihm die zugrundeliegende Zeitrechnung fehlerhaft vorkam. Wieder bremste seinen literarischen Schwung die gelehrte Skepsis. Den Problemen der Zeitrechnung ging er zu Anfang der 1040er Jahre weiter nach, vom Abt geduldig freigestellt und unterstützt. Heraus kamen drei scharfsinnige arithmetische Schriften, erste Marksteine auf Hermanns Weg zum Gelehrten und Lehrer; aber sie führten in eine Sackgasse, zu grundsätzlichen Zweifeln am undeutlichen Zeitgefühl und am unlogischen Kalender der Christenheit.

Hermann lernte dabei die Zeit als Moment zu erfassen und wollte dieses neuartige Zeitverständnis nicht bloß Fachleuten gelehrt vorrechnen, sondern auch Laien kunstvoll einprägen. Dazu setzte seine Dichtung für die Buchauer Nonnen um 1044 an; doch nach dem ersten Buch ließ er sie liegen. Denn soeben wurde aus dem islamischen Spanien ein Instrument zur Zeitmessung eingeführt, das Astrolab, das bei Tag und Nacht exakt anzeigte, was an der Zeit war, das allerdings niemand auf der Reichenau zu bedienen, geschweige denn zu bauen verstand.

Hermann stellte sich dieser wissenschaftlichen Provokation um 1050. Er studierte alle astronomischen Lehrbücher, deren er habhaft wurde, verfaßte die erste leicht verständliche Bauanleitung für ein Astrolab, glättete dann eine vorliegende, krause Gebrauchsanweisung und erfand schließlich ein einfacheres Zeitmeßgerät nach demselben Prinzip, die Säulchen-Sonnenuhr. Der Kopfarbeiter bildete sich, seine Lähmung überwindend, zum Handwerker fort; als Instrumentenbauer wurde Hermann berühmt. Bei geometrischen Spezialstudien zur Schattenmessung, die sich folgerichtig anschlossen

und zur Berechnung des Erdumfangs führen sollten, kam er indes über Exzerpte nicht hinaus.
Mittlerweile forderte ihn nämlich Geschichte als Zeitkunde heraus, die kein Fach im Bildungskanon war, sondern ihn entweder zerstückelte oder überwölbte. Hermann ergab sich nicht der Aufregung über die paar Jährchen seines Lebens, sondern der Suche nach dem Rhythmus des Zeitablaufs, den das erste christliche Jahrtausend dem zweiten vorgab. Doch verlor er sich nicht in Spekulationen, sondern ordnete die zentralen Ereignisse einer exakt errechneten Jahresreihe ein. An dieser gelehrten Chronik saß er nun, ziemlich einsam, vom neuen Abt mehr gefürchtet als gefördert, von den Jüngeren eher bestaunt als befragt. Als Gelähmter fand er Helfer, als Gelehrter benötigte er kaum Partner, doch als Lehrer hätte er mehr Schüler gebraucht.
Seine Vorarbeiten zu Hagiographie und Komputistik fundierten jetzt seine Historiographie; vergeblich war von seinen Umwegen keiner gewesen. Nur, vom Abschluß seines Buches, gar des *experimentum medietatis* zwischen Weisheit und Wissenschaft war er noch weit entfernt. Wozu hätte er seine Lebenszeit genutzt, wenn ihm jetzt der Tod die Feder aus der Hand nähme? War der Weisheit letzter Schluß die Hinterlassung von Bruchstücken? Diese Frage bewegte ihn, als es nach 41 Jahren mit ihm zu Ende ging. Zur Vorbereitung auf den Tod gehörte als Abschluß des Lebens eine Beichte vor dem Priester; auch Hermann würde ihm seine Sünden bekennen. Aber zuvor legte er seinem letzten Helfer ein ganz anderes Bekenntnis ab.
Der Mönch Berthold von Reichenau beurteilte das Werk seines Lehrers wie ein braver Schüler. Er bewunderte den Meister grenzenlos und entdeckte im Namen Hermann einen *heros magnus*. Er sah ihn zwar körperlich

verkrüppelt, *contractus,* aber geistig wunderbar ausgedehnt, *dilatatus,* vor allen Männern seines Jahrhunderts ausgezeichnet in allen sieben Fächern des Bildungskanons. Er habe sie fast ohne Hilfe aus eigener Kraft erlernt. So schwer seine Rede und Schrift zu entschlüsseln war, Berthold hing an den Lippen des Lehrers, dessen Versuch zu allseitiger Menschlichkeit allen alles gebe. Von Hermanns Schriften kannte Berthold bloß die neueren, bei denen er mithalf, und ließ die Astrolabtraktate ganz weg; auch die zur Zeitrechnung verstand er nur zum Teil, fand aber nichts Unvollendetes daran, einzigartige Meisterwerke samt und sonders. Sterblich war ja bloß die Hülle dieses Geistes, nicht seine Weisheit.

Berthold schätzte sein eigenes Mittelmaß richtig ein: Das einzig Bleibende, was er zustande brächte, wäre ein Rückblick auf einige Schwerpunkte im Werk des verewigten Lehrers. Wie er den Nachruf abfassen müßte, hatte ihm Hermann vorgeführt, im Abschnitt des Martyrologiums über Hieronymus, den größten Gelehrten der lateinischen Christenheit. Hermann würde seinem Adlatus am Ende ein paar Sätze mitgeben, die er nicht verstand. Doch nur weil er sie aufschrieb, wissen wir, wie Hermann selbst sein Leben als Gelehrter am Ende begriff. Vergessen wir es nicht: Von der Geschichte eines Todes berichten uns sonst die Überlebenden, und sie sehen mehr Zeit vor sich als die Sterbenden.

Rückblick aufs Leben

Hermann kränkelte oft; im September 1054 suchten ihn zehn Tage lang ständige, unerträgliche Schmerzen in der Rippengegend heim. Berthold bemerkte es so ohnmächtig wie Hermann: Kein medizinkundiger Mitmönch wußte das Leiden zu lindern, dem Patienten half nur *patientia,* Geduld. Wohl konnten die Gesunden mit dem Kranken beten oder reden, ihn aufrichten oder ablenken; doch Hermann lag allein und dachte nach. Berthold berichtet: »Eines Tages in aller Frühe, wir hatten eben die Matutin gefeiert, ging ich, der ihm näher als die übrigen stand, zu dem Kranken ans Bett und fragte ihn, ob er sich etwas besser fühle.« Hermann wies die herkömmliche gedankenlose Frage nach seinem Ergehen heftig zurück: »Nein, danach nicht, frag mich danach nicht.«

Ruhiger setzte er hinzu: »Ich will dir etwas anderes sagen, weil ich großes Vertrauen zu dir habe. Hör mir genau zu. Zweifellos werde ich in kurzer Zeit sterben und weder länger leben noch gesund werden. Deswegen empfehle ich dir und allen, die mir nahestehen, einzig und allein meine sündige Seele.« Solche Bitten kennen wir aus mittelalterlichen Sterbeberichten zuhauf; merkwürdig nur, wie knapp Hermann von seinem Seelenheil sprach. Andere erwogen umständlich, wann sie wohl sterben müßten, wo sie begraben sein möchten, wieviel für Seelenmessen aufzuwenden sei. Hermann vertraute die Sorge dafür Berthold und den Verwandten an. Der Zuhörer verstummte. Was sollte er den Wortkargen noch fragen?

Doch statt in die nächste Zukunft zu blicken, begann Hermann ausführlich von einem jüngstvergangenen Erlebnis zu erzählen, das dem biederen Berthold vollends die Sprache verschlug. Hermann erklärte ihm nicht, ob es ein Traum im Schlaf gewesen war, eine wache Jenseitsvision, eine Reihe halbwacher Impressionen, vielleicht von alledem etwas. Jedenfalls schilderte

Hermann, was er in keiner Legende geschrieben fand, das Paradies eines Gelehrten. »Diese ganze Nacht befand ich mich in einer Art Ekstase. Es kam mir so vor, als läse ich mit derselben Aufmerksamkeit und Bewußtheit, mit der wir das Vaterunser zu sagen pflegen, den *Hortensius* von Tullius Cicero und läse ihn gleich darauf noch einmal ganz wachsam. Mir ist, als hätte ich den Inhalt und die Schriftzeichen noch vor Augen.«

Berthold wird sich gefragt haben, was daran Besonderes sei; die Reichenauer Bücherei verwahrte genug andere Redentexte von Cicero. Seine Schrift *Hortensius* war nicht darunter. Augustin hatte sie noch zitiert, seit dem 6. Jahrhundert war sie verschollen und ist bis heute nicht wieder aufgetaucht. Das Mittelalter wußte von ihr lediglich, daß sie in die Philosophie einführte, den Leser zum Bleibenden hinlenkte und trotzdem das Glück des Weisen nicht im Besitz der Wahrheit sah, sondern in der Suche nach ihr. Hermann wünschte die verlorene Handschrift zu lesen, weil sie bestätigen konnte, was er sich erhoffte: daß er sinnvoll gelebt hatte.

Denn seine Gedanken kreisten nicht um die Reste antiker Überlieferung, sondern um die Bruchstücke, die er hinterließ. Am meisten bedrückte ihn, daß von seiner Dichtung nur das erste Buch über die Laster vollendet war. Der zweite Teil über die Tugenden hätte vom selben Thema gehandelt wie der *Hortensius*, vom Weg des Weisen durch die Dinge der Welt zu seinem dauernden Glück. Deshalb sagte Hermann als nächstes: »Auch die Schrift über die Laster, die zu diktieren ich mir vorgenommen hatte, las ich auf ähnliche Weise durch, wie wenn ich sie schon abgeschlossen hätte, und von der Art noch vieles.«

Jetzt war es ihm klar: Die bessere Welt, in die er ging, hob seine ungeschriebenen Werke so vollständig auf wie Ciceros verlorene Reden. Hermann schloß: »Unter dem mahnenden Eindruck dieser Lektüre wird mir die gegenwärtige Welt mit all ihrem Zubehör und sogar dieses sterbliche Leben verächtlich und widerwärtig. Umgekehrt spüre ich so unsägliche Sehnsucht und Neigung nach jener künftigen, unvergänglichen Welt und ihrem ewigen, unsterblichen Leben, daß ich all dies Vorübergehende für nichtig und leer halte. Es geht mich nichts mehr an, ich bin das Leben leid.«

Hermann der Lahme sprach mit mittelalterlicher Unbedingtheit den gleichen Wunsch aus, den Jacob Burckhardt mit moderner Verbindlichkeit umschrieb, den Traum des Historikers von dem »wunderbaren Schauspiel, freilich aber nicht für zeitgenössische, irdische Wesen, dem Geist der Menschheit erkennend nachzugehen, der über all diesen Erscheinungen schwebend und doch mit allen verflochten sich eine neue Wohnung baut. Wer hiervon eine Ahnung hätte, würde des Glückes und Unglückes völlig vergessen und in lauter Sehnsucht nach dieser Erkenntnis dahinleben.«

Berthold hatte irdischeren Träumen nachgehangen, wurde völlig aus der Fassung gebracht und begann heftig zu weinen. Noch thronte der Meister nicht im Paradies der Schriftsteller; auf dem Weg dahin drohten ihm leibliche Schmerzen und seelische Ängste. Und selbst wenn er glücklich drüben ankäme, wäre dann alles wertlos geworden, woran das Herz des Schülers hing? Wofür sollte er herüben weiterleben? Hermann merkte sofort, daß er sich von dem Jüngeren zu weit entfernt hatte. Berthold meldet: »Gleich packte er mich voll Eifer, sah mich verblüfft von der Seite an und sagte bewegt: ›Nein, mein Lieber, weine nicht über mich, wünsche mir lieber Glück, denn ich freue mich‹.«

Dann fiel ihm ein, daß der Helfer nicht bloß um ihn

weinte. Bertholds Enttäuschung rief Hermann noch einmal zurück, zu der gemeinsamen Arbeit der letzten Jahre, zur Chronik. »Bitte, sagte er, nimm meine Tafeln, und was an ihnen noch zu schreiben ist, das verbessere sorgfältig, schreib es ins Reine und übergib es denen, die es zu würdigen wissen.« Diese chronologischen Tabellen lagen wohl nicht im himmlischen Lesesaal aus; sie sollten hier auf Erden etwas bewirken, vielleicht nur bei wenigen, doch dazu mußten sie fortgesetzt und weitergereicht werden.

Das war Hermanns Sorge nicht mehr, höchstens noch, daß sich Berthold an seinen Auftrag als einzigen Lebensinhalt klammern könnte. Darum die letzten Worte: »Du aber, denk jeden Tag daran, daß du auch sterben wirst. Bereite dich mit aller Kraft des Wollens und Denkens auf diesen Weg vor, denn du weißt nicht den Tag und die Stunde, da du mir nachfolgen wirst, deinem besten Freund.« Dergleichen sagten Sterbende öfter, doch gewöhnlich verabschiedeten sie sich mit der Hoffnung auf ein Wiedersehen drüben. Berthold wartete darauf, aber Hermann sagte nichts mehr. Der Besucher ging hinaus, um das denkwürdige Gespräch gleich aufzuschreiben.

Was ohnehin naheliegt, läßt sich philologisch nachweisen: Die Reden sind ganz in Hermanns nüchterner Diktion, nicht in Bertholds exaltiertem Stil wiedergegeben, also nicht nachträglich bearbeitet. Sie zeichnen ihn so, wie ihn jeder Leser seiner Schriften kennt, nicht als unerschütterlichen Helden oder Weisen, sondern als Menschen im Widerspruch zwischen Leidenschaft und Selbstbeherrschung. Er ließ sich oft hinreißen, aber nie gehen; noch am Ende war er für alles offen, was ihm geschah. Er mußte freilich auch wissen, was als nächstes auf ihn zukam. Ohne spontane Regungen, nur mit devoter Fassung mußte er den letzten Akt bestehen, das Totenfest.

Totenfest

Wenn ein Sohn des mächtigen Grafen von Altshausen, ein Mönch der berühmten Abtei Reichenau starb, so trat ein öffentliches Ritual in Kraft, mit dem sich die Überlebenden sein Sterben gefügig machten. Zunächst zwar überließen sie dem Sterbenden die Hauptrolle, aber schon dabei hatte er fast nichts mehr zu sagen, nur die Sterbesakramente würdig zu empfangen. War er endgültig verstummt, so hielten alle inne, um sich vor der Majestät des Todes zu verneigen, doch nachher feierte die Gemeinschaft der Trauergäste sich selbst. Berthold hatte Hermanns Lebensweisheit noch im Ohr; trotzdem sagte ihm der liturgische Sieg über den Tod mehr zu. Er verzeichnete den Triumph der Zeremonien und der Institutionen befriedigt.

Nach der Wiedergabe von Hermanns letzten Worten fuhr Berthold fort: »Von da an wurde er immer schwächer und kam, wie es so geht, leider ans Ende. Er war schon ganz dem Himmlischen zugewandt und empfing nach einer von Herzen aufrichtigen Beichte mit größter Demut die Eucharistie. Um ihn noch einmal zu sehen, strömten viele Mitmönche, Freunde und Verwandte zusammen; sie sangen, beteten und weinten miteinander. Und dann tat der glückselige und unvergleichliche Mann Gottes am 24. September den letzten Atemzug; es war die glückliche Vollendung, die er sich vor allem anderen stets gewünscht hatte. Bei allen, die ihm nahestanden, hinterließ er große Trauer. In seinem Hof Alts-

hausen wurde er unter feierlichem Totengepränge begraben und ruht dort in Frieden.«
Bei den Feierlichkeiten gab es zahlreiche Mitwirkende, viel Hin und Her. Zur Sterbezeremonie in der Abtei wurde nicht nur der Mönchskonvent zusammengerufen, sondern auch Hermanns Familie aus Altshausen herbeigeholt. Mitmönche und Verwandte dürften den Leichnam dann gemeinsam nach Altshausen geleitet und beigesetzt haben. Üblich war dergleichen nicht. Einen Kaiser zwar umringten beim Sterben vielerlei Leute, und wenn ein Bischof unterwegs starb, überführte man ihn in seine Domgruft. Aber hier starb ein Mönch, ohne sich von der Stelle zu rühren, in aller Öffentlichkeit, nicht in der Klausur, die sonst seinen Angehörigen verschlossen blieb, und bestattet wurde er nicht, wie üblich, auf dem Klosterfriedhof nebenan, sondern zwei Tagereisen entfernt, auf dem Hof seines Vaters.
Berthold nahm die Entscheidungen hin. Getroffen wurden sie zweifellos von zwei anderen Männern, die nicht zu Hermanns Vertrauten zählten, Abt Ulrich, dem Leiter von Hermanns Konvent seit 1048, und Graf Wolfrat, dem Oberhaupt von Hermanns Familie bis 1065. Abt Bern hatte um 1027 unerschrocken den Grafen Wolfrat bekämpft und bissig verkündet, er trage seinen Namen zu Recht, er sei im königlichen Rat wie ein Wolf. Abt Ulrich behandelte ihn vorsichtiger; sonst wäre die gesamte Grafenfamilie nicht kurz vor 1052 ins Reichenauer Verbrüderungsbuch eingetragen worden, vielleicht von der zittrigen Hand Hermanns. Er hatte nichts einzuwenden gehabt, als der alte Zank zwischen seinen beiden Lebenskreisen beigelegt wurde. Trotzdem dachte er sich seinen Platz nach dem Tod eher in der Obhut des geistlichen als des leiblichen Vaters.

Nun also brachte Wolfrat den Toten feierlich an seinen Geburtsort zurück. Es geschah, weil die Grablege der Gründerfamilie zusammen mit Hauskloster und Stammburg die Entfaltung einer Dynastie und ihres Territoriums buchstäblich im Boden verwurzeln konnte. Die Habsburger demonstrierten es seit 1027 im Aargau, die Welfen seit 1053 um Weingarten und Ravensburg vor. Hermanns Nachleben würde das eines Herrn aus hochadligem Hause sein, genau zu dem Zweck, den seine Dichtung verspottet hatte: »Hochmut gibt es uns ein, daß wir uns dann berühmt und hochadlig dünken, wenn unsere Väter hier nichtige Güter in Fülle besaßen.« All dies Vorübergehende ging ihn nichts mehr an.

Totengedenken

Wenn seine sterblichen Überreste der Familienpolitik dienstbar gemacht wurden, konnte sein Name nicht lang überleben. Dem Vater Wolfrat mißlang die Schwerpunktbildung in Altshausen. Bereits Hermanns jüngerer Bruder, Graf Manegold, errichtete das Hauskloster 1096 eine Tagereise südostwärts in Isny und ließ sich um 1104 dort begraben. Manegolds Enkel Marquard verlegte die Hauptburg 1134 eine Tagereise nordwestwärts nach Veringen. Die Nachfahren gaben 1264 das Stammgut Altshausen ganz auf und verloren in Oberschwaben an Einfluß, bis das Geschlecht 1416 ausstarb. Im 16. Jahrhundert war die Grabstätte noch zu sehen; danach verteilte der neue Herr von Altshausen, der Deutsche Orden, einzelne Reliquien an oberschwäbische Klöster. Seitdem ist Hermanns Grab verschwunden und von seinen Gebeinen bloß ein Stück Schädeldecke übrigge-

blieben. Man kann sie heute wieder in Altshausen besichtigen; ihn erkennt man nicht wieder.
Mehr irritiert den Historiker, was auch Hermann nicht kalt gelassen hätte, daß die Reichenauer Mitmönche seine geistige Hinterlassenschaft schneller vergaßen als die Altshauser Verwandten die leibliche. Sein Nachleben als Lehrer würde keine benediktinische Stetigkeit erlangen. Der treue Berthold tat dagegen, was er konnte. Vermutlich war er es, der in Hermanns Martyrologium beim 24. September einen Nachtrag anbrachte: »Hermann, ein Mann, der ganz aus der Weisheit lebte und die Tugenden liebte, starb und hinterließ den Seinen großen Schmerz. Er hat dieses Buch und anderes im Dienst Sankt Michaels vollendet.« Vollendet war es zwar nicht, andere Heilige nahmen mehr Raum darin ein als der Erzengel; aber in der Nähe des Michaeltages mochte sich ein Hermannkult entfalten, wenn man zwischen Weisheit und Heiligkeit nicht kleinlich unterschied.
Doch eben diese Unterscheidung schliff sich immer mehr ein. Als Berthold 1088 starb, hinterließ er ebenfalls eine Chronik, niemand am Ort setzte sie fort; im Inselkloster machte sich für Jahrhunderte geistige Dürre breit. Fromm wollten die Reichenauer Mönche sein, nicht studiert. Im 13. Jahrhundert stand in ihrer Bücherei bloß noch eine Afra-Hymne von Hermann, nicht einmal mehr sein Martyrologium und seine Chronik. Im weiten Umkreis zwischen Salzburg und Lüttich rühmten Benediktiner den Ordensbruder noch eine Weile als *philosophus* und lernten von seiner Weisheit, doch schließlich liefen den Klosterschulmeistern die Magister der Artistenfakultät den Rang ab. Die waren studiert, aber nicht fromm.
Danach wucherten in den Klöstern erbauliche Legen-

den. Die erstaunlichste erzählte um 1340, Hermann sei zum Studium an die Universität Paris geschickt worden, habe aber nicht das geringste verstanden und die Gottesmutter beschämt zu Hilfe gerufen. Sie habe ihn vor die Wahl gestellt, adlig, gesund und dumm zu bleiben oder geistlich, krank und genial zu werden. Was ohne Wunder nie geglückt wäre, schaffte er nun: Er wuchs über die Wissenschaft der Magister hinaus und wurde zum gottbegnadeten Musiker.
Eine Gegenlegende verschaffte ihm in der Universität eine Ersatzheimat, brachte ihn aber in die Nähe der Magie. An den Hochschulen zwischen Salamanca und Oxford schätzten die Doktoren der Medizin den Namen Hermanns seit dem 12. Jahrhundert; sie schrieben bis ins 17. Jahrhundert dutzendfach seine Bauanleitung für das Astrolab nach, jenes Instrument der Araber, das er als erster durchschaute und das sie für ihre Prognosen brauchten. Englische Benediktiner bildeten ihn um 1250 mit dem Astrolab in der Hand neben Euklid ab, als Doktor der Astrologie; nicht einmal die Mönchskutte beließen sie ihm. Ein Trierer Astrologenbuch schob ihn im 15. Jahrhundert ganz in exotische Ferne, als Okkultisten und Königskind aus Bulgarien.
Deutsche Benediktiner erbarmten sich schließlich seines zerschlissenen Erbes. Der Sponheimer Abt Johannes Trithemius wagte 1494 einen Überblick über Hermanns Gesamtwerk. Er verwies ihn allerdings als Mönch nach St. Gallen, als Grafensohn nach Veringen, verkannte also die örtlichen Schwerpunkte seines Lebens. Trithemius meinte ferner, Hermann habe die Werke griechischer Philosophen und arabischer Astrologen ins Lateinische übersetzt, als wäre er ein Doktor des 13. Jahrhunderts gewesen. Als Adliger und als Mönch war Hermann im deutschen 11. Jahrhundert zuhause, als

Gelehrter und Lehrer anscheinend eher in der mediterranen Antike.

Nachdem im 18. Jahrhundert der historische Sinn erwacht war, druckten Benediktiner in Melk und St. Blasien einige von Hermanns Schriften, musikalische, astronomische, historische, ein paar mehr, als ihm zustanden. Nun aber war fächerübergreifende Weisheit längst in spezialisierte Wissenschaften zerlegt. Restlos zerschnitt die Trennung zwischen Natur- und Geisteswissenschaften jenen Zusammenhang, den Hermann im Leben gesucht und im Sterben gefunden hatte. Auch in der modernen akademischen Forschung ist er ein Fremdling geblieben. Die einen streiten sich endlos, wieviel er vom arabischen Astrolab verstand, die anderen nicht minder langatmig, ob ihm das *Salve regina* zuzutrauen sei; seine persönlichste Äußerung, der Rückblick auf Leben und Werk, wurde bis jetzt nie im ganzen behandelt.

Auch einzelne Institutionen sind sterblich. Im frühen 19. Jahrhundert verschwanden sogar die mächtigsten Herren der Region, die Konstanzer Bischöfe, die 1757 das Kloster Reichenau aufgelöst, und die Ritter des Deutschen Ordens, die bis 1808 im Schloß Altshausen residiert hatten. Nur ihre Baudenkmäler blieben stehen. Unverwüstlich sind nicht die Steine allein. Die Beharrungskraft des Institutionellen hat über die persönliche Beweglichkeit schon bei der Totenfeier von 1054 gesiegt. Und noch neunhundert Jahre danach können wir zwar Adel und Mönchtum in allen Phasen des Mittelalters einander zuordnen; aber wo wir im 11. Jahrhundert Leben und Tod eines Gelehrten unterbringen sollen, wissen wir immer noch nicht.

Kannte denn Hermanns Jahrhundert überhaupt schon den Typ des Gelehrten? Wenn nicht, wäre der Tod Hermanns ein früher Ausnahmefall und kein Exempel gewesen. Um diese Frage zu klären, vergleiche ich ihn mit zwei Sterbefällen, von denen der eine fünfzig Jahre zuvor in Frankreich, der andere fünfzig Jahre danach in England die Gemüter bewegte. Mit dem früheren Fall, dem des Abtes Abbo von Fleury, waren die Reichenauer vertraut, denn ihr Abt Bern war bei Abbo um 994 in die Schule gegangen, und von Abbos Studien zu Arithmetik und Zeitrechnung lernte Hermann sehr viel.
Der adlige Abbo tat nichts im Leben lieber als lernen, nichts aufmerksamer als lehren; jeden freien Moment nutzte er, um zu lesen oder zu schreiben. Als Klosterschulmeister in Fleury durfte er seit den 970er Jahren halbwegs zusammenhängend studieren, während die Mitbrüder jeden Augenblick ihr Buch zuklappen mußten, um zum Küchendienst oder zum Chordienst zu eilen. Alles, was Abbo lehrte, bereitete allerdings auf diesen Dienst vor. Die jungen Novizen waren in vielen Fächern zu unterweisen, um sie zu befähigen, als Erwachsene auf den Anruf des Schöpfers mit allen Leistungen menschlicher Künste und Kenntnisse zu antworten, im Gotteslob des Kultus. Hier lag die Mitte mönchischen Daseins, weder in einzelnen Disziplinen noch in der Fächerverbindung.
Abbos erstes Hauptwerk, der Kommentar zu einem spätantiken Rechenbuch, spiegelte diese Zentrierung. Er sprang von der Poetik zur Geometrie, von der Grammatik zur Arithmetik, von der Dialektik zur Musik, von der Astronomie zur Ethik, auf der beharrlichen Suche

nach den geheimen Formeln, mit denen Gott die Welt im Innersten zusammenhielt. Das Wesentliche erschloß sich vom Jenseits her, und weil Abbo es allenthalben im zerstreuten Detail aufspürte, rühmten ihn die Zeitgenossen als großen *philosophus,* als gelehrten Lehrer von Gottes Weisheit.

Diese Vorbildung befähigte ihn zum Amt des Abtes, von dem die Ordensregel neben würdigem Lebenswandel gelehrte Weisheit verlangte. Als Abt von Fleury wurde Abbo seit 988 zum bedeutendsten Klosterreformer Frankreichs und zum Kirchenpolitiker, gefesselt von Problemen des Kirchen- und Staatsrechts. Dennoch schrieb er im Trubel ein zweites gelehrtes Hauptwerk, ein Lehrbuch der kirchlichen Zeitrechnung, damit seine Mönche ihre Frist weise einteilen könnten. Das Buch blieb unfertig, aber vollendet war im Diesseits sowieso nichts.

Im Spätherbst 1004 reiste Abbo, ungefähr 60jährig, mit kleinem Gefolge nach La Réole, einem Priorat, das man seiner Abtei unterstellt hatte, wo sich die baskischen Mönche aber gegen die französische Reform wehrten. Gleich am zweiten Tag, 11. November, gab es Streit ums Pferdefutter; Abbo zügelte seine aufbrausenden Begleiter, diese Rechtsfrage sei nicht gewaltsam zu lösen. Am Tag darauf herrschte Sonntagsruhe; Abbo besichtigte das befestigte Kloster und scherzte, hier drinnen sei er als Hausherr sogar mächtiger als der König von Frankreich. Am Montag, 13. November, wollte einer der heimischen Mönche ohne Erlaubnis das Kloster verlassen, um draußen zu essen. Abbo rügte ihn vor den Herumstehenden. Unterdes erhob sich vor den Klostermauern wüstes Geschrei. Der Getadelte rannte mit seinen Komplizen hinaus. Dort waren Franzosen und Basken tätlich aneinandergeraten.

Abbo zog sich zuerst in die Klausur zurück und diktierte in aller Ruhe einige Regeln zur Zeitrechnung; dann ging auch er nach draußen, um seine Leute zurückzurufen. Ein Baske hatte geprahlt, er getraue sich, dem Abt die Lanze in den Bauch zu stoßen. Als er ihn kommen sah, warf er seine Lanze tatsächlich und traf Abbo in die Rippen. Der Abt wankte nicht, stellte bloß die Schuldfrage klar: »Das hat der mit Absicht getan«, und schritt ruhig ins Kloster zurück. Sein späterer Biograph Aimoin kam hinterher, sah eine Blutlache am Boden und fragte aufgeregt, von wem sie komme. Abbo sagte: »Bei Gott, von mir.« Den entsetzten Aimoin fragte er fast lächelnd: »Was würdest du machen, wenn du verwundet wärst? Hab keine Angst, geh lieber hinaus und laß unsere Leute zu mir kommen, damit der Tumult aufhört.«

Kein Arzt befand sich in Abbos Gefolge, herbeigerufen wurde auch keiner. Als Abbos Begleiter fast alle hereinkamen, lag er auf dem Fußboden schon im Sterben. Der letzte Gedanke gehörte seinem Konvent: »Allmächtiger Gott, erbarme dich meiner Seele, dieses Orts und der Gemeinschaft, die du mich bis jetzt hast leiten lassen.« Das Totenfest, am Ort improvisiert, war kaum der Rede wert, doch der heroische Tod wurde sogleich als Martyrium gepriesen. Er bezeugte die Mäßigung eines Priesters, die Gerechtigkeit eines Herrschers, die Tapferkeit eines Kriegers, die Klugheit eines Philosophen – und die Besessenheit eines Gelehrten, der keine Minute ungenutzt verstreichen ließ. Hermann nahm Abbo nicht in sein Martyrologium auf; dennoch wurde er sogleich heiliggesprochen und in seiner Abtei nie vergessen.

Wir sehen, was Hermann am gründlichsten von Abbo unterschied. Die körperliche Behinderung verschloß ihm die Aktivitäten eines Abtes wie die eines Grafen. Er konnte sein Leben lang nur schauen und lehren, lesen und schreiben. Nicht immer blieb er derselbe und befaßte sich im Lauf der Jahre mit vielerlei Themen; sie kreisten nicht alle wie bei Abbo um die Nutzung des gestundeten Moments, auch um die Erforschung von Natur und Geschichte im ganzen. Deshalb legte Hermann sein Dasein als fragmentarischen Versuch an, der auf das Sterben zuliefe und doch in der jenseitigen Welt vollendet würde.

Der spätere Sterbefall, der zum Vergleich dienen soll, ist der des Italieners Anselm von Aosta. Er war wie Abbo ein adliger Herr und ein Benediktiner, doch beides nicht ganz, auch als Gelehrter und Lehrer kein Bücherwurm und Bastler wie Hermann. Anselm wollte »durch bloßes Nachdenken mit sich selbst erörtern und erforschen, was er früher nicht beachtet hatte«. Er wollte die Beziehungen zwischen Gott und Mensch weder kultisch noch historisch, sondern rational untersuchen, philosophisch im wissenschaftlichen Sinn. Nur war Wissenschaft noch keine Lebensform, und so trat Anselm 1060 in ein normannisches Kloster ein, wo ein berühmter Philosoph lehrte.

Dort wurde er bald zum Leiter der Klosterschule bestellt und dachte bei Tag und Nacht, sogar während des Chorgebets über das Problem nach, das ihn quälte, einen ontologischen Gottesbeweis, der ohne Bibelzitate allein aus der Vernunft zu führen wäre und jedem Denkenden einleuchten müßte. Als er die Lösung gefunden hatte, legte er sie 1076 in zwei Schriften der gelehrten Kritik vor, mit der Bitte um Diskussion. Sein hohes Ansehen als Weisheitslehrer brachte ihm immer höhere Kirchenämter ein, 1093 den Erzstuhl von Canterbury. Er nahm seine Pflichten sehr ernst, verleugnete aber seine Neigungen nicht. Bei Audienzen »konnte man die ei-

nen sehen, die in biblische Texte und Fragen verstrickt waren und die er rasch durch eine vernünftige Auslegung aufklärte; die anderen die in sittlichen Urteilen schwankten, belehrte er ebenso eifrig«.
Inzwischen war er 75 Jahre alt geworden und bettlägerig. Man ließ ihn halbwegs in Ruhe, schweigsam dachte er nach. Die Mönche seiner Umgebung fanden, lieber solle er sich vorbereiten, und einer sagte ihm am Morgen des Palmsonntags, 18. April 1109, die Meinung des Arztes, den sie hinzugezogen hatten: »Herr Vater, man hat uns zu verstehen gegeben, daß du die Welt verläßt und zum österlichen Hoftag deines Herrn gehst.« Ostern war am 25. April, in einer Woche. Anselm antwortete anders als ein Kirchenfürst, der das Zeitliche segnet: »Wenn es wirklich Gottes Wille ist, werde ich ihm gern gehorchen. Aber ich wäre dankbar, wenn er mich noch so lang bei euch bleiben ließe, bis ich die Frage lösen könnte, die mir im Kopf herumgeht. Es geht um den Ursprung der Seele. Ich weiß nämlich nicht, ob nach meinem Tod jemand das Problem lösen wird.«
Darauf war Hermann nicht verfallen: dem lieben Gott eine Frist vorzuschlagen, bis das nächste Buch fertig wäre. Anselm glaubte sogar, daß die Erfüllung seines Wunsches weniger von Gottes Ratschluß als von der körperlichen Verfassung abhänge, und sagte: »Wenn ich etwas essen könnte, würde ich hoffen, wieder gesund zu werden. Denn ich fühle nirgends im Körper Schmerzen, bin bloß ganz von Kräften gekommen, wegen der Schwäche des Magens, der kein Essen behält.« Anselms Seele würde seinen Tod überleben, wo auch immer; mehr beschäftigte ihn die Paradoxie, daß sie einmal entstand und trotzdem nie mehr verging. Das Problem betraf alle; gleichwohl konnte allein er es lösen, es niemandem sonst überlassen. Und nur auf Erden half seine

Antwort anderen, das Wesentliche zu erkennen, nicht im Himmel, wo keiner mehr fragte.
Was Anselm über sein Vorhaben sagte, war der letzte verständliche Satz, den sein Biograph Eadmer von ihm vernahm. Am 20. April verlor er die Sprache; das Zeremoniell des Totenfestes bedurfte ihrer nicht. Die Umstehenden hörten, wie sein Atem schwächer wurde und erlosch, am 21. April 1109. Die Banalität seines Todes wurde durch eindrucksvolle Exsequien wettgemacht, doch der Ursprung der Seele blieb ungeklärt. Zur Ehre der Altäre kam Anselm erst fünfzig Jahre später, und nicht Canterbury sorgte für sein irdisches Nachleben. Als Vater der Scholastik wurde er ein Gründervater der europäischen Universität. Diese Gemeinschaft von Lehrenden und Lernenden stellte freilich die Wissenschaft schon über die Weisheit; deshalb dachte sie weniger nach und schrieb mehr vor als Anselm.
Was ist exemplarisch am Tod von Abbo, Hermann und Anselm? Jeder von ihnen starb anders, aber keines zufälligen, sondern seines eigenen Todes. Die geistlichen Institutionen, in denen alle drei lebten, hatten ihnen Heimrecht gewährt und Hochachtung bezeugt; doch Abteien und Bistümer waren auf andere Ziele zugeschnitten und wiesen Gelehrten und Lehrern nicht ihren Weg. Weil sie noch kein Berufsbild vorfanden, blieben sie auf sich allein angewiesen, in einer Zeit, die persönliche Besonderheiten bloß widerwillig anerkannte. Jeder von den dreien traf seine Wahl und hielt sie durch. Die Überlebenden ließen jeden gewähren, wenigstens bis er tot war.
Abbo verstand sein Leben um 1000 noch wie das Frühmittelalter als sprunghafte Suche nach einem geraden Weg, seinen Tod als Übergang zum ewigen, unerforschlichen Ziel. Hermann nahm seinen Tod um 1050 bereits

als vorläufigen Endpunkt für allseitige Versuche, die freilich im Jenseits abgerundet würden. Anselm wollte die ewigen Fragen des Menschen um 1100 schon wie das Hochmittelalter hier und jetzt beantwortet wissen und empfand den Tod hauptsächlich als Störung. Für keinen der drei schloß sich der Kreis ihrer Antworten, der Tod trat dazwischen. Aber er kam nicht von außen, er stand im Mittelpunkt ihrer Fragen. Darum rundete er ihre Bemühung erst ab, denn er verwandelte die tastende Erkenntnis in überzeugende Haltung.

Der Eindruck, den diese Konsequenz in Europa hervorrief, führte im Lauf des 11. Jahrhunderts schrittweise zur Wissenschaft als Lebensform. Der zugehörige Tod, um 1000 noch ins Heroische überhöht, war um 1100 bereits ins Banale verflacht. In den Kreis lebensfördernder Wissenschaften trat die Medizin selbst ein; hatte sie Abbos Leben noch nicht retten können, so sagte sie Anselms Tod schon voraus. Doch die alten *doctores philosophiae* begegneten ihrem Tod in eigener Verantwortung und delegierten sie nicht an die neuen *doctores medicinae.* Abbo und Anselm vertrauten auch ihre Lebensweise nicht der Autorität einer alten oder neuen Institution an, in der alles Persönliche aufging oder unterging. Vor allem Hermann der Lahme gab um 1050 mit seinem Tod ein Exempel humaner Lebensgestaltung, das damals nicht nur Gelehrte und Lehrer betraf und heute nicht nur Ärzte und Kranke betrifft.

Denn sterblich sind wir noch immer, bleiben also angewiesen auf die beiden Stützen, an denen er sich festhielt, Weisheit, die unsere Gebrechlichkeit im ganzen zu trösten vermag, und Wissenschaft, die unsere einzelnen Gebrechen zu heilen versucht.

Die Lebenden und die Toten am Bodensee

Die Altarplatte von Niederzell

Bei der Restaurierung der Stiftskirche St. Peter und Paul in Reichenau-Niederzell entdeckte Münsterpfarrer Theodor Fehrenbach im Dezember 1976, daß auf dem Hochaltar eine alte Deckplatte lag, deren Unterseite mit vielen mittelalterlichen Namen vollgeschrieben war. Von diesem Fund berichtete der »Südkurier« in einem Artikel, der weithin Aufsehen erregte; denn von beschriebenen Steinen aus dem Mittelalter weiß man bisher fast nichts. Gelehrte verschiedener Fachrichtungen untersuchen seitdem mit unterschiedlichsten Methoden die Altarplatte, und es werden wohl noch Jahre vergehen, bis sie endgültige Editionen und Interpretationen vorlegen können. Eine Faksimile-Ausgabe brachten sie 1983 heraus. Aber sie wollten 1977 schon die vorläufigen Erkenntnisse von der Bedeutung und Geschichte des Denkmals miteinander austauschen und gemeinsam die Möglichkeiten seiner künftigen Auswertung und Aufstellung überlegen. Dafür luden die katholische Kirchengemeinde Reichenau und die Freiburger Außenstelle des Landesdenkmalamtes Baden-Württemberg auf den 29. April 1977 zu einem Kolloquium im Niederzeller Pfarrhaus ein, an dem ein Dutzend Sachkundiger teilnahm.

Wolfgang Erdmann (Lübeck), der die Kirche in Niederzell archäologisch untersucht hatte, ordnete die Altar-

platte in die Geschichte des Bauwerks ein. Das Material, Rorschacher Sandstein, kommt nicht nur in der Gegend von Rorschach, sondern auch um Sipplingen und auf dem Bodanrück vor und wurde im Bodenseegebiet seit dem Frühmittelalter gern als Baustein verwendet. Die ungewöhnlich dünne Platte wurde zuerst mit Steinbeil oder Flachmeißel, dann mit Zahnmeißel oder Zahneisen bearbeitet, schließlich mit gleichartigem Stein abgerieben und geglättet. Diese Bearbeitungstechnik wurde auch bei anderen Stücken desselben Materials in der ältesten Kirche von Niederzell beobachtet; das gestattet den Schluß, daß die Platte schon auf dem Apsisaltar der karolingischen Kirche lag, die seit den 780er Jahren errichtet und 799 eingeweiht wurde.
Spätestens kam die Platte auf den Altar, als im 10. Jahrhundert, möglicherweise nach einem Brand, der bisherige Hauptaltar abgebrochen und neu gebaut wurde. Jedenfalls lag die Platte schon einige Zeit auf dem massiven Altarblock, als sie beschriftet wurde. Nach einem neuerlichen Brand wurde zwischen etwa 1104 und 1134 die Niederzeller Kirche noch einmal neu gebaut; dabei wurde die Apsis mit den berühmten romanischen Wandmalereien geschmückt. Mit dem neuen Apsisaltar nahm man aber damals Rücksicht auf die alte Platte und legte sie, nun wohl schon mit der beschriebenen Seite nach unten, auf den Kastenaltar. Für die Bauleute des 12. Jahrhunderts galt sie anscheinend als ehrwürdiges, erhaltenswertes Denkmal, vielleicht gerade wegen der vielen eingeschriebenen Namen.
Warum man überhaupt Namen auf eine Altarplatte schrieb, erörterte Professor Karl Schmid (Freiburg). Die Reichenauer Mönche hatten seit etwa 820 ein ganzes Verbrüderungsbuch angelegt, mit beinahe vierzigtausend Namen von Lebenden und Verstorbenen, von

Mönchen der eigenen Abtei und vieler fremder Klöster, auch von Laien, die sich als Wohltäter und Freunde des Inselklosters verdient gemacht hatten. Solche Gedenkbücher dienten den Priestern dazu, beim eucharistischen Opfer für diejenigen zu beten, die einen Beitrag zum Mahl geleistet hatten oder deren Seele Gott besonders empfohlen werden sollte. Viel seltener als in Bücher wurden solche Namenslisten auf die Altäre selbst geschrieben. Einige Beispiele haben sich gefunden, auf dem Monte Gargano in Italien, im istrischen Parenzo, im südfranzösischen Minerve, aber alle liegen räumlich entfernt und zeitlich früher, enthalten auch weniger Namen als die Reichenauer Platte mit ihren rund 240 Eintragungen.

Unter ihnen springt eine besonders groß und zentral angeordnete ins Auge, sie gilt einem *Meginwardus abbas* und drei Priestern namens Gregor, Gerhalm und Gottschalk. Wer die Priester waren, weiß man noch nicht; aber Meginward war anscheinend der Mönch dieses Namens aus dem Michaelskloster in Hildesheim, den König Heinrich IV. im Jahr 1069 den Reichenauer Mönchen als Abt vor die Nase setzte. Sie machten ihm das Leben so schwer, daß er nach Jahresfrist dem König seinen Abtstab wiedergab und nach Hildesheim zurückkehrte. Die Reichenauer schätzten Meginward noch nachher nicht sonderlich und trugen ihn weder in ihr Verbrüderungsbuch noch in ihren Totenkalender ein. Warum sein Name auf der Altarplatte prangt, ist vorerst rätselhaft. Jedenfalls ist der Eintrag ein sprechendes Zeugnis dafür, daß die Reichenauer Benediktiner noch in der schweren Krise ihres Klosters am Ende des 11. Jahrhunderts an ihren karolingischen Bräuchen liturgischen Gedenkens festhalten wollten. Allerdings trugen sich in Niederzell wohl nur Lebende ein, die wie

Meginward Beistand in akuten Bedrängnissen suchten, nicht Gedenken nach ihrem Tod.
Freilich dürfte der Meginward-Eintrag schon zu den späteren auf der Platte gehören. Professor Johanne Autenrieth (Freiburg) untersuchte die Schriftformen genau und stellte fest, daß die frühesten Namen mit einem Griffel in den weichen Sandstein eingeritzt wurden. Erst danach begann man, mit Gänsekiel und Tinte Namen wie den des Meginward aufzuschreiben. Die Einträge, alle von den Rändern her lesbar, auf die liegende Platte aufgebracht, verteilen sich ziemlich regellos. Sie sind zum Teil in großen, zum Teil in kleinen Buchstaben, zum Teil sehr flüchtig, zum Teil recht sorgfältig geschrieben; manchmal sind es einzelne Einträge, manchmal (und dann besonders ordentlich) ganze Gruppen, bis zu zehn Personen. Während sich die Einritzungen mit aller Vorsicht auf das beginnende 10. Jahrhundert datieren lassen, kehren einige Tintenschriften ganz ähnlich im Reichenauer Verbrüderungsbuch wieder, und zwar im jüngeren Teil, der im späten 10. und im 11. Jahrhundert angelegt wurde. Die Altarplatte wurde also bereits vor der ottonischen Zeit um die Jahrtausendwende beschriftet, bevor die Mönche in Mittelzell an ihren herrlichen Buchmalereien arbeiteten, und danach noch einige Jahrzehnte in der frühen Salierzeit. Aus dem 12. Jahrhundert oder später haben sich keine Einträge gefunden; die Tradition scheint abgerissen zu sein.
Schon im 11. Jahrhundert war die Ausstrahlungskraft des Klosters, vor allem der Niederen Zelle, nicht mehr so weltweit wie in der Karolingerzeit; das zeigte eine namenkundliche Analyse von Dr. Dieter Geuenich (Freiburg). Er benutzte die elektronische Datenverarbeitung zu einem Vergleich zwischen hundert lesbaren Namen auf der Platte und den Zehntausenden von

Personennamen, die im Verbrüderungsbuch als Freunde der Abtei Reichenau festgehalten sind. Es überraschte niemanden mehr, daß Schreibweise und Lautstand der meisten Namen auf der Altarplatte ebenfalls in das späte 10. und das 11. Jahrhundert führen. Unerwartet kam jedoch der Nachweis, daß ganze Namengruppen der Platte auch in Mönchslisten der Reichenau selbst und der Klöster Schienen und Hohentwiel im Verbrüderungsbuch beieinanderstehen. Das heißt, in Niederzell trugen sich vorwiegend Freunde aus der nächsten Nachbarschaft am Untersee ein, übrigens nicht nur Mönche, auch Laien und Frauen. Hier sind indes intensivere Studien erforderlich, auch um unscharfe Einritzungen wieder lesbar zu machen und in das Gesamtbild einzuordnen.
Einige Tinteneinträge sind ziemlich verblaßt; die Sorge war groß, daß alle künftig noch schneller verblassen würden. Die Analyse der benutzten Tinten war also nicht bloß eine historische, sondern zugleich eine denkmalpflegerische Aufgabe. Professor Heinz Roosen-Runge (Würzburg) übernahm sie. Er hatte schon vor Jahren mittelalterliche Tinten neu hergestellt, aus Weißdornrinde und mit Zusätzen von Ruß und Eisenvitriol, genau nach dem Rezept, das wohl um 1100 ein deutscher Geistlicher namens Theophilus in seinem Handbuch der Kunsttechniken angegeben hatte. Weil die Niederzeller Altarplatte nicht durch chemische Untersuchungen beschadigt werden durfte, trug er die neu fabrizierten Tinten auf mittelalterliche Sandsteinreste auf und verglich ihre Feinstruktur unter dem Mikroskop, ihre Fluoreszenz unter ultraviolettem Licht mit den Tinten auf der Altarplatte. Er konnte schlüssig zeigen, daß die Reichenauer Schreiber ihre Tinten nach dem Rezept des Theophilus verfertigt hatten, nicht nach

anderen im Mittelalter üblichen Verfahren. Das gab ein weiteres Indiz für die Datierung der Schriften, vor allem aber einen wichtigen Hinweis für die künftige Konservierung der Altarplatte. Theophilustinte ist nämlich gegen Feuchtigkeit und Tageslicht weniger empfindlich als andere mittelalterliche Tinten. Die Reichenauer Platte muß demnach zwar vor greller Beleuchtung, mechanischer Beschädigung und Verstaubung geschützt werden, bedarf aber keiner besonderen Festigung durch Chemikalien. Vor chemischen Eingriffen wird man sich schon deshalb hüten, weil heute noch niemand weiß, wie sie in einigen Jahrzehnten den Stein verändern könnten.

Überhaupt war das Kolloquium vom Willen aller Verantwortlichen beherrscht, die Altarplatte für kommende Jahrhunderte zu erhalten und nicht den Fragen und Methoden der heutigen Forschung zu opfern. So viel Respekt vor einer offenen Zukunft war in der Gelehrtenrepublik nicht immer üblich, ist es in der Öffentlichkeit noch heute nicht. Außerdem waren sich alle Teilnehmer einig im Respekt vor einer menschlichen Vergangenheit, und darin müßte ihnen die Öffentlichkeit leichter folgen können. Die Platte muß dort bleiben, wo sie seit einem Jahrtausend liegt, auf dem Altar der Kirche in Niederzell. Die Gebildeten werden das Denkmal gern in dem historischen Rahmen belassen, in dem es entstand und eine lang wirksame Aufgabe hatte. Die Gläubigen werden gern den Wunsch der Toten erfüllen, die beim Meßopfer immer gegenwärtig sein wollten. Als die Stiftskirche in Niederzell am Sonntag, 26. Juni 1977, neu geweiht wurde, waren Abt Meginward und alle die anderen Toten dabei. Und danach betrachtet der Besucher die Altarplatte hoffentlich nicht als Ausstellungsobjekt für Neugierige oder Altgierige, sondern als lebendiges Zeugnis dafür, wie frühere Menschen am Bodensee ihre krisenreiche Geschichte durch Verbrüderung über Lebensnöte und Todesängste hinaus zu bewältigen suchten.

Das erste Konradifest in Konstanz

Warum feierte Konstanz das Konradifest erst seit 1123, fünf Generationen nach Konrads Tod? Die Frage, die sich 1975, ein Jahrtausend danach, besonders aufdrängt, zielt nicht auf zeitlose Verdienste eines Heiligen, sondern auf Bedürfnisse geschichtlicher Gemeinschaften. Als der Bischof 975 starb, stand sein Bistum fest im Ottonenreich und verehrte dessen Patron Mauritius. Im Münster, an dessen Außenwand Konrad zuerst beigesetzt wurde, lagen Reliquien des heiligen Pelagius. Neben solchen Märtyrern aus fernen Zeiten und Ländern brauchte man heimische, jüngstverstorbene Prälaten kaum. Bloß Klöster wie St. Gallen und Reichenau hielten Konrads Andenken lebendig. Die Bewohner der Bischofsstadt empfanden sich noch nicht als Gemeinde und bedurften keines gemeinsamen Fürsprechers im Himmel.

Hundert Jahre später erschütterte der Investiturstreit die Eintracht zwischen Reich und Kirche; das Bistum Konstanz war seit 1070 umstritten. Bischof wurde 1084 der Zähringer Gebhard III., ein Vorkämpfer der Kirchenreform; er gewann für den Papst den alemannischen Adel, seinen Zähringer Bruder Berthold II. und den Bayernherzog Welf IV. Gebhard besann sich auf seinen Vorgänger Konrad, ließ die halbvergessenen Gebeine erheben und ins Münster bringen. Die »Elevation« durch den Ortsbischof begründete damals meist den Heiligenkult. Gebhard hätte den Heiligenschein für sein bedrohtes Bischofsamt brauchen können. Auch Welf, als Bayernherzog abgesetzt, wollte die oberschwäbische Herrschaft behaupten und betonte um 1094, daß der heilige Bischof Konrad ein Welfe und Mitstifter des Welfenklosters Weingarten gewesen sei.

Die Koalition hielt nicht lange; Welf schloß 1096 seinen Frieden mit dem Kaiser und dessen staufischen Helfern, den Schwabenherzögen, und ließ den Reformbischof im Stich. Gebhard fand indes neue Freunde, in seiner Bischofsstadt. Die Kaufleute und Handwerker des Marktorts bei St. Stephan bildeten zwar mit Ministerialen und Handwerkern der Bischofsburg noch immer keine Gemeinde. Als aber 1092 ein kaiserlicher Bischof mit Heeresmacht nach Konstanz gebracht werden sollte, verteidigten alle Konstanzer gemeinsam den Stadtherrn Gebhard. Hier formierte sich die Bürgergemeinde, anders als sonstwo, um den Bischof, den sie sich allerdings friedlich, nicht herrisch wünschte.

Noch Gebhards Nachfolger Ulrich I. durfte nicht auftrumpfen; ihn hatte 1111 der Kaiser bestellt, jedoch der Papst nicht geweiht. Die Welfen söhnten ihn 1118 mit Rom aus, wie überhaupt Welfen, Staufer, Zähringer die Versöhnung zwischen Kirche und Reich betrieben. Als sie im Wormser Konkordat 1122 gelang, fügten sich alle Interessen zusammen. Bischof Ulrich, endlich geweiht, suchte das seit vierzig Jahren schwankende Konstanzer Bischofsamt durch den Nimbus eines Vorgängers zu konsolidieren. Er bedurfte der Autorität des versöhnten Papstes, dem die Approbation von Heiligenkulten ein neues Vorrecht sicherte. Der Bischof stammte aus dem Haus Dillingen, das schon einen heiligen, den ersten

päpstlich anerkannten Bischof aufzuweisen hatte, Konrads Zeit- und Amtsgenossen Ulrich von Augsburg.
Papst Kalixt II. bestätigte nach einigem Zögern auch Konrads Heiligkeit, am 28. März 1123 vor dem Plenum des ersten Laterankonzils, das dem Wormser Konkordat beistimmte und die geistliche Kraft der Kirche demonstrierte. So wurde Sankt Konrad beinahe zum Garanten des neuen Friedens zwischen Kirche und Reich, nicht ohne historische Berechtigung, denn mit Kaiser Otto dem Großen hatte Konrad aufs engste zusammengearbeitet. Der Konstanzer Bischof Ulrich wollte Konrads Erhebung zur Ehre der Altäre indes auch als Fest des Bistums feiern und lud dazu auf Konrads Sterbetag, den 26. November 1123, ein.
Das erste Konradifest ehrte freilich nicht nur den Bischof von Konstanz. Es erhöhte auch den Welfen Heinrich den Schwarzen, damals einen der mächtigsten Reichsfürsten. Der Bayernherzog strebte als Gemahl der Billunger Erbtochter auch nach dem sächsischen Herzogtum, das Lothar von Supplinburg innehatte. Im Bund gegen ihn hatte sich der Welfe mit Staufern und Zähringern versippt, und auch deren Herzöge Konrad und Friedrich II. der Einäugige kamen 1123 nach Konstanz, um den heiligen und politischen, königsgleichen Rang des Welfenhauses zu bekräftigen.
Die Eintracht hielt wieder nicht lange; Lothars Königswahl, deren Unterstützung dem Welfen 1125 das sächsische Erbe besser zu sichern schien, löste den Streit zwischen Staufern und Welfen um die Königskrone aus. Auch die Harmonie zwischen Bischof und Stadtgemeinde in Konstanz war nicht von Dauer. Bis ins frühe 13. Jahrhundert sorgte immerhin Sankt Konrad für ein entspannteres Verhältnis zwischen Stadtherrn und Bürgern als anderswo in Bischofsstädten.

Viel länger hielt der letzte unter den Bünden von 1123: Das Stadtvolk von Konstanz begann bei dieser Feier den Heiligen als seinen Beschützer zu empfinden, ebenso das Landvolk, das aus Oberschwaben und vom Thurgau in Scharen herbeiströmte. Münster und Markt gehörten dabei aufs engste zusammen. Im Wechsel der Politik und der Potentaten fanden Städter und Bauern in ihrem Heiligen einen dauernden Helfer, der mitten unter ihnen wohnte und für irdischen Wohlstand wie für ewige Wohlfahrt sorgte. Das erste Konradifest 1123 machte Konstanz zum Marktplatz der Friedfertigen in der Region. Auch zum Schauplatz für europäische Friedensfeste wurde die Stadt, 1153 nach dem nächsten Konflikt zwischen Kirche und Reich, noch 1417 nach dem Papstschisma in der lateinischen Christenheit. Unter den möglichen politischen Funktionen einer Stadt ist das nicht die schlechteste.

Diethelm von Krenkingen und Friedrich Barbarossa

Abt und Kaiser

Ein Pilger, der um 1190 nach dem mächtigsten Herrn am Bodensee gefragt hätte, wäre von den Einheimischen wahrscheinlich auf die Insel Reichenau geschickt worden, zu Abt Diethelm von Krenkingen, der seit kurzem zugleich Bischof von Konstanz war. Der Pilger hätte den Abt im Inselkloster wahrscheinlich nicht angetroffen, denn er war oft unterwegs auf weiten Reisen, die ihn selber zum Pilger machten. Noch heute fällt es schwer zu sagen, in welcher Kirche Diethelm eigentlich zu Hause war, denn er hat in keiner ein bleibendes Denkmal hinterlassen. Das Marienmünster in Reichenau-Mittelzell soll er seit 1172, bald nach seinem Amtsantritt als Abt, umgebaut haben; es kann sich nur um kleinere, unzusammenhängende Um- und Einbauten gehandelt haben, die sich heute nicht mehr identifizieren lassen. In der Kirche des Zisterzienserklosters Salem, wo Diethelm 1206 starb, ist erst recht keine Erinnerung an ihn wachgeblieben. Im Konstanzer Münster wurde er als Bischof dieser Kirche angeblich beigesetzt, aber keine Grabplatte zeigt die Stelle an. Diethelm war ein unbehauster Mönch, und das war für seine Zeitgenossen noch ein Widerspruch in der Beifügung.

Die persönlichsten Zeugnisse, die sich von ihm erhalten haben, fallen ebenfalls aus dem Rahmen des damals

Üblichen: Es sind drei Siegelabdrücke, die den Abt und den Bischof darstellen. Sie sind keine Porträts und lassen von den Gesichtszügen des Mannes fast nichts erkennen; sie zeigen einen geistlichen Herrn mit Mitra und Hirtenstab, mit kostbaren Gewändern, auf prunkvollem Thron, mit befehlenden Gebärden. Diethelm war ein herrischer Benediktiner, und auch das paßte schlecht in das zeitgenössische Bild vom dienenden Mönchtum. Man könnte geradezu fragen, ob Diethelm noch als Mönch gelten könne, und das fragte schon bei seinem Tod ein strenger Zisterzienser. Er bejahte die Frage. Der Historiker muß ihm zustimmen, allerdings hinzufügen, daß Diethelm von Krenkingen ein Mönchtum in der Krise verkörperte. Er war von alten Formen zu neuen Inhalten unterwegs und deshalb nirgends zu Hause, jedenfalls nicht mehr in der Gemeinschaft eines Klosters. Erst diese Krise des gemeinsamen monastischen Lebens ließ die persönlichen Züge des einzelnen Mönches hervortreten.
Wenn wir neben Diethelm seinen bedeutendsten Zeitgenossen und Landsmann stellen, so bemerken wir Ähnlichkeiten. Wer kurz vor 1190 in Deutschland nach dem mächtigsten Herrn gesucht hätte, dem wäre geantwortet worden, das sei der staufische Kaiser Friedrich. Er sei aber zur Zeit nicht zu sprechen, sondern mit dem Kreuzfahrerheer als bewaffneter Pilger nach dem Heiligen Land unterwegs. Noch heute haben wir Mühe zu bestimmen, in welchem Land Barbarossa eigentlich zu Hause war. Das Hauskloster Lorch am Fuß des Hohenstaufen, das seine Vorfahren als Grablege der Familie vorgesehen hatten, birgt keine alte Erinnerung an Barbarossa; auf der Burg seiner Väter hat der Kaiser vielleicht öfter Station gemacht, aber nur ein einziges Mal, 1181, eine Urkunde ausgestellt. In der Kaisergruft des

Speyrer Doms, neben den salischen Herrschern, ließ Barbarossa 1184 seine Frau Beatrix beisetzen, und daneben wurde lange Zeit ein Platz für den toten Barbarossa freigehalten; doch er liegt nicht da.
Als er im Heiligen Land 1190 ertrunken war, wurde er dort bestattet, wo genau, das wußte man schon im Mittelalter nicht mehr und hat es trotz intensiver Ausgrabungen bis heute nicht erfahren. Er war ein König ohne Residenz, und das empfanden schon manche Zeitgenossen als ungewöhnlich. Ebenso erstaunlich ist, was er an persönlichen Zeugnissen hinterließ. Der berühmte Barbarossakopf in Cappenberg, ein Geschenk des Herrschers an seinen Taufpaten, bildete nicht mehr wie bislang üblich nur einen idealen Kaiser ab, sondern zugleich ein unverwechselbares Gesicht. Ähnlich lebendig zeigten die frühen Wachssiegel den König. Friedrich war ein höchst individueller Mensch, das paßte nicht in die zeitgenössische Vorstellung von Herrscheramt. Barbarossa verkörperte ein Königtum in der Krise.

Aufstieg der Krenkinger

Die Ähnlichkeiten zwischen Kaiser und Abt sind allerdings allgemeiner Art. Wenn wir den besonderen Lebensweg Diethelms betrachten, führt er anfangs weit von Barbarossa weg, obwohl die Staufer schon deutsche Könige waren, als Diethelm geboren wurde. Er stammte aus einem edelfreien Geschlecht, war also ein adliger Herr, freilich ohne alte Familientradition und ohne festen räumlichen Schwerpunkt. Die Herren von Krenkingen tauchten erst 1102 unter diesem Namen in einer Schaffhauser Urkunde auf, als Herren einer Burg und eines Ortes nahe bei der Wutach, im Alpgau zwischen Schwarzwald und Randen. Sie besaßen wie zahlreiche andere Geschlechter in diesem Raum noch kein geschlossenes Herrschaftsgebiet. Vielmehr halfen sie den Zähringern beim Ausbau des Landes am südöstlichen Rand des Schwarzwaldes. Kennzeichnend für ihre prekäre Lage war es, daß ein adliger Herr ganze anderthalb Kilometer südlich von Krenkingen in den 1140er Jahren ein kleines Augustinerstift gründen konnte, St. Maria in Detzeln, ohne daß Krenkinger beteiligt waren.

Nicht weniger bezeichnend ist es, daß wir die einzelnen Namen der Krenkinger bis in das frühe 13. Jahrhundert weder genealogisch noch besitzgeschichtlich klar unterscheiden, also weder eine Stammtafel noch eine Landkarte ihrer verschiedenen »Zweige« zeichnen können: Die Ausbildung zu einer Adelsfamilie begann gerade erst, als Diethelm wohl in den 1140er Jahren geboren wurde. Dann allerdings begann sie mit Macht, vorangetrieben durch Konrad von Krenkingen, der zwischen 1143 und 1187 nachweisbar ist und vermutlich Diethelms Vater war. Ihm gelang es 1152, für sich und seine Nachkommen vom staufischen König Konrad III. die Vogtei über das Stift Detzeln nach dem Tod des erbenlosen Gründers zu erhalten, das heißt den Zugriff auf die Güter des Stifts im Klettgau. Das Kanonikerstift wurde noch im späten 12. Jahrhundert um einige Kilometer nach Norden verlegt, nach Riedern am Wald, und diente dort der Pfarrseelsorge und dem Herrschaftsausbau im südöstlichen Schwarzwald. Es wurde zu einer Art Hauskloster der Familie, die sich hier allmählich einen räumlichen Schwerpunkt setzte.

Es konnte für eine ehrgeizige Adelsfamilie nicht der einzige Schwerpunkt bleiben. Nach 1190, vermutlich um 1197, gelang es den Krenkingern unter tatkräftiger

Mitwirkung des Abts und Bischofs Diethelm, die Vogtei über das Benediktinerkloster Rheinau bei Schaffhausen zu kaufen. Damit dehnte sich ihr Einflußbereich nach Osten und Süden in den Klettgau und Thurgau aus. Durch den engen Anschluß zunächst an die zähringischen Herzöge, dann an die staufischen Könige schufen sich die Herren von Krenkingen eine Reihe von Stützpunkten am Hochrhein westlich des Bodensees und waren hier um 1200 die mächtigste Familie. Zur selben Zeit besetzten ihre Verwandten schon auswärtige Bischofsstühle wie die von Salzburg und Gurk. Damals war Diethelm bereits der hervorragendste Repräsentant der Familie.

Schon in der Generation zuvor fehlte es ihr nicht an Selbstbewußtsein. Davon zeugt eine Anekdote, die nicht wahr sein muß, aber hübsch erfunden ist: Als der staufische Kaiser Friedrich I. an der Burg Krenkingen vorbeiritt, soll der Burgherr Konrad nur sein Haupt entblößt, sich aber nicht vom Sitz erhoben haben, mit der Begründung, daß er auf eigenem, freiem Grund und Boden sitze. Er hatte diesen Rang und Besitz nicht ererbt, sondern erkämpft und war doppelt stolz darauf. Der junge Diethelm lernte vom Vater jedenfalls keine bedingungslose Staufertreue, sondern Adelsstolz.

Die Krenkinger durften sich nicht zur Ruhe setzen und mußten für einen weiteren Aufstieg die vornehmste Abtei am Untersee ins Auge fassen, Reichenau. Mindestens ist es merkwürdig, daß der nachgeborene Diethelm zwar für den geistlichen Stand bestimmt, aber nicht in die nächstgelegenen Konvente Detzeln oder Rheinau geschickt wurde; er trat vermutlich als Kind in den 1150er Jahren in das Inselkloster Reichenau ein. Man wird ihn nicht lange gefragt, er wird sich nicht heftig gesträubt haben. Möglicherweise war Diethelm von Jugend auf fromm; dann hätte er eigentlich ein reformiertes Kloster wählen müssen. Die Sehnsucht nach diesen damals modernen, asketischen Gemeinschaften hat in der Tat sein Leben begleitet. Doch er beugte sich der Familienräson, zumal ihr wohl sein Selbstbewußtsein entgegenkam. Schließlich war Reichenau nicht bloß uralt und hochadlig, sondern auch heruntergekommen; das Kloster bedurfte eines starken Mannes, und diese Aufgabe war des Schweißes der Edlen wert.

Verfall der Reichenau

Die Abtei Pirmins hatte seit dem späten 11. Jahrhundert empfindliche Rückschläge erlitten und sich noch nicht davon erholt. Das karolingische Kloster konnte die gregorianischen Gedanken der Kirchenreform nicht so stürmisch aufgreifen wie die Neugründungen in Schaffhausen, Kreuzlingen und Salem. Aber nach anfänglichem Widerstreben schlossen sich die Reichenauer unter Abt Ekkehard von Nellenburg, dem Sohn des Schaffhauser Stifters, wenigstens politisch der Reformpartei an, deren Oberhaupt Gebhard von Zähringen als Bischof von Konstanz amtierte. Er förderte freilich zuerst jene Klöster, die auch das religiöse Leben reformierten, und dazu fanden sich die Herren im Inselkloster nicht bereit.

Zu einer religiösen oder kulturellen Blüte fehlten ihnen die geistigen Anregungen, auch die materiellen Mittel der Reformklöster. Reichenau ließ große Teile seines weitverstreuten Grundbesitzes durch unfreie Diener, durch Meier und Ministerialen, bewirtschaften und achtete nicht immer streng darauf, daß deren Rechtsverhältnisse und Wirtschaftserträge ständig kontrolliert wurden. In den kriegerischen Auseinandersetzungen des Investiturstreites war das Kloster auch viel zu abhängig von der militärischen Hilfeleistung seiner Ministerialen, um sie in rechtlicher und wirtschaftlicher Abhängigkeit halten zu können. Die Ministerialen eigneten sich zahlreiche Klostergüter selbst an oder vergaben sie weiter, entzogen sie also der Nutzung durch das Kloster. Um seine Rechte zu wahren, besaß Reichenau nicht die in Reformklöstern geschaffenen Instrumente präziser Bestätigungsurkunden und umfassender Güterverzeichnisse.

Zu Beginn des 12. Jahrhunderts begann man deshalb im Inselkloster, durch Fälschungen von Urkunden eine solche Rechtsgrundlage zu schaffen, übrigens zugleich auch für andere alte Klöster, die ähnlich bedroht waren. Dabei ging es zunächst um Errungenschaften, die Reformklöster wie Schaffhausen längst besaßen, nämlich freie Wahl des Abts durch den Konvent, Einschränkung der Verpflichtungen für den König, Festlegung der Befugnisse des Klostervogts, also insgesamt Befreiung des Klosters von weltlichen Einflüssen. Auf der Reichenau kam noch der Versuch hinzu, sich von Weihegewalt und Gerichtsbarkeit des Konstanzer Bischofs zu lösen. Abt Ulrich II. von Dapfen, ein edelfreier Herr von der Rauhen Alb, der die Fälschungen gedeckt haben muß, wollte eine geschlossene Klosterherrschaft über die Insel und ihren näheren Umkreis errichten, etwa nach Art einer adligen Familienherrschaft.

Diesem Ziel standen indes weniger die großen Herren, der Bischof von Konstanz und der Welfenherzog als Klostervogt, im Wege; vor allem nach der Beilegung des Investiturstreites 1122 hätten sie der Abtei wohl Spielraum gelassen. Lästiger wurde der Konflikt des Klosters mit seinen Ministerialen, der sich zu einer Art Klassenkampf auswuchs. Denn als Mönche konnten nur Angehörige edelfreier Geschlechter von den Einnahmen des Klosters leben; den unfreien Ministerialen, die für sie die Arbeit taten, blieb der Zugang zum Mönchtum versperrt. Das widersprach allen Forderungen der Kirchenreform, der Aktivität von Laien auch im Kloster Raum zu gewähren. Zu allem Überfluß konnten sich die edelfreien Herren im Konvent weder auf eine klare Ministerialenpolitik noch auf eine entschiedene Stellungnahme im staufisch-welfischen Streit um das deutsche Königtum einigen.

Nach dem Tod von Abt Ulrich 1123 folgten binnen zwölf Jahren vier Äbte aufeinander, und daß wir von den Gründen des raschen Wechsels nichts erfahren, spricht für die Verworrenheit der Zustände. Worum der Kampf ging, wird durch eine Nachricht blitzartig erhellt: Abt Ludwig von Pfullendorf wurde 1135 am Altar der Reichenauer Kirche in Tuttlingen von mächtigen Mannen seines Klosters, also von Ministerialen erschlagen. Die übernächste Abtwahl, schon 1136 fällig, spaltete den Konvent; durchgesetzt hat sich der eine Kandidat, Frideloh von Heideck, 1139 mit Hilfe des staufischen Königs Konrad III. Nun war wenigstens der politische Streit zwischen Stauferfreunden und Welfenanhängern im Kloster entschieden, und zwar in der zukunftsweisenden staufischen Richtung.

Jetzt gingen die edelfreien Mönche mit viel Energie daran, den sozialen Aufstieg ihrer Ministerialen zu bremsen. Dies besorgte vor allem der Kustos Ulrich von Dapfen, vielleicht ein Neffe des früheren gleichnamigen Abts und von der Rauhen Alb her ein alter Bekannter des regierenden Abts von Heideck. Ulrich verfertigte zwischen 1142 und 1166 zahlreiche Urkundenfälschungen, nur für sein eigenes Kloster Reichenau, zugunsten seiner Standesgenossen, der kleineren Grafen und edelfreien Herren, gegen die Anmaßung der niederadligen Ministerialen. Des weiteren bemühte sich die neue Führung im Kloster, an die karolingischen Glanzzeiten anzuknüpfen, die alten Gebetsverbrüderungen, vor allem mit St. Gallen, zu erneuern und das religiöse Leben im Konvent, ja auf der ganzen Insel zu beleben.

Daraus konnte nicht viel werden, weil der Konvent eher durch ständische Interessen als durch religiösen Eifer zusammengehalten wurde. Das zeigte sich bei Fridelohs Tod 1159. Als Abt folgte ihm offenbar aus ständepolitischen Rücksichten sein Bruder Ulrich IV. von Heideck, ein älterer, bald auch kränklicher Herr, dem nicht viel an Reformen lag. Der Kustos Ulrich von Dapfen sagte dem neuen Abt, dessen politischen Kurs er billigte, die private Meinung: Mancher Mönch, der zu Würden komme, gefährde sein Kloster und werde seiner Umgebung wie ein krankes Tier gefährlich. Offenbar kümmerte sich der Abt bloß schwächlich um den gefährdeten Klosterhaushalt, die Leistungen der Klosterbauern, die Pflichten der Ministerialen, die Erfordernisse von Gottesdienst und Klausur. Das mochte neben älteren Mönchen auch der junge Diethelm von Krenkingen empfinden, als er ins Kloster eingetreten war, doch hielt er sich klug zurück.

Als Ulrich von Heideck um 1165 unheilbar krank wurde, übernahm der Klosterdekan Burchard die Geschäfte, von Ulrich von Dapfen und der Mehrheit unterstützt. Jedoch blieb die Fortsetzung der Dapfen-Heidecker Politik im Konvent nicht unbestritten. Welche Alternative sich anbot, bleibt dunkel, jedenfalls trat ein Gegenkandidat auf, der Klosterpropst Heinrich, den eine andere

Gruppe edelfreier Familien protegiert haben mag. Der Streit um die Abtnachfolge zog sich mehrere Jahre hin; der Konvent verzankte sich so, daß er seine Autonomie aufs Spiel setzte und die gefürchtete Einmischung des Königs heraufbeschwor.
Um 1169 mußten die streitenden Kandidaten zu Kaiser Friedrich Barbarossa nach Speyer ziehen. Der Staufer scheint sich redlich, aber vergeblich um Versöhnung bemüht zu haben und sah sich dann ermächtigt, selbst einen Abt einzusetzen. Jede Entscheidung entweder für Burchard oder für Heinrich hätte den Konvent endgültig zersprengt, Friedrich konnte also nur einen neutralen Dritten benennen. Er ernannte denjenigen, dessen Familie dem staufischen Haus seit längerem nahestand: Diethelm von Krenkingen, den der Kaiser persönlich kaum kannte. Damals, 1169, werden sich beide Männer zum ersten Mal begegnet sein; Diethelm dürfte nicht geahnt haben, daß Barbarossa ihn entscheidend prägen würde. Zunächst ging es ja nur um eine Abtwahl. Der Reichenauer Konvent stimmte ihr erleichtert zu.

Diethelm als Abt

Der neue Abt fand ein Trümmerfeld vor, einen seit Jahren nicht mehr geführten, in sich zerstrittenen Konvent, der keine andere geistige Initiative entfaltet hatte, als sich mit Urkundenfälschungen gegen die veränderte Umwelt abzuschirmen. Für eine religiöse Intensivierung mönchischen Lebens fehlten die nötigsten Grundlagen. Es ist gut möglich, daß die von Diethelm 1172 begonnenen Baumaßnahmen erst einmal Teile der Klosterkirche wieder instandsetzen mußten. Diethelm be-

gann überhaupt mit dem Nächstliegenden und hielt sich weiterreichende Entscheidungen vom Leib.
Nach der Wahl hätte er sich zum Abt weihen lassen müssen, nach Reichenauer Tradition vom Papst in Rom persönlich. Aber Papst Alexander III. stand mit Kaiser Friedrich I. in erbittertem Kampf, und von dem staufertreuen Gegenpapst mochte Diethelm seine Weihegewalt nicht abhängig machen. Ein Stauferfanatiker war er also nicht. Er zögerte die Abtweihe rund zehn Jahre hinaus, bis im Frieden von Venedig 1177 das Einvernehmen zwischen Alexander und Friedrich wiederhergestellt war.
Die erste Urkunde zeigt den Abt von Reichenau in seiner lokalen Umwelt ordnend und schlichtend. Am 15. März 1171 versammelte Diethelm, »von Gottes Gnaden ernannter Abt der heiligen Reichenauer Kirche«, im Münster beim Hochaltar seine Mitmönche und Ministerialen, um einen Gütertausch zwischen Reichenau und Salem zu bestätigen. Der Tausch betraf eine Hufe, ein Ackergrundstück mit einer angrenzenden kleinen Wiese und einem bescheidenen Wäldchen in Schwandorf bei Salem. Dafür gaben die Salemer den Reichenauern vier halbe Hufen an vier verschiedenen Orten im Umkreis von Salem.
Der Reichenauer Abt war weniger als die Ökonomen von Salem an geschlossenen Bebauungsflächen interessiert, weil die Reichenauer Mönche ihre Grundstücke nicht selbst bewirtschafteten. Auch die Schwandorfer Hufe war längst ausgegeben gewesen: Das Kloster hatte sie zu Lehenrecht an den Pfalzgrafen Hugo von Tübingen gegeben; er hatte sie an die Brüder Eberhard und Swigger von Rieden weiterverliehen, und von ihnen hatten sie die Ritter Rudolf, Erlo und Ortwin von Ramsberg bekommen. Alle diese Herren mußten nun ebenso

wie der Klostervogt, Herzog Heinrich der Löwe, dem Tausch zustimmen.
Bei so unübersichtlichen Besitzverhältnissen konnte die Schwandorfer Hufe dem Kloster Reichenau keinen großen Nutzen bringen. Tatsächlich beschworen zwei Reichenauer Hörige vor der Versammlung im Münster feierlich, daß der Tausch für das Inselkloster vorteilhaft sei. Wenigstens brachte er vier halbe Hufen vorübergehend in die Verfügungsgewalt des Abtes zurück; er konnte sie den Lehensträgern unter kontrollierten Bedingungen wieder ausgeben. Bei dem Tausch am Hochaltar waren als Zeugen einige Klosterministerialen anwesend, so die von Litzelstetten und Bodman; ihre Zustimmung wurde ausdrücklich erwähnt. Gleichwohl gab Diethelm Klostergüter lieber als an Klosterministerialen an auswärtige Niederadlige zu Lehen und suchte so die einseitige Bindung des Klosters an seine Ministerialen, auch die Exklusivität seiner edelfreien Mönche zu überwinden. Er tat damit im Kleinen dasselbe wie Barbarossa im Großen, der seit etwa 1158 hochadlige Herren mit unfreien Ministerialen zu einer einzigen ritterlichen Gesellschaft verband.
Die Klosterinsel der Umwelt zu öffnen, war überhaupt Diethelms Bestreben. An unscheinbaren Spuren in seinen Urkunden ist es zu erkennen. Ein Krankenhaus für die Mönche, mit einer eigenen St. Gallus-Kapelle, war auf der Reichenau schon vor 1142 eingerichtet worden. Doch in einer Urkunde Diethelms von 1181 tauchte zum ersten Mal ein Reichenauer Klosterherr als Betreuer eines *domus pauperum* auf; das muß eine Herberge für arme Reisende und Pilger gewesen sein. Daß Pilger während des 12. Jahrhunderts scharenweise zur Reichenau kamen, bezeugen die Eintragungen in das Verbrüderungsbuch mit zahlreichen nordeuropäischen

Namen. Sie waren schon vor Diethelms Zeiten hier vorbeigekommen; jetzt erhielten sie Unterkunft. Auch wenn von den vornehmen Mönchen nur je einer als *hospitalarius* Aufsicht über dieses Haus führte, übernahm das alte Benediktinerkloster damit ähnliche Aufgaben wie das neue Augustinerstift in Kreuzlingen.

Diethelm sorgte überhaupt für Annäherung zwischen Mönchen und Kanonikern, die auf der Insel wohnten. Bei einer Zehntbestätigung zog der Abt 1194 die Würdenträger und »fast das ganze Reichenauer Kapitel« hinzu, außerdem den Pfarrer von Niederzell mit einem Kanoniker, den Pfarrer von Oberzell mit einem weiteren Kanoniker. Ebenso verfuhr er 1197, wobei sich die Zahl der Kanoniker beträchtlich vermehrt hatte. Der Abt empfand offenbar die Seelsorge für die Inselbevölkerung nicht als lästige Pflicht, die an untergeordnete Vikare delegiert wurde, sondern als religiöses Anliegen, das alle Geistlichen der Insel miteinander verband.

In die gleiche Richtung zielte eine Einrichtung, von der wir ebenfalls zum ersten Mal unter Diethelm von Krenkingen erfahren, eine Marktgründung auf der Klosterinsel. Bisher hatte die Abtei den Lärm eines Marktes von den Klostermauern ferngehalten. Den wirtschaftlichen Vorteil von Märkten hatte sich das Inselkloster längst zunutze gemacht, zum Beispiel 1075 in Allensbach, 1100 in Radolfzell. Aber beide klösterlichen Marktorte lagen am anderen Ufer und entwickelten sich schleppend. Diethelm scheint nun einen Markt auf der Insel selbst eingerichtet zu haben, unmittelbar neben dem Kloster, an der heutigen Burgstraße. Im Jahre 1200 sprach der Abt in einer Urkunde eigens von den *cives Augenses*, den Bürgern der Reichenau; 1202 erwähnte er einen Klosterministerialen mit dem Amt des *minister de Augia*, des Marktrichters und Ammanns.

Dies waren die ersten Anfänge der bürgerlichen Gemeinde Reichenau. Diethelm holte damit eine Entwicklung nach, die anderswo, zum Beispiel in Lindau und St. Gallen, in der Nähe alter Abteien stattliche Marktorte hervorgerufen hatte. Es mußte dem Abt klar sein, daß der Markt nicht nur von abhängigen Ministerialen kontrolliert und von hörigen Bauern und Fischern besucht werden würde; mit Kaufleuten aus der Nachbarschaft kamen unweigerlich Forderungen nach wirtschaftlicher und rechtlicher Selbstbestimmung auf die Insel. Diethelm nahm sie in Kauf, um sein Kloster der modernen Umwelt anzupassen. Man wird nicht fehlgreifen mit der Vermutung, daß der Abt im örtlichen Umkreis auch jene Förderung des Bürgertums nachvollzog, die der staufische Kaiser seit den 1160er Jahren in größerem Rahmen vorantrieb, mit Markt- und Stadtgründungen in Hagenau, Schwäbisch Gmünd und Ulm.
Die Politik des Reichenauer Abts kostete ihren Preis; er bekam es bald zu spüren. Die aufsteigenden Gruppen der Ritter und Bürger wandten ihre Schenkungen lieber solchen Klöstern zu, in denen ihre Angehörigen selbst Mönche werden konnten. Aus Diethelms Abtszeit kennen wir nur eine einzige Jahrzeitstiftung, die Niederadlige 1197 machten. Es handelte sich um zwei Ministerialen des Klosters selbst. Der eine verfügte, daß den Klosterherren jährlich einmal zum Gedächtnis an den Stifter Wein gereicht werden solle. Der andere vermachte dem Kloster jährlich fünf Pfund Wachs für die Kerze auf dem großen Leuchter, den der Stifter zu seinem Seelenheil neben dem Hochaltar des Münsters hatte aufstellen lassen. Die Ministerialen wollten sich bei den Mönchen ein gutes Gedächtnis bewahren, aber große Landschenkungen konnten sie nicht machten. So blieb die Klosterwirtschaft bedrängt und überfordert.

Auch die politischen Gönner des Abts verlangten aufwendigen Dienst und belohnten ihn dürftig. Wahrscheinlich mußte Diethelm von Krenkingen mit einem ganzen Heeresaufgebot von Ministerialen an Barbarossas Italienzug von 1174 bis 1180 teilnehmen. Die lange Abwesenheit des Abts verhärtete auf der Reichenau die Verhältnisse. In Italien konnte sich Diethelm zwar von Papst Alexander III. zum Abt weihen lassen, aber als er 1181 zurückkam, fand er die alten Mißstände immer noch vor. Jetzt mag ihm zum ersten Mal fraglich geworden sein, ob das Inselkloster überhaupt reformiert werden könne. Am 18. Dezember 1181 suchte er die Zustände in einer Urkunde zurechtzurücken, mit resigniertem Unterton.

Er hatte, um die enormen Kosten von Romreise und Heerfahrt aufzubringen, einen Hof in Bräunlingen bei Donaueschingen verkauft, der der Kirche Reichenau-Oberzell gehörte. Seine Mitmönche verlangten Entschädigung, als wären seine Aufwendungen nicht dem Konvent, sondern ihm persönlich zugute gekommen. Diethelm kaufte aus eigener Tasche einen Weingarten bei Ermatingen und übergab ihn der Kirche Oberzell. Doch betonte er, daß er den Hof habe verkaufen müssen, »gezwungen durch den unerträglichen Dienst für den Kaiser und bedrängt durch die ungerechte Forderung der Ministerialen unseres Klosters«. Die Mönche, die sich gerne »Klosterherren« nannten, werden für die Klage des Abts wenig mehr als ein Achselzucken aufgewandt haben. Er hatte mit der Öffnung nach allen Seiten begonnen, er sollte gefälligst die Folgen tragen. Ihr Hauptinteresse blieb, daß seine Politik nicht die Existenzgrundlage für ihr herrschaftliches Leben schmälerte.

Diethelm tat seinen Dienst weiter, für das Kloster, für

den Kaiser. Es hat den Anschein, als sei er den Mönchen ferner gerückt und häufiger mit den Ministerialen zusammengekommen. Er wohnte nicht im Konvent, sondern in der Klosterpfalz; dort führte er mit Vorliebe Verhandlungen und stellte Urkunden aus. Noch immer beschränkte er seinen Wirkungskreis auf die nächste Umgebung und zog dem Kaiser ungern in die Ferne nach. Aber als in der Konstanzer Bischofspfalz 1183 Barbarossas Friede mit den lombardischen Städten geschlossen wurde, beschwor ihn Abt Diethelm von Reichenau mit, übrigens als einziger Mönch aus dem Bodenseeraum. Trotzdem ist es begreiflich, daß er über die kleinkarierten Zustände am Untersee hinausdrängte und daß die Staufer bei der nächsten Konstanzer Bischofswahl 1189 an ihn dachten.

Es war seit dem 8. Jahrhundert nicht mehr vorgekommen, daß ein Abt von Reichenau Konstanzer Bischof wurde und obendrein weiterhin Abt blieb; aber allen Beteiligten war die Ämterhäufung jetzt erwünscht. Die Staufer hatten nach dem Sturz Heinrichs des Löwen 1180 die Reichenauer Klostervogtei übernommen und besaßen am Bodensee keinen klügeren Helfer als Diethelm. Die Klosterherren auf der Reichenau konnten sich eine Besserung ihrer juristischen Lage ausrechnen, wenn die ewigen Streitigkeiten mit Konstanz durch Personalunion von Abt und Bischof beseitigt würden. Der Papst stimmte zu, weil Diethelm stets eine vermittelnde Position zwischen der päpstlichen Kurie und dem kaiserlichen Hof eingenommen hatte. Für Diethelm selbst eröffneten sich neue Wirkungsmöglichkeiten außerhalb der Insel.

Diethelm als Bischof

Als Diethelm 1189 zum Bischof von Konstanz ernannt wurde, war Friedrich Barbarossa schon unterwegs zum dritten Kreuzzug, von dem er nie zurückkehren sollte. Wir haben gesehen, daß Diethelm von der persönlichen Faszination Friedrichs nicht sonderlich berührt, wohl auch von Barbarossas Tod 1190 nicht so tief wie andere Zeitgenossen erschüttert wurde. Was ihn mit dem Staufer verbunden hatte, war etwas anderes, Wichtigeres als subjektive Sympathie gewesen, nämlich die sachliche Einsicht, daß die verhärteten Zustände der deutschen Provinz in Bewegung gebracht werden müßten. Diethelm hatte sich die politische Konzeption Barbarossas zu eigen gemacht und verfocht sie nach Friedrichs Tod mit eiserner Konsequenz auch gegenüber Barbarossas Söhnen und Erben. Diethelm wurde am Bodensee sofort 1190 zum wichtigsten Hüter des staufischen Erbes und sorgte dafür, daß die begonnene Arbeit fortgesetzt wurde. Für diese historische Aufgabe war allerdings der Horizont der Reichenauer zu beschränkt.

Nicht daß Diethelm sein Kloster fortan vernachlässigt hätte, aber unter seinen Bischofsurkunden beschäftigten sich ganz wenige mit Reichenauer Problemen. Die Bischofsstadt Konstanz scheint es ihm ebenfalls nicht sonderlich angetan zu haben. 1192 versuchte er die Bürger der Stadt mit einer Steuer zu belasten, unterlag aber ihrem Einspruch bei Kaiser Heinrich VI. Fortan beschränkte er sich darauf, fromme Stiftungen von Konstanzer Geistlichen und Bürgern an die Kanonikerstifte der Stadt zu bestätigen. Er scheint nicht erst versucht zu haben, ein gemeinsames, mönchsähnliches Leben der Domgeistlichen durchzusetzen. Immerhin schenkte er der Domkirche 1190 einen ihm gehörenden Weinberg

auf der Höri. Aber weiter als die Reichenauer dachten die Konstanzer nicht; Diethelm merkte es rasch.
Lieber bemühte er sich persönlich um fromme Augustinerstifte, die den Staufern nahestanden, um Öhningen, dessen Vogtei ihm die Staufer 1191 übertrugen, und um Kreuzlingen, dem er 1191 die Schutzvogtei von Kaiser Heinrich VI. besorgen wollte und 1198 den Schutz vor Bedrängnis durch die Habsburger verschaffte. Überhaupt kam Diethelm als Bischof in engere Berührung mit den zahlreichen Reformklöstern am Bodensee, und ihnen galt seine Vorliebe: St. Blasien, Schaffhausen, Zwiefalten, alles reformierte Benediktinerabteien, und zu ihnen traten immer mehr Gründungen des neuen Zisterzienserordens, Bebenhausen, Ebrach, Maulbronn, ferner Propsteien der Prämonstratenser, Weißenau, Schussenried, Obermarchtal. Ein Konstanzer Bischof hatte es leicht, zum Bischof der Mönche zu werden; seit dem Hirsauer Gebhard III. war es keiner so intensiv wie Diethelm.
Dem Benediktinerabt war die Rolle auf den Leib geschrieben, für Ausgleich zu sorgen und die starken Spannungen zwischen alten und neuen Mönchsorden zu mildern. Er versäumte denn auch keine Gelegenheit, auf seinen Visitationsreisen durch das Bistum die Klöster aller Schattierungen zu besuchen und ihre Vorsteher in der Bischofsstadt Konstanz zu versammeln, zum Beispiel 1192 die von Einsiedeln, Salem, Schaffhausen, Stein, Bregenz, Kreuzlingen, Petershausen, Wagenhausen und Öhningen. Auch wenn ihm diese Konvente nur zum kleineren Teil rechtlich unterstanden und teils autonom, teils einem Ordensverband eingegliedert waren, schuf Diethelm eine geistliche Gemeinsamkeit der Klosterregion. Sie vertrug sich gut mit der politischen Ausrichtung auf die Staufer, denen alle diese Konvente,

besonders in Oberschwaben, mehr oder weniger verpflichtet waren.

Diethelm verstand sich nicht mit allen Klöstern seines Sprengels gleich gut, zum Beispiel nicht mit der Benediktinerabtei Weingarten. Sie war zwar moderner und aktiver als Reichenau, aber der feinsinnige Kunstverstand und der liturgische Überschwang der Welfenabtei imponierten dem strengen und nüchternen Diethelm wenig. Dagegen hatte es ihm ein Kloster besonders angetan, das auch den Staufern am Herzen lag, die Zisterze Salem. Schon als Abt von Reichenau hatte Diethelm den Salemern geholfen, 1171 durch einen Gütertausch, seither noch öfter; schließlich begann er Salem einfach Güter zu schenken. Als Diözesanbischof war er der zuständige Richter bei Streitigkeiten zwischen den Zisterziensern und den Pfarrgeistlichen der umliegenden Dörfer, auch zwischen der Zisterze und anderen geistlichen Körperschaften und weltlichen Herren. In allen erkennbaren Fällen unterstützte Diethelm die Salemer kräftig.

Warum, das sprach er in zwei Urkunden aus, zuerst in einer undatierten, wahrscheinlich aus seiner frühen Abtszeit: »Wir haben ihnen dies zukommen lassen, um die Gnade dessen zu verdienen, der reich war und unseretwegen arm werden wollte. Ebenso wollen wir auch mit dem, was uns zu Gebote steht, denjenigen unter die Arme greifen, die Ihm bei Tag und Nacht in dürftiger Ausstattung und im Geist der Armut dienen. Durch unser Tun wollen wir es verdienen, dereinst in ihre Gemeinschaft zu gelangen.« Noch unverblümter hieß es 1202, in Diethelms später Bischofszeit: »Wir und die Kirche Reichenau haben die Kirche Salem mit besonderer Vorliebe ins Herz geschlossen, denn wir vertrauen im Herrn darauf, daß wir jetzt und in Zukunft immerdar

bei Gott Hilfe finden durch die Verdienste und Gebete derer, die dort Gott dienen. Deshalb wollen wir für ihre Bedürfnisse sorgen.«
Ein religiöses Armutszeugnis für das wohlhabende Kloster Reichenau, ausgestellt von dessen Abt. Denn wozu lebten im Mittelalter Mönche freigestellt von irdischen Sorgen, abgeschlossen von irdischem Lärm, wenn nicht zu ihrer aktiven Selbstheiligung und zur stellvertretenden Fürbitte für alle anderen? War das Kloster Reichenau nichts weiter als eine Versammlung reicher und sündhafter Laien, die andere für sich beten lassen mußten? Wenigstens schien es festzustehen, daß das Inselkloster Gott nicht bei Tag und Nacht in dürftiger Ausstattung und im Geist der Armut diente. Die Pilger aus der Ferne und die Hörigen vom Land bemerkten es vielleicht noch nicht und ließen sich voller Stolz ins Reichenauer Verbrüderungsbuch eintragen. Diethelm erfuhr bei seinen Besuchen in den Klöstern des Bistums, daß der Ruhm der Reichenau zu verblassen begann.
In den Jahren zwischen 1189 und 1196 hielten die bischöflichen Pflichten den Abt oft von der Reichenau fern; aber durch ihn war sie maßgebend beteiligt am Zusammenwachsen der geistlichen Einrichtungen des Bistums, besonders der Klöster. Diethelm scheint diese Verklammerung der Region vornehmlich aus religiösen Gründen gefördert zu haben; sie kam freilich auch seinem eigenen Ansehen ebenso zugute wie dem Rang seiner Familie und dem Nutzen des staufischen Herrscherhauses. Diethelm war in diesen Jahren hauptsächlich in seiner Diözese tätig; wir finden ihn selten am Hof Kaiser Heinrichs VI. oder unterwegs in Reichsgeschäften. Dennoch stand er loyal zu den Staufern, auch als deren Königtum 1197 mit dem Tod Heinrichs VI. ins Wanken geriet.

Das Ansehen Bischof Diethelms trug wesentlich dazu bei, daß sein Bistum im folgenden Thronstreit stets zu den Staufern hielt. Der neue Schwabenherzog Philipp konnte denn auch Diethelm von Krenkingen beim Italienzug 1197 die Verwaltung des Herzogtums übertragen. Das kam wohl noch einmal der Familie des Bischofs zugute, denn es scheint, als hätte damals der Staufer, Vogt des Klosters Reichenau, den Krenkingern die Vogtei der Abtei Rheinau verkauft. Politisches Unheil konnte Diethelm verhindern, als zu Weihnachten 1197 die Thronfolge im Kreis der deutschen Fürsten diskutiert wurde und Philipp von Schwaben zunächst nur als Verwalter des Reiches für seinen Neffen Friedrich II. fungieren wollte. Da muß ihn der Rat Diethelms bewogen haben, die Königskrone anstelle des Kindes in der Ferne selbst zu übernehmen.
Diethelm verstand es außerdem, den vom Kölner Erzbischof unterstützten Gegenkandidaten Berthold V. von Zähringen 1198 von seinen Thronplänen abzubringen; dabei mögen die alten Bindungen der Krenkinger an die Zähringer Herzöge hilfreich gewesen sein. Er verschaffte dem Zähringer als ehrlicher Makler die Klostervogtei über Schaffhausen, die bislang in der Hand der Staufer gelegen hatte. Noch einmal zeigen die Maßnahmen dieser Jahre, wie sehr sich Diethelm von der Tradition seiner Familie und ihrer Heimat leiten ließ. Er brachte die Vogtei über die wichtigsten Klöster am Hochrhein an einheimische Adelsgeschlechter, damit sie hier geschlossene Herrschaftsbezirke schaffen könnten. Die alte Verbindung zwischen benediktinischen Abteien und regionalen Adelsfamilien wurde bekräftigt; auf ihr schien die Einheit der Diözese, ja des Herzogtums Schwaben in erster Linie zu beruhen.
Mit dem Eintreten für den Staufer wurde Diethelm al-

lerdings völlig in die deutsche Reichspolitik hineingezogen. Wir brauchen sie nicht im einzelnen zu schildern, müssen nur erwähnen, daß Diethelm staufertreu blieb, auch als er 1201 dafür vom Papst exkommuniziert wurde und als sich der staufische Anhang immer mehr lichtete. Schließlich war es Diethelm von Krenkingen, der 1203 bei den ersten Geheimverhandlungen zwischen König Philipp und Papst Innozenz III. mitwirkte. Er verhandelte ferner 1204 mit dem Führer der Welfenfreunde, dem Erzbischof Adolf von Köln. Diese Bemühungen verschafften Diethelm 1204 die Lösung vom päpstlichen Bann, brachten den Kölner auf die Seite des Staufers und führten zur Königskrönung Philipps 1205 in Aachen; Diethelm war dabei. Es versteht sich, daß die turbulenten Jahre zwischen 1197 und 1205 den Bischof meistens an der Seite König Philipps, selten in seinem Bistum, noch seltener in seiner Abtei sahen.

Seine Fürsorge für die Klöster ließ derweilen nicht nach, auch die Reihe der Schenkungen an Salem nicht. Diethelms Pflichtgefühl ging so weit, daß er am 7. Juni 1202 in Konstanz bei der Schlichtung eines Streites zugunsten der Abtei St. Blasien seinen eigenen Verwandten Liutold von Krenkingen rügte, er habe in dieser Frage völlig unrecht. Der Verdruß des weitblickenden Bischofs über die kleinlichen Querelen seiner nächsten Angehörigen kam hier unverhüllt zum Ausdruck, zur selben Zeit auch der Ärger über den schlecht angewandten Reichtum der Reichenau. Er hatte für das materielle Wohlergehen seiner Angehörigen und seiner Mönche alles Erdenkliche getan, und sicherlich ging es ihnen jetzt weit besser als seit Menschengedenken; doch über ihre Eigensucht fanden sie auch jetzt nicht hinaus.

Man hat viel gerätselt, was den rund 60jährigen Diethelm veranlaßt haben könnte, nach der Königskrönung

Philipps nur noch als Fürsprecher für Reformklöster beim Hof zu erscheinen und Anfang 1206 sein Bischofsamt niederzulegen. Ob er wirklich neue politische Komplikationen im Verhältnis zwischen Papst und König fürchtete? Ob er wirklich an feige Weltflucht dachte? Ob er wirklich schwer krank war und sich den physischen und psychischen Strapazen des Bischofsamts nicht mehr gewachsen fühlte? Er war nicht der Mann, sich in den Ruhestand zu begeben. Aber er hatte 1205 seine irdischen Pflichten erfüllt und konnte daran denken, sich endlich geistlichen Aufgaben zuzuwenden, die einem Mönch am Herzen liegen mußten. Er war nicht der erste und nicht der letzte regierende Bischof, der sich am Ende ins Kloster zurückzog; daran wäre nichts Ungewöhnliches. Das Erstaunliche ist, daß er nicht wieder in die Reichenau zurückkehrte, wo er als frei resignierter Abt einen ehrenvollen und geruhsamen Platz beanspruchen konnte.

Er ging statt dessen als einfacher Mönch in das Zisterzienserkloster Salem, das strengste Mönchskloster seiner Zeit und Region, und starb dort bald, am 12. April 1206. Der Weg nach Salem führte Diethelm nicht in die Resignation, sondern zu einer neuen Herausforderung. Dieser Weg war ein Abschied, von einer benediktinischen Abtei und einer edelfreien Familie, von der Welt. Ein Salemer Mönch, der ihm ein Totengedicht schrieb, ist von der neueren Forschung gescholten worden, daß er Diethelm verteidigte, als ob der große Bischof eine Rechtfertigung nötig hätte. Aber wahrscheinlich hätte Diethelm von Krenkingen dem Dichter zugestimmt: »Für niemanden ist es zu spät, wenn die Bekehrung wahrhaftig ist. Das ist Ruhmestitel genug. Der Fürst ist in diesem Grab eingeschlossen. Er hat die Welt getäuscht und den rasenden Drachen. Dieser suchte einen

Bischof in der Mitra und fand einen Mönch in der Kutte.« Bestattet wurde er dennoch bei den Bischöfen, nicht bei den Mönchen.
Diethelms Tod wurde in den Klöstern zwischen Zwiefalten, Engelberg und St. Gallen aufmerksam registriert. Auch die Abtei Reichenau vergaß Diethelm so wenig wie der Domklerus von Konstanz. Doch hier wie dort versuchte niemand, sein Andenken in einer eigenen Lebensbeschreibung wachzuhalten. Vielleicht war Diethelm selbst daran nicht ganz unschuldig. Denn noch 1181 fungierte einer der Reichenauer Klosterherren als *scolasticus*, der für Klosterschule und Bildungswesen zuständig war. In späteren Urkunden des Abts kam dieses Amt nicht mehr vor, das eines *bibliothecarius* erst recht nicht. Im Kloster drehte sich alles Bemühen um Wahrung des Besitzstandes und Verwaltung der Einnahmen. Diethelm hatte sich auf diesen materiellen Gebieten große Verdienst erworben, und dafür waren ihm die Mitmönche dankbar.
Um einen geistigen Aufschwung einzuleiten, hätte Diethelm feinsinniger sein müssen, als er war. Aber er hatte ein sicheres Gespür für religiösen Ernst und Einsatz. Daß er ihn bei Mönchen strenger Klöster rückhaltlos anerkannte, war sein größter Zug. Gerade diese Eigenschaft aber machte ihn zum Einzelgänger in seinem Kloster, zum unbehausten Mönch, dessen Nachruhm so vage blieb wie das Gesicht auf den Siegeln. Von dem Menschen und Mönch Diethelm wissen wir fast nichts, weil er in seiner Klostergemeinschaft nicht weiterlebte, und er lebte nicht fort, weil diese Gemeinschaft selbst nicht mehr lebendig war.

Trotzdem oder gerade deshalb gehört Diethelm von Krenkingen zu den größten Mönchen am Bodensee. Seine Bedeutung läßt sich in fünf Punkten fassen.
1. Diethelm verkörperte von seiner Herkunft her noch einmal den frühmittelalterlichen Zusammenhang zwischen regionalem Adel und benediktinischem Mönchtum, half aber entscheidend mit, diese Verbindung aufzulösen. Seine Verwandten erwarteten von ihm, daß er als Abt des Klosters Reichenau noch einmal die Herrschaft der edelfreien Geschlechter am Bodensee festigte und dabei den Krenkingern, überhaupt allen vornehmen Familien, aus denen Reichenauer Mönche stammten, allgemeines Ansehen verschaffte. Diethelm erfüllte diese Erwartung durch zielbewußte Verwaltung des Klosterbesitzes und geschickte Politik im Dienst des staufischen Königtums.
Schon damit überschritt er freilich die Grenzen des regionalen Adelshorizonts und wuchs in die deutsche, ja europäische Politik hinein, in einem Grad, den man in Bodenseeklöstern seit den Tagen Walahfrid Strabos nicht mehr erlebt hatte. Es wurde dem Bischof klar, daß Klosterpolitik nicht mehr von der Autonomie des Einzelklosters, vom Herrschaftsbezirk eines geistlichen Souveräns ausgehen konnte, sondern in größerem Rahmen stand. Diethelm steckte diesen Rahmen allerdings enger als seine staufischen Gönner; so treu er ihnen diente, er verfiel ihrer kaiserlichen Faszination so wenig wie dem universalen Anspruch der römischen Päpste. Er suchte eine neue regionale Ordnung rund um den See, die nicht mehr ständisch beschränkt wäre.
2. Schon bei der Neuordnung der Zustände im Inselkloster sah sich Diethelm auf Gruppen angewiesen, die

seine Standesgenossen ignoriert oder verachtet hatten, die Klosterministerialen und die bürgerlichen Kaufleute und Handwerker. Diethelm gelang es, einerseits die Abwehr der edelfreien Reichenauer Mönche gegen diese Gruppen zu durchbrechen, andererseits Ministerialen und Bürger zu loyalem Dienst für die Klosterherrschaft zu gewinnen. Mit Hilfe dieser militärisch und wirtschaftlich maßgeblichen Gruppen hob er das gesunkene Ansehen der Abtei Reichenau und stellte ihre materielle Existenz auf eine gesunde Grundlage. Allerdings mußte er zu diesem Zweck die Klosterinsel teilweise für Burgen von Ministerialen und Märkte von Bürgern öffnen.

Seine Vorgänger hatten sich davor gefürchtet, weil sie die möglichen Folgen ahnten. Aus den Burgen der Ministerialen von Niederzell und Oberzell konnten eines Tages Herrensitze werden; der Reichenauer Marktrichter konnte eines Tages als Bürgermeister einer selbständigen Gemeinde auftreten, und dann war es mit der Klosterherrschaft vorbei. Diethelm nahm dieses Risiko genauso in Kauf wie seine staufischen Gönner, mit dem gleichen, zunächst durchschlagenden Erfolg. Zwar thronte der Abt nicht mehr unnahbar über unfreien Ministerialen und hörigen Bauern, sondern inmitten von selbstbewußten Rittern und Bürgern; aber für sie alle war er Repräsentant einer neuen Gesellschaft, die weit über die Exklusivität des Adelsklosters hinausreichte.

3. Diethelm setzte als Bischof diese Politik der sozialen Öffnung fort, allerdings nicht gegenüber den Ministerialen und Bürgern der Domstadt Konstanz, die er sich vom Leib hielt. Aber die Klöster des Bistums faßte er zu einem sozialen Verband zusammen, wie er seit den karolingischen Gebetsverbrüderungen nicht mehr exi-

stierte. Dabei hatte sich die Klosterlandschaft am Bodensee inzwischen grundlegend verändert; sie bestand längst nicht mehr nur aus souveränen Abteien wie Reichenau. Die benediktinische Ordnung hatte sich durch mehrere Wellen von Reformbewegungen differenziert, hierzulande vor allem durch die Hirsauer Reform; schon daß ihre neuen oder umgewandelten Konvente neben die weiterbestehenden alten Abteien traten, gab Anlaß zu starken Spannungen. Vollends die Neubildung des Zisterzienserordens mußte von den Benediktinern insgesamt als Abfall betrachtet werden, zumal sich der neue Orden auf die alte Regel Benedikts von Nursia stützte und ihr getreulich zu folgen behauptete. Hinzu kamen neue Gemeinschaftsformen von Weltpriestern in Kanonikerstiften, die gleichfalls mit benediktinischen Klöstern in Konkurrenz traten. Schließlich verschärfte sich im 12. Jahrhundert der alte Gegensatz zwischen Kloster und Kathedrale, etwa zwischen Ausbildungszielen von Domklerikern und Mönchen, ins Grundsätzliche.

Es war vielleicht die bedeutendste, in der Forschung noch nicht annähernd gewürdigte Leistung des Bischofs Diethelm, daß es in der Diözese Konstanz nicht zum Austrag derartiger Spannungen kam. Der Alleinvertretungsanspruch irgendeines Ordens oder Klosters mußte jedem Zeitgenossen absurd erscheinen, der den benediktinischen Abt von Reichenau als Förderer der Salemer Zisterzienser und der Kreuzlinger Regularkanoniker miterlebte. Gerade in der Mannigfaltigkeit religiöser Formen und Ziele schien sich die Einheit der christlichen Kirche zu offenbaren; diesen Lieblingsgedanken des 12. Jahrhunderts hat Diethelm von Krenkingen ohne großes Gerede am Bodensee verwirklicht.

4. Durch Diethelms Tätigkeit als Bischof erhielt der Bo-

denseeraum eine geistliche Metropole, die Stadt Konstanz. An deren Wandlung von der Bischofsstadt zur Bürgerstadt war Diethelm von Krenkingen nicht aktiv beteiligt; immerhin nahm er eine Entscheidung auf diesem Wege, das kaiserliche Privileg von 1192, ohne Widerstand hin. Wichtiger war ihm Konstanz aber als Mitte eines Kranzes geistlicher Einrichtungen. Dabei läßt sich nicht übersehen, daß ihm die Integration des Bistums nur teilweise gelang. Waren schon die ersten Anstöße der Kloster- und Kirchenreform aus dem Westen an den Bodensee gekommen, so lag auch der Schwerpunkt von Diethelms Wirksamkeit westlich von Konstanz, am Untersee und Hochrhein, in der Landschaft, aus der er stammte. Die enge Verbindung mit den Staufern erweiterte diesen Gesichtskreis beträchtlich nach Osten, insbesondere nach Oberschwaben in die einst welfischen, während Diethelms Lebenszeit von den Staufern übernommenen Landschaften. Die dort entstehenden, größtenteils neuen Klöster wurden durch Diethelm an die ältere Klosterregion westlich des Bodensees herangeführt. Weit weniger engagierte sich der Bischof in anderen Teilen seiner Diözese, einerseits bei den neuen Schwarzwaldklöstern im Umkreis der Zähringer, andererseits bei den alten Abteien in der heutigen Schweiz zwischen Einsiedeln und St. Gallen. Das Bistum Konstanz gruppierte sich vielmehr um die Klöster zwischen Schaffhausen und Schussenried, um die Brennpunkte Reichenau und Salem.

Am sinnfälligsten kam diese Konzentration in einer Königsurkunde zum Ausdruck, mit der Friedrich Barbarossa 1187 Schenkungen der Abtei Reichenau an das Kloster Salem bestätigte, also die Klosterpolitik Diethelms guthieß. Es geschah in Wallhausen am Bodensee, und die Urkunde versuchte diesem See einen neuen

Namen zu geben, *lacus Constantiensis.* Die Bezeichnung »Konstanzer See« hat sich nicht durchgesetzt, Bischof Diethelm selbst hat sie meines Wissens nie verwendet; aber sie benannte zutreffend den neuen Mittelpunkt der Klosterlandschaft am See. Der bischöfliche Hirte band die Klöster wie sich selber geistlich an den Papst in Rom; aber politisch behielt er gegenüber dem Papst Spielraum als Reichsfürst und führte die Klöster ins staufische Lager. Indem Diethelm von Krenkingen diese eigenständige Klosterlandschaft schuf, vollendete er das Werk Gebhards von Zähringen.

5. Diethelm brach dieses Reformwerk zugleich ab, indem er das schuf, was man staufisches Reichsmönchtum nennen könnte. Auch wenn es nicht mehr allein auf edelfreien Geschlechtern beruhte, blieb es ein adliges Mönchtum; auch wenn es strenge Reformen durchführte, blieb es ein weltnahes Mönchtum. Politik und Religion verquickten sich hier in einer Gesinnung des Ausgleichs und der Offenheit. Man darf sie nicht mit Opportunismus verwechseln; kein ungerechterer Vorwurf könnte Diethelm von Krenkingen treffen als der, daß er in der Treue zu seinem Kaiser oder zu seinem Papst schwankend geworden sei. Er verfolgte seine Linie des Ausgleichs durchaus hart, mit schroffer Verurteilung aller bornierten Interessen. Aber katholische Christenheit und deutsches Reich, mönchisches Vorbild und ritterliche Herrschaft sollten nach den schmerzlichen Trennungen des Investiturstreites wieder zusammenwachsen. Dieser Anstoß kam dem jungen Mönch schon von seiner heimischen Burg her; der Dienst für die staufischen Könige vertiefte und erweiterte sein Ziel ins Allgemeine.

Daß dieses staufische Reichsmönchtum grundsätzlich auf die Versöhnung von Natur und Geschichte, von

Schönheit und Askese zielte, wurde anderswo deutlicher formuliert, zum Beispiel in den Geschichtswerken des bischöflichen Zisterziensers Otto von Freising oder in den liturgischen Prachthandschriften des benediktinischen Abts Berthold von Weingarten. Vollends das neue Menschenbild des Mönchtums trat am Mittelrhein bei Hildegard von Bingen, im Elsaß bei Herrad von Landsberg klarer zutage als irgendwo am Bodensee. Gleichwohl müssen diese Einflüsse von außen den Herrn von Krenkingen geprägt haben. Er verkörperte das staufische Mönchtum nicht durch geistige Werke, sondern durch politische Taten. Insofern war das Reichenauer Abtsiegel ein treffendes Porträt Diethelms.
Dieser mächtig thronende Herr kannte gegen sich selbst keine Rücksicht; aber er fiel nicht seinem Schöpfer als armer Sünder zu Füßen, er ging vor den Armen, denen er die Füße wusch, nicht in die Knie, er beugte sich nicht herab auf die Handschriften der Mönchstheologen. Er stellte der visionären Unruhe, die viele Zeitgenossen auf das Weltende warten ließ, noch einmal den gelassenen Stolz des adligen Herrn entgegen, der seiner Gegenwart Maßstäbe setzte. Diese Haltung verband den Krenkinger zutiefst mit dem Staufer, gerade dadurch, daß der Abt seinem Kaiser nicht sklavisch gehorchte. Er blieb ein Sohn seiner Heimat und ließ sich von Barbarossa nicht zu ausländischen, vollends zu überseeischen Abenteuern verführen. Doch er ließ sich von Barbarossa belehren, daß die Landschaft am See nach europäischen Grundsätzen neu geordnet werden mußte, wenn sie ihren alten Rang behaupten wollte. Was wir heute die Zeit der Staufer nennen, wäre am Bodensee niemals Wirklichkeit geworden und in der Erinnerung lebendig geblieben ohne Standfestigkeit und Weitblick Diethelms von Krenkingen.

Staufische Herrschaft am Bodensee

Zersplitterung um 1100

Könnten wir durch die Zeit reisen wie durch den Raum, so fänden wir uns bei einem Ausflug in das Jahr 1100 an diesem Ort Konstanz nur schwer zurecht. Wir träfen Menschen mit fremden Sorgen, eine Gemeinde mit fremden Bauten, eine Region mit fremden Ordnungen. Immerhin kämen uns nach einer Weile nicht nur der Bodensee und das Säntismassiv bekannt vor, sondern auch die geschichtliche Struktur und Problematik dieser Landschaft. Sie war damals wie heute Treffpunkt für vielerlei geistige, religiöse, gesellschaftliche und wirtschaftliche Bewegungen und bot ihnen berühmte Heimstätten, die Bischofsstadt Konstanz und zahlreiche Abteien zwischen Schaffhausen und Bregenz. Aber damals wie heute sammelte sich das Land nicht um einen politischen Schwerpunkt und zerfiel in vielerlei kleinräumige, lockere Herrschaften. Es war lang her, seitdem die karolingische Königspfalz Bodman dem ganzen Bodensee diesen einen Namen verschafft hatte.

Um 1100 hausten die mächtigsten Herren anderswo und besaßen am See lediglich Grenzposten. In Stein am Rhein übten die Zähringer Herzöge die Klostervogtei aus, die Schutzpflicht über Klostergüter und die Rechtsaufsicht über Klosterbauern; auch auf dem Konstanzer Bischofsstuhl thronte um 1100 ein Zähringer, Gebhard III. Klostervögte auf der Reichenau sowie in Kreuzlingen wurden die welfischen Herzöge; sie drängten au-

ßerdem darauf, daß der aus ihrer Sippe gekommene Bischof Konrad in Konstanz als Heiliger verehrt würde. Aber Welfen und Zähringer hatten sich kürzlich ihre Hauptburgen und Hausklöster weitab von den geistlichen Zentren am Bodensee gebaut, die Welfen um Ravensburg und Weingarten im Schussengau, die Zähringer um Freiburg und St. Peter im Breisgau.
Dort entstanden ländliche Bezirke von straffer Ordnung, politisch und militärisch von Burgen herab beherrscht, geistlich und sozial aus Klöstern betreut, agrarisch genutzt von Bauern, die ihre Schutzherren und Seelsorger miternährten. Was da um 1100 erwuchs, war eine neue Art von Herrschaft: generelle Verfügung eines adligen Herrn über viele abhängige Menschen. Zuerst Verfügung über den Grund und Boden, den er ihnen zum Leben und Arbeiten zuwies; dann Verfügung über ihre Arbeit, die er zum Teil durch Frondienste und Abgaben beanspruchte; weiter Verfügung über ihr persönliches Verhalten, das er als Richter über Leben und Tod bestimmte; schließlich Verfügung über ihr soziales Zusammenleben, das er durch Zwing und Bann, Gebot und Verbot regelte.
Solche Konzentration von Macht glückte nur, wo alle Einrichtungen einem einzigen Herrn zustanden oder zufielen, ungefähr im Gesichtskreis seines Bergfrieds. Welfen und Zähringer führten darüber hinaus den Herzogstitel, verfügten also aufgrund älterer Einrichtungen auch in größeren Räumen über unabhängige Menschen, jedoch nur in besonderen Fällen. Ein Herzog mochte die Großen des Landes zu Heerfahrt und Landtag aufbieten, den Landfrieden gegen Adelsfehden wahren und die Freien nach Landrecht richten; er mochte geringeren Adelsfamilien imponieren und sie beerben. Doch nur wo er alleiniger Herr war, auf eigenem Grund und

Boden, konnte er allgemeine Macht organisieren, etwa mit Hilfe unfreier Dienstmannen, die sogar fernerwohnende Bauern von Burgen herab überwachten und an den Rändern durch Rodung von Wäldern neues Herrenland gewannen.
Auch im Altsiedelland hatten Welfen und Zähringer viel Streubesitz und Einzelrechte inne, aber in Gemengelage und von Fremdeinflüssen durchlöchert, besonders am Bodensee. Hier hemmten ältere, verwickelte Einrichtungen sich gegenseitig und behinderten den Aufbau neuer Herrschaft. Sie wurden zudem überlagert durch genossenschaftliche Verbände von hoher Mobilität, vor allem durch gewachsene Städte mit einem Netz von Fernhandelsstraßen und Märkten zwischen Basel und Lindau, Radolfzell und Rorschach. Die vielschichtige, geschichtsreiche Gegend wurde zur Drehscheibe für Gedanken und Waren; nur ein überragender Bergfried stand hier nicht. Wenn der Konstanzer Bischof auf seinen Münsterturm kletterte, sah er schon nahebei andere Türme, die ihm Trutz boten. Weiter draußen im Umland errichteten Grafengeschlechter selbstherrlich ihre Burgen, Bregenz, Heiligenberg, Pfullendorf, Nellenburg, Lenzburg, Kyburg, Habsburg; jedes herrschte über ein paar Dörfer. Es waren zu viele Herren, als daß einem hätte gelingen können, wovon alle träumten. Das Land um den See würde dem Herrn aus der Ferne zufallen, sobald er käme.
Fürs erste kam er nicht. Eben noch tobten im Raum zwischen Reichenau und St. Gallen erbitterte Kämpfe, das Schlachtfeld selbst schien zum Kampfpreis bestimmt; darüber hinaus winkte dem Sieger Herrschaft über das ganze Herzogtum Schwaben samt Bistum Konstanz. Doch um 1098 begriffen die Kampfhähne, daß moderne Herrschaft mit wirksameren Methoden in

übersichtlicheren Räumen zu gewinnen wäre; sie versöhnten sich miteinander und grenzten ihre Sphären gegeneinander ab. Die Welfen strebten vom Schussengau nach Osten, über das Lechtal und Augsburg nach Bayern und Tirol. Die Zähringer drängten vom Breisgau nach Süden, über Schwarzwald und Thurgau nach Zürich und Burgund. Die dritten im neuen Bund der Herzöge, die Staufer, behaupteten den alten Herzogstitel von Schwaben und setzten sich in Ulm fest, dachten aber nicht an weiteres Vordringen über die Donau südwärts zum Bodensee.

Vielmehr verbanden sie ihre beiden Herrschaftszentren miteinander, das eine im Elsaß um die Pfalz Hagenau und das Kloster Schlettstadt mit dem anderen am Neckar um die Burg auf dem Hohenstaufen und das Kloster Lorch. Die rheinfränkische Brücke verwies sie nordwärts nach Speyer und Worms, bald weiter in mainfränkische Richtung nach Rothenburg und Nürnberg. Die drei mächtigsten Geschlechter des deutschen Südwestens stützten sich also um 1100 auf Randzonen des alemannischen Stammes und strebten in Randzonen benachbarter Stämme. Während sie dort Herrschaft im neuen Stil gründen konnten, ließen sie die Region am Bodensee abseits liegen. Sie war im Frühmittelalter die Mitte des alemannischen Stammesverbandes gewesen und eignete sich daher nicht für rigorose Kahlschläge.

Befriedung um 1140

Drehen wir das Zeitrad um ein Menschenalter weiter, so bemerken wir um 1140 Veränderungen, mehr in den Stimmungen als den Zuständen. Im neuerlichen Streit

zwischen Staufern und Welfen bildete die Seegegend nicht mehr den Siegespreis, denn der 1125 ausgebrochene Kampf ging nicht um schwäbische Herzogswürden, sondern um das deutsche Königtum. Die Schlachten fanden in den Konfliktzonen statt, um den Hohenstaufen und Ulm, um Weinsberg bei Heilbronn, um Wolfratshausen am Starnberger See. In ihren Kernbezirken gründeten Zähringer, Welfen und Staufer inzwischen auch Städte, andere als die gewachsenen am See, geplante und befohlene Gemeinden wie Freiburg, Ravensburg, Schwäbisch Gmünd, gedacht als Mittelpunkte der fürstlichen Hofhaltung, Bezugspunkte des ländlichen Marktes und Ausgangspunkte herrschaftlicher Siedlung und Rodung. Die Herren beäugten die alte Städtezone am Bodensee mit neuem Interesse; doch hier war mit rauhem Zugriff wenig auszurichten. Hier gewann der Behutsame, der die Chance geschichtlicher Kontinuität nicht im Rausch effizienter Methoden vertat.
Von dieser leisen Art war der oft unterschätzte erste Stauferkönig Konrad III., der sich in die Konfrontation mit den Welfen nicht völlig verrannte. In Ulm und Basel war er eher zu Hause; doch 1142 ließ ihn der bislang welfisch gesinnte Bischof Hermann für einen Monat in Konstanz amtieren. Da verlangte der König nicht Herrschaft, er gewährte Schutz. Schutz von Wehrlosen gegen Machthaber, Wahrung von Frieden und Recht gegen Herrschende, so hieß immer die Aufgabe mittelalterlicher Könige. Es half nicht viel, wenn ein König allgemeine Gesetze erließ, denn er sah sich keinem einheitlichen Untertanenverband gegenüber, sondern einer Unzahl von Herren eigenen Rechts.
Es half viel mehr, wenn ein König einzelnen Objekten adliger Herrschaft seine persönliche Huld erwies, denn so schuf er jenseits regionaler Querelen eine Sphäre

universalen Vertrauens. Darum nahm Konrad 1142 in Konstanz das junge Zisterzienserkloster Salem in seinen Schutz; darum schlichtete er hier mit dem Beistand des Bischofs eine strittige Abtwahl der Benediktiner von Einsiedeln. Die königliche Bemühung um Schutz und Frieden mußte viele Bedrohte erfreuen, zuerst die Männer der Kirche, die noch im Namen der Landschaft sprachen. Bald erschien der Konstanzer Bischof auf Reichstagen des Königs in Ulm und Speyer.

Die nächste Stufe erreichte Konrad III. im Januar 1152 bei einem Reichstag in Konstanz. Wieder erhielt ein kleines Augustinerkloster, Detzeln im Alpgau, den Königsschutz. Vor die geistlichen traten jetzt aber weltliche Herren, der Neffe des Königs Herzog Friedrich III. von Schwaben, der Zähringerherzog Konrad und Herzog Welf VI. Während die drei Familien sich anderswo noch stritten, sprachen sie hier bereits miteinander, am Grab des heiligen Bischofs Konrad, den sie alle verehrten. Und hinter den Herzögen standen, beinahe noch stumm, Grafen der Nachbarschaft, von Lenzburg, Nellenburg, Pfullendorf; einige hatten die Staufer 1147 auf dem Kreuzzug begleitet. Ein paar Wochen später starb Konrad III., doch sein Neffe Friedrich von Schwaben kam im nächsten Jahr wieder nach Konstanz, nun als deutscher König.

Der Reichtag von 1153 drehte sich von neuem um Vertrauen und Frieden, diesmal zwischen Kaisertum und Papsttum, auch zwischen Königtum und Herzogsgewalt. Unter Barbarossas Helfern begegneten seitdem neben Bischof Hermann von Konstanz und Herzog Heinrich dem Löwen die Grafen Rudolf von Pfullendorf und Ulrich von Lenzburg. Der König zog sie als Beisitzer seines Königsgerichtes heran, dazu als politische Berater und Gesandte, mehr wie ein werbender Freund, weniger wie ein gebietender Fürst. Er wußte, wie man Menschen gewinnt; sie wußten, daß er sie nicht bloß sympathisch fand, sondern brauchte. Denn für Barbarossa wurde der Bodenseeraum politisch wichtig, schon weil er für Italienzüge den bequemsten Zugang bot, dann weil die staufische Familienherrschaft über die Donau südwärts näherrückte, schließlich weil die drei herrschenden Häuser des deutschen Südwestens nur hier friedlich zusammentrafen. Die lang ausgesparte Region entfaltete zur Zeit Barbarossas von neuem die einigende Kraft einer Brückenlandschaft, in der Ranggleiche einander als Freunde begegnen konnten.

Zusammenführung um 1180

Als nächsten Haltepunkt unserer Reise wählen wir die Jahre um 1180. Was die Generation zuvor kaum ahnte, war eingetreten, der Bodensee war ein schwäbisches, ja ein staufisches Meer. Hätten wir die Konstanzer gefragt, wie das so schnell geschehen konnte, sie hätten keine rechte Antwort gewußt. Sie sahen 1183 ihre vertrauten Handelspartner aus den oberitalienischen Kommunen ankommen, um nach zähem Ringen gegen den deutschen Kaiser ihren Frieden mit Barbarossa zu schließen, jenen Frieden, den sich Fernhändler schon immer wünschten. Sicher freuten sich die Konstanzer, daß ihr eigener Stadtherr, der Bischof, kaum in Erscheinung trat und daß der Kaiser in der Bischofspfalz jetzt Ratsherren von Gemeinden als Verhandlungspartner empfing. Unter den geistlichen Würdenträgern am See zeichnete Barbarossa nur noch einen aus, den Abt des Klosters Reichenau, das jetzt unter staufischer Vogtei stand: die-

ser Abt Diethelm von Krenkingen kam aus staufertreuem Adel.
Wo blieben die anderen Laien, die Grafen von Lenzburg und Pfullendorf? Sie waren ohne Erben gestorben, und Barbarossa hatte sie beerbt. Das heißt, er war nun Herr über die wichtigsten Abschnitte der Königsstraße von Ulm nach Zürich und über die Alpenpässe. Im Linzgau und Zürichgau beherrschte er noch immer Knotenpunkte, nicht ausgedehnte Flächen. Doch erwarb er in diesen Jahren nebenan ein richtiggehendes Territorium, das ganze oberschwäbische Welfenerbe zwischen Buchhorn (Friedrichshafen) und Memmingen. Sein alter Freund Welf VI. hatte es ihm nach 1167 verkauft, teils aus Geldnot, teils aus Ärger über die Habgier der eigenen Sippschaft.
Auch Barbarossas Gebaren war für adelsstolze Herren befremdlich. Der ritterlichste aller Kaiser benahm sich wie ein Großhändler, der sein Hab und Gut wendig und geduldig mehrte, durch Kauf, Tausch, Vertrag und Erbschaft, ohne Schwertstreich. Gleichwohl erreichte Friedrich mit diesen privaten Mitteln den öffentlichsten aller Zwecke. Sein Sohn, der 1183 in Konstanz dabei war, verfügte als Schwabenherzog nicht mehr nur über amtliche Rechte und isolierte Punkte; er verkörperte eine sich verdichtende Gebietsherrschaft, von der schon jetzt das deutsche Königtum zehrte und in der womöglich bald das Herzogtum Schwaben aufgehen konnte. Für solche Herrschaftsformen brauchten die Staufer energischere Helfer als friedliche Bischöfe und freundliche Grafen; sie brauchten ergebene Dienstmannen, die ihnen das staufische Hausgut zusammen mit dem Reichsgut ständig zur Verfügung hielten.
Diese Reichsministerialen standen noch nicht rechtlich, aber schon politisch über den meisten edelfreien Grafen,

weil sie dem Kaiser nähertraten und über mehr Macht geboten. Aus dem alemannischen Raum, zum Beispiel von der Herzogsburg auf dem Hohenstaufen, machten sich 1183 in Konstanz noch keine Ministerialen bemerkbar; die hier tonangebenden Werner von Bolanden und Kuno von Münzenberg stammten aus Rheinpfalz und Wetterau, wo ältere, seither straff durchgebildete staufische Haus- und Reichsgüter lagen. Das neue Stauferland in Oberschwaben stand weiter in der Obhut jener Ministerialen, die den Welfen oder Pfullendorfern gedient hatten. In ihren Dörfern waren sie kleine Könige, am Kaiserhof noch wenig mehr als Hinterwäldler.
Mit alledem bahnte sich ein Umschwung an. Das Land um den Bodensee wurde der staufischen Herrschaft schrittweise integriert und diente der Sicherung kaiserlicher Reisewege zwischen Aachen und Rom, daneben der Abrundung herzoglicher Hausgüter; es verlor sein Eigengewicht als Treffpunkt von Gleichgeachteten. Nehmen wir Barbarossas letzten Besuch 1187. Er kam vom Wormser Reichstag nach einer Rast in der Pfalz Kaiserslautern an den Bodensee, vor allem um seine Gesandten zu treffen, die vom Papst zurückkamen. Die universale Politik ließ etwas Zeit für die regionale; die Herren aus der Landschaft strömten herbei, um ihrem Oberherrn zu huldigen. Abt Diethelm von Reichenau hatte den Zisterziensern von Salem Land geschenkt; der Kaiser bestätigte 1187 in Wallhausen diese Abmachungen, noch am selben Tag in Überlingen ähnliche Aktionen zugunsten der Benediktiner von Weingarten. Das klang provinziell, war es aber nicht. Barbarossa schützte so nicht mehr einzelne Klöster, sondern förderte den Verbund aller kirchlichen Einrichtungen am See. Sobald der staufertreue Reichenauer Abt Diethelm 1189 den Konstanzer Bischofsstuhl bestieg, zeichneten sich voll-

ends Umrisse eines staufischen Hausbistums ab; Schutz über Geistliche verwandelte sich in Herrschaft über Kirchengut.
Weiter war die Zusammenfassung weltlicher Macht gediehen, und Barbarossa stellte sich 1187 flexibel darauf ein. Er vernachlässigte die einheimischen Grafen und bevorzugte die einheimischen Dienstmannen. In der Zeugenreihe der Kaiserurkunde standen noch vor dem gewaltigen Werner von Bolanden zwei hiesige Verwalter staufischen Hausgutes, Heinrich von Markdorf und Konrad von Schussenried. Der Kaiser band nun schon kleine Leute vom Land an sich persönlich und gab ihnen das Gefühl, daß die alltägliche Plage in der Provinz vom Glanz der Majestät ständig geadelt werde. Das Gefühl täuschte, denn Barbarossa blieb auf der großen Durchgangsstraße und reiste schnell weiter. Ihn bewegten ganz andere Gedanken als den Ministerialen, der eine Strecke weit stolz neben ihm ritt, andere als den Bauern, der am Straßenrand vor ihm die Mütze zog. Immerhin war ein staufischer Marktort wie Überlingen nicht nur Raststätte des Kaisers unterwegs, nicht allein Tauschplatz für die Bauern ringsum, sondern zugleich Schaltstelle zwischen Reichsgewalt und Regionalverwaltung. Hier begegneten einander Herrschaft und Landschaft zwar flüchtig, aber persönlich.

Unterordnung um 1220

Wir drehen noch einmal an der Zeitskala, zur Generation um 1220. Am Bodensee hat sich wenig geändert, genauer gesagt, drohende Änderungen sind verhindert worden. Bischof Diethelm von Konstanz hat dem Land

während des staufisch-welfischen Thronstreits seit 1197 einen neuen Bürgerkrieg erspart und die Stetigkeit staufischer Herrschaft sogar gegen Barbarossas ungeduldige Erben behauptet. Die Bürgerstadt Konstanz hat 1212, während der Welfe Otto IV. schon in Überlingen stand, dem jungen Friedrich II. die Tore geöffnet und ihm damit die Straße am Rhein freigegeben, zur Königswahl in Frankfurt, zur Königskrönung in Aachen. Der dankbare König hat den Konstanzern erlaubt, sich eine Selbstverwaltungsbehörde, einen Stadtrat zu wählen, und der Bischof hat den Eingriff geduldet.
Daraus hätte mehr werden können, ein regionaler Bund autonomer Kommunen, doch rasch hat der König eingelenkt und die alten Machthaber besänftigt, 1213 in Konstanz und Überlingen die Bischöfe und Äbte, 1216 in denselben Städten die Grafengeschlechter zwischen Nellenburg und Habsburg. Da hat er auch Reichsministerialen empfangen, die von Randegg, Ramsberg, Winterstetten und Arbon. Die Reihe der Gesprächspartner spiegelte noch die Vielgliedrigkeit der Landschaft, schon die Einförmigkeit der Herrschaft, die keine neuen Gruppen mehr hinzuzog. Unter den alten fehlten die Herzogsfamilien der Zähringer und Welfen; sie waren in diesen Jahren aus der Politik der Region endgültig ausgeschieden.
Dadurch hatte das Land an aktuellem Interesse verloren; seit 1216 zog Friedrich II. noch oft an den Rhein, nach Hagenau und Speyer, nie mehr zum Hohenstaufen und an den Bodensee. Wozu auch, die Seehasen waren staufertreu, und zuverlässige Verwalter paßten auf, ohne daß ein Schwabenherzog weiterhin das staufische Hausgut zusammenhielt und vom Königsgut getrennt hielt. Den Herrscher vertraten in den Städten anfangs herzogliche, jetzt königliche Schultheißen wie Bernhard

in Ravensburg und Abelin in Pfullendorf, auf dem Land Reichsministerialen wie die Truchsessen von Waldburg und die Schenken von Winterstetten. Diese beiden wurden 1220 vom Kaiser geradezu als Verwalter für das Herzogtum Schwaben und das staufische Haus- und das Reichsgut eingesetzt; über Jahrzehnte verwahrten sie auf der Waldburg die Kaiserkrone.

Sie erzogen und berieten auch den Thronfolger Heinrich (VII.), der als deutscher König amtieren sollte. Oberschwaben wurde nun zum Herzstück staufischer Herrschaft in Deutschland. Stadt und Land wirkten zusammen in einer heiteren Symbiose zwischen vornehmen Minnesängern und reichen Patriziern; die wirtschaftliche Potenz der Marktorte stützte den kulturellen Glanz der Ministerialenburgen. Die Geselligkeit aufsteigender Gruppen zwischen Zürich, Wimpfen, Esslingen und Biberach, später in der Manessischen Liederhandschrift eingefangen, schien staufischer Herrschaft ein neues, breiteres Fundament und die Zukunft zu gewinnen.

Der junge Heinrich (VII.), in dieser Umgebung aufgewachsen, ließ sich dazu verführen, bürgerliche Patrizier und ritterliche Ministerialen auch in anderen Regionen des Herzogtums und des Reiches zu begünstigen, zu Lasten der fürstlichen und bischöflichen Machthaber. Die blieben jedoch die Stärkeren, weil sie schon besaßen, was Patrizier und Ministerialen noch nicht hatten: Landesherrschaft. Der Druck der weltlichen und geistlichen Reichsfürsten zwang Kaiser Friedrich II. 1231, die genossenschaftliche Selbstbestimmung der Bürger und Ritter ganz preiszugeben, bald danach den Sohn selbst zu opfern. Damit verlor die staufische Herrschaft ihre weiterführenden Schichten und ihren übergreifenden Anspruch, zuerst im Reich, dann im Herzogtum Schwa-

ben, wo fortan etwa die Grafen von Württemberg und die Markgrafen von Baden, die Bischöfe von Straßburg und Konstanz eigene Landesherrschaften anstreben konnten.
Als in den 1240er Jahren die weitblickende Generation der Waldburg und Winterstetten wegstarb, setzte sich auch im staufischen Oberschwaben die reine Regionalpolitik durch. Gleichmäßige Ausübung einheitlicher Herrschaft über eine abgegrenzte Provinz hieß die Methode, die weder historische Sonderrechte noch fremde Besitzlücken duldete. Die Rechtsgründe der Herrschaft waren höchst unterschiedlich: Gerichtsbarkeit über Freie nach Landrecht war etwas anderes als Gerichtsherrschaft eines Vogtes über Klosterbauern; Verwaltung von geliehenem Besitz der Kirche und des Reiches war etwas anderes als Grundherrschaft über ererbtes und gekauftes Eigengut. Trotzdem wurde nun alle Herrschaft vereinheitlicht, noch nicht nach Juristenrecht, doch durch schriftliche Akten, mit gleichartigen Weisungen an alle nachgeordneten Amtleute.
Was damit beabsichtigt war, zeigte die Reichssteuerliste von 1241. Sie gliederte das staufische Land zwischen Kolmar, Kaiserslautern, Schongau und Bern in Steuerbezirke, sozusagen in Finanzämter, die in der Herzogsburg auf dem Hohenstaufen und in größeren Städten amtierten. Um des abstraktesten Bindemittels zwischen Menschen, um des Geldes willen wurde Herrschaft jetzt zentral und hierarchisch geordnet. Die einheitliche Prägung der staufischen Münzstätte Schwäbisch Hall, der »Heller«, überwand tatsächlich die Vielfalt regionaler, vorwiegend bischöflicher Geldsysteme. Ansonsten aber drangen die Verwaltungspläne im übrigen Reich nicht gegen die fürstliche Landesherrschaft und deren persönliche Präsenz durch.

Doch die staufischen Teile des Herzogtums Schwaben wurden vorübergehend zu einem Untertanenverband nivelliert, nicht durch die Person eines Herzogs, sondern durch die Weisungen kaiserlicher Diener. Sie verfuhren, wie es Inhaber geliehener Herrschaft oft tun, dreist und gnadenlos. Noch immer hing ja Herrschaft mehr an Menschen als an Sachen. Was sich änderte, merken wir an zunehmenden Klagen der Klöster Weingarten und Weißenau, die nahezu wehrlos bewaffneten Übergriffen ausgesetzt waren und keinen Königsschutz mehr fanden. Die versachlichte Reichsverwaltung wurde, wenn der König sich nicht mehr sehen ließ, schnell zur Adelsherrschaft der Bediensteten, und sie führte zur neuerlichen Zersplitterung der Landschaft in tausend kleine Herrschaften.

Die Hoffnungen enttäuschter Bürger und Ritter klammerten sich an einzelne Staufer; aber was konnte der letzte Schwabenherzog Konradin um 1260 noch ändern? In norddeutsche Landesherrschaften gelangte er gar nicht; in Schwaben kam er westwärts noch bis Rottweil, nordwärts nur bis Gmünd. Seine gläubigsten Freunde wohnten im Süden, die Ministerialen von Arbon, der Bischof von Konstanz, der Abt von St. Gallen. Doch der Bodenseeraum selbst wurde zur Provinz im Winkel, Südwestdeutschland im ganzen zu dem, was es für ein halbes Jahrtausend blieb, zu einem reichen Land ohne Mitte.

Regionalismus und Staatlichkeit

Was sollen uns die alten Geschichten? Aus einzelnen Ereignissen der Vergangenheit lernen wir nichts, von einzelnen historischen Gestalten nicht viel. Aber lehrreich für jede Gegenwart ist die Untersuchung geschichtlicher Strukturprobleme und das langfristige Schicksal ihrer Lösungsversuche. Ein solches Problem, hochaktuell für Baden-Württemberg, die Bundesrepublik, die Europäische Gemeinschaft, ist der Regionalismus, das Verhältnis separierter Landschaften zur nivellierenden Staatlichkeit. Die staufische Herrschaft am Bodensee bietet ein Musterbeispiel dafür, wie eine hochdifferenzierte Region schrittweise einer universalen Herrschaft integriert werden kann, wenn sich Methoden der Herrschaft und Ordnungen der Landschaft aufeinander einstellen und miteinander ändern.

In diesem Ablauf war die fruchtbarste Phase weder die anfängliche Zersplitterung noch die schließliche Unterordnung, sondern die mittlere Zeitspanne, in der Barbarossa den vielschichtigen Raum zusammenführte, ohne ihn zu zerbrechen. Das glückte ihm, weil er nicht zuerst Land abgrenzte und verwaltete, sondern Menschen persönlich überzeugte und zum Zusammenwirken ermutigte. Wer seine Politik auf Menschen konzentriert, muß wendig und geduldig sein, sensibel für neue Bewegungen wie für alte Schichtungen. Was er damit langfristig erreichen kann, ist keine gleichmäßig angestrichene Landkarte, kein Einheitsglück für alle, sondern etwas Bescheideneres: die Erprobung politischer Alternativen und durch sie die Entfaltung menschlicher Möglichkeiten. Unter den vielen Experimenten der Staufer verdient es vielleicht dieses eine besonders, hierzulande bewahrt und erneuert zu werden.

Das Fach Geschichte an der Universität Konstanz

Ereignisgeschichte

Seit der Neuorientierung, die die deutsche Universität zu Beginn des 19. Jahrhunderts durch die Berliner Reform erfahren hat, ist keine Universität so prinzipiell auf geschichtliche Erwägungen gegründet worden wie die in Konstanz. Ihr Gründungsausschuß griff 1965 bewußt Wilhelm von Humboldts Berliner Idee von 1810 auf, indem er Lehre aus Forschung entwickeln und die Kooperation der Fachbereiche fördern wollte. Freilich sollte die Vorherrschaft von Humboldts Philosophischer Fakultät auf moderne Erfahrungswissenschaften übergehen, außerdem vom Berliner Kosmos sämtlicher, auch der berufsbezogenen Wissenschaften auf einen kleinen Kreis forschungsorientierter Fächer.

Zu beiden in Konstanz erwünschten Gruppen gehörte die Geschichtswissenschaft, aber am Rand; dem Appell an Geschichte als Prinzip entsprach keine Vorliebe für Geschichte als Disziplin. Das brachte die Neuplanung besser in Schwung, als wenn man nachgeforscht hätte, ob die Voraussetzungen von Humboldts Gründung mit denen des Konstanzer Vorhabens wirklich vergleichbar wären: das geschlagene, ehrgeizige Preußen in den Napoleonischen Kriegen mit der satten, unzufriedenen Bundesrepublik Deutschland am Ende der Ära Adenauer; die Residenz- und Großstadt Berlin und ihr Kranz kultureller Einrichtungen mit der grenznahen Mittelstadt Konstanz und ihrem Nachholbedarf.

Historisch Denkende durften überdies auf den Sieg geschichtlicher Erfahrungen über gelehrte Visionen hoffen; er hatte schon Humboldts Gründung verändert und am Leben erhalten, auch dem Fach Geschichte höheres Ansehen verschafft. Nach 1810 stand die Universitätshistorie zunächst im Schatten der idealistischen Philosophie und der romantischen Philologie; erst zwischen 1850 und 1890 bildete sie sich zum dritten Grundpfeiler der Philosophischen Fakultät aus, befördert von realistischen Impulsen außerhalb der Hochschulen. Methodisch wehrte sich die Geschichtswissenschaft, wie Leopold Ranke sagte, gegen die neue Scholastik, die bemüht sei, »die reale Welt nach ihren Schulmeinungen einzurichten«, und bekannte sich zur »Begebenheit selbst in ihrer menschlichen Faßlichkeit, ihrer Einheit, ihrer Fülle«. Thematisch lockte, während der deutschen Einigung zum Nationalstaat, die neuere deutsche im Rahmen europäischer Ereignisgeschichte.

Deren Erforschung und Erzählung, die mehr Tradition zerstörte als stiftete, wurde wie der wissenschaftlich fundierte Geschichtsunterricht an Gymnasien vom Staat als Mittel nationalpolitischer Erziehung gefördert. Organisatorisch hatte der Aufschwung der Geschichte in Wissenschaft und Unterricht zwei Folgen für die Universität: die durch Texteditionen von Akademien vorbereitete Aufteilung der Forschenden auf Epochenlehrstühle für Alte, Mittelalterliche, Neuere Geschichte; die von der neuhumanistischen Lehrerbildung angeregte Zusammenfassung der Studierenden in quellenkritischen Übungen des Historischen Seminars. Erst dank beiden, um 1890 in Deutschland durchgesetzten Neuerungen trat die Geschichte als Disziplin realistischer

Textkritik eigenständig neben Philosophie und Philologie und prägte zusammen mit ihnen die Philosophische Fakultät.

Dabei blieb es nicht lange. Schon um 1900 geriet die Verbindung spezialisierter Forschung mit generalisierender Lehre aus dem Gleichgewicht, aufgrund von Einwirkungen der positivistischen Umwelt, die sich industrialisierte, kollektivierte und internationalisierte. Karl Lamprechts kulturhistorische Methode, die diesen Veränderungen auf die Spur kommen wollte, drängte von der Ereignisgeschichte der getrennten Epochen und Nationen Europas zu einem größeren Ganzen, zum gesetzmäßigen Zusammenhang des universalhistorischen Kulturprozesses. Er schien sich am klarsten nicht in Texten, sondern in Zuständen der Landes- und Wirtschaftsgeschichte einerseits, der Sozialpsychologie und Kunstgeschichte andererseits zu spiegeln und sollte in einem Leipziger Institut unter Lamprechts Leitung erforscht und gelehrt werden.

Die neue Einheit der Historie kam nicht zustande, weil sie politisch (als Materialismus und Marxismus) diskriminiert wurde. Immerhin bildeten sich, außerhalb Berlins zuerst, neue Lehrstühle und Seminare für nichtpolitische und nichtsprachliche Aspekte der Geschichte, die auf systematische Fächer, meist jenseits der Philosophischen Fakultät, bezogen waren: neben den interpretierenden für Kirchengeschichte, Rechtsgeschichte, Kunstgeschichte nun die empirisch analysierenden für Sozial- und Wirtschaftsgeschichte, Technik- und Wissenschaftsgeschichte, Verfassungsgeschichte, Landesgeschichte und Siedlungskunde.

Das Nebeneinander in den Fakultäten statt des Nacheinander im Historischen Seminar führte zur Wucherung historischer Spezialfächer und machte auch in den Philosophischen Fakultäten die Historiker zur stärksten Fraktion; damit hing die im Ausland längst bemerkte, hierzulande erst in den 1920er Jahren ausbrechende Krise des deutschen Historismus eng zusammen. Um die gegenwartsferne Spezialisierung dieses Historismus zu überwinden und der jungen Weimarer Republik ein zeitgenössisches Geschichtsverständnis zu ermöglichen, dachte das preußische Kultusministerium, von Carl Heinrich Becker angeregt, seit 1919 an die Förderung sachlich übergreifender und international verzahnter Fächer, insbesondere an eine Verflechtung von Gegenwartsgeschichte, Politikwissenschaft und Soziologie.

Gegen diese Hochschulreform von oben liefen konservative Historiker Sturm; einige von ihnen hatten, wie der Freiburger Verfassungshistoriker Georg von Below, schon gegen Lamprecht ein deutschnationales Mittelalter verteidigt. Beckers Reformversuch scheiterte; organisatorisch änderte sich an der Universitätshistorie der Weimarer Zeit so gut wie nichts. Doch fand sich jenseits des Wirrwarrs ein neuer, allgemeiner Zusammenhang, die geistesgeschichtliche Interpretation, an der Berliner Universität von Wilhelm Dilthey, dem Philosophen der »Geisteswissenschaften«, angebahnt und von Friedrich Meinecke, dem Historiker des Historismus, durchgesetzt. Die Geistesgeschichte suchte idealistisch Strukturen jenseits der Ereignisse und Texte, zog die Historiker indes wieder in den Kreis der philosophischen und philologischen Fakultätsgenossen und schirmte sie

nachher gegen die Machtgeschichte der Nationalsozialisten ab.
So anregend der Wildwuchs für die Einzelforschung war, auf das Historische Seminar wirkte er lähmend. Der geistesgeschichtliche Zusammenhang ließ sich noch erzählen, nicht mehr lernen; wer ihn nicht fühlte, erjagte ihn nie. Die Seminarübungen wurden immer weiter horizontal nach Sachgebieten, vertikal nach Schwierigkeitsgraden aufgespalten und im Eingangsbereich häufig Assistenten übertragen; daneben rangen Nichtordinarien für Sonderfächer um Schüler und Beförderung. Das Historische Seminar wurde aus einer didaktischen Anstalt zur administrativen, in der sich einsame und freie Ordinarien über Bücheretat und Assistentenstelle einigen mußten. Das aufgezwungene Führerprinzip der Nazis bändigte die Addition von Partikularismen natürlich nicht. In der äußeren Gestalt unverändert, wurde das Historische Seminar gleichwohl nach dem zweiten Weltkrieg zur Keimzelle innerer Erneuerung. Die dem Krieg entkommenen Studenten schufen in Seminarbibliotheken und Übungsräumen, bei Seminarfesten und Exkursionen einen neuen Stil sachbezogenen Zusammenlebens, der sich teilweise, so im Göttinger Historischen Colloquium, institutionalisierte und die alte Burschenherrlichkeit verdrängte.
In Hochburgen der Universitätshistorie, zumal im deutschen Südwesten, ergriff die studentische Gemeinschaftsbildung rasch Professoren und deren Forschung. Am meisten faszinierten bald nach 1945 Themen, die empirische Gemeinschaften in überschaubaren, zeitlich akzentuierten Räumen, jedoch in sämtlichen Lebensäußerungen analysierten. Das wurde die große Stunde der seit Lamprechts Zeit bereitstehenden Regionalgeschichte. Ur- und Frühgeschichte, Archäologie, mittelalter-

liche Landesgeschichte (zum Beispiel oberrheinische), neuere Osteuropäische, Nordamerikanische, Ostasiatische Geschichte – es war meistens Geschichte der anderen, nicht der Unsrigen. Sie wurde mit Mut zur Lücke gelehrt und exemplarisch gelernt; der Göttinger Historiker Hermann Heimpel machte seit 1951 ein didaktisches Reform-Programm daraus. Der alte Primat der Geistesgeschichte blieb vorerst unangefochten, erlaubte aber für den zusammenfassenden Aspekt keine gesonderten Lehrstühle und Seminare; als höchste Instanz schien sich der Idealismus der Philosophischen Fakultät noch einmal zu bewähren. Ihm verdankten alle späteren Konstanzer Professoren für Geschichte die erste Prägung.

Strukturgeschichte

Diese entrückten Studien wurden in den 1950er Jahren gestört, wieder durch Anstöße von außen, die auf gegenwartsnahe Integration zielten. Lamprechts kulturhistorische Methode war im Ausland weiterentwickelt worden, vor allem in der Pariser Schule der »Annales«. Sie kam während der Résistance zu einem politisch kämpferischen, recht allgemeinen Begriff von Strukturgeschichte; seit 1949 differenzierten ihn Regionalstudien an Gemeinschaften des Mittelalters und der frühen Neuzeit. Sie ermutigten 1952–53 die mit landesgeschichtlichen Strukturen befaßten, damals am Rand der deutschen Universität stehenden Historiker Werner Conze und Otto Brunner zu kühnen Entwürfen einer europäischen Struktur- und Sozialgeschichte. Sie sollte die langfristigen Entwicklungen der Menschen in ihrem

Zusammenleben untersuchen, besonders in Wirtschaft und Gesellschaft sowie Herrschaft und Verfassung, später auch im geistigen Bereich sozialer Mentalitäten und politischer Begriffe. Dieses Thema konnte, ohne daß an eigene Lehrstühle und Seminare gedacht war, die gesamte Geschichtsforschung und -lehre stimulieren, freilich auch mitunter das verlorene Ideal einer heilen und konstanten alteuropäischen Welt beschwören. Dennoch weckte diese »Geschichte ohne Jahreszahlen« den Widerspruch konservativer deutscher Epochen- und Ideenhistoriker, zum Beispiel 1955 beim internationalen Historikerkongreß in Rom; dabei vernahmen erstaunte Ausländer politische Untertöne, eher aus Lamprechts Zeiten als aus dem Kalten Krieg.

Ungenierter äußern sie sich gegenüber der Zeitgeschichte, der spezifisch deutschen Form von Nachkriegshistorie, mit der Hans Rothfels in Tübingen, aus den USA zurückgekehrt, seit 1951 die jüngste Vergangenheit zu bewältigen suchte. Mit dem Erzählen von Ereignissen war das nicht zu leisten. Das sittliche Pathos, mit dem das Unrecht des Individuums und der Irrtum seiner Epoche aufgedeckt wurden, beunruhigte nicht nur ältere Gelehrte persönlich, sondern das ganze Forschungsfeld der Historie und unterwarf die Interpretation der Traditionen dem Gericht gegenwärtiger Moral und künftiger Politik, letztlich der neuen Politischen Wissenschaft, die vom Staat reichlich mit Lehrstühlen ausgestattet und oft der Philosophischen Fakultät aufgedrängt wurde.

Den Höhepunkt erreichte die Empörung, nun der Philosophischen Fakultäten überhaupt, als 1960 die Kultusminister der Bundesrepublik, christlichdemokratische voran, ein neues Schulfach »Gemeinschaftskunde« proklamierten. Sein Thema wären die politisch-soziale

Struktur, die geographischen und ökonomischen Bedingungen unserer Welt seit der Französischen Revolution; dafür würden Geschichte, Erdkunde und Sozialkunde zu einer politischen Weltkunde gebündelt. Die Verbindung von Sozial- und Zeitgeschichte in politischer Absicht mußte von der Schule auf die Universität zurückwirken und die Geschichte (»Unsere Geschichte, Unsere Welt«, nicht die der anderen) aus dem Verband der Philosophischen Fakultät lösen.

Die Niederlage der protestierenden Fakultäten schien nur eine Frage der Zeit zu sein. Denn 1960 waren noch kaum Studenten von 1945 auf Lehrstühle nachgerückt; sobald sie, auch infolge der wunderbaren Lehrstuhlvermehrung des Wissenschaftsrates, Ordinarien wurden, entdeckten viele in der Sozialgeschichte das empirische Betätigungsfeld, in der Zeitgeschichte den sittlichen Maßstab, in der freiheitlichen Demokratie den Bezugsrahmen ihrer Wissenschaft. Dann erst mochte die Nachkriegsgeschichte der deutschen Universitätshistorie beginnen.

Die »Anregungen des Wissenschaftsrates zur Gestalt neuer Hochschulen« suchten 1962 die unentschiedene Zukunft des Faches mit radikal neuen Organisationsformen vorwegzunehmen. Sie zerschnitten die Geschichte in einen progressiveren, zeitgeschichtlichen und einen konservativeren, regionalgeschichtlichen Teil. Mehrere Lehrstühle für Zeitgeschichte, Neuere Wirtschafts- und Rechtsgeschichte wurden einer Sozialwissenschaftlichen Fakultät zugewiesen, die sich empirisch mit »der sozialen, politischen und wirtschaftlichen Stellung des Menschen in der Gesellschaft« beschäftigen sollte. Die Epochenlehrstühle fielen an eine Philosophische Fakultät, deren Ensemble eine einzige Region studieren könnte, die Kulturen des westlichen Mittelmeerraumes, vielleicht deren Auseinandersetzung mit der islamischen Kultur. Hier verbände sich die Historie älterer Traditionen mit Spezialfächern für ältere Strukturen, Altorientalistik, Archäologie, Byzantinistik, Geographie, fast nach Art einer integrierten »Altertumswissenschaft«. Die zerteilte Historie wäre durch ein zentrales Institut für Geschichte zusammengehalten worden; es hätte Forschung koordiniert, nicht Lehre kombiniert und das Gesonderte dem Gemeinsamen übergeordnet.

Interdisziplinäre Geschichte

Vom Wissenschaftsrat übernahm der Konstanzer Gründungsbericht 1965 für die Historie nicht viel. Die Organisationsformen wirkten konservativer, der Lage des Faches um 1950 verpflichtet. Geschichte blieb mit Philosophie und Sprache im Verband hermeneutischer Disziplinen, der Philosophischen Fakultät. Die Lehrstühle gliederten sich vornehmlich nach Epochen, Alte, Mittelalterliche, Neuere; das Reizwort »Zeitgeschichte« wurde vermieden. Wenige Aspekte, Kunstgeschichte sowie Antike und Europäische Rechtsgeschichte, waren den historischen Fachbereichen zugedacht, andere, ebenfalls sparsam ausgesucht, den systematischen. Regionalgeschichte war bloß vorgesehen, wo sie archaische Kulturen betraf: Ur- und Frühgeschichte und Archäologie ja, moderne Landesgeschichte und außereuropäische Regionen nein.

Zwei verschiedene Fachbereiche für Geschichte waren (dem Wissenschaftsrat folgend) geplant; der erste vereinte sechs diachronische, auf neuere europäische Zeiten bezogene Lehrstuhlbereiche, im zweiten sollten sich fünf synchronische besonders mit archaischen Kulturen am Mittelmeer befassen. Die Kontakte zu Sozialwissenschaften wurden flexibel gehalten. Ein einziger Lehrstuhl galt dem »sozialgeschichtlichen Aspekt im Zusammenhang der allgemeinen Geschichte« und konnte kein Imperium begründen. Es waren kaum mehr als freundliche Winke, daß »die Historie, zumal die Neuere Geschichte, auf die ständige Begegnung mit den Wissenschaften von der Gesellschaft und von der Politik angewiesen« sei und umgekehrt die Methodik der Geschichtswissenschaft »als Teil der sozialwissenschaftlichen Verfahrensweise gelten« müsse.

So herkömmlich sich die äußere Zuordnung der Historie ausnahm, so ungewöhnlich waren die inhaltlichen Zielvorstellungen, die ihr zugemutet wurden. Die Philosophische Fakultät erhielt keinen Schwerpunkt, der auch die Geschichte auf die Mittelmeerregion eingeschworen hätte; kein interdisziplinäres Institut für Geschichte sammelte die Forschung, kein Historisches Seminar die Lehre, keine gesonderte Bibliothek die Bücher der Historiker. Das Fach bildete keinen Kosmos der historischen Wissenschaften wie in Bochum, wo seit 1962 sich in einem »Historicum« zeit-, system- und raumbezogene Teildisziplinen umeinander drehten. Anrainer wurden eher abgestoßen als angezogen. So beziehungsreiche Aspekte wie Kirchengeschichte und Technikgeschichte blieben ausgespart; Kunstgeschichte wurde gleich 1966 dem Fachbereich Philosophie abgetreten. »Geschichte II« war auf diese Weise ganz den antiken Kulturen vorbehalten, aber ohne engste Kontakte mit Orientalischen und Klassischen Philologien kaum arbeitsfähig.

Vollends die Lehrstuhlbereiche von »Geschichte I« wurden so insular angelegt, daß sie nicht einmal chronologisch zusammenhingen und Querverbindungen nach außen brauchten. Dafür schlug ich 1966 einen Schwerpunkt der ganzen Philosophischen Fakultät vor, eine Verbindung von Geistes-, Zeit- und Sozialgeschichte, »Sprachlicher Ausdruck geschichtlicher Erfahrungen nachdenklicher Menschen«. Doch die reineren Fachbereiche hielten es mit Erfahrung als solcher oder Geschichtlichkeit an sich und überließen den trüben Rest den Historikern, die sich nicht theoriebedürftig fühlten. So blieb es bei dem Modell einer lückenhaften, organisatorisch reduzierten, thematisch zentrifugalen Historie. Es bot mehr Spielräume und Variationen, aber auch größere Leerräume und Risiken als das Historische Seminar im alten Verband der Philosophischen Fakultät mit ebenso abgezirkelten wie enzyklopädischen Forschungskompetenzen und Lehrkapazitäten. In dieser Offenheit lag das Abenteuerliche des Konstanzer Experiments mit Vergangenheit; sein Gelingen hing allein von der Art der Verwirklichung ab, von der zukünftigen Geschichte der Universität.

Erste Folge der Offenheit: Das Konstanzer Fach wurde zu Beginn stark von individuellen Interessen der frühesten Fachvertreter geprägt. Zweite Folge: Sie kamen nicht, wie in den Nachbarbereichen der Fakultät, von einer Richtung und verstanden sich nicht als Phalanx. Das war vielleicht politisch nicht das Geschickteste, jedenfalls sachlich das Angemessenste. Der Freiburger Althistoriker Herbert Nesselhauf, Mitglied des Gründungsausschusses, wurde 1966 erster Professor für Geschichte und 1966/67 erster Dekan der Philosophischen Fakultät. Er dachte sich seinen Platz im Fachbereich »Geschichte II«, der in »Altertumswissenschaft« umgetauft wurde. Hier träten zur Alten Geschichte nicht bloß Ur- und Frühgeschichte, Archäologie, Antike Rechtsge-

schichte, sondern auch die Klassischen Philologien – eine historisch-systematische Kombination im Interesse der Forschung und im Sinn des Wissenschaftsrats. Jedoch wurde vorerst nur ein zweiter Lehrstuhl, für Latinistik, geschaffen und 1966 besetzt.
Schneller und breiter sollte der Fachbereich »Geschichte I« wachsen; er stand, wie gleichfalls vom Wissenschaftsrat angeregt, mehr im Bann der Zeitgeschichte. Zeitgeschichte, das war in Konstanz der Erlanger Politologe Waldemar Besson, auch er im Gründungsausschuß beteiligt, dann erster Professor für Politische Wissenschaft und 1966/67 erster Prorektor der Universität. Für drei epochenbezogene Lehrstühle, Spätantike und frühmittelalterliche, Mittelalterliche, Neuere Geschichte, wurden 1966 Franz Georg Maier, ich und Horst Rabe vorgeschlagen, die allesamt Besson kritisch nahestanden. Zwei von ihnen, die sofort kommen konnten, hatten wie Besson in Tübingen studiert und 1961 bei seinem Fischer-Lexikon »Geschichte« mitgewirkt, das sich auf Rothfels berief. Alle drei hatten sich nicht auf eine Epoche beschränkt und sich für neuere Geschichte kaum weniger als für ältere erwärmt. Räumlich hatten sie sich auf das Mittelmeer, vom Vorderen Orient bis Spanien, und süddeutsche Landschaften konzentriert; statt nationale Ereignisgeschichte zu erzählen, hatten sie viele andere Aspekte untersucht: Religions- und Kirchengeschichte, Literatur- und Geistesgeschichte, historische Topographie und Demographie, Stadtgeschichte, die Geschichte von Recht und Verfassung, von Krieg und Technik. Es würde ihnen nicht schwerfallen, sich bei gegenwartsnaher Sozialgeschichte zu treffen und ihre Arbeit vollends dem interdisziplinären Austausch zu öffnen.

So überlegt die Personalplanung war, ihre Verwirklichung zog unerwartete Verschiebungen nach sich. Die erfreulichste war Anfang 1968 der Entschluß, den Fachbereich »Altertumswissenschaft« aufzulösen, die Alte Geschichte in »Geschichte I« einzubringen und in diesem Fachbereich alle Historiker zu versammeln. Mit vier besetzten Lehrstühlen gehörte er zu den größten der frühen Universität. Durch den Zuzug von Nesselhauf bekam er altertumswissenschaftlichen Zuschnitt, zumal Maier Klassische Archäologie mitvertrat und für Antike Rechtsgeschichte zwar nicht der geplante Lehrstuhl, aber 1966 eine ständige Gastprofessur mit David Daube aus Oxford besetzt wurde. Die günstige, scheinbar konstante Personallage veranlaßte den Fachbereich 1971, auf Ur- und Frühgeschichte und Archäologie überhaupt zu verzichten.
Bedenklicher wurde ein Interessenkonflikt zweier Nachbarbereiche, der bereits 1966 die Besetzung der Lehrstühle für neuere Epochen verzögerte. Über das Mittelalter einigte man sich 1968 noch und verwirklichte den Vorschlag von 1966; doch das Gebiet der Neuesten Geschichte blieb umstritten und trotz zahlreicher Anläufe aller Beteiligten bis 1974 verwaist. Während Besson es politologisch-empirisch im Tübinger Sinn, wenigstens sozialgeschichtlich orientieren wollte, drängten Literaturwissenschaftler auf eine Ausrichtung, die ihren in Heidelberg begonnenen Arbeiten zur Geschichtstheorie, Wirkungs- und Begriffsgeschichte weiterhalf. Richtungskämpfe zwischen Schulen der Nachbaruniversitäten waren bei Neugründungen immer üblich; diesmal blockierten sie aber eine Stelle, von der die innere Konsolidierung der Konstanzer Historie

ebenso grundsätzlich abhing wie ihre interdisziplinäre Kooperation.

Der 1969 erteilte Lehrauftrag für Martin Broszat vom Münchner Institut für Zeitgeschichte war ein Notbehelf, ähnlich die Bemühung um wechselnde Gastprofessoren für neueste außereuropäische, besonders südamerikanische Geschichte, die seit 1970 mindestens so viel Aufregung wie Anregung brachte. Die Lücke an der wichtigsten Nahtstelle hätte sich leichter verschmerzen lassen, wenn im Fachbereich einer der systematisch, in anderen Fachbereichen einer der historisch ausgelegten Lehrstühle errichtet worden wäre; doch mußten kleinere Fachbereich zuvor aufgefüllt werden.

Die Verschiebungen von 1966 hinterließen Spuren, zunächst in der Forschungsarbeit des Faches. Sie stand bis 1968 ganz im Mittelpunkt, solange nicht mehr als zwanzig Hauptfachstudenten zu betreuen waren. Sie kam schnell in Gang, allerdings vornehmlich für die mittelmeerische und europäische Geschichte zwischen Spätantike und Frühmoderne. Ein Leitmotiv der damals entstehenden Arbeiten hieß Sozialgeschichte, ein zweites Regionalgeschichte; allmählich traten Ansätze zur Geschichtstheorie hinzu, die auch anderswo seit 1970 eine neue Integration erstrebten. Weil ein strafferer Zusammenschluß hauptamtliche Fachleute für Sozialgeschichten oder für Geschichtstheorien erfordert hätte, wurde der Fachbereich nicht zu der vom Gründungsbericht definierten Einheit der Forschung.

Kein gemeinsames Forschungsprogramm wurde aufgestellt; wiederholte Versuche der Forschungsplanung und -kontrolle schlugen fehl. Weiterhin dominierten die Vielfalt der Aspekte, die Arbeit in Einsamkeit und Freiheit, die Monographie. Teamwork in Forschungsprojekten spielte sich hauptsächlich als Zusammenarbeit von

Jüngeren unter Anleitung eines Älteren ein. An internationalen Arbeitskreisen und Forschungsgruppen von Kollegen, die Konstanz in der wissenschaftlichen Welt bekannt machten, beteiligten sich seit 1970 einzelne Gelehrte, nicht der Fachbereich.

Das beeinträchtigte die Ausrichtung und Ausstrahlung, nicht das Ausmaß der Publikationen. Jeder mußte auf eigene Gefahr fleißig sein; Bücherschreiben wurde nicht mehr als Sklavenfron, noch nicht als Ausbeuterluxus verachtet. Professoren legten seit 1968 drei umfassende Werke vor: »Die Verwandlung der Mittelmeerwelt«, »Lebensformen im Mittelalter«, »Reichsbund und Interim«. Von Assistenten kamen seit 1968 vier stattliche Bücher heraus: »Atlas zur Kirchengeschichte«, »Die Genese des Amtspriestertums in der frühen Kirche«, »Petri Venerabilis Contra Petrobrusianos«, »Wissenschaftspolitik im Wilhelminischen Deutschland«.

Bis 1976 wurden 15 Dissertationen abgeschlossen, über verschiedenste Themen, fast alle auf Fülle empirischer Fakten so sehr wie auf zusammenfassende theoretische Deutung erpicht, mehrere überragend, wenige gedruckt. Eine wachsende Zahl von Aufbaustudenten (1970: 7, 1976: 16) versprach die Fortsetzung der Reihe. Die Arbeiten zeigten wenig Gemeinsames, keine Konstanzer Schule; sie hätten an anderen Universitäten auch entstehen können. Nicht an jeder nebenan; dort herrschten Historikerschulen wie in Freiburg um Gerd Tellenbach, in Heidelberg um Werner Conze. Gerade weil Konstanz hier nicht folgen konnte und wollte, hätten von den Opera im Fachbereich einige in der Kooperation des Fachbereichs erwachsen dürfen.

Defizite der Kooperation

Wissenschaftliche Zusammenarbeit setzte Gemeinsamkeit wenn nicht der Themen, dann der Theorien voraus. Auf dem Duisburger Historikertag forderte Rothfels 1962 schon Theoriebewußtsein in der Historie; wie wenig diese »ungegenständliche Geschichte« wirklich gefördert wurde, zeigte der Freiburger Historikertag 1967. Die deutsche Geschichtswissenschaft drohte monolithisch und steril zu werden, wenn sie an ihren fachlichen Gegenständen und Ideologien festhielt und sich nicht, wie alle Generationen seit Ranke, den Fragen von außen stellte. Das Theorieangebot anderer Länder und Fächer wirkte namentlich auf neue Universitäten bestechend, wo man Geschichte als Erprobung des Veränderlichen, nicht als Bewahrung des Vorhandenen verstand. Der Konstanzer Fachbereich erörterte besonders vier Spielarten und unterwarf sich keiner allgemein.

Die deutsche Hermeneutik der Geisteswissenschaften, seit 1960 von Literaturwissenschaftlern erneuert, eignete sich für historische Texte und wirkungsgeschichtliche Themen, nicht ohne weiteres für ein erweitertes Interesse an Sozialgeschichte. Dieses konnte sich auf die angelsächsische Analytik der Sozialwissenschaften stützen, die seit 1961 durch Soziologen eingedeutscht wurde; weil aber beide Varianten, die positivistische und die dialektische, sich um Gegenwart kümmerten, konnte der Historiker keine direkt anwenden. Älteren Epochen widmete sich der Strukturalismus französischer Ethnologen und Linguisten, der seit 1967 deutsche Historiker anzog; er ließ sich für eine historische Anthropologie, jedoch nicht für eine Theorie des Wandels geschmeidig machen. Unter den marxistischen Lehren von sozialem

Wandel empfahl sich seit 1968 der undogmatische Humanismus aus Prag, Belgrad und Warschau; er sah freilich mehr Kommendes als Verwirklichtes und wurde bald in die Utopie abgedrängt. Die Sensibilisierung für solche Theorien belebte das Geschichtsinteresse der deutschen Öffentlichkeit, erst recht die Arbeit im Konstanzer Fachbereich; nur einfacher und einheitlicher wurde sie dadurch nicht.

Noch mühsamer als die internationale Zusammenarbeit gestaltete sich, über Niemandsländer hinweg, die interdisziplinäre Kooperation, die den Fachbereich bis 1970 in Atem hielt. Sie gedieh am schnellsten mit Literaturwissenschaft und Politischer Wissenschaft. Wie durch Beziehungen der Professoren, belebte sie sich durch Bedürfnisse der Studenten; von den Hauptfachstudenten des Jahres 1972 belegten 79 Prozent auch Literaturwissenschaft, 19 Prozent Politische Wissenschaft. Mit beiden Fachbereichen kam es seit 1968 zu gemeinsamen Lehrveranstaltungen, mit der Literaturwissenschaft zu Forschungsprojekten. Als Themen boten sich Geschichtsschreibung und Sozialgeschichte der Literatur zuerst an; es folgten Fragen hermeneutischer Methode und historischer Theorie. Empirische Probleme wie das der historischen Landeskunde wurden leider getrennt diskutiert. Die nicht weniger engen, nur viel dramatischeren Beziehungen zur Politischen Wissenschaft waren an die Person Bessons und seiner Erlanger Schüler gebunden; das machte sich nach Bessons Tod 1971 schnell bemerkbar. Die historische Komponente trat bei den Politologen so weit zurück, daß ihr Systemtheoretiker sie bloß noch unter »Survivals« registrierte.

Es entstanden weitere Defizite der Kooperation. Mit der Philosophie entwickelten sich seit 1968 Lehrveranstaltungen über Geschichtsphilosophie, Geschichte der Philosophie, Wissenschaftsgeschichte; sie führten nicht zu Forschungsprojekten, die die Philosophen aus ihren Disputen über theoretische und praktische Vernunft gelockt hätten. Hemmend wirkte zudem die ganz kleine Zahl von Studenten, die Geschichte und Philosophie zugleich hörten. So traf man sich eher bei hochschulpolitischen Aktionen; da konnte man auch Sprachwissenschaftlern einmal zunicken.

Vergeblich blieben zahlreiche Gespräche und Vorschläge seit 1969, um Psychologie, Statistik, Soziologie und Ökonomie zur Zusammenarbeit mit der Historie zu bewegen. Die theoretische Systematik und Stringenz der Sozialwissenschaften erwies sich für Historiker als ebenso verwirrend wie die laxe und perspektivische Empirie der Historie für Sozialwissenschaftler. Ein Statistiker empfahl uns schlicht, sein Fach zu studieren und dann wiederzukommen; sobald ein auf Realität versessener Soziologe auftauchte, verdichteten sich die Kontakte. Mit der Rechtswissenschaft, deren Pragmatismus Historikern eigentlich nahelag, setzte sich der Fachbereich wegen der Zuordnung der Rechtsgeschichte häufiger auseinander als zusammen. Mit praktizierenden Erziehungswissenschaftlern begannen Historiker 1969 Lehrveranstaltungen und Forschungsprogramme über »Geschichte als Schulfach«; personelle Engpässe der Pädagogen zwangen schließlich die Historiker, ihre Fachdidaktik selbst zu übernehmen.

Insgesamt hing interdisziplinäre Kooperation wie anderswo von persönlichen Zufällen ab, in Konstanz vor allem deshalb, weil alle Fachbereiche langsam aufgebaut wurden und wenige Anknüpfungspunkte boten. Gerade eine Universität, die Mut zur Lücke aufbrachte, durfte nicht zur Universität von Lückenbüßern werden.

In der Forschung mußte sich der Fachbereich Geschichte sein systematisches Rüstzeug großenteils allein besorgen, »mit Bordmitteln«, wie der geflügelte Ausdruck hieß. Kein Wunder, wenn sich die Kooperation von der Forschung immer mehr zur Lehre verlagerte.

Kooperation durch Lehre

Daß die Fachbereiche Ende 1967 offiziell zu Einheiten der Lehre umgewidmet wurden, kam den Historikern gelegen; die Zahl ihrer Hauptfachstudenten stieg 1968 auf 50, die der Nebenfächler auf rund 30. Sie betrug freilich immer noch einen Bruchteil der Zahl in einer alten Landesuniversität; sie blieb überschaubar. Wenn der Fachbereich zwischen 1968 und 1972 zu einem sozialen Verband zusammenwuchs, so gaben Formen der Lehrveranstaltung das erste Bindeglied ab. Anfangs herrschte in Konstanz die herkömmliche Vorlesung, der Monolog des Professors, schon in der aufgelockerten Gestalt des »Kollegs« oder »Vorlesungskurses«; seit 1969 setzte sich der dialogische »Kurs« allgemein durch. Er kam mit vervielfältigten Thesenpapieren studentischer Teilnehmer und Gruppen dem alten »Seminar« nahe, vermied aber die Eintönigkeit des Referateseminars. Zugleich verschob sich der Schwerpunkt von Epochenvorlesungen zu Problemkursen. Im allgemeinen wurde die Forderung des Gründungsberichts erfüllt und Lehre aus Forschung entwickelt, oft buchstäblich: Gelehrte Arbeiten waren von Lehrveranstaltungen vorbereitet und begleitet.

Ein für Lehrende anfangs schmerzliches, meist heilsames Korrektiv brachte die Veranstaltungskritik der Studenten. Am besten gelang das Experiment, wenn eine zu Semesterbeginn gebildete Kritikergruppe am Schluß die Veranstaltung zusammenfaßte oder wenn der Dozent schriftliche, anonyme Voten sämtlicher Teilnehmer einforderte und besprach. Inzwischen ist die Veranstaltungskritik eingeschlafen, denn sie kostet viel Engagement über den Erwerb der nötigsten Qualifikationen hinaus. Daran ließen es die ersten Studenten nicht fehlen; von ihrer Einübung in Nachbarwissenschaften habe ich mehr gelernt als von Kollegen am Ort – eine unscheinbare, unschätzbare Art interdisziplinärer Kooperation. Sie besteht noch fort, und daß diese studierenden (wie die beamteten) Kollegen uns ohne Titel ansprechen, hat nichts mit plumper Vertraulichkeit zu tun.

Den Studenten waren die neuen Formen nicht durchweg willkommen; denn die Fiktion von Akademie, die ein Teil des didaktischen Konzepts war, forderte Anstrengung. Sie mußten die Methoden ihrer Studienfächer früh anwenden und miteinander verbinden; sie mußten sich intensiv in Teilbereiche der Forschung einarbeiten, die sie erst später, als Spezialgebiete bei Prüfungen, brauchen konnten. Auch vor der Verteidigung knapper Thesen anstelle der Verlesung langatmiger Referate fürchteten sich Jüngere; oft wurden die Thesen von älteren Kommilitonen erbarmungslos zerpflückt. Zu Beginn, als die Zahl der Geschichtsstudenten klein, der Ehrgeizigen unter ihnen groß war, gehörte Mut zum Konstanzer Studium, nicht nur, weil jeder das Weiße im Auge des Lehrers sah.

Entspanntere Formen der Lehre kamen erst auf, als Kurse mit mehr als 30 Teilnehmern nötig wurden und als neben redegewandten Touristen höheren Semesters mehr junge, bedächtige Nachbarn in Konstanz studierten; die Mischung bekam allen gut. Um sie zu erhalten, müßten mehr Studenten kommen und mehr gehen. Die Lehrkapazität des Faches war erst 1976 mit 179 Studenten im Hauptfach, 128 im Nebenfach halbwegs ausgelastet, und nach mehreren Jahren kannten sich die Partner im Hörsaal zu genau, um voneinander Neues zu lernen. Diese Sorge ist Historikern alter Universitäten heute nicht mehr so unverständlich wie vor kurzem; Konstanz dürfte bald auch mit der quantitativ durchschnittlichen, qualitativ ansehnlichen Bilanz der Studienabschlüsse ganz normal wirken. Im Hauptfach wurden seit 1968 137 Staatsexamina und 12 Magisterprüfungen abgelegt, im Nebenfach 46 Staatsexamina und 28 Magisterprüfungen, im Durchschnitt nach 8–9 Studiensemestern. Prüfungen wurden für alle Beteiligten erst 1975 zur Qual, seitdem die Benotung weniger über den Studienerfolg als über die Einstellungschance entscheidet. Solange über Geschichte gesprochen wurde, ging es so sachlich zu wie andernorts, bloß etwas kollegialer.

Eines war in Konstanz ganz anders: Seit der Studentenbewegung von 1968 hatten weder die Studenten noch die Professoren das Hauptverdienst beim Zusammenschluß des Fachbereichs, sondern die Assistenten, durchweg promovierte Historiker, die meist mit den Professoren von anderen Universitäten gekommen waren, zwischen 8 und 12 an der Zahl. Sie betreuten die Studenten in einem intensiven Tutorenprogramm; sie bildeten die ständig umstrittenen, immer neu geordneten Übungen und Prüfungen für Fremdsprachen aus; sie hielten in eigener Verantwortung Lehrveranstaltungen; sie halfen dem Fachreferenten der Bibliotheksverwaltung, der sich als einer der ihren verstand, beim Aufbau der historischen Bücherei im Rahmen der Gesamtbibliothek.

Die Assistenten wurden 1968 aus dauernder Abhängigkeit vom Lehrstuhlinhaber gelöst, manche dem Fachbereich zugeordnet; vor Einstellung neuer pflegte man die älteren zu fragen. Sie stellten die Sprecher des Fachbereichs und beherrschten die Fachbereichsversammlung, wo sie Professoren und Studenten überstimmen konnten. Daran scheiterten faktisch alle Anläufe zur Drittelparität in diesem Entscheidungsgremium. Fünf hiesige Assistenten habilitierten sich seit 1971 bei der Fakultät, zwei wurden auf auswärtige Lehrstühle berufen. Als 1971–72 vier den Fachbereich verließen, ohne sich habilitiert zu haben, kündigte das eine Krise an; ihre Nachfolger engagierten sich schon nicht mehr alle für die Institution, in der sie 1972 entmachtet wurden. Ohne aktive und selbständige Kooperation promovierter Assistenten kommt künftig keine lebendige Universität aus.

Sie waren es, die 1968 zusammen mit fortgeschrittenen Studenten das Fachbereichskolloquium ins Leben riefen, eine Lehrveranstaltung, an der jeder teilnehmen, zu der jeder beitragen konnte. Sie ähnelte der »Ringvorlesung«, die nach 1945 in Tübingen, Erlangen und sonstwo literaturfähig wurde, achtete jedoch strenger auf gemeinsame Vorbereitung, schon im Semester vorher, und auf dialogische Verhandlung, mit wechselndem Vorsitz und Zweiergruppen von Referenten. Es ging stets um epochenübergreifende und theorieträchtige Themen: Theorie und Praxis in der sozialistischen Geschichtswissenschaft, Theorie und Praxis der Geschichtsschreibung im 20. Jahrhundert, Die Stadt, Politische Gleichgewichtssysteme.

Trotz der Zielrichtung auf Literatur- und Sozialwissenschaft mußte meist »mit Bordmitteln« gearbeitet werden; die Forschungsarbeit, besonders der Jüngeren,

erhielt dabei vielerlei Anregungen. Die Teilnehmer konnten Fragerichtungen und Vorkenntnisse langsam aufeinander abstimmen, mit ständiger Präsenz und unermüdlicher Geduld. Sie wurde bis 1972 geübt; seitdem ist das Fachbereichskolloquium tot. Unentwegte Versuche, Lehrstuhlbereiche auf andere Art zu forschungsintensiven Lehrveranstaltungen zusammenzuführen, haben noch immer die Sympathie der Beteiligten für sich, aber die Kapazitäts-Computer gegen sich.
Die Assistenten waren weiter die ersten und eifrigsten, die im Anschluß an Lehrveranstaltungen Exkursionen planten. Diese Fortsetzung der Lehre mit anderen Mitteln war 1960 in Berlin als »Studium exemplare« eingeführt worden. Konstanz begann 1967 bescheidener, mit Tagesausflügen zu Geschichtsdenkmälern der Bodenseeregion. Größere Fahrten griffen dann nach Ravenna und Burgund aus, eine ging zu den Königspfalzen ins Rhein-Main-Gebiet, eine quer durch die Alpen im Mittelalter. Eine dreiwöchige Spanien-Exkursion, zusätzlich durch Gastvorträge vorbereitet, berührte 1975 die meisten Epochen und Aspekte spanischer Geschichte. Solche Reisen in die Vergangenheit riefen in der vorangehenden Lehrveranstaltung zahlreiche studentische Experten auf den Plan, erschlossen dann Regionalgeschichte sinnfällig im strukturellen Querschnitt und brachten 20–30 Teilnehmer aus allen Ständen und Sparten ins sachliche und menschliche Gespräch miteinander. Ähnlich beliebt waren Ausgrabungen, die vom Rektor besonders gefördert und von Fachbereichsmitgliedern durchgeführt wurden, 1966 bis 1971 an der Stadtbefestigung von Alt-Paphos, 1970 an der Königspfalz Bodman.

Isolierung durch Konzepte

Schließlich waren es Assistenten, die 1969 ein Studienmodell für das Fach Geschichte auszuarbeiten begannen; es ist dem Fachbereich in mancher Hinsicht zum Schicksal geworden. Ein »Konzeptionskomitee« *(Koko* genannt), das Professoren und Studenten hinzuzog, wollte Konstanzer Erfahrungen kodifizieren, auch wenn sie der Staatsexamensordnung des Landes und der darauf abgestimmten Konstanzer Studienordnung von 1967 widersprachen. Wichtigste Einsicht war, daß die Epochengliederung für die Forschung bedingt brauchbar, für die Lehre unfruchtbar blieb.

Besonders dem Anfänger sollten andere Aspekte geboten, im Grundstudium drei Proseminare mit je einem quellenkritischen, einem sozialwissenschaftlichen und einem typologisch vergleichenden Thema zur Pflicht gemacht werden. Sie würden nicht der Zeitgeschichte oder der Geschichtstheorie anheimfallen, sondern konkrete Fälle aus allen Epochen vorführen. Im Hauptstudium müßten drei Seminare der gängigen, jedoch veränderten Zuordnung besucht werden: ein Thema aus der Zeit seit der Industrialisierung, eines aus der Zeit zuvor, eines aus weit entfernten, in der Regel außereuropäischen Räumen oder Kulturen. Anstelle von Vorlesungen waren exemplarische, nicht enzyklopädisch gemeinte Problem- und Epochenkurse vorgesehen; besonders wurde auf Theorie der Geschichtswissenschaft und auf Fachdidaktik als verklammernde Elemente geachtet. Im ganzen kein revolutionäres Konzept, sondern ein praktikabler Kompromiß, der isolierte Pflichtübungen an Sozialwissenschaften durch deren Einbindung ins historische Fachstudium ersetzen wollte. Das hatten wir ausprobiert.

Der Entwurf erregte lebhafte Diskussionen im Land, als er 1970 der vom Kultusministerium einberufenen Studienplankommission für das Fach Geschichte vorlag. An die Kooperation mit Sozialwissenschaften wagte das Papier nur noch zaghaft zu erinnern; aber schon die Relativierung der Epochengliederung zugunsten von Querschnittsanalysen weckte anderswo Argwohn; dort fürchtete man die Streichung von Epochenlehrstühlen. Ermutigung brachte 1971 eine Stellungnahme des Verbandes der Historiker Deutschlands und des Geschichtslehrerverbandes zu »Geschichtswissenschaft und Geschichtsstudium«; sie stützte sich auf Bochumer Erfahrungen. Neben der Ausweitung des Horizonts über deutsche und europäische Geschichte hinaus verlangten die Verbände »die Beschäftigung mit Methoden und Fragestellungen eines benachbarten ›systematischen‹ Faches (Jurisprudenz, Nationalökonomie, Politologie, Soziologie, Psychologie etc.)«, überhaupt ein interdisziplinäres und problemorientiertes Geschichtsstudium, zum Beispiel ein integriertes Proseminar, das »mit dem Nebeneinander von zeitlich übergreifenden und epochenspezifischen Problemen, von großräumig-strukturellen und regional-besonderen Untersuchungen« bekannt mache. Bei pragmatischem Vorgehen hätten die Konstanzer manche Freunde für den Anfang 1971 verabschiedeten praktischen Teil ihres Studienmodells gewonnen.
Doch provozierte der grundsätzliche Teil des Modells politische Bekenntnisse und Bedenken. Die von Besson 1967 in Berlin befürchtete, auch anderswo eingetretene Eskalation der Extreme, von der verzögerten Universitätsreform zur radikalen Studentenrevolte, war zwar an den Reformgründungen Bochum, Bielefeld, Konstanz vorübergegangen. Aber eine mildere Politisierung blieb

in Konstanz nicht aus, gerade am Fachbereich Geschichte, der vergeblich auf Ausbau der Forschungskompetenzen und Öffnung der Sozialwissenschaften wartete. Er hatte bei der Reform der Lehre eine sachbezogene Gemeinschaftsaufgabe gefunden und wurde durch den Widerspruch im Land erst recht auf sich verwiesen. Könnte seine gelungene Sozialisation nicht ein Modell für künftige Geschichte überhaupt werden? Mit der sozialgeschichtlichen und sozialen Relevanz der Historie sollte deren Praxisbezug für die Gegenwart dargelegt und möglichst auch theoretisch auf das Interesse des Menschen an Emanzipation festgelegt werden.

Diese Formeln mußten anderswo an radikalere Ziele erinnern; schillernd waren sie. Was die Konstanzer meinten, hörte man präziser bei der Diskussion über Geschichtsstudium und Geschichtsunterricht auf dem Regensburger Historikertag 1972. Doch die liberalen Töne reizten auch dort zur politischen Konfrontation und verschafften konservativeren Kräften das Übergewicht im Historikerverband. Die politischen Emotionen führten im Konstanzer Fachbereich selbst zu hitzigen Kontroversen und verzögerten die Verabschiedung des Grundsatzteils bis in den Sommer 1972. Trotzdem war das *Koko*-Modell eine Art Korsett geworden, das den Fachbereich aufrecht- und zusammenhielt, freilich nach außen isolierte.

An Durchführung des Konzepts, auch bloß am Ort, war nicht zu denken, und der dafür 1971 gegründete Lehrausschuß des Fachbereichs richtete wenig aus. Die Realisierung hätte in der Universität schnelle Ergänzung epochenbezogener durch aspektbezogene Lehrstühle vorausgesetzt. Die Problemorientierung konnte nicht bis in die staatliche Prüfungsordnung durchschlagen, weil die Kultusminister 1970 dafür erneut Epochenorientierung vorgeschrieben hatten. Das Modell wäre allenfalls in die Höheren Schulen, deren Lehrer es zum Teil begrüßten, eingedrungen, wenn bei den Schulbehörden im Land das Kontaktstudium fertiger Geschichtslehrer, um das sich der Fachbereich bemühte, Anklang gefunden hätte. Der nachgeschobene Plan eines integrierten historisch-sozialkundlichen Studiengangs für das Höhere Lehramt zielte auf das Schulfach »Gemeinschaftskunde«, das die Kultusminister, nun eher die sozialdemokratischen, als Konferenz insgesamt immer noch zu wollen schienen; er wurde vom Stuttgarter Ministerium 1976 abgelehnt. Es gab schon zu viele Geschichtslehrer, wozu ihr Studium noch attraktiver machen?

Krise der Universität

Daß geschichtliches Denken (nicht nur für Geschichtslehrer) vonnöten sei, um das Zusammenleben der Menschen, wie sie nun einmal sind, erträglich zu gestalten, diese Überzeugung hatte den Fachbereich geleitet. Er war in den ersten Jahren immer zur Stelle, wenn ihn andere für sachbezogenes Zusammenwirken brauchten, in überregionalen Gremien, in der korporativen Selbstverwaltung. Seine vier Professoren stellten ein Mitglied des Wissenschaftsrates und des Präsidiums der Forschungsgemeinschaft, ferner drei Prorektoren der Universität, dazu die Vorsitzenden in den Senatsausschüssen für Bauplanung, Prüfungswesen, Nachwuchsförderung und Bibliotheksfragen. Ähnlich rührig waren Historiker anfangs in der Assistentenvereinigung und den studentischen Gremien. Auch bei den

Universitätstagen, mit denen sich die Hochschule seit 1968 in der Region vorstellte, wirkten sie immer mit.
Die Stellung der Historie zwischen den Fronten erleichterte die Vermittlung zwischen den zunächst stärksten Fakultäten, der Philosophischen und der Sozialwissenschaftlichen. Solange es auf geduldige Veränderung der Wirklichkeit ankam, unterstützten die Historiker den Rektor, vor allem wenn es um Kooperation im Gemeinwesen Universität ging. Daß ich es 1970 zerbrechen sah und vom Amt des Prorektors zurücktrat, verstand der Fachbereich besser als die Universität, die sich noch nicht als Kassandra fühlte. Ganz zu schweigen von anderen Universitäten Baden-Württembergs. Deren Historiker hatten sich seit 1969 vor linksradikalen Krawallen zumeist in jenes Lager staatlicher Ordnung geflüchtet, dem selbst die Konstanzer Autonomie als Anarchie erschien oder (so 1992 in einem Geschichtsbuch) als Ideologie der Gleichheit.
In der Krise von 1972, die nun die gesamte Universität erschütterte, wurde der Fachbereich als Institution aufgelöst. Die Landesregierung verband Geschichte mit Philosophie, mit der sie wenige Studenten, keine Forschungen gemein hatte, zu einer »Einheit für Forschung und Lehre«. Für das Fach wurde trotzdem von der Universität das Nötigste getan. Nachdem Maier 1972 Konstanz verlassen hatte, blieb zwar die Lücke in der Älteren Geschichte offen; statt dessen schloß man aber die schmerzlichere Lücke in der Neuesten Geschichte. Das ging jetzt nicht ohne politische Richtungskämpfe ab; sie verwischten die alten Differenzen der Nachbarfächer. Berufen wurde 1974 Dieter Groh aus Heidelberg, der Sozialgeschichte systemtheoretisch, Begriffsgeschichte ideologiekritisch, Geschichtstheorie emanzipatorisch verstand und kein Freund der »Survivals« war.

Während andere Sozialwissenschaften nicht an ihre historische Dimension denken konnten, tat es immerhin die mächtig geförderte Rechtswissenschaft.

In Selbstverwaltungsämtern der Universität wurde nach 1972 jahrelang kein Historiker mehr aktiv. Vielmehr löste der politische Eingriff im Fach selbst radikale Polarisierungen aus; die Folgen für sachliches Zusammenwirken waren ähnlich wie an anderen Universitäten ein paar Jahre vorher, jedoch erträglicher. Ich hatte das schon einmal erlebt, in Erlangen Anfang 1968; da war es ein Erdbeben gewesen, das panische Verzweiflung und Vereinzelung auslöste. Das Gewitter über Konstanz führte eher zur Resignation mit einigen Gleichgesinnten.

Von den naheliegenden Klischees – die Universität einst als Paradiesgärtlein, heute als Inferno des Kleinkriegs – ist das eine so schief wie das andere. Wie sich die Krise der Institution vorbereitet hat, so haben sich Kontinuitäten der Konzeption durchgehalten. Die Konstanzer Historie kann die von der Gründungsdenkschrift vorgezeichnete Offenheit nicht aufgeben; dafür fehlen die Gelder, mehr noch die Gründe. Die Universität braucht die historische Perspektive, jetzt erst recht; denn wenn sie noch etwas von der einst geplanten Geschichte verwirklichen will, darf sie sich nicht mit einem neuen Entwicklungsplan begnügen; sie muß die seitdem erfahrene Geschichte überdenken, gründlicher als in Jubiläumsreden.

Theorie ist für Gelehrte so wichtig wie Didaktik für Lehrer; aber jenen gehört die Universität so wenig allein wie diesen. Hinter dem Gießberg wohnen auch Leute; sie wollen aus der Geschichte ihre Gesellschaft und Landschaft begreifen. Deshalb richtet sich die Forschungsarbeit im Fach nach wie vor auf sozial- und regionalgeschichtliche Erfahrungen; auch die Lehrtätigkeit sucht weiter den Austausch mit näheren und ferneren Nachbarn. Er wirkt sich zunehmend auf Zusammensetzung und Interesse der Studenten aus. Das sind bescheidene Aussichten; provinziell sind sie vorerst nicht. Die Geschichte des Bodenseeraumes, der zur Zeit im Abseits liegt, war europäisch und ist exemplarisch: Sie ist gerade für Zugereiste zu unserer Geschichte geworden.

Auf lange Sicht entgeht die Konstanzer Historie freilich bloß dann der Provinzialität, wenn die Resignation nicht von Hochschulpolitik und Selbstverwaltung auf Forschung und Lehre übergreift. An älteren und größeren Hochschulen bleibt für Mobilität und Kooperation gemeinhin sogar dann noch Spielraum, wenn sich viele ihrer Mitglieder auf bewährte Kräfte und Themen zurückziehen und Niemandsländer als Sicherheitsgürtel um blühende Oasen verstehen. In Konstanz würde jede Oase vertrocknen, lange bevor eine große alte Hochschule entstünde.

Die Historie an alten Universitäten dürfte verschieden reagieren. Bei ausländischen Nachbarn, denen heute die französischen und angelsächsischen Richtungen der Wirtschafts- und Sozialgeschichte und der Geschichtstheorie so selbstverständlich sind, wie es im 19. Jahrhundert der deutsche Historismus war, gilt Geschichte schon weithin als eine Wissenschaft der Erfahrungen und Theorien; dort hat Konstanz einen guten Ruf und kann ihn bei einiger Anstrengung wahren.

In der Bundesrepublik Deutschland, wo die Nachkriegshistorie ihre Zukunft hinter sich hat und viele zum Rückzug in den deutschen Historismus blasen, gilt Geschichte wieder zunehmend als eine Wissenschaft der Ereignisse und Erzählungen; hier steht Konstanz zusammen mit wenigen Neugründungen abseits. Angleichung an eine durchdachte und erprobte Alternative brächte uns mehr Lehrstühle als heute und, was schwerer wöge, Geborgenheit im Kreis jahrhundertealter Universitäten. Aber für Anpassung ist der Preis zu hoch, wenn sie unter der Hand Verpflichtungen der Geschichte für Universität und Umwelt preisgibt.

Verzicht auf Perspektive

Eine »Erklärung des Verbandes der Historiker Deutschlands zum Studium des Fachs Geschichte an den Hochschulen«, 1976 unter Conzes Präsidium beschlossen, tat modernere Grundsätze und Erfahrungen als »Schwierigkeiten von Neugründungsphasen« ab (was zornige Proteste aus Bielefeld und Bochum hervorrief) und erklärte Historie zur Festung der Tradition. Das Fach besteht da aus elf etablierten, autonomen Teildisziplinen, vor allem aus vier Epochen (Alte, Mittelalterliche, Neuere, Neueste), ferner aus vier Aspekten (Sozial- und Verfassungsgeschichte, Wirtschafts- und Technikgeschichte, Geschichte weltpolitischer Systeme, Ideen- und Geistesgeschichte) und aus drei Räumen (Landesgeschichte, besondere Räume Europas, etwa Osteuropa, und Außereuropas, zum Beispiel Ostasien).

Im Vordergrund steht »vom Mittelalter an die Behandlung der Deutschen im Rahmen der Europäischen Geschichte«, nicht mehr die »häufig vorrangig genannte« Wirtschafts- und Sozialgeschichte. Das stark verschulte Studium erhebt durch horizontale und vertikale Pflichtwahl Geschichte zum »Integrationsfach«; der Student soll sich auch bei »Hilfs- und Nachbarwissenschaften«

einiges aussuchen, aus »Archäologie, Kunstgeschichte, Öffentliches Recht, Politikwissenschaft, Soziologie, Ur- und Frühgeschichte«. Die Additionshistorie wird mindestens das Historische Seminar brauchen, um die Etats der Professoren und die Klassen der Studenten beisammenzuhalten. Doch läßt sich voraussagen: Dieses Studienmodell, so alt es ist, wird nicht alt werden, weil es eine momentane Lage festschreibt.

Die deutsche Kulturpolitik hat offenbar in den späten siebziger Jahren die Geduld verloren, Perspektiven einzuspielen und Experimente abzuschließen. Mit dem Verzicht auf die Koppelung von Erwägungen und Erfahrungen in der Zeit, mit dem Verzicht auf Geschichte, schwindet die menschliche Fähigkeit, Traditionen kritisch zu wahren, Reformen behutsam zu steuern und Zukunft aussichtsreich vorzubereiten. Das Eindrucksvollste, was Vorwegnahmen und Rückzieher bewirken, sprach 1976 aus der Selbstkritik eines Gründervaters, die Universität Konstanz sei ein süßer Anachronismus gewesen. Ralf Dahrendorf irrt. Es ist wahr, daß sich die Universität Zeit gelassen hat, aber zehn Lebensjahre sind nicht viel.

Sie waren nicht süß, denn den Visionen kam die bittere Wirklichkeit schnell in die Quere; erst so wurde Geschichte daraus. Die Körperschaft wurde nicht zum Anachronismus, denn der Konflikt zwischen einem langfristigen, vielleicht langatmigen Universitätsexperiment und einer Politik ohne Perspektive ist keineswegs von gestern, etwa von 1965; erst das macht Konstanz zum Exempel. Bürokratische Herrschaft muß versuchen, an die Stelle des Einst und Jetzt das Immer, an die Stelle des Dort und Hier das Überall zu setzen; sie gäbe sich selbst auf, wenn sie im Ernst den Weisungen der Geschichte folgte, für deren Krönung sie sich hält. Aber eine Universität, die auf geschichtliche Erwägungen gegründet oder durch geschichtliche Erfahrungen verändert wurde, also jede moderne Universität kann weder auf Geschichte als Disziplin noch auf Geschichte als Prinzip verzichten, ohne ihre beiden wichtigsten Wahrheiten an den Dogmatismus oder den Opportunismus zu verraten.

Die eine, sachliche Wahrheit der Universität wurde von Humboldt zuerst formuliert, ist aber alles andere als anachronistisch; Besson interpretierte sie 1967: »Denn die Neuordnung des Jahres 1810 ist an einem Punkt theoretisch bis in unsere Zeit kaum je in Frage gestellt worden. Ging sie doch davon aus, daß Wissenschaft den ausstrahlenden Kern jeder Universität bilden müsse und daß Bildung nur durch Wissenschaft zu gewinnen sei. Wir bleiben deshalb im Humboldtschen Geiste, wenn wir verlangen, daß heute abermals die Lehre neu von der Forschung her definiert werde.«

Die andere, politische Wahrheit wurde 1838 von Jacob Grimm nach seiner Entlassung aus der Universität Göttingen formuliert und bedarf keines neueren Interpreten; sie ist alles andere als süß: »Die deutschen hohen Schulen, solange ihre bewährte und treffliche Einrichtung stehen bleiben wird, sind nicht bloß der zu- und abströmenden Menge der Jünglinge, sondern auch der genau darauf berechneten Eigenheiten der Lehrer wegen höchst reizbar und empfindlich für alles, was im Land Gutes oder Böses geschieht. Wäre dem anders, sie würden aufhören, ihren Zweck so wie bisher zu erfüllen.«

Ob wir an beiden historischen Wahrheiten festhalten, davon hängt mehr ab als die Zukunft der Konstanzer Universität oder der deutschen Geschichtswissenschaft.

Die Universität Konstanz in der Geschichte der Region

Unfertiger Neubau

Wer von der Blumeninsel Mainau, ihren Prachtbäumen und dem Barockschloß hinüberblickt zum Betongebirge der Universität am Wiesenhang, der fragt sich, ob diese Universität in die Landschaft paßt. Die Spannung ist unverkennbar, nur sind die Pole nicht einfach als positiv und negativ zu scheiden. So meinte sie schon der Landesvater nicht, der seit 1959 an dieser Stelle eine Universität gründen wollte, die einzige landesherrliche unseres Jahrhunderts. Ministerpräsident Kurt Georg Kiesinger sagte, die Menschen hätten im letzten Jahrhundert verpfuscht, was der Herrgott mit der Bodenseelandschaft vorgehabt habe. Die von der Natur zur Zentrallandschaft bestimmte Region sei von der neueren Geschichte zur Randzone herabgewürdigt worden. Wie im Mittelalter könne der alte Kulturraum zu neuem Leben erweckt werden und weithin ausstrahlen mit Hilfe einer zukunftsweisenden Universität. Was Kiesinger nicht sagte: Eine Ferienlandschaft für Selbstgenügsame konnte erst dann in die Mitte Europas rücken, wenn sie sich nicht bloß mit der Vergangenheit beschied; eine Musteruniversität für Reformeiferer konnte erst dann im Land Fuß fassen, wenn sie nicht bloß von der Zukunft träumte. Blieb die Sinneswandlung beiderseits aus, so drohte idyllische Entspannung, eine Allianz zwischen Tradition als Schlendrian und Reform als Schwärmerei.

Zu solcher Enthaltung von der Gegenwart kam es nicht, denn die regionalen Perspektiven verquickten sich seit 1962 mit Initiativen des Bonner Wissenschaftsrates. Die Bestrebungen ergänzten sich und setzten die Konstanzer Pläne geschwind ins Werk. Als 1966 der Studienbetrieb begann, richtete sich der Gründungsrektor Gerhard Hess, ein weltläufiger Alemanne aus Bonn, mit wenigen Pionieren im Inselhotel ein, einem mittelalterlichen Dominikanerkloster in der Altstadt Konstanz. Die Amtsträger saßen in den Zellen über dem Kreuzgang, die Studenten im Kirchenschiff zwischen den Regalen der Universitätsbibliothek. Forschung und Lehre begannen dort, wo einst Gelehrte miteinander gelebt hatten, zum Beispiel mit dem weitgereisten Mystiker Heinrich Seuse von hier. Dasselbe Inselkloster hatte einen berühmten Ketzer gefangengehalten, Jan Hus von der Universität Prag; das paßte nicht übel ins Bild. Der anfängliche Vorrang der Geisteswissenschaften und die Eigenwilligkeit der Neugründung vertrugen sich mit der widerspenstigen Versonnenheit, die hier zu Hause war.

Die meisten Professoren, Assistenten und Studenten kamen allerdings nicht aus Südbaden und Oberschwaben, sondern überallher aus Deutschland und dem Ausland. Bewunderer aus der ganzen Welt fanden sich ein; bald galt als provinziell, wer das neue Konstanz noch nicht besucht hatte. Für die Hochschulreform wurde die Stadt, was sie für die Kirchenreform um 1100 und 1414 bis 1418 gewesen war: nicht gerade der Mittelpunkt, aber zeitweilig ein Blickpunkt der intellektuellen Welt. Hätte die Universität nach einem alten Schutzpatron gesucht, wäre sie etwa auf Manuel Chrysoloras gestoßen; dieser aus Konstantinopel geflohene Philologe reiste von Italien nach Konstanz, starb während des Konzils 1415 und wurde im Inselkloster begraben. Doch wozu Tote beschwören? Genug lebende Patrone hofierten den Sprößling.

Der Umzug in die Neubauten, 1967 zum Sonnenbühl am Stadtrand, 1972 zum Gießberg hinaus, sonderte die Universität vom Alltag der Stadtbürger, schwächte den Bezug zur Geschichte, stärkte das Eigenleben und verschob den Schwerpunkt, zunächst zu den Sozialwissenschaften, in der groben Sprache der Politik nach links, neuerdings zu den Naturwissenschaften, das wäre wohl weiter nach rechts. Wieso wuchs sich der Rangstreit der Fakultäten fast zum Klassenkampf aus? Die wissenschaftliche Differenzierung wurde durch politische Aktionen überlagert, lautstark von studentischen Gruppen, wirksam von Kiesingers Erben. Die Harmonie der Reformpolitik wurde ja seit 1967 bundesweit durch die Studentenbewegung gesprengt. Sie brach am heftigsten in Großstädten aus, hierzulande in der ältesten Universität Heidelberg; den Bodensee erreichten lediglich Ausläufer. Auf die Herausforderung reagierte indes die Staatsmacht einheitlich, wenigstens innerhalb des Landes. Die Stuttgarter Regierung bremste seit 1970 auch die Konstanzer Reform, die ihr nach links abzurutschen schien.

Einheimische schauten dem Umschwung eher ratlos als schadenfroh zu. Nach einem Sturm im deutschen Blätterwald verstummten nach und nach die fernen Patrone; wer aus der Nähe Hilfe anbot, stand selber am Rand. So empfanden sich die meisten Mitglieder der Universität als Erniedrigte und Beleidigte. Die einschnürenden Verordnungen wurden seit 1972 durch Finanznöte verschärft und brachten auch den materiellen Ausbau ins

Stocken. Universitäten mit alter Tradition und anerkannten Fächern überstanden die Störung wie einen Schnupfen; für Konstanz blieb sie bedrohlich wie eine Kinderlähmung. Professoren kämpften als marginale Existenzen um das Überleben, als graue Eminenzen um das Vorherrschen ihres Faches. Studenten rühmten tote Rebellen wie Hus oder Hecker, die die Welt erschüttert hatten und an Konstanz gescheitert waren. So eilig wird jedoch keine Universität exekutiert; so gründlich verändert auch keine die Welt.

Immerhin, der Gründungsrektor trat 1972 zurück, seine Nachfolger kommen und gehen. Mit ihnen wechseln die bevorzugten Ausbaupläne, Fächergruppen, Bündnispartner. Was bleibet aber, stiften die Verwaltungsbeamten. In den wenigen Jahren seit Kiesingers Anregung erlebten die Sensibleren eine so stürmische Geschichte, daß sie kaum zur Selbstbesinnung kamen und sich den Außenstehenden kaum erklären konnten. All dies sprach sich herum. Die Gewinnung von Professoren gelang seltener, die Aussichten für Assistenten wurden trüber, die Zahl der Studenten stieg langsamer als vorher und als erhofft. Ob daran mehr die phlegmatische Stadt, mehr die cholerische Universität schuld sei, regte sinnlosen Streit auf. Alemannische Landeskinder trafen weiter zahlreich ein, aber Nachbarn aus dem übrigen Deutschland, aus Österreich und der Schweiz machten sich rar, andere Ausländer auch. Unsicherheit legte sich über die neuen Gebäude. Sie schienen auf alte Art in die Landschaft zu passen, die ihre eben begonnene Zukunft anscheinend wieder einmal hinter sich hatte.

Manche am Gießberg erbauten sich an ihrer momentanen Misere und scheuten deren Geschichte wie gebrannte Kinder. Andere flüchteten sich in die Nostalgie der Dauer und klebten ans Auto das mittelalterliche

Stadtsiegel von Konstanz, als wäre es das Sinnbild ihrer Universität. Daneben mehrten sich Zeichen nüchterner Erwartung, ja geschichtlicher Neugier. Eben dabei erblickte man neue Gespenster: Auf der Mainau gegenüber hatte nach geistvollem Beginn um 1270–90 die Kommende des Deutschen Ordens ein halbes Jahrtausend schön vor sich hingedämmert; auf der anderen Seite der Universitätsbaustelle zerfiel seit 1803 friedlich das Nonnenklösterchen St. Katharina im Mainauwald. Warum nicht inzwischen die Gegenwart der gesegneten Landschaft genießen? Am besten von dem Aussichtspunkt, wo die unfertige Universität am wenigsten ins Auge stach: aus ihren Fenstern. Besuchern, die beim Blick aus diesen Fenstern neidisch oder spöttisch werden möchten, sei es verraten: So bequem macht es die Landschaft dem Auswärtigen nicht, sobald er sich hier angesiedelt hat.

Mühsamer Aufbau

Die Gegend am Bodensee war niemals bloß Ferienquartier für Zugvögel oder Ruhesitz für Lebenssatte; sie war ein Feld der Bewährung für ihre Bewohner, von ähnlich trügerischer Ruhe wie der See, auf dem fremde Segler leicht kentern. Nicht besser als der Universität erging es früheren Einrichtungen für Bildung und Wissenschaft, die von der Hochschule aus nicht sichtbar, trotzdem am besten mit ihr vergleichbar sind. Vor mehr als tausend Jahren gestiftet, sind sie heute der Stolz der Region; doch ihrer aller Anfang war schwer, erst ihr Andenken wurde verklärt. Die erste Institution dieser Art, das Kloster St. Gallen, entstand um 612 keineswegs in einer

Zentrallandschaft, sondern im Urwald, wo bloß Dämonen und Bären hausten. Der missionarische Eifer, den Kolumban aus Irland an den Bodensee trug, erlahmte bald, nachdem der Meister in Richtung Italien entschwunden war. Der Einsiedler Gallus hielt aus, aber seine Klause wurde im ersten Jahrhundert mehrmals verwüstet. Allmählich machte die Rodung der Gallusmönche das Umland fruchtbar, das Kloster reich und berühmt; dazu halfen rätische und alemannische Nachbarn mehr als durchreisende Fürsten und Prälaten.
Hätten die St. Galler Benediktiner die Früchte ihrer Arbeit weniger zäh gegen Konstanzer Bischöfe und fränkische Grafen verteidigt, so könnten wir ihre tausendjährigen Bücher und Urkunden weniger vollzählig mustern. Sie bezeugen, daß die Abtei an irischen und rätischen Sondertraditionen festhielt und die alemannische Eigenart vor karolingischer Gleichschaltung beschirmte. Dem täglichen Zusammenhalt in diesem einen Kloster diente die Sorge seiner Gelehrten, den Bauten, die sie entwarfen und schmückten, der Liturgie, die sie dichteten und vertonten, den Büchern, die sie abschrieben und ausmalten, den Geschichten, die sie Klosterschülern erzählten. Besonders die Klosterschule stützte eine Gemeinschaft, die sich selbst genügte.
Den Höhepunkt ihrer Menschenbildung erreichte um 900 Notker der Stammler, Verfasser und Komponist von Sequenzen und Hymnen, Klosterbibliothekar und Urkundenschreiber, Historiker des Gründers Gallus und des Gönners Karl. Erst kurz vor Notkers Zeit trat die künstlerische Ausdruckskraft des Konvents selbstbewußt zutage. Über Verfallszeiten hinübergerettet und mehrfach wiederbelebt, blieb sie bestimmend noch für Peter Thumbs Neubau der Stiftskirche, bis hin zur Säkularisation 1805. Benediktinischer Kunstsinn wurde

auch Laien früh in der Volkssprache, später in der Volksschule beigebracht und formte die Kultur am Bodensee bis heute. Die Erben der Mönche, etwa in der St. Galler Wirtschaftshochschule, ähnlich in der Pädagogischen Hochschule Weingarten, vergessen die Anstrengung nicht, die dem musischen Spiel noch immer zugrunde liegt.
Weniger beständig, doch schneller entfaltete sich ein zweites Bildungszentrum, das Kloster Reichenau, auf dessen ehemaligem Boden die Universität Konstanz steht. Gründer der Abtei im Untersee war 724 wieder ein Ausländer, der irofränkische Wanderbischof Pirmin. Er traf keinen Urwald mehr, jedoch einen neuralgischen Punkt. Anfangs halfen ihm die alemannischen Herzöge nebenan ebenso eifrig wie die karolingischen Hausmeier aus Westfranken. Drei Jahre später trieb der Herzog den Gründer aus dem Land, bald darauf den Ersatzmann. In den nächsten fünfzig Jahren litt Reichenau am Gezänk zwischen fränkischen und alemannischen Adligen, zwischen Konstanzer Bischöfen und St. Galler Äbten. Während Alemanniens Selbständigkeit dem karolingischen Zugriff erlag, fand das Kloster nicht zu sich selbst.
Sein Aufstieg begann abrupt 786, zwei Menschenalter nach Pirmin, mit dem zugereisten Abt Waldo und dessen Bekenntnis zur karolingischen Weite. Die Abtei wurde eine der größten Pflanzstätten der Reichskultur und zog Schüler aus halb Europa an. Umgekehrt lernte der bedeutendste alemannische Mönch, Walahfrid Strabo, lang in der Fremde und durfte nach der Heimkehr als Abt nur kurz im Klostergarten dichten. Mit diplomatischen Aufträgen unterwegs, ertrank er 849 in der Loire. Zu seinen Lebzeiten gewann das Kloster Profil, ein etwas anderes als das befreundete St. Gallen.

Neben die Erziehung zur Kunst der Klausur trat die Beobachtung von Natur und Geschichte draußen. Walahfrids Gedicht über den *hortulus,* das Kräutergärtlein, beschrieb botanisch genau den Bau und Nutzen von Gartenpflanzen, auch wenn sie sonst am Untersee nicht wuchsen. Sein Prosabuch über gottesdienstliche Bräuche erläuterte mit archäologischem Spürsinn den Ursprung und Bedeutungswandel von Riten, auch wenn die Karolingerzeit sie sonst nicht übte. Walahfrids Gelehrsamkeit überschritt den räumlichen und zeitlichen Rahmen der Klosterinsel und verschaffte ihr in der Fremde Respekt.

Die folgenden Mönchsgenerationen horteten in der Klosterschule derartige naturkundliche und geschichtliche Welterfahrung. Den Ertrag faßte um 1050 der Mathematiker und Weltchronist Hermann der Lahme, ein vielgerühmter Lehrer, zusammen; weil er gelähmt war, reisten die Schüler zu ihm. Als die Benediktiner danach schläfriger wurden und die Klosterschule einschlafen ließen, verblaßte das Ansehen der Reichenau in der Welt; in der Region verlor sie viel Terrain, auch das am Gießberg. Der Konvent überlebte gerade noch die Reformation, erneuerte aber seine Kirche nicht mehr und verdarb mit der Bibliothek und dem Archiv sein Langzeitgedächtnis. Dennoch blieb im Umkreis die Erinnerung an Reichenauer Gelehrte wach, aus scheuem Abstand, nicht aus intimer Kenntnis, ohne den Halt einer Institution. Verehrer der Reichenau achten selten auf die Widerstände, gegen die sich die Abtei täglich zu lateinischer Gelehrsamkeit aufraffen mußte.

Langsamer und unschlüssiger entwickelte sich eine dritte Bildungseinrichtung, das Domkapitel der Stadt Konstanz, in deren heutiger Gemarkung die Universität liegt. Die Siedlung, um 600 zum Bischofssitz für

Alemannien ausersehen, stand lange im Schatten anderer Kulturzentren, wie des Klosters St. Gallen, und anderer Herrschaftszentren, wie der Königspfalz Bodman. Seit der frühen Karolingerzeit verfügten die Domherren, Helfer des Bischofs, über eine Bücherei für geistliche Fortbildung und Verwaltungspraxis; Reichenauer Mönche argwöhnten, manche der Bücher seien ihnen entwendet, denn von Gelehrsamkeit verstünden die Domherren wenig.

Aus kleinlichen Querelen löste sich Konstanz erst in der Mitte des 10. Jahrhunderts, als Bischof Konrad, ein Welfe der Nachbarschaft, hier Kaiser Otto den Großen empfing und ein zweites Rom mit vielen Kirchen und geistlichen Gemeinschaften stiftete. Zu seiner Zeit begann der Domklerus priesterlichen Nachwuchs selbst auszubilden. Konrads Nachfolger setzten sein Werk mit stetiger Geduld und wechselndem Glück fort. Die Kathedrale, dauernd umgebaut, stürzte 1052 ein; erst das nächste Langhaus hielt bis zur Gegenwart stand, Denkmal einer geistigen Bewegung.

Denn um 1050 schlossen sich mehrere Domgeistliche, zuerst Mathematiker und Kirchenrechtler, mit Reichenauer Mönchen und miteinander zu gelehrter Arbeit zusammen, um die Laiengesellschaft rechtlich zu ordnen. Einer aus ihrem Kreis, Bernhard, hieß erstmals Meister der Domschule Konstanz. Später wanderte er nach Hildesheim ab, sein Schüler Bernold nach Schaffhausen; eine feste Institution war die Domschule noch nicht. Bernold von Konstanz verlieh ihr aber um 1075 das geistige Gepräge. Mit einigen Helfern schrieb er liturgische und zeitgeschichtliche Werke, Anmerkungen zu Rechtsbüchern der Dombibliothek und vor allem juristische Streitschriften. Sie verglichen kontroverse Rechtssätze historisch und ordneten sie hierarchisch;

mit dieser neuen Methode setzten sie die Grundzüge des päpstlichen Kirchenrechts durch und begründeten die Weltgeltung von Konstanz für Kanonistik und Kirchenreform. Bernold arbeitete im Trubel des Investiturstreits, auf Reisen zwischen Quedlinburg und Rom – kein Hieronymus im Gehäuse.

Danach bürgerte sich in Konstanz das Amt des Domscholasters ein; im 12. Jahrhundert übertrumpfte die Domschule die erlöschende Klosterschule Reichenau, nicht für lange. In der Stadt selbst nahmen seit dem späten 13. Jahrhundert drei strenger spezialisierte Einrichtungen den Wettbewerb auf: für die Theorie der lateinischen Scholastik der Lehrgang im Dominikanerkloster; für praktische Theologie die Graduiertengruppe im Chorherrenstift St. Johann; für die Praxis der deutschsprachigen Verwaltung die Kanzleischule des Stadtschreibers.

Trotzdem ging aus dem Domkapitel noch eine Koryphäe hervor: Berthold, der Erfinder des Schießpulvers, der aus dem hiesigen Stadtadel stammte und bis 1310 hier als Domherr amtierte. Allerdings holte sich Berthold das naturwissenschaftliche Rüstzeug nicht in der heimischen Domschule, sondern um 1320 an der Universität Paris. Von dort verbreitete sich die Erfindung quer durch Europa; nach anderen erprobte sie 1334 auch der Konstanzer Bischof. Am See machte man sich derlei Errungenschaften noch schnell zunutze, nachher auch den Buchdruck. Weil sich aber der Fortgang der reinen Forschung immer mehr an Universitätsstädte band, verlor Konstanz im späten 15. Jahrhundert gegenüber anderen Bischofsstädten mit hohen Schulen, Wien, Basel, Mainz, an geistigem Gewicht.

Spürbar wurde die Lücke bereits 1414, als sich die abendländischen Universitäten beim Konstanzer Konzil ein Stelldichein gaben und ihre geistlichen Gastgeber nichts Tiefschürfendes vorzubringen wußten. Weshalb erhielt Konstanz im Spätmittelalter keine eigene Universität? Schon im 15., nicht erst im 19. Jahrhundert legte sich der Kulturschatten über die Stadt, in der sich Bischof und Domkapitel, Geistliche und Bürger, Kaufleute und Handwerker wacker bekämpften; kein mächtiger Landesherr gebot Frieden. Währenddessen mußte der Pfälzer Kurfürst in Heidelberg, der Habsburger Herzog in Freiburg, der Württemberger Graf in Tübingen Fachleute vieler Sparten für den Ausbau eines Territorialstaates schulen, also eine Universität gründen.
Konstanz hingegen wurde in der Reformation 1526 auch noch vom Bischof verlassen. Es hütete die Dombibliothek, bis das Domkapitel sie 1630 größtenteils verkaufte, um eine Trinkstube einzurichten. Allenfalls im Konstanzer Jesuitenkolleg mit seiner vorzüglichen Bücherei wirkten seit 1604 die Studien der Domherren nach, wurden freilich weniger vertieft als verbreitet. Heute sind die Leistungen der Domschule dem öffentlichen Bewußtsein entfallen und in keiner Institution aufgehoben; sogar daß ein Domherr von hier das Pulver erfunden hatte, mußte 1954 anderswo wieder entdeckt werden.
Die habsburgische Landstadt freute sich schon, als 1685 und 1713 für wenige Jahre die Universität Freiburg zu Besuch kam, auf der Flucht vor dem Krieg; daß sie für dauernd wiederkehre, hoffte 1733 der Konstanzer Stadtsyndikus. Nach der Aufhebung des Jesuitenkollegs

meinte 1781 ein gelehrter Tourist, da könne eine große Universität unterkommen; sobald Konstanz 1827 endgültig Bischofssitz und Domkapitel an Freiburg verlor, schlug der hiesige Arzt Joseph Ignaz Braunegger zum Ersatz wieder die Errichtung einer Universität bei Konstanz vor. Zuerst solle die billigste theologische Fakultät entstehen, dann die juristische, zuletzt die kostspieligste medizinische; die philosophische könne sich am städtischen Lyzeum einrichten. Der Plan stand im Bann der regionalen Tradition von Kloster- und Domschulen; er sah Musik als Pflichtfach, Latein als Vorlesungssprache vor und achtete nicht auf Natur- und Wirtschaftskunde. Das Projekt paßte nicht mehr ins Zeitalter Humboldts, überdies konnte keine private Stiftung es bezahlen.
Beinahe eine private Fakultät aus der Aufklärungszeit konservierte in Konstanz der letzte Bistumsverweser Ignaz Heinrich von Wessenberg, der nach seinem Sturz 1827 noch ein Menschenalter lang theologische Bücher schrieb und eine stattliche geisteswissenschaftliche Bibliothek sammelte. Die Stadt verwahrte Wessenbergs Hinterlassenschaft, aber Zukunft wurde anderswo vorbereitet. Die Tradition der nach innen gekehrten Klosterschulen blieb bis ins 20. Jahrhundert ungebrochen. Die Region rund um den Bodensee wurde weltberühmt durch ihre Internatsschulen, die in mönchischem Geist wirkten, oft sogar in klösterlichen Gebäuden wohnten; die Kette reicht von den Jesuitenkollegs in Feldkirch und St. Blasien bis zu den Schloßschulen in Salem und Gaienhofen. Doch keine Institution übernahm das Erbe der nach außen gewandten Domschule Konstanz, schon gar nicht die in ihrem alten Territorium neu entstehenden Universität Zürich. Einen Ersatz boten höchstens die fernen Bildungszentren der habsburgischen Lande. Dorthin emigrierten die Begabtesten seit dem 16. Jahr-

hundert. Unter den vielen Einheimischen, die an Universitäten zwischen Freiburg und Wien abwanderten, befanden sich weltberühmte Gelehrte wie der Jurist Ulrich Zasius aus Konstanz, der Theologe Jakob Gretser aus Markdorf, der Mediziner Franz Anton Mesmer aus Iznang, der Historiker Franz Beyerle aus Konstanz, der Philosoph Martin Heidegger aus Meßkirch.

Geisteswissenschaften bekamen aus dem Bodenseeraum wenigstens hervorragenden Nachwuchs; in den Naturwissenschaften hinkte die Region hinter ihrer Tradition hoffnungslos her. Bei der Entwicklung der modernen Technik, vorab von Verkehrsmitteln, wirkten Erfinder von hier, Zeppelin, Dornier, Sachs, ebenso mit wie die Ingenieurschulen in Konstanz und Ravensburg. Aber einen Forscher wie Robert Bunsen – in der Universitätsstadt Göttingen geboren, in der Universitätsstadt Heidelberg tätig – konnte unsere Landschaft weder hervorbringen noch festhalten.

Heute läßt sich das Defizit eines halben Jahrtausends nicht in einem halben Menschenalter aufholen, schon gar nicht in einer Phase ohne geschichtliche Perspektive. Zudem hängt das Schicksal der Universität auf Gedeih und Verderb mit der weiteren Geschichte der Landschaft zusammen. Der historische Rückblick lehrt nämlich, daß die natürliche Lage des Bodenseeraumes stets ambivalent war; er konnte ebensogut eine Barriere am Rand wie eine Brücke in der Mitte bilden. In allen Fällen wuchs er nicht von innen zusammen, sondern wurde von außen zusammengefaßt. Auch wenn er abseits lag, schuf er aus eigener Kraft immer wieder Kunstwerke von Weltrang; doch seine Bildungseinrichtungen blieben dann kleine, zumeist abgeschlossene Schulen und pflegten einzelne, vorwiegend geisteswissenschaftliche Fächer. Nicht der Erfolg, nur die Dauer ihrer

Arbeit war gesichert, soweit und solange politische Kräfte in der Region den Zusammenschluß von Lehrenden und Lernenden unterstützten.
In europäische Horizonte der Wissenschaftsgeschichte wuchsen die Schulen am Bodensee hinein, soweit und solange Einheimische sich draußen umsehen durften und Fremde sich den hiesigen Verbänden beigesellen konnten. Dafür bedurfte es einer Weitsicht der Mächtigen, wie sie nach den karolingischen Kaisern und den gregorianischen Päpsten wenige Europäer aufbrachten. Deshalb fanden seither nur in wenigen Glücksfällen Institutionen überregionaler Forschung am Bodensee ihren Sitz. Der Auftrag der jungen Universität Konstanz, kontinuierliche Lehre aus interdisziplinärer Forschung zu entwickeln, geht über alles früher hier Verwirklichte hinaus, denn er fordert die Verklammerung des längst Auseinandergewachsenen. Wenn die Universität intensiv lehren soll, muß sie an die Bildungsgeschichte der Landschaft anknüpfen; wenn sie keine Klosterschule werden soll, muß sie sich nach den Brennpunkten der Forschung in der modernen Welt ausrichten. Nur wenn die Verbindung beider Ziele gelingt, wachsen Universität und Landschaft zu einer gemeinsamen Geschichte zusammen.

Mein Bodensee
Verhaltene Annäherung

Mein Besitz?

»Mein Bodensee«? Die Betonung liegt auf dem Wort »mein«, von ihm ist zu reden. Es stiftet, wie man modern sagt, Identität. Wäre damit nur etwas gesagt! Martin Walser meint, daß der Bodensee auf nichts bestehe und den Menschen beibringe, was sie alles nicht sind. Eine ironische Identität zwischen See und Menschen: sie hätten genausowenig Eigenschaften wie er. Das klingt irgendwie richtig, aber arg verzwickt. Handfester ist die alte Formel aus der Schule, wonach das Fürwort »mein« ein juristisches Possessivpronomen wäre, das einen Besitz anzeigt. Wer behauptet, daß er den Bodensee besitze? Ärmliche Gegenden wie die Rhön, in der ich aufwuchs, bekamen selten ein besitzanzeigendes Fürwort. Die Rhön war für Bauern und Bürger ein kärgliches Land, das viel Mühe forderte und wenig Ertrag hergab, ein übermächtiger Gegner, kein verfügbarer Besitz. Wer Freiraum suchte, wanderte aus.
Am Bodensee ist das anders, schon seit langem. Hier sitzen Herrschaften, die so frei sind, das große Wasser ihr eigen zu nennen. Der Konstanzer Bischof Konrad II. sagte um 1230 in einer Urkunde: »Gegeben am Ufer Unseres Sees, im Hafen von Uhldingen.« Da wurde der See wohl zum ersten Mal mit amtlichem Possessivpronomen geadelt. Der bischöfliche See – geistlich stimmte

es ja, aber rechtlich, milde gesagt, nur annähernd. Um Meersburg besaß der Bischof damals zusammenhängende Ländereien, sonst am Überlinger See nahezu nichts; am Bodensee im ganzen stand es ähnlich. Ein Anspruch wurde verkündet, den die Wirklichkeit nicht erfüllte. Noch 1973 hielten es Politiker für ratsam, einen neuen Landkreis am Nordufer »Bodenseekreis« zu nennen, einen Teil nach dem Ganzen. Merke: Niemand besitzt den Bodensee, aber viele besäßen ihn gern.

Statt über andere zu lästern, sollte ich mich schämen. Um 1970 kauften meine Frau und ich in Konstanz-Wollmatingen ein Haus, seitdem ist das Grundstück juristisch unser. Um es zu besitzen, erwerben wir es allmählich, auch durch Gartenarbeit. Doch in der Böschung zeichnet sich eine alte Terrassierung ab, auf diesen Boden wirkten andere vor uns gründlicher ein. Um 1960 stand hier noch kein Haus, der Obstgarten gehörte Konstanzer Geschäftsleuten und war verwildert. Seit dem 13. Jahrhundert wurde das Gelände als Weinberg zugunsten des Klösterchens St. Katharina im Mainauwald genutzt; die Nonnen zehrten von der Arbeit anderer. Voreigentümerin war seit 724 die Abtei Reichenau gewesen; deren Mönche ließen wohl den Urwald roden, durch fronende Bauern, denen das Land zu verdanken ist, jedoch nicht gehört hat. Die Oberflächlichkeit des Besitztitels liegt auf der Hand; trotzdem freue ich mich über »mein Anwesen«. Warum baue ich auf einen Anspruch, der nur annähernd stimmt? Auch hier ist der Wunsch der Vater des Verhaltens.

Besucher beneiden uns, weil die Umgebung schöner ist als bei ihnen daheim. Das hebt unseren Besitzerstolz, obwohl es wieder eine halbe Wahrheit ist. Gewiß, die schöne Natur wird von Künstlern so dargestellt, wie wenn es am See nichts zu tun gäbe, als ihr zuzuschauen.

Und dem Fleißigen macht es die fruchtbare Natur wirklich leicht, den Ertrag seiner Mühe zu ernten. Auswanderer machen selten von sich reden, Zuziehende häufig. Dennoch trügt die Idylle. Der Bodenseeraum bietet weniger Bleibendes als andere Regionen. Vom Wasserspiegel und vom Wetterstand weiß man nur eines genau: daß sie nie lange so bleiben, wie sie sind. Wer in Seenähe wandert, etwa zwischen den Hügeln auf dem Bodanrück, wird beinahe an jeder Wegbiegung überrascht. Er verirrt sich nie völlig, irgendwo scheint ein Stück See durch und führt wieder weiter. Indes ist man dauernd unterwegs, in der Unrast fällt gesammelte Arbeit so schwer wie entspannte Freizeit. Besucher ahnen nichts von der Anstrengung, überhaupt etwas zu sein, wenn der Nebel jegliches Profil verwischt oder der reglose See nur noch ein Bleibendes spiegelt, den Tod. Daran könnte es liegen, daß man sich niederlassen, ein Stück Erde aneignen, die Vergänglichkeit anhalten möchte: weil die Natur des Landes keine verläßliche Stütze gibt und nur vage Annäherungen erlaubt.

Mein Arbeitsfeld?

»Mein Bodensee«? Man kann es anders verstehen, nicht als festen Besitztitel, sondern als Aufforderung zum Tätigwerden, gewissermaßen als ethisches Possessivpronomen, ähnlich wie die Rede von »meiner Gegenwart« und »meinem Arbeitsplatz«. Sie sind nicht unser eigen, aber Felder unserer Bemühung, Rohstoffe unserer Geschichte. Als Historiker von Beruf würde ich am See schnell heimisch, sagten die Leute. Tatsächlich fallen mir viele Aufgaben geradezu in die Augen; vom Haus

aus sehe ich Merkzeichen des Mittelalters, die Klosterinsel Reichenau, Hussens Gefängnis in Gottlieben, den Konstanzer Münsterturm. Trotzdem ist die Arbeit zeitraubend und mühsam, denn die Geschichte, in der das Leben dieses Landes aufzuspüren wäre, ist seit fünfhundert Jahren vorbei. Ich zog denn auch aus anderen Gründen 1968 hierher; mich fesselte wie viele Gleichgesinnte eine Chance der Gegenwart, inmitten weltweiter Studentenunruhen ein Merkzeichen zu errichten, eine Reformuniversität. Mitgerissen vom Schwung der Pioniere, zumal Waldemar Bessons, glaubte ich an meine Gegenwart und meine Universität. Für Historiker war die Herausforderung doppelt reizvoll, es galt, eine Brücke zu schlagen zwischen großer Vergangenheit und offener Zukunft. Um die Annäherung dieser Gegensätze bemühten sich auch die Architekten am Gießberg.
Wer geschichtsbewußt denkt, sollte dem Klischee widersprechen, daß die Birnau schön, die Universität scheußlich aussehe. Er müßte die letztere mit Großbauten ihrer, also unserer Epoche vergleichen und fände in der Nähe wohl nur einen, der mithält, in St. Gallen. Wer moderne Hochschulen anderer Gegenden kennt, wird ohnehin still. Zugegeben, mit Recht ärgert sich an Betongebäuden, wer sich auf Gegenwart nicht einlassen, sie am Bodensee nicht zulassen will. Weiter zugegeben, das Bauwerk provoziert auch den, der darin arbeitet. Es verleiht keinen festen Halt, ist weder eine Klause für Eigenbrötler noch die Festung einer Truppe. Es fordert dazu auf, sich um Zusammenhänge selbst zu bemühen und in Kleinigkeiten nicht steckenzubleiben, es ermuntert zur Kommunikation mehr als zur Konzentration. Es verweist hinaus auf das Land und den See, denn drinnen bleibt es bei Andeutungen und Annäherungen. Kurzum, die Stimmung im Gebäude ist der im Gelände

mindestens von ferne verwandt. Vielleicht kommt es auch daher, daß ich diesen Arbeitsplatz nur zögernd »meine« Universität nenne; an geringer Nestwärme liegt es aber nicht allein.
Auf die Hochschule stürmte in den paar Jahren ihres Bestehens mehr Geschichte ein, als ich verkraften kann. Schlimmer noch, mit meinem Zutun wurde aus ihr, was ich nicht wollte. Geschichte scheint sich am Bodensee anders zu vollziehen als in Westfalen und Franken, wo ich mich zuvor jederzeit zu meiner Universität bekannte, weil sie dieselbe blieb. Auch die Gemeinden hatten dort jeweils entschiedene Konturen. In Münster residierten noch die Bauern mit den steifen Nacken, die alle Stürme der modernen Zeiten überhört und überstanden hatten. In Erlangen tummelten sich noch die Bürger mit den flinken Augen, die bei den Hochmögenden der neueren Epochen Gnade gesucht und Beistand gefunden hatten. Dort ging die Geschichte offenbar an den Menschen vorbei, am Bodensee nicht.
Das Scheitern in der Gegenwart machte mir nach und nach die Geschichte der Ansässigen vertraut. Auch auf sie war im Lauf der neueren Jahrhunderte mehr Geschichte eingestürmt als auf Westfalen und Franken, mehr als sie verkraften konnten. Meistens wurden sie geführt, wohin sie nicht wollten. Sogar ihr glanzvolles Mittelalter war beschwerlich gewesen, ohnehin für den äbtischen Fronbauern, der »mein« Land roden mußte, und für den Häftling im bischoflichen Turm zu Gottlieben. Aber auch vermeintliche Herren im Land, die Bischöfe und Äbte, hatten mehr Geschichte zu ertragen als zu entscheiden. Der Bodensee selber erhielt den heutigen Namen vom Sitz einer Besatzungsmacht, von der Karolingerpfalz Bodman. Dort brachten Franken 759 einen Wortführer der Hiesigen zum Schweigen, den Abt

Otmar von St. Gallen. Im Land bezeugen noch viele Klosteranlagen des frühen, Adelsburgen des hohen, Bürgerhäuser des späten Mittelalters den üblichen Ablauf: rasche Annäherung an große Aufgaben, erschöpftes Innehalten, langwieriges Flickwerk.

Wie die Betroffenen solche Wechselbäder durchstanden, dafür fand im 14. Jahrhundert einer von ihnen, Heinrich Seuse, den gültigen Begriff: »Gelassenheit«, das Verhalten von Menschen, die sich niedergelassen haben und das Ihre dennoch loslassen können. Keine Tugend für moderne Aktivisten, und etwas Wahres ist an ihrer Kritik. Es steckt zu viel Gottergebenheit in dem Witz eines hiesigen Bürgermeisters: »Wir bleiben gelassen, auch das Jüngste Gericht findet hier zwanzig Jahre zu spät statt.« Trotzdem rücken mir die Anliegen der Aufgeregten immer ferner, auch Gelassenheit steckt an. Sie ist ja nicht die provinzielle Verschlafenheit, der sie manchmal ähnlich sieht; wo sie zu sich kommt, ist sie Konzentration auf das Bleibende, die sich der zudringlichen Eintagsgeschichte erwehrt.

Mein Traumland?

»Mein Bodensee«? Das könnte noch etwas anderes als den Aufruf zur Geschichte meinen, das Bekenntnis zur Phantasie, deren Gespinste sich nirgends verwirklichen, ein utopisches Possessivpronomen sozusagen. Hermann Hesse diene als Zeuge. Solange der Dichter wirklich am Untersee lebte, nannte er den See nicht »mein«, die Teile nur »unser«, »unser badisches Ufer«, wenn es hochkam »unsere Landschaft«. Als er jedoch nach Bern umgezogen war, besprach er 1914 ein Buch von Künstlern und Literaten, das durch »schöne Bodenseeträumerei« das »innere Wesen« der Seegegend erschließen wollte, und schrieb, es sei ein Gruß »von meinem Bodensee her«. Erschließt sich das Wesen dieser Region erst dem Abwesenden so weit, daß er sie sein nennen darf? An Geistesabwesenden, die sich in Träumereien vom Bodensee einspinnen, fehlt es nicht; gleichwohl ist dies kein Land der Versponnenen, nicht einmal der Intellektuellen.

Einen Beweis liefert die Gesellschaft in Konstanz. Sie gleicht nicht dem aus älteren und größeren Universitätsstädten gewohnten Bild. Göttingen zum Beispiel, wo ich studierte, besaß nicht nur seine Universität, es war eine Gemeinde für Intellektuelle. Professoren und Literaten bildeten die soziale Spitze, Studenten die ökonomische Basis des öffentlichen Lebens. Aus Tübingen berichten Hiesige von ähnlichen Zuständen. Konstanz wird nicht so rasch eine wirkliche Unversitätsstadt, und zwar, weil hier – außer dem »Südkurier« – nichts in der Einzahl gedeiht, am wenigsten eine anerkannte Elite, eine gleichgestimmte Gesellschaft, eine umfassende Öffentlichkeit. Vielmehr blühen tausend Annäherungen an Geselligkeit, kleine Zirkel, die sich alles mögliche Schöne, Nützliche, Nötige vornehmen, aber miteinander wenig zu tun haben. Selbst die junge Universität wird ein Gemenge solcher Kleinverbände.

So war es schon früher. Im 14. Jahrhundert werkelten zahlreiche informelle Gruppen nebeneinander her und, auf der Suche nach auswärtigen Helfern, an den hiesigen Wortführern in Bischofspfalz, Ratsstube und Zunfthaus vorbei. Von den heutigen Parteiungen in Konstanz weiß ich weniger Einzelheiten, doch sind die Folgen ihrer Zerfahrenheit allenthalben zu spüren. Auswärtige nennen sie, historisch zu Unrecht, Konstanzer Krankheit. Sie hält sich in der größten Stadt am See bloß besonders hartnäckig, befällt aber in unruhigen Zeiten, zumal bei Eingriffen von außen, die ganze Gegend. Man denke nur an die sozialen Spannungen in den Bodenseestädten des 14. Jahrhunderts oder in den Gemeinden des badischen Seekreises im 19. Jahrhundert. Wie soll eine Gesellschaft zusammenhalten, die ihre Geschichte nicht in der Hand hat?

Eines haben die Zertrennten gemeinsam. Was sie einstimmig beschwören, sind utopische Formeln unter der Maske räumlicher Begriffe: »Bodensee« oder »Landschaft«. Die Inbrunst, mit der sie ausgesprochen werden, weckt den Verdacht, daß als Ersatz für die fehlende Eintracht der Gesellschaft die Identität mit verklärter Natur und Geschichte gesucht wird. Sie stimmt nur annähernd, der Bodensee bildet keine natürliche Landschaft und trug in der Geschichte keinen durchgängigen Namen. Was gemeint ist, bleibt in Zeit und Raum unbestimmt, letztlich schrankenlos, eine Utopie vom Himmelreich auf Erden. Mit ihr läßt sich leben, wenn man nicht ganz vergißt, daß sie aus Träumereien besteht. Verwerfen darf man sie keineswegs; Träume sind hier so nötig wie das tägliche Brot, weil die soziale Wirklichkeit so diffus ist. Darüber wird oft geklagt; doch daß die Leute am Bodensee auf keine soziale Identität festgenagelt sind, hat auch Vorteile. Nicht bei den Träumern lernte ich sie kennen, sondern bei den Nachbarn in Wollmatingen.

Nach vierzig Menschenaltern Geschichte wurde das Dorf der Stadt Konstanz einverleibt, gegen seinen Willen. Wollmatingen behielt als Mittelpunkt die Pfarrkirche, verlor aber die Gemeinde, die das ganze Leben jedes einzelnen bestimmt hatte, und bewahrt nur die Erinnerung, daß es bis 1934 noch anders war. Wir wohnen bloß da und treffen die Nachbarn weder bei der Werktagsarbeit noch beim Sonntagsgottesdienst. Die meisten kennen uns beim Namen, mein Beruf interessiert die wenigsten. Niemand erwartet Auskünfte von uns, aber wir gehören selbstverständlich dazu. Einzelne Nachbarn waren gleich am ersten Tag aufgeschlossen, einzelne blieben durch die Jahre zugeknöpft; die allermeisten sind beides, hilfsbereit und zurückhaltend. Ihre gelassene Sympathie stiftet Freiheit, anders als die Penetranz der wilden Denker, die für etwas Abstraktes jeden entweder vereinnahmen oder wegwerfen.

So verstehe ich auch die Geschichte, vor allem am mittelalterlichen Bodensee, als Vielfalt geselliger Lebensformen, die das Humane nicht an kollektive Identitäten ausliefert. Wenn ich darüber Bücher schreibe und Vorträge halte, stimmen auch Nichtstudierte eifrig zu. Das interessiert sie, Geschichte als Gespräch mit Nachbarn. Menschlichkeit des Umgangs ist in der modernen Welt unter dem Druck angeblicher Sachzwänge fast zur Utopie geworden; am Bodensee hat sie noch Aussicht auf Verwirklichung.

Mein Glück

»Mein Bodensee«? Nein, ich will ihn nicht haben, aber auf meine Gegenwart in seiner Nähe auch nicht verzichten. Was mich festhält, ist gerade das, was nicht festliegt, das Annähernde und Verhaltene von Land und Leuten. Die Welt der Entschiedenen schätzt diese Freiheit nicht; ein kluger Kopf aus Frankfurt spottete kürzlich: »Leider liegt Konstanz ja etwas außerhalb der Welt, aber Sie werden sagen: zum Glück.« Recht hat er. Der Bodensee ist nicht die Welt; aber es ist mein Glück, daß ich mich hier auf Land und Leute einlassen kann, nach ihrer Art, nicht im Rausch der Identitäter, sondern in verhaltener Annäherung.

Nachweise

Der Ritt über den Bodensee
Rede: Überlingen 24. 6. 1979.
Druck: Bodensee-Literaturpreis der Stadt Überlingen 1979 für Arno Borst, Reden zur Verleihung am 24. Juni 1979, Jan Thorbecke Verlag Sigmaringen 1980, S. 29-38. Auf Tolstois Spur brachte mich Ekkehard Faude.

Bodensee, Geschichte eines Wortes
Vortrag: Volkshochschule Friedrichshafen 18. 10. 1978; Alemannisches Institut Freiburg 25. 10. 1978; Verein für Geschichte des Bodensees und seiner Umgebung Konstanz 30. 10. 1978; Volkshochschule Ravensburg 15. 2. 1979; Bodenseeklub Überlingen 12. 12. 1979; Volkshochschule Schramberg 17. 4. 1980.
Erweiterte Drucke: Der Bodensee, Landschaft Geschichte Kultur, hg. von Helmut Maurer (Bodensee-Bibliothek Band 28), Jan Thorbecke Verlag Sigmaringen 1982, S. 495-529; Schriften des Vereins für Geschichte des Bodensees und seiner Umgebung Heft 99/100, Bodenseegeschichtsverein Friedrichshafen 1982, S. 495-529, beide Drucke mit Anmerkungen.

Die Pfalz Bodman
Vortrag »Bodman in der Geschichte der deutschen Königspfalzen«: Gesellschaft der Freunde und Förderer der Universität Konstanz 15. 5. 1971.
Erweiterter Druck: Bodman, Dorf Kaiserpfalz Adel, hg. von Helmut Berner, Band 1 (Bodensee-Bibliothek Band 13), Jan Thorbecke Verlag Sigmaringen 1977, S. 169-230, dort mit Anmerkungen.

Zwei Höhepunkte mittelalterlichen Lebens am Bodensee
Vortrag »Ein Freundesmahl am Bodensee vor tausend Jahren«: Treffen der Rotary Clubs Konstanz und Vorarlberg in Arbon 16. 3. 1972; Öffentliche Vorlesung »Europäische Entscheidungen im mittelalterlichen Konstanz«, Teil 9 »1417, Papst und Konzil«: Universität Konstanz 24. 6. 1974.
Drucke »Liebesmahl« und »Konzil«: Arno Borst, Lebensformen im Mittelalter, Verlag Ullstein (Propyläen Verlag) Frankfurt-Berlin-Wien 1973, S. 178-182 und 323-328, dort mit Bibliographie S. 691 und 700.

Zwei Wendepunkte europäischer Geschichte in den Alpen
Vortrag »Der Wandel geistiger Horizonte und Bewegungen in der alpinen Umwelt vom 11. zum 16. Jahrhundert«: Le Alpi e l'Europa, Congresso della Regione Lombardia Mailand 5. 10. 1972; Konstanzer Arbeitskreis für mittelalterliche Geschichte Konstanz 19. 1. 1974 (Protokoll Nr. 186).

Druck: Le Alpi e l'Europa, hg. von Piero Bassetti und anderen, Band 4, Editori Laterza Bari 1975, S. 1-26, dort mit Anmerkungen.

Mönchtum und Landschaft am Bodensee
Vortrag »Die Mönche und der Bodensee«: Historischer Verein des Kantons St. Gallen 22. 2. 1978; Katholischer Akademikerverband Konstanz 17. 10. 1978; Volkshochschule Tettnang 22. 11. 1979.
Druck: Arno Borst, Barbaren, Ketzer und Artisten, Welten des Mittelalters, R. Piper Verlag München-Zürich 1988, S. 244-261, dort mit Bibliographie S. 626.

Die Astrolabschriften Hermanns des Lahmen
Vortrag »Die Astrolabschrift Hermanns des Lahmen«: Konstanzer Arbeitskreis für mittelalterliche Geschichte Konstanz 24. 6. 1989 (Protokoll Nr. 310); Vortrag »Hermann der Lahme und das Astrolab«: Kolloquium der Forschungsinstitute des Deutschen Museums München 2. 4. 1990.
Gekürzter Druck »Wahrnehmung des gestundeten Moments, Hermann der Lahme und das Astrolab«: Beiträge zur Landeskunde, Beilage zum Staatsanzeiger für Baden-Württemberg, Nr. 4, August 1991, Verlag Staatsanzeiger Stuttgart 1991, S. 7-14. Hier beträchtlich erweitert.

Der Tod Hermanns des Lahmen
Öffentliche Vorlesung »Hermann der Lahme, ein Historiker in seiner Gegenwart«, Teil 9 »Der Abschied von Familie und Konvent«: Universität Konstanz 2. 7. 1981; Vortrag »Ein exemplarischer Tod«: Kolloquium »Tod im Mittelalter« Universität Konstanz 17. 10. 1990.
Erweiterter Druck: Der Tod im Mittelalter, hg. von Arno Borst, Gerhart von Graevenitz, Alexander Patschovsky und Karlheinz Stierle, im Satz, Universitätsverlag Konstanz 1992 oder 1993, dort mit Anmerkungen.

Die Lebenden und die Toten am Bodensee
Vortrag »Die Heiligsprechung des Bischofs Konrad von Konstanz«: Bodenseetreffen der Rotary Clubs in Immenstaad 21. 10. 1975.
Drucke »Die Altarplatte von Niederzell, Mittelalter unter dem Mikroskop«: Südkurier Konstanz Nr. 143 vom 25. 6. 1977, S. 8, hier an mehreren Stellen nach der Edition von 1983 korrigiert; »Das erste Konradi-Fest«: Südkurier Konstanz Nr. 261 vom 12. 11. 1975, Sonderbeilage S. 59, hier nach dem Immenstaader Vortrag erheblich erweitert.

Diethelm von Krenkingen und Friedrich Barbarossa
Vortrag »Abt Diethelm von Reichenau und Kaiser Friedrich Barbarossa«: Politische Gemeinde und Katholische Kirchengemeinde Reichenau 6. 6. 1977.

Drucke: Arno Borst, Reden über die Staufer, Verlag Ullstein Frankfurt-Berlin-Wien 1978, S. 37-57; Festreden zur Geschichte der Reichenau, hg. von der Gemeinde Reichenau, Reichenau 1979, S. 32-50. Gekürzt »Diethelm von Krenkingen«: Die Bischöfe von Konstanz, hg. von Elmar L. Kuhn und anderen, Band 1, Verlag Robert Gessler Friedrichshafen 1988, S. 373-383.

Staufische Herrschaft am Bodensee
Vortrag »Staufische Herrschaft in Südwestdeutschland, vor allem am Bodensee«: Mitgliederversammlung des Landkreistages Baden-Württemberg Konstanz 20. 6. 1977.
Druck: Landkreisnachrichten aus Baden-Württemberg, Jahrgang 16 Nr. 3 August 1977, S. 80-84; Arno Borst, Reden über die Staufer, Verlag Ullstein Frankfurt-Berlin-Wien 1978, S. 27-36, dort mit Bibliographie S. 191-225.

Das Fach Geschichte an der Universität Konstanz
Beitrag »Geschichte an der Universität Konstanz«: Gebremste Reform. Ein Kapitel deutscher Hochschulgeschichte, Universität Konstanz 1966-1976, hg. von Hans Robert Jauß und Herbert Nesselhauf, Universitätsverlag Konstanz 1977, S. 163-179. Hier um einige Sätze erweitert.

Die Universität Konstanz in der Geschichte der Region
Beitrag »Konstanz - Universität und Landschaft«: Bunsentagung 1978 Konstanz, 77. Hauptversammlung der Deutschen Bunsen-Gesellschaft für Physikalische Chemie 4. bis 6. Mai 1978, Programmheft, Verlag Chemie Weinheim 1978, S. 3-10.
Druck »Konstanz – Universität, Landschaft, Geschichte«: Konstanzer Blätter für Hochschulfragen, Heft 60, Universitätsverlag Konstanz 1978, S. 69-80. Hier geringfügig erweitert.

Mein Bodensee, Verhaltene Annäherung
Beitrag »Mein Bodensee, Anmerkungen über das Leben mit und in einer Landschaft«, Folge 9: Südkurier Konstanz Nr. 183 vom 9. 8. 1980.
Druck: Mein Bodensee, Liebeserklärung an eine Landschaft, hg. von Gerd Appenzeller, Verlag des Südkurier Konstanz 1984, S. 30-35.

Bildnachweise:
Umschlagbild: Otto Dix »Aufbrechendes Eis vor Steckborn«, © Otto Dix Stiftung, Vaduz.
S. 1: Kupferstich von Johann Ulrich Kraus nach Christoph Lienhardts Darstellung des Bischofs Marquard Rudolf von Rodt (1689 – 1704) mit einer Karte des Bistums Konstanz. (Ausschnitt: Karte ohne Bischof). Mit freundlicher Erlaubnis des Rosgartenmuseums Konstanz.
S. 431: dass., in einer Variante des ausgehenden 20. Jahrhunderts.

Register

Aufgenommen sind Namen von Menschen (Personen und Gemeinschaften) und Räumen (Orten und Landschaften). Wenn das Stichwort in einem Zusammenhang immer wieder erscheint, sind nur dessen erste und letzte Seite erfaßt, auch wenn es nicht auf jeder Seite dazwischen auftaucht. Bei kleineren oder mehrdeutigen Ortsnamen ist in Klammern die nächste Stadt oder die moderne Verwaltungseinheit genannt. Die meisten Titel werden abgekürzt: Äbt. = Äbtissin, Bf. = Bischof, Ebf. = Erzbischof, Fh. = Freiherr, Gf. = Graf, Gfn. = Gräfin, Hg. = Herzog, Hl. = Heilige(r), Kg. = König, Kgn. = Königin, Kp. = Kapellan, Ks. = Kaiser, Ksn.= Kaiserin. Orte oder Regionen, auf die sich solche Titel beziehen, sind ihnen ohne »von« oder »in« angefügt.

Durlach
Pforzheim
Schorndorf
Gmund
Weill
Esslingen
Geppingen
Baden
Offenburg
Oberkirch
Stutgard
Rottenburg
Ulm
Weissenstеig
Haslach
Horb
Reütlingen
Ehingen
Rottweil
Netkar
Heching
Riedlingen
Donau
Freiburg
Villingen
Donau fl.
Sigmaringen
Biberach
Stauffen
Tutlingen
Buchau
Memmingen
Kauffbeuren
Newenburg
überlingen
Kempten
Schaff hausen
Rauenspurg
Seckinge
Walzhut
Mörspurg
Fuessen
Basel
Stein
Wangen
Rheinfeld
Lauffenburg
Lindau
Frauenfeld
Bregentz
Baden
Brugg
Zürch
Roschach
Bregentzer Wald
Solothurn
Sursee
Embs
Arau
Raperswil
Zug
Appenzell
Bluden
Kloster thal
Lucern
Feldkirch
Montfort
Sarnen
Glaris
Mayenfeld
Stanz
Schweitz
Pretigau
Rhein
Chur
Disentis
Rhein fl. Breisach

*»Er sieht viele seinesgleichen,
die inzwischen Land und Wasser so betrachten,
wie die Hiesigen den Bodensee und seine Ufer immer empfanden:
nicht als Erdoberfläche,
die man sich untertan macht und die man hinter sich bringt,
sondern als ebenso schwankende wie kostbare Brücke
zwischen den Menschen.« (Arno Borst, s. o., S. 30)*

*Womit zugleich auch schön umschrieben ist,
was der Bodensee
– recht betrachtet und omne fluctuat –
mit Büchern im allgemeinen
und der verhaltenen Annäherung des Libellenflugs im besonderen
gemeinsam hat.*

*Diese Brücke
zwischen unseren Zeitgenossen des Mittelalters
und ihren gebrechlichen Nachfahren im Chip-Zeitalter
wurde im Sommer 1992
mit einem Umschlagbild von Otto Dix aus dem Jahr 1940 versehen;
jaja, eben jener Otto Dix, der kurz zuvor
einem MalerFreund nach Allensbach am Bodensee schrieb
»Bleiben wir also die Alten. Es lebe die Entartung!«;
von diesem Freund* ***Fritz Mühlenweg***
*gäbe es übrigens zwei schöne Bücher im Zeichen der Libelle
mit Geschichten aus der Zeit, als er mit Sven Hedins großer Expedition
fern vom Bodensee & eher auf Kamelen durch die Wüste Gobi ritt:*
»Fremde auf dem Pfad der Nachdenklichkeit«
»Kleine Mongolische Heimlichkeiten«.

*Gesetzt vermutlich in der Bottighofener Bodoni
gedruckt & gebunden bei Kösel in Kempten
nicht lange nach dem 12. August 1992.*

ISBN 3-909081-52-5

Womöglich hat der Verlag noch ein Verzeichnis aller Libellenbücher übrig!